348

東京理科大学

理学部〈第一部〉－B方式

JN062794

は　し　が　き

　おかげさまで，大学入試の「赤本」は，今年で創刊70周年を迎えました。
　これまで，入試問題や資料をご提供いただいた大学関係者各位，掲載許可をいただいた著作権者の皆様，各科目の解答や対策の執筆にあたられた先生方，そして，赤本を使用してくださったすべての読者の皆様に，厚く御礼を申し上げます。

　以下に，創刊初期の「赤本」のはしがきを引用します。これからも引き続き，受験生の目標の達成や，夢の実現を応援してまいります。
　本書を活用して，入試本番では持てる力を存分に発揮されることを心より願っています。

編者しるす

＊　　　＊　　　＊

　学問の塔にあこがれのまなざしをもって，それぞれの志望する大学の門をたたかんとしている受験生諸君！　人間として生まれてきた私たちは，自己の欲するままに，美しく，強く，そして何よりも人間らしく生きることをねがっている。しかし，一朝一夕にして，この純粋なのぞみが達せられることはない。私たちの行く手には，絶えずさまざまな試練がまちかまえている。この試練を克服していくところに，私たちのねがう真に人間的な世界がはじめて開かれてくるのである。

　人生最初の最大の試練として，諸君の眼前に大学入試がある。この大学入試は，精神的にも身体的にも，大きな苦痛を感ぜしめるであろう。あるスポーツに熟達するには，たゆみなき，はげしい練習を積み重ねることが必要であるように，私たちは，計画的・持続的な努力を払うことによって，この試練を克服し，次の一歩を踏みだすことができる。厳しい試練を経たのちに，はじめて満足すべき成果を獲得できるのである。

　本書は最近の入学試験の問題に，それぞれ解答を付し，さらに問題をふかく分析することによって，その大学独特の傾向や対策をさぐろうとした。本書を一般の参考書とあわせて使用し，まとはずれのない，効果的な受験勉強をされるよう期待したい。

（昭和35年版「赤本」はしがきより）

挑む人の、いちばんの味方

赤本創刊70周年

　1954年に大学入試の過去問題集を刊行してから70年。赤本は大学に入りたいと思う受験生を応援しつづけてきました。これからも，苦しいとき落ち込むときにそばで支える存在でいたいと思います。

　そして，勉強をすること，自分で道を決めること，努力が実ること，これらの喜びを読者の皆さんが感じることができるよう，伴走をつづけます。

そもそも赤本とは…

受験生のための大学入試の過去問題集！

70年の歴史を誇る赤本は，500点を超える刊行点数で全都道府県の370大学以上を網羅しており，過去問の代名詞として受験生の必須アイテムとなっています。

・・・・・・・・・・ なぜ受験に過去問が必要なのか？ ・・・・・・・・・・

大学入試は大学によって問題形式や頻出分野が大きく異なるからです。

赤本の掲載内容

傾向と対策

これまでの出題内容から，問題の「**傾向**」を分析し，来年度の入試に向けて具体的な「**対策**」の方法を紹介しています。

問題編・解答編

☑ 年度ごとに問題とその解答を掲載しています。

☑ 「**問題編**」ではその年度の試験概要を確認したうえで，実際に出題された過去問に取り組むことができます。

☑ 「**解答編**」には高校・予備校の先生方による解答が載っています。

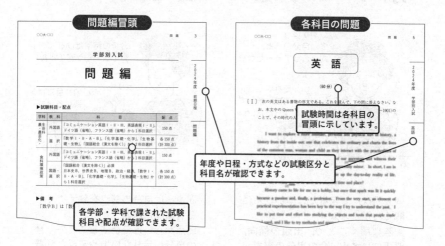

他にも，大学の基本情報や，先輩受験生の合格体験記，在学生からのメッセージなどが載っていることがあります。

受験勉強は 過去問に始まり,

STEP 1 （なにはともあれ）

まずは 解いてみる

しずかに…
今，自分の心と
向き合ってるんだから

ムーン

それは
問題を解いて
からだホン！

過去問は，**できるだけ早いうちに解くのがオススメ！**
実際に解くことで，**出題の傾向，問題のレベル，今の自分の実力が**つかめます。

STEP 2 （じっくり具体的に）

弱点を 分析する

分析の結果だけど
英・数・国が苦手みたい

スリー

必須科目だホン
頑張るホン

間違いは自分の弱点を教えてくれ**る貴重な情報源。**
弱点から自己分析することで，**今の自分に足りない力や苦手な分野**が見えてくるはず！

合格者があかす 赤本の使い方

傾向と対策を熟読
（Fさん／国立大合格）

大学の出題傾向を調べるために，赤本に載っている「傾向と対策」を熟読しました。

繰り返し解く
（Tさん／国立大合格）

1周目は問題のレベル確認，2周目は苦手や頻出分野の確認に，3周目は合格点を目指して，と過去問は繰り返し解くことが大切です。

過去問に終わる。

STEP 3
志望校に
あわせて

苦手分野の
重点対策

STEP 1 ▶ 2 ▶ 3
サイクル
が大事!

実践を
繰り返す

明日からはみんなで頑張るよ！
参考書も！ 問題集も！
よろしくね！

呼んだ？

なにを!?
どこから!?

グッ グッ

やるのは
ボクだよ～

STEP 1 解く!!

対策!!

分析!!

STEP 3   STEP 2

参考書や問題集を活用して，苦手
分野の**重点対策**をしていきます。
過去問を指針に，合格へ向けた具
体的な学習計画を立てましょう！

STEP 1～3を繰り返し，実力ア
ップにつなげましょう！
出題形式に慣れることや，**時間配
分を考える**ことも大切です。

目標点を決める
（Yさん／私立大合格）

赤本によっては合格者最低
点が載っているので，それ
を見て目標点を決めるのも
よいです。

時間配分を確認
（Kさん／私立大学合格）

赤本は時間配分や解く
順番を決めるために使
いました。

添削してもらう
（Sさん／私立大学合格）

記述式の問題は先生に添削し
てもらうことで自分の弱点に
気づけると思います。

新課程も赤本で
ばっちり！

新課程入試 Q&A

2022年度から新しい学習指導要領（新課程）での授業が始まり，2025年度の入試は，新課程に基づいて行われる最初の入試となります。ここでは，赤本での新課程入試の対策について，よくある疑問にお答えします。

使える？

Q1. 赤本は新課程入試の対策に使えますか？

A. もちろん使えます！

OK

旧課程入試の過去問が新課程入試の対策に役に立つのか疑問に思う人もいるかもしれませんが，心配することはありません。旧課程入試の過去問が役立つのには次のような理由があります。

● 学習する内容はそれほど変わらない

新課程は旧課程と比べて科目名を中心とした変更はありますが，学習する内容そのものはそれほど大きく変わっていません。また，多くの大学で，既卒生が不利にならないよう「経過措置」がとられます（Q3参照）。したがって，出題内容が大きく変更されることは少ないとみられます。

● 大学ごとに出題の特徴がある

これまでに課程が変わったときも，各大学の出題の特徴は大きく変わらないことがほとんどでした。入試問題は各大学のアドミッション・ポリシーに沿って出題されており，過去問にはその特徴がよく表れています。過去問を研究してその大学に特有の傾向をつかめば，最適な対策をとることができます。

出題の特徴の例	・英作文問題の出題の有無 ・論述問題の出題（字数制限の有無や長さ） ・計算過程の記述の有無

新課程入試の対策も，赤本で過去問に取り組むところから始めましょう。

Q2. 赤本を使う上での注意点はありますか？

A. 志望大学の入試科目を確認しましょう。

　過去問を解く前に，過去の出題科目（問題編冒頭の表）と2025年度の募集要項とを比べて，課される内容に変更がないかを確認しましょう。ポイントは以下のとおりです。科目名が変わっていても，実際は旧課程の内容とほとんど同様のものもあります。

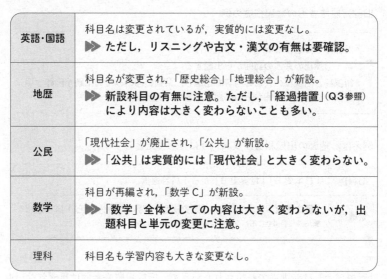

英語・国語	科目名は変更されているが，実質的には変更なし。 ▶▶ ただし，リスニングや古文・漢文の有無は要確認。
地歴	科目名が変更され，「歴史総合」「地理総合」が新設。 ▶▶ 新設科目の有無に注意。ただし，「経過措置」（Q3参照）により内容は大きく変わらないことも多い。
公民	「現代社会」が廃止され，「公共」が新設。 ▶▶ 「公共」は実質的には「現代社会」と大きく変わらない。
数学	科目が再編され，「数学C」が新設。 ▶▶ 「数学」全体としての内容は大きく変わらないが，出題科目と単元の変更に注意。
理科	科目名も学習内容も大きな変更なし。

　数学については，科目名だけでなく，どの単元が含まれているかも確認が必要です。例えば，出題科目が次のように変わったとします。

旧課程	「数学Ⅰ・数学Ⅱ・数学A・数学B（数列・ベクトル）」
新課程	「数学Ⅰ・数学Ⅱ・数学A・数学B（数列）・数学C（ベクトル）」

　この場合，新課程では「数学C」が増えていますが，単元は「ベクトル」のみのため，実質的には旧課程とほぼ同じであり，過去問をそのまま役立てることができます。

Q3. 「経過措置」とは何ですか？

A. 既卒の旧課程履修者への対応です。

　多くの大学では，既卒の旧課程履修者が不利にならないように，出題において「経過措置」が実施されます。措置の有無や内容は大学によって異なるので，募集要項や大学のウェブサイトなどで確認しておきましょう。

○旧課程履修者への経過措置の例

● 旧課程履修者にも配慮した出題を行う。
● 新・旧課程の共通の範囲から出題する。
● 新課程と旧課程の共通の内容を出題し，共通範囲のみでの出題が困難な場合は，旧課程の範囲からの問題を用意し，選択解答とする。

　例えば，地歴の出題科目が次のように変わったとします。

旧課程	「日本史 B」「世界史 B」から１科目選択
新課程	「**歴史総合，日本史探究**」「**歴史総合，世界史探究**」から１科目選択※ ※旧課程履修者に不利益が生じることのないように配慮する。

　「歴史総合」は新課程で新設された科目で，旧課程履修者には見慣れないものですが，上記のような経過措置がとられた場合，新課程入試でも旧課程と同様の学習内容で受験することができます。

要チェックだホン

新課程の情報は WEB もチェック！
より詳しい解説が赤本ウェブサイトで見られます。
https://akahon.net/shinkatei/

科目名が変更される教科・科目

	旧 課 程	新 課 程
国語	国語総合 国語表現 現代文A 現代文B 古典A 古典B	現代の国語 言語文化 論理国語 文学国語 国語表現 古典探究
地歴	日本史A 日本史B 世界史A 世界史B 地理A 地理B	歴史総合 日本史探究 世界史探究 地理総合 地理探究
公民	現代社会 倫理 政治・経済	公共 倫理 政治・経済
数学	数学 I 数学 II 数学 III 数学A 数学B 数学活用	数学 I 数学 II 数学 III 数学A 数学B 数学C
外国語	コミュニケーション英語基礎 コミュニケーション英語 I コミュニケーション英語 II コミュニケーション英語 III 英語表現 I 英語表現 II 英語会話	英語コミュニケーション I 英語コミュニケーション II 英語コミュニケーション III 論理・表現 I 論理・表現 II 論理・表現 III
情報	社会と情報 情報の科学	情報 I 情報 II

大学のサイトも見よう

目　次

2024 年度
問題と解答

●第一部B方式

解答は，東京理科大学から提供のあった情報を掲載しています。

2023 年度
問題と解答

●第一部B方式

解答は，東京理科大学から提供のあった情報を掲載しています。

2022 年度
問題と解答

●第一部B方式2月5日実施分：応用数・応用物
　理・応用化学科

●第一部B方式2月8日実施分：数・物理・化学科

解答は，東京理科大学から提供のあった情報を掲載しています。

基本情報

 沿革

1881（明治 14）	東京大学出身の若き理学士ら 21 名が標す夢の第一歩「東京物理学講習所」を設立
1883（明治 16）	東京物理学校と改称

✎1906（明治 39）神楽坂に新校舎が完成。理学研究の「先駆的存在」として受講生が全国より集結。「落第で有名な学校」として世に知られるようになる

1949（昭和 24）	学制改革により東京理科大学となる。理学部のみの単科大学として新たなスタート
1960（昭和 35）	薬学部設置
1962（昭和 37）	工学部設置
1967（昭和 42）	理工学部設置
1981（昭和 56）	創立 100 周年
1987（昭和 62）	基礎工学部設置
1993（平成　5）	経営学部設置
2013（平成 25）	葛飾キャンパス開設
2021（令和　3）	基礎工学部を先進工学部に名称変更
2023（令和　5）	理工学部を創域理工学部に名称変更

ロゴマーク

　ロゴマークは，創立 125 周年の際に制定されたもので，東京理科大学徽章をベースにデザインされています。

　エメラルドグリーンの色は制定した際，時代に合わせた色であり，なおかつスクールカラーであるえんじ色との対比を考えた色として選ばれました。

　なお，徽章はアインシュタインによって確立された一般相対性理論を図案化したものです。太陽の重力によって曲げられる光の軌道を模式的に描いています。

学部・学科の構成

大　学

●理学部第一部　神楽坂キャンパス
　数学科
　物理学科
　化学科
　応用数学科
　応用化学科

●工学部　葛飾キャンパス
　建築学科
　工業化学科
　電気工学科
　情報工学科
　機械工学科

●薬学部　野田キャンパス※1
　薬学科［6 年制］
　生命創薬科学科［4 年制］

※1　薬学部は 2025 年 4 月に野田キャンパスから葛飾キャンパスへ移転。

●創域理工学部　野田キャンパス
　数理科学科

先端物理学科

情報計算科学科

生命生物科学科

建築学科

先端化学科

電気電子情報工学科

経営システム工学科

機械航空宇宙工学科

社会基盤工学科

●**先進工学部** 葛飾キャンパス

電子システム工学科

マテリアル創成工学科

生命システム工学科

物理工学科

機能デザイン工学科

●**経営学部** 神楽坂キャンパス
（国際デザイン経営学科の 1 年次は北海道・長万部キャンパス）

経営学科

ビジネスエコノミクス学科

国際デザイン経営学科

●**理学部第二部** 神楽坂キャンパス

数学科

物理学科

化学科

大学院

理学研究科 / 工学研究科 / 薬学研究科[※2] / 創域理工学研究科 / 先進工学研究科 / 経営学研究科 / 生命科学研究科

※2 薬学研究科は 2025 年 4 月に野田キャンパスから葛飾キャンパスへ移転。

（注） 学部・学科および大学院の情報は 2024 年 4 月時点のものです。

📍 大学所在地

野田キャンパス

神楽坂キャンパス

北海道・長万部キャンパス

葛飾キャンパス

- -

神楽坂キャンパス	〒 162-8601	東京都新宿区神楽坂 1-3
葛飾キャンパス	〒 125-8585	東京都葛飾区新宿 6-3-1
野田キャンパス	〒 278-8510	千葉県野田市山崎 2641
北海道・長万部キャンパス	〒 049-3514	北海道山越郡長万部町字富野 102-1

入 試 デ ー タ

📊 一般選抜状況（志願者数・競争率など）

○競争率は受験者数÷合格者数で算出（小数点第2位以下を切り捨て）。

○大学独自試験を課さないA方式入試（大学入学共通テスト利用）は1カ年分のみ掲載。

○2021年度より，基礎工学部は先進工学部に，電子応用工学科は電子システム工学科に，材料工学科はマテリアル創成工学科に，生物工学科は生命システム工学科に名称変更。経営学部に国際デザイン経営学科を新設。

○2023年度より，理学部第一部応用物理学科は先進工学部物理工学科として改組。理工学部は創域理工学部に，数学科は数理科学科に，物理学科は先端物理学科に，情報科学科は情報計算科学科に，応用生物科学科は生命生物科学科に，経営工学科は経営システム工学科に，機械工学科は機械航空宇宙工学科に，土木工学科は社会基盤工学科に名称変更。先進工学部に物理工学科と機能デザイン工学科を新設。

2024 年度 入試状況

●A方式入試（大学入学共通テスト利用）

学部・学科		募集人員	志願者数	受験者数	合格者数	競争率	合格最低点
理第一部	数	19	340	340	152	2.2	646
	物　　　　理	19	764	764	301	2.5	667
	化	19	554	554	238	2.3	628
	応　用　数	20	175	175	90	1.9	607
	応　用　化	20	646	646	297	2.1	632
工	建　　　　築	16	472	472	163	2.8	652
	工　業　化	16	260	260	141	1.8	604
	電　気　工	16	249	249	112	2.2	638
	情　報　工	16	852	852	284	3.0	671
	機　械　工	16	776	776	188	4.1	669
薬	薬	15	768	768	246	3.1	644
	生 命 創 薬 科	15	381	381	140	2.7	644
創域理工	数　理　科	10	200	200	85	2.3	592
	先　端　物　理	15	299	299	143	2.0	608
	情 報 計 算 科	20	274	274	118	2.3	623
	生 命 生 物 科	16	478	478	182	2.6	628
	建　　　　築	20	520	520	147	3.5	638
	先　端　化	20	372	372	168	2.2	592
	電気電子情報工	25	374	374	164	2.2	615
	経営システム工	16	226	226	86	2.6	636
	機械航空宇宙工	21	486	486	230	2.1	635
	社 会 基 盤 工	16	382	382	139	2.7	624
先進工	電子システム工	19	295	295	114	2.5	635
	マテリアル創成工	19	303	303	142	2.1	616
	生命システム工	19	390	390	146	2.6	640
	物　理　工	19	189	189	94	2.0	632
	機能デザイン工	19	448	448	153	2.9	613
経営	経　　　　営	37	407	407	223	1.8	597
	ビジネスエコノミクス	37	309	309	134	2.3	598
	国際デザイン経営	20	215	215	91	2.3	586
理第二部	数	15	159	159	88	1.8	405
	物　　　　理	20	198	198	145	1.3	352
	化	15	211	211	162	1.3	313
合	計	625	12,972	12,972	5,306	―	―

（配点）　800 点満点（ただし，理学部第二部は 600 点満点）。

●B方式入試（東京理科大学独自試験）

学部・学科		募集人員	志願者数	受験者数	合格者数	競争率	合格最低点
理第一部	数	46	921	883	297	3.0	180
	物　　　理	46	1,534	1,460	463	3.1	176
	化	46	1,132	1,085	381	2.8	201
	応　用　数	49	616	588	221	2.6	159
	応　用　化	49	1,418	1,355	384	3.5	217
工	建　　　築	46	1,138	1,091	256	4.2	193
	工　業　化	46	582	550	250	2.2	174
	電　気　工	46	1,134	1,069	437	2.4	175
	情　報　工	46	2,298	2,159	464	4.6	197
	機　械　工	46	1,756	1,671	393	4.2	191
薬	薬	40	964	899	310	2.9	209
	生 命 創 薬 科	40	689	645	267	2.4	203
創域理工	数　理　科	20	578	558	169	3.3	287
	先 端 物 理	40	785	757	298	2.5	204
	情 報 計 算 科	49	877	851	300	2.8	206
	生 命 生 物 科	46	1,120	1,072	429	2.4	197
	建　　　築	49	914	878	197	4.4	210
	先　端　化	49	725	684	323	2.1	168
	電気電子情報工	40	1,204	1,148	331	3.4	200
	経営システム工	46	786	757	275	2.7	205
	機械航空宇宙工	53	1,093	1,044	392	2.6	200
	社 会 基 盤 工	46	938	901	379	2.3	186
先進工	電子システム工	46	1,140	1,100	346	3.1	220
	マテリアル創成工	46	900	873	323	2.7	213
	生命システム工	46	1,080	1,044	370	2.8	214
	物　　理　　工	46	928	898	345	2.6	217
	機能デザイン工	46	1,042	1,012	348	2.9	209
経営	経　　　営	72	1,176	1,147	384	2.9	265
	ビジネスエコノミクス	73	1,020	987	323	3.0	200
	国際デザイン経営	32	371	357	113	3.1	253
理第二部	数	70	241	198	116	1.7	131
	物　　　理	64	245	200	124	1.6	130
	化	69	186	159	121	1.3	132
合　　　　　計		1,594	31,531	30,080	10,129	—	—

（備考）　合格者数・合格最低点には追加合格者を含む。

（配点）　試験各教科 100 点満点，3 教科計 300 点満点。ただし，以下を除く。

- 理学部第一部化学科・応用化学科は 350 点満点（化学 150 点，他教科各 100 点）。
- 創域理工学部数理科学科は 400 点満点（数学 200 点，他教科各 100 点）。
- 経営学部経営学科は 400 点満点（高得点の 2 科目をそれぞれ 1.5 倍に換算，残り 1 科目 100 点）。
- 経営学部国際デザイン経営学科は 400 点満点（英語 200 点，他教科各 100 点）。

●C方式入試（大学入学共通テスト＋東京理科大学独自試験）

学部・学科		募集人員	志願者数	受験者数	合格者数	競争率	合格最低点
理第一部	数	9	143	122	31	3.9	405
	物　　　　理	9	213	160	10	16.0	435
	化	9	194	142	21	6.7	411
	応　用　数	10	81	60	26	2.3	375
	応　用　化	10	208	144	27	5.3	415
工	建　　　　築	10	185	136	34	4.0	409
	工　業　化	10	93	58	29	2.0	359
	電　気　工	10	88	61	17	3.5	404
	情　報　工	10	259	197	40	4.9	418
	機　械　工	10	218	169	42	4.0	398
薬	薬	10	198	150	34	4.4	388
	生 命 創 薬 科	10	168	123	35	3.5	388
創域理工	数　理　科	4	91	77	10	7.7	409
	先 端 物 理	10	106	88	31	2.8	373
	情 報 計 算 科	10	87	68	22	3.0	402
	生 命 生 物 科	10	200	147	50	2.9	380
	建　　　　築	10	171	132	12	11.0	421
	先　端　化	10	121	95	27	3.5	369
	電気電子情報工	10	109	80	18	4.4	394
	経営システム工	10	95	64	22	2.9	389
	機械航空宇宙工	10	182	136	45	3.0	371
	社 会 基 盤 工	10	130	97	20	4.8	382
先進工	電子システム工	9	117	98	21	4.6	399
	マテリアル創成工	9	94	68	16	4.2	387
	生命システム工	9	215	175	18	9.7	399
	物　理　工	9	81	54	15	3.6	396
	機能デザイン工	9	107	75	22	3.4	388
経営	経　　　　営	12	121	95	22	4.3	366
	ビジネスエコノミクス	15	100	83	45	1.8	337
	国際デザイン経営	5	41	33	11	3.0	329
合　　　　計		288	4,216	3,187	773	—	—

（配点）　500 点満点（大学入学共通テスト 200 点＋東京理科大学独自試験 300 点）。

●グローバル方式入試（英語の資格・検定試験＋東京理科大学独自試験）

学部・学科		募集人員	志願者数	受験者数	合格者数	競争率	合格最低点
理第一部	数　　　　　理	5	124	111	13	8.5	310
	物　　　　　理	5	120	102	6	17.0	302
	化	5	79	75	13	5.7	264
	応　用　数	5	102	95	25	3.8	270
	応　用　化	5	107	94	12	7.8	270
工	建　　　　築	5	113	104	15	6.9	286
	工　業　化	5	42	42	20	2.1	217
	電　気　工	5	63	56	14	4.0	276
	情　報　工	5	156	139	16	8.6	292
	機　械　工	5	165	144	16	9.0	283
薬	薬	5	83	72	15	4.8	268
	生 命 創 薬 科	5	66	58	13	4.4	238
創域理工	数　理　科	6	103	100	11	9.0	280
	先 端 物 理	5	73	68	17	4.0	263
	情 報 計 算 科	5	74	66	8	8.2	274
	生 命 生 物 科	5	94	86	18	4.7	248
	建　　　　築	5	109	104	6	17.3	298
	先　端　化	5	98	90	21	4.2	241
	電気電子情報工	5	108	99	20	4.9	262
	経営システム工	5	77	74	16	4.6	259
	機械航空宇宙工	5	101	93	25	3.7	257
	社 会 基 盤 工	5	71	66	9	7.3	262
先進工	電子システム工	5	100	88	15	5.8	267
	マテリアル創成工	5	95	91	21	4.3	262
	生命システム工	5	90	84	10	8.4	260
	物　理　工	5	86	76	19	4.0	262
	機能デザイン工	5	100	82	17	4.8	243
経営	経　　　　営	12	130	120	24	5.0	235
	ビジネスエコノミクス	8	115	104	27	3.8	235
	国際デザイン経営	15	116	107	23	4.6	205
合	計	171	2,960	2,690	485	—	—

（配点）　325 点満点（東京理科大学独自試験 300 点＋英語の資格・検定試験 25 点）。

●S方式入試（東京理科大学独自試験）

学部・学科		募集人員	志願者数	受験者数	合格者数	競争率	合格最低点
創域理工	数　理　科	20	286	277	85	3.2	267
	電気電子情報工	20	296	284	114	2.4	266
合	計	40	582	561	199	—	—

（配点）　400 点満点。

• 創域理工学部数理科学科は数学 300 点，英語 100 点。

• 創域理工学部電気電子情報工学科は物理 200 点，他教科各 100 点。

2023 年度 入試状況

●B方式入試（東京理科大学独自試験）

学部・学科		募集人員	志願者数	受験者数	合格者数	競争率	合格最低点
理第一部	数	46	953	910	256	3.5	203
	物　　　　理	46	1,571	1,507	355	4.2	209
	化	46	1,115	1,077	375	2.8	231
	応　用　数	49	689	651	220	2.9	187
	応　用　化	49	1,428	1,367	417	3.2	242
工	建　　　　築	46	1,178	1,103	273	4.0	184
	工　業　化	46	639	599	280	2.1	157
	電　気　工	46	1,227	1,170	431	2.7	175
	情　報　工	46	2,294	2,165	496	4.3	197
	機　械　工	46	1,689	1,606	564	2.8	175
薬	薬	40	950	876	292	3.0	179
	生 命 創 薬 科	40	629	592	213	2.7	172
創域理工	数　理　科	20	545	522	232	2.2	294
	先　端　物　理	40	808	767	327	2.3	204
	情　報　計　算　科	49	1,029	986	388	2.5	215
	生　命　生　物　科	46	981	928	436	2.1	209
	建　　　　築	49	794	768	239	3.2	203
	先　端　化	49	699	661	329	2.0	172
	電気電子情報工	40	1,214	1,167	503	2.3	198
	経営システム工	46	898	862	308	2.7	214
	機械航空宇宙工	53	1,205	1,155	430	2.6	206
	社　会　基　盤　工	46	876	828	376	2.2	183
先進工	電子システム工	46	1,176	1,137	361	3.1	201
	マテリアル創成工	46	874	857	394	2.1	207
	生命システム工	46	1,011	968	416	2.3	209
	物　理　工	46	835	804	355	2.2	195
	機能デザイン工	46	914	880	393	2.2	201
経営	経　　　　営	72	1,062	1,036	370	2.8	261
	ビジネスエコノミクス	73	1,241	1,198	305	3.9	200
	国際デザイン経営	32	267	259	111	2.3	243
理第二部	数	70	263	214	122	1.7	160
	物　　　　理	64	241	197	139	1.4	152
	化	69	212	173	151	1.1	100
合	計	1,594	31,507	29,990	10,857	—	—

（備考）　合格者数・合格最低点には追加合格者を含む。

（配点）　試験各教科 100 点満点，3 教科計 300 点満点。ただし，以下を除く。

- 理学部第一部化学科・応用化学科は 350 点満点（化学 150 点，他教科各 100 点）。
- 創域理工学部数理科学科は 400 点満点（数学 200 点，他教科各 100 点）。
- 経営学部経営学科は 400 点満点（高得点の 2 科目をそれぞれ 1.5 倍に換算，残り 1 科目 100 点）。
- 経営学部国際デザイン経営学科は 400 点満点（英語 200 点，他教科各 100 点）。

●C方式入試（大学入学共通テスト＋東京理科大学独自試験）

学部・学科		募集人員	志願者数	受験者数	合格者数	競争率	合格最低点
理第一部	数	9	128	85	26	3.2	350
	物　　理	9	166	109	16	6.8	397
	化	9	142	92	31	2.9	355
	応 用 数	10	81	58	21	2.7	346
	応 用 化	10	157	93	20	4.6	376
工	建　　築	10	143	101	21	4.8	380
	工 業 化	10	73	54	23	2.3	340
	電 気 工	10	63	42	16	2.6	353
	情 報 工	10	201	149	39	3.8	375
	機 械 工	10	160	98	36	2.7	347
薬	薬	10	131	79	23	3.4	364
	生 命 創 薬 科	10	113	80	23	3.4	360
創域理工	数 理 科	4	35	29	14	2.0	310
	先 端 物 理	10	76	44	22	2.0	316
	情 報 計 算 科	10	106	73	17	4.2	373
	生 命 生 物 科	10	133	100	36	2.7	358
	建　　築	10	104	77	38	2.0	335
	先 端 化	10	80	51	25	2.0	339
	電 気 電 子 情 報 工	10	74	55	19	2.8	351
	経 営 シ ス テ ム 工	10	76	58	21	2.7	335
	機 械 航 空 宇 宙 工	10	130	84	33	2.5	331
	社 会 基 盤 工	10	85	58	24	2.4	325
先進工	電 子 シ ス テ ム 工	9	89	61	18	3.3	349
	マ テ リ ア ル 創 成 工	9	66	45	17	2.6	349
	生 命 シ ス テ ム 工	9	111	74	34	2.1	349
	物 理 工	9	74	45	14	3.2	350
	機 能 デ ザ イ ン 工	9	80	56	12	4.6	361
経営	経　　営	12	78	50	25	2.0	297
	ビジネスエコノミクス	15	88	64	30	2.1	316
	国際デザイン経営	5	26	17	8	2.1	322
合　　計		288	3,069	2,081	702	―	―

（配点）　500 点満点（大学入学共通テスト 200 点＋東京理科大学独自試験 300 点）。

●グローバル方式入試（英語の資格・検定試験＋東京理科大学独自試験）

学部・学科		募集人員	志願者数	受験者数	合格者数	競争率	合格最低点
理第一部	数	5	73	67	14	4.7	191
	物　　　　理	5	101	88	8	11.0	234
	化	5	75	65	14	4.6	238
	応　用　数	5	86	80	14	5.7	201
	応　用　化	5	94	81	17	4.7	244
工	建　　　　築	5	87	76	11	6.9	214
	工　業　化	5	50	46	15	3.0	232
	電　気　工	5	45	41	11	3.7	199
	情　報　工	5	129	112	16	7.0	236
	機　械　工	5	110	91	33	2.7	187
薬	薬	5	97	83	18	4.6	247
	生命創薬科	5	80	74	13	5.6	238
創域理工	数　理　科	6	66	57	25	2.2	163
	先　端　物　理	5	66	59	14	4.2	191
	情　報　計　算　科	5	75	66	13	5.0	233
	生　命　生　物　科	5	120	96	25	3.8	215
	建　　　　築	5	89	79	18	4.3	195
	先　端　化	5	70	64	29	2.2	210
	電気電子情報工	5	76	67	24	2.7	178
	経営システム工	5	77	74	15	4.9	225
	機械航空宇宙工	5	92	81	23	3.5	184
	社　会　基　盤　工	5	75	65	19	3.4	218
先進工	電子システム工	5	90	83	21	3.9	201
	マテリアル創成工	5	80	68	23	2.9	214
	生命システム工	5	92	81	20	4.0	215
	物　理　工	5	61	54	15	3.6	188
	機能デザイン工	5	97	87	11	7.9	243
経営	経　　　　営	12	79	71	26	2.7	164
	ビジネスエコノミクス	8	90	82	23	3.5	170
	国際デザイン経営	15	104	88	43	2.0	139
合	計	171	2,526	2,226	571	—	—

（配点）　325 点満点（東京理科大学独自試験 300 点＋英語の資格・検定試験 25 点）。

●S方式入試（東京理科大学独自試験）

学部・学科		募集人員	志願者数	受験者数	合格者数	競争率	合格最低点
創域理工	数　理　科	20	256	246	122	2.0	226
	電気電子情報工	20	258	253	111	2.2	259
合	計	40	514	499	233	—	—

（配点）　400 点満点。

- 創域理工学部数理科学科は数学 300 点，英語 100 点。
- 創域理工学部電気電子情報工学科は物理 200 点，他教科各 100 点。

2022 年度　入試状況

●B方式入試（東京理科大学独自試験）

学部・学科		募集人員	志願者数	受験者数	合格者数	競争率	合格最低点
理第一部	数	49	896	848	249	3.4	182
	物　　理	49	1,347	1,255	401	3.1	200
	化	49	1,092	1,031	322	3.2	212
	応　用　数	49	688	652	189	3.4	183
	応　用　物　理	49	723	679	268	2.5	165
	応　用　化	49	1,443	1,365	451	3.0	208
工	建　　築	46	1,236	1,162	268	4.3	203
	工　業　化	46	647	608	260	2.3	148
	電　気　工	46	1,450	1,359	381	3.5	197
	情　報　工	46	2,401	2,250	451	4.9	212
	機　械　工	46	1,864	1,756	557	3.1	196
薬	薬	40	1,032	949	259	3.6	197
	生命創薬科	40	604	568	204	2.7	191
理工	数	49	789	754	294	2.5	287
	物　　理	49	1,068	1,025	457	2.2	203
	情　報　科	49	1,558	1,500	381	3.9	231
	応用生物科	49	828	792	387	2.0	206
	建　　築	49	960	925	205	4.5	222
	先　端　化	49	873	837	357	2.3	184
	電気電子情報工	67	1,758	1,670	526	3.1	210
	経　営　工	49	902	871	326	2.6	214
	機　械　工	49	1,522	1,449	449	3.2	217
	土　木　工	49	1,027	996	305	3.2	204
先進工	電子システム工	49	967	930	279	3.3	203
	マテリアル創成工	49	1,098	1,061	345	3.0	202
	生命システム工	49	1,127	1,073	418	2.5	198
経営	経　　営	72	1,271	1,233	391	3.1	262
	ビジネスエコノミクス	73	1,149	1,103	324	3.4	183
	国際デザイン経営	32	228	222	108	2.0	240
理第二部	数	70	319	258	121	2.1	144
	物　　理	64	308	270	133	2.0	168
	化	69	204	166	143	1.1	100
合　　計		1,639	33,379	31,617	10,209	—	—

（備考）　合格者数・合格最低点には追加合格者を含む。

（配点）　試験各教科 100 点満点，3 教科計 300 点満点。ただし，以下を除く。

・理学部第一部化学科・応用化学科は 350 点満点（化学 150 点，他教科各 100 点）。

・理工学部数学科は 400 点満点（数学 200 点，他教科各 100 点）。

・経営学部経営学科は 400 点満点（高得点の 2 科目をそれぞれ 1.5 倍に換算，残り 1 科目 100 点）。

・経営学部国際デザイン経営学科は 400 点満点（英語 200 点，他教科各 100 点）。

●C方式入試（大学入学共通テスト＋東京理科大学独自試験）

学部・学科		募集人員	志願者数	受験者数	合格者数	競争率	合格最低点
理第一部	数	10	136	98	24	4.0	420
	物　　　　理	10	161	121	19	6.3	418
	化	10	171	104	34	3.0	389
	応　用　数	10	127	98	25	3.9	386
	応　用　物　理	10	84	64	17	3.7	394
	応　用　化	10	229	145	36	4.0	397
工	建　　　　築	10	217	162	33	4.9	407
	工　業　化	10	97	69	27	2.5	371
	電　気　工	10	96	75	24	3.1	392
	情　報　工	10	292	243	35	6.9	425
	機　械　工	10	204	153	57	2.6	381
薬	薬	10	206	156	23	6.7	413
	生 命 創 薬 科	10	135	100	22	4.5	399
理工	数	10	107	91	24	3.7	404
	物　　　　理	10	102	79	20	3.9	386
	情　報　科	10	140	114	25	4.5	403
	応 用 生 物 科	10	208	167	36	4.6	387
	建　　　　築	10	169	138	34	4.0	397
	先　端　化	10	150	110	33	3.3	373
	電気電子情報工	13	171	136	23	5.9	397
	経　　　　営	10	89	66	25	2.6	384
	機　械　工	10	227	177	42	4.2	381
	土　木　工	10	129	92	30	3.0	361
先進工	電子システム工	10	119	95	24	3.9	397
	マテリアル創成工	10	135	107	11	9.7	410
	生命システム工	10	184	142	30	4.7	399
経営	経　　　　営	12	189	160	43	3.7	390
	ビジネスエコノミクス	15	147	122	39	3.1	392
	国際デザイン経営	5	55	46	16	2.8	378
合	計	295	4,476	3,430	831	―	―

（配点）　500 点満点（大学入学共通テスト 200 点＋東京理科大学独自試験 300 点）。

●グローバル方式入試（英語の資格・検定試験＋東京理科大学独自試験）

学部・学科		募集人員	志願者数	受験者数	合格者数	競争率	合格最低点
理第一部	数	5	72	65	13	5.0	310
	物 理	5	62	53	13	4.0	274
	化	5	60	54	17	3.1	251
	応 用 数	5	105	101	18	5.6	305
	応 用 物 理	5	39	36	11	3.2	261
	応 用 化	5	46	35	9	3.8	252
工	建 築	5	75	72	15	4.8	276
	工 業 化	5	39	34	11	3.0	255
	電 気 工	5	62	57	9	6.3	289
	情 報 工	5	114	100	15	6.6	281
	機 械 工	5	67	56	11	5.0	274
薬	薬	5	60	52	10	5.2	265
	生 命 創 薬 科	5	39	35	11	3.1	250
理工	数	5	106	101	24	4.2	292
	物 理	5	58	56	18	3.1	247
	情 報 科	5	82	76	9	8.4	276
	応 用 生 物 科	5	61	53	15	3.5	253
	建 築	5	80	75	12	6.2	270
	先 端 化	5	61	54	17	3.1	241
	電気電子情報工	7	126	114	16	7.1	270
	経 営 工	5	49	43	12	3.5	255
	機 械 工	5	73	66	18	3.6	258
	土 木 工	5	72	68	12	5.6	243
先進工	電子システム工	5	65	59	18	3.2	249
	マテリアル創成工	5	34	29	6	4.8	261
	生命システム工	5	82	76	12	6.3	271
経営	経 営	12	112	103	23	4.4	281
	ビジネスエコノミクス	8	106	100	20	5.0	285
	国際デザイン経営	15	63	58	33	1.7	220
合 計		167	2,070	1,881	428	—	—

（配点）　325 点満点（東京理科大学独自試験 300 点＋英語の資格・検定試験 25 点）。

2021 年度　入試状況

●B方式入試（東京理科大学独自試験）

学部・学科			募集人員	志願者数	受験者数	合格者数	競争率	合格最低点
理第一部		数　　　理	49	858	827	247	3.3	185
	物　　　　　理		49	1,247	1,180	423	2.7	187
	化		49	1,020	972	344	2.8	＊234
	応　用　数　理		49	570	544	191	2.8	183
	応　用　物　理		49	664	634	311	2.0	144
	応　　用　　化		49	1,240	1,187	447	2.6	＊181
工	建　　　　　築		46	1,199	1,144	290	3.9	197
	工　業　　化		46	643	610	271	2.2	177
	電　気　　工		46	1,190	1,120	380	2.9	188
	情　報　　工		46	2,389	2,264	375	6.0	211
	機　械　　工		46	1,769	1,671	494	3.3	197
薬	薬		40	934	841	252	3.3	175
	生 命 創 薬 科		40	603	560	224	2.5	166
理工	数		49	702	683	340	2.0	＊＊279
	物　　　　　理		49	1,083	1,048	409	2.5	220
	情　報　　科		49	1,410	1,360	433	3.1	228
	応 用 生 物 科		49	900	854	355	2.4	212
	建　　　　　築		49	798	762	250	3.0	213
	先　端　　化		49	636	614	296	2.0	196
	電気電子情報工		67	1,413	1,338	626	2.1	202
	経　営　　工		49	902	871	301	2.8	221
	機　械　　工		49	1,417	1,350	474	2.8	214
	土　木　　工		49	782	755	418	1.8	187
先進工	電子システム工		49	1,233	1,182	198	5.9	212
	マテリアル創成工		49	1,280	1,235	357	3.4	199
	生命システム工		49	1,288	1,239	390	3.1	194
経営	経　　　　　営		72	1,093	1,063	312	3.4	＃299
	ビジネスエコノミクス		73	1,091	1,059	321	3.2	221
	国際デザイン経営		32	499	485	64	7.5	＃＃307
理第二部	数　　　理		64	254	215	123	1.7	123
	物　　　　　理		64	238	185	122	1.5	110
	化		69	188	152	112	1.3	101
合		計	1,633	31,533	30,004	10,150	―	―

（備考）　合格者数・合格最低点には追加合格者を含む。

（配点）　試験各教科 100 点満点，3 教科計 300 点満点。ただし，以下を除く。

- 理学部第一部化学科・応用化学科（＊）は 350 点満点（化学 150 点，他教科各 100 点）。
- 理工学部数学科（＊＊）は 400 点満点（数学 200 点，他教科各 100 点）。
- 経営学部経営学科（＃）は 400 点満点（高得点の 2 科目をそれぞれ 1.5 倍に換算，残り 1 科目 100 点）。
- 経営学部国際デザイン経営学科（＃＃）は 400 点満点（英語 200 点，他教科各 100 点）。

●C方式入試（大学入学共通テスト＋東京理科大学独自試験）

学部・学科		募集人員	志願者数	受験者数	合格者数	競争率	合格最低点
理第一部	数	10	131	91	26	3.5	369
	物理	10	126	81	12	6.7	391
	化	10	129	87	30	2.9	371
	応用数	10	64	42	25	1.6	319
	応用物理	10	76	53	19	2.7	360
	応用化	10	130	87	20	4.3	385
工	建築	10	130	94	25	3.7	390
	工業化	10	91	65	26	2.5	369
	電気工	10	90	64	21	3.0	383
	情報工	10	216	165	30	5.5	405
	機械工	10	142	92	30	3.0	382
薬	薬	10	163	112	16	7.0	391
	生命創薬科	10	114	75	18	4.1	376
理工	数	10	74	57	27	2.1	339
	物理	10	78	60	19	3.1	376
	情報科	10	135	105	17	6.1	401
	応用生物科	10	139	104	36	2.8	361
	建築	10	83	57	24	2.3	358
	先端化	10	72	50	19	2.6	359
	電気電子情報工	13	107	79	19	4.1	373
	経営工	10	96	70	21	3.3	375
	機械工	10	136	87	32	2.7	358
	土木工	10	65	33	13	2.5	352
先進工	電子システム工	10	138	113	14	8.0	387
	マテリアル創成工	10	123	67	14	4.7	366
	生命システム工	10	164	116	33	3.5	374
経営	経営	12	87	63	26	2.4	337
	ビジネスエコノミクス	15	110	78	23	3.3	366
	国際デザイン経営	5	37	26	7	3.7	369
合計		295	3,246	2,273	642	—	—

（配点）　500点満点（大学入学共通テスト200点＋東京理科大学独自試験300点）。

●グローバル方式入試（英語の資格・検定試験＋東京理科大学独自試験）

学部・学科		募集人員	志願者数	受験者数	合格者数	競争率	合格最低点
理第一部	数	5	57	52	11	4.7	243
	物　　　　　理	5	60	52	8	6.5	252
	化	5	57	49	15	3.2	246
	応　用　　数	5	89	80	16	5.0	208
	応　用　物　理	5	37	34	11	3.0	233
	応　用　　化	5	71	64	10	6.4	261
工	建　　　　築	5	85	77	10	7.7	253
	工　業　　化	5	52	44	12	3.6	245
	電　気　　工	5	50	44	13	3.3	229
	情　報　　工	5	119	101	14	7.2	256
	機　械　　工	5	61	51	11	4.6	252
薬	薬	5	46	35	6	5.8	255
	生　命　創　薬　科	5	48	41	13	3.1	251
理工	数	5	46	46	23	2.0	185
	物　　　　　理	5	38	37	8	4.6	232
	情　報　　科	5	59	53	8	6.6	250
	応　用　生　物　科	5	51	45	14	3.2	228
	建　　　　築	5	56	50	15	3.3	227
	先　端　　化	5	30	29	7	4.1	238
	電　気　電　子　情　報　工	7	57	53	13	4.0	209
	経　営　　工	5	57	51	13	3.9	251
	機　械　　工	5	65	55	15	3.6	218
	土　木　　工	5	59	52	9	5.7	244
先進工	電子システム工	5	105	99	12	8.2	238
	マテリアル創成工	5	68	62	8	7.7	244
	生命システム工	5	99	88	19	4.6	232
経営	経　　　　　営	12	84	74	13	5.6	206
	ビジネスエコノミクス	8	143	130	30	4.3	215
	国際デザイン経営	15	86	79	20	3.9	203
合　　　　　　　　計		167	1,935	1,727	377	―	―

（配点）　325 点満点（東京理科大学独自試験 300 点＋英語の資格・検定試験 25 点）。

2020 年度 入試状況

●B方式入試（東京理科大学独自試験）

学部・学科	募集人員	志願者数	受験者数	合格者数	競争率	合格最低点
理第一部　数	49	887	852	238	3.5	180
物　理	49	1,418	1,361	376	3.6	207
化	49	1,073	1,008	291	3.4	*221
応　用　数	49	688	665	186	3.5	176
応用物理	49	751	717	285	2.5	180
応　用　化	49	1,470	1,403	390	3.5	*250
工　建　　築	46	1,413	1,317	285	4.6	208
工　業　化	46	656	617	264	2.3	181
電　気　工	46	1,729	1,638	329	4.9	209
情　報　工	46	2,158	2,014	418	4.8	213
機　械　工	46	2,213	2,080	444	4.6	213
薬　薬	40	1,028	935	262	3.5	212
生命創薬科	40	688	646	237	2.7	203
理工　数	49	911	879	311	2.8	**262
物　　理	49	1,215	1,170	411	2.8	187
情　報　科	49	1,567	1,492	366	4.0	218
応用生物科	49	1,228	1,174	393	2.9	202
建　　築	49	1,044	991	214	4.6	217
先　端　化	49	1,059	1,005	292	3.4	206
電気電子情報工	67	1,623	1,542	493	3.1	208
経　営　工	49	1,064	1,026	270	3.8	208
機　械　工	49	1,766	1,688	470	3.5	216
土　木　工	49	995	946	322	2.9	198
基礎工　電子応用工	49	794	769	211	3.6	204
材　料　工	49	1,138	1,097	263	4.1	207
生　物　工	49	775	739	295	2.5	196
経営　経　　営	132	1,755	1,695	328	5.1	#262
ビジネスエコノミクス	62	1,054	1,022	139	7.3	217
理第二部　数	64	310	259	113	2.2	167
物　　理	64	304	273	138	1.9	162
化	69	231	200	131	1.5	148
合　　　　計	1,650	35,005	33,220	9,165	―	―

（備考）　合格者数・合格最低点には補欠合格者を含む。

（配点）　試験各教科 100 点満点，3 教科計 300 点満点。ただし，以下を除く。

- 理学部第一部化学科・応用化学科（＊）は 350 点満点（化学 150 点，他教科各 100 点）。
- 理工学部数学科（＊＊）は 400 点満点（数学 200 点，他教科各 100 点）。
- 経営学部経営学科（＃）は 350 点満点（英語 150 点，他教科各 100 点）。

●C方式入試（大学入試センター試験＋東京理科大学独自試験）

学部・学科		募集人員	志願者数	受験者数	合格者数	競争率	合格最低点
理第一部	数	10	90	72	18	4.0	384
	物　　理	10	132	102	14	7.2	410
	化	10	110	86	27	3.1	381
	応　用　数　理	10	88	68	25	2.7	379
	応　用　物　理	10	60	47	18	2.6	376
	応　用　化	10	161	117	34	3.4	390
工	建　　築	10	146	112	26	4.3	401
	工　業　化	10	75	53	20	2.6	371
	電　気　工	10	184	142	37	3.8	393
	情　報　工	10	205	152	30	5.0	404
	機　械　工	10	210	159	40	3.9	390
薬	薬	10	182	133	20	6.6	396
	生 命 創 薬 科	10	106	83	24	3.4	379
理工	数	10	79	68	19	3.5	378
	物　　理	10	84	60	10	6.0	392
	情　報　科	10	115	81	22	3.6	385
	応 用 生 物 科	10	173	125	35	3.5	366
	建　　築	10	113	91	24	3.7	398
	先　端　化	10	90	72	20	3.6	371
	電気電子情報工	13	91	65	16	4.0	374
	経　営　工	10	96	79	20	3.9	369
	機　械　工	10	145	118	25	4.7	390
	土　木　工	10	69	54	12	4.5	387
基礎工	電 子 応 用 工	10	115	87	24	3.6	377
	材　料　工	10	165	132	10	13.2	395
	生　物　工	10	120	97	32	3.0	358
経営	経　　　　営	24	208	172	25	6.8	387
	ビジネスエコノミクス	13	181	148	23	6.4	383
合　　　　計		300	3,593	2,775	650	―	―

（配点）　500 点満点（大学入試センター試験 200 点＋東京理科大学独自試験 300 点）。

●グローバル方式入試（英語の資格・検定試験＋東京理科大学独自試験）

学部・学科		募集人員	志願者数	受験者数	合格者数	競争率	合格最低点
理第一部	数　　　　　理	5	56	52	7	7.4	270
	物　　　　　理	5	66	61	7	8.7	269
	化	5	58	50	13	3.8	235
	応　用　数	5	68	63	17	3.7	236
	応　用　物　理	5	37	34	9	3.7	253
	応　用　化	5	69	59	12	4.9	238
工	建　　築	5	79	74	10	7.4	253
	工　業　化	5	44	40	12	3.3	213
	電　気　工	5	107	100	15	6.6	250
	情　報　工	5	91	76	12	6.3	254
	機　械　工	5	80	75	10	7.5	266
薬	薬	5	59	45	8	5.6	242
	生　命　創　薬　科	5	43	37	9	4.1	221
理工	数	5	33	31	8	3.8	234
	物　　　　　理	5	38	33	7	4.7	246
	情　報　科	5	50	46	7	6.5	242
	応　用　生　物　科	5	78	68	13	5.2	224
	建　　築	5	68	61	9	6.7	252
	先　端　化	5	45	40	9	4.4	230
	電気電子情報工	7	62	52	15	3.4	233
	経　営　工	5	50	43	10	4.3	228
	機　械　工	5	65	57	11	5.1	251
	土　木　工	5	76	71	14	5.0	222
基礎工	電　子　応　用　工	5	94	88	21	4.1	227
	材　料　工	5	76	68	5	13.6	239
	生　物　工	5	60	53	13	4.0	217
経営	経　　　　　営	12	177	162	12	13.5	236
	ビジネスエコノミクス	7	110	104	20	5.2	228
合　　　　　　　計		151	1,939	1,743	315	—	—

（配点）　320 点満点（東京理科大学独自試験 300 点＋英語の資格・検定試験 20 点）。

募集要項（出願書類）の入手方法

◎一般選抜（A方式・B方式・C方式・グローバル方式・S方式）

　Web出願サイトより出願を行います。募集要項は大学ホームページよりダウンロードしてください（11月中旬公開予定）。

◎学校推薦型選抜・総合型選抜

　Web出願サイトより出願を行います。募集要項は7月上旬頃，大学ホームページで公開。

> 〔Web出願の手順〕
> Web出願サイトより出願情報を入力
> ⇒入学検定料等を納入⇒出願書類を郵送⇒完了

◎上記入学試験以外（帰国生入学者選抜や編入学など）

　Web出願には対応していません。願書（紙媒体）に記入し，郵送により出願します。募集要項は大学ホームページから入手してください。

問い合わせ先

　東京理科大学　入試課
　　〒162-8601　東京都新宿区神楽坂1-3
　　TEL 03-5228-7437　　　FAX 03-5228-7444
　　ホームページ　https://www.tus.ac.jp/

東京理科大学のテレメールによる資料請求方法

| スマートフォンから | QRコードからアクセスしガイダンスに従ってご請求ください。 |
| パソコンから | 教学社 赤本ウェブサイト(akahon.net)から請求できます。 |

合格体験記 募集

　2025 年春に入学される方を対象に，本大学の「合格体験記」を募集します。お寄せいただいた合格体験記は，編集部で選考の上，小社刊行物やウェブサイト等に掲載いたします。お寄せいただいた方には小社規定の謝礼を進呈いたしますので，ふるってご応募ください。

• 応募方法 •

下記 URL または QR コードより応募サイトにアクセスできます。
ウェブフォームに必要事項をご記入の上，ご応募ください。
折り返し執筆要領をメールにてお送りします。

※入学が決まっている一大学のみ応募できます。

☞ http://akahon.net/exp/

• 応募の締め切り •

総合型選抜・学校推薦型選抜	2025年 2 月 23 日
私立大学の一般選抜	2025年 3 月 10 日
国公立大学の一般選抜	2025年 3 月 24 日

受験にまつわる川柳を募集します。
入選者には賞品を進呈！
ふるってご応募ください。

応募方法　http://akahon.net/senryu/　にアクセス！☞

気になること、聞いてみました！

在学生メッセージ

大学ってどんなところ？　大学生活ってどんな感じ？
ちょっと気になることを，在学生に聞いてみました。

以下の内容は 2020～2022 年度入学生のアンケート回答に基づくものです。ここで触れられている内容は今後変更となる場合もありますのでご注意ください。

Message from current students

メッセージを書いてくれた先輩　[創域理工学部] K.N. さん　[理学部第一部] A.Y. さん
　　　　　　　　　　　　　　　[理学部第二部] M.A. さん

大学生になったと実感！

　自由度が高まったと感じています。バイト，部活，勉強など自分のやりたいことが好きなようにできます。高校時代と比べて良い意味でも悪い意味でも周りからの干渉がなくなったので，自分のやりたいことができます。逆に，何もしないと何も始まらないと思います。友達作りや自分のやりたいことを自分で取捨選択して考えて行動することで，充実した大学生活を送ることができるのではないでしょうか。自分自身，こういった環境に身を置くことができるのはとてもありがたいことだと思っており，有意義なものになるよう自分から動くようにしています。（A.Y. さん／理〈一部〉）

　大学生になって，高校よりも良くも悪くも自由になったと実感しています。高校生までは，時間割が決まっていて学校の外に出ることはなかったと思いますが，大学生は授業と授業の間にお出かけをしたり，ご飯を食べたりすることもできますし，授業が始まる前に遊んでそのまま大学に行くこともあります。アルバイトを始めたとき，専門書を購入したとき，大学生になったと実感します。また，講義ごとに教室が変わり自分たちが移動

する点も高校とは異なる点だと思います。（M.A. さん／理〈二部〉）

　所属する建築学科に関する専門科目が新しく加わって，とても楽しいです。さらに OB の方をはじめとした，現在業界の第一線で働いていらっしゃる専門職の方の講演が授業の一環で週に 1 回あります。そのほかの先生も業界で有名な方です。（K.N. さん／創域理工）

この授業がおもしろい！

　1 年生の前期に取っていた教職概論という授業が好きでした。この授業は教職を取りたいと思っている学生向けの授業です。教授の話を聞いたり個人で演習したりする授業が多いですが，この授業は教授の話を聞いた後にグループワークがありました。志の高い人たちとの話し合いは刺激的で毎回楽しみにしていました。後半にはクラス全体での発表もあり，たくさんの意見を聞くことができる充実した授業でした。（A.Y. さん／理〈一部〉）

大学の学びで困ったこと＆対処法

　高校と比べて圧倒的に授業の数が多いので，テスト勉強がとても大変です。私の場合，1 年生前期の対面での期末テストは 12 科目もありました。テスト期間は長く大変でしたが，先輩や同期から過去問題をもらい，それを重点的に対策しました。同学科の先輩とのつながりは大切にするべきです。人脈の広さがテストの点数に影響してきます。（A.Y. さん／理〈一部〉）

　数学や物理でわからないことがあったときは，SNS でつながっている学科の友人に助けを求めたり，高校時代の頭のよかった友人に質問したりします。他の教科の課題の量もかなり多めなので，早めに対処することが一番大事です。（K.N. さん／創域理工）

部活・サークル活動

　部活は弓道部，サークルは「ちびらぼ」という子供たちに向けて科学実験教室を行うボランティアサークルに所属しています。弓道部は週に3回あり忙しいほうだと思いますが，他学部の人たちや先輩と知り合うことができて楽しいです。部活やサークルに入ることは，知り合いの幅を広げることもできるのでおすすめです。どのキャンパスで主に活動しているのか，インカレなのかなど，体験入部などを通してよく調べて選ぶといいと思います。(A.Y. さん／理〈一部〉)

 ## 交友関係は？

　初めは SNS で同じ学部・学科の人を見つけてつながりをもちました。授業が始まるにつれて対面で出会った友達と一緒にいることが増えました。勉強をしていくうえでも，大学生活を楽しむうえでも友達の存在は大きく感じます。皆さんに気の合う友達ができることを祈っています。(M.A. さん／理〈二部〉)

 ## いま「これ」を頑張っています

　勉強，部活，バイトです。正直大変で毎日忙しいですが，充実していて楽しいです。自分の知らなかった世界が広がった気がします。実験レポートや課題が多く，いつ何をするか計画立てて進めています。自分はどうしたいかを日々考えて動いています。(A.Y. さん／理〈一部〉)

おススメ・お気に入りスポット

　私は理学部なので神楽坂キャンパスに通っています。キャンパスの周り
にはたくさんのカフェやおしゃれなお店があり，空きコマや放課後にふら
っと立ち寄れるのがいいと思います。東京理科大学には「知るカフェ」と
いうカフェがあり，ドリンクが無料で飲めるスペースがあります。勉強し
ている学生が多くいて，私もよくそこで友達と課題をしています。
（A.Y. さん／理〈一部〉）

入学してよかった！

　勤勉な友達や熱心な先生方と出会い，毎日が充実しており，東京理科大
学に入学してよかったと心から思っています。理科大というと単位や留年，
実力主義という言葉が頭に浮かぶ人，勉強ばかりで大変だと思っている人
もいると思います。しかし，勉強に集中できる環境が整っており，先生方
のサポートは手厚く，勉強にも大学生活にも本気になることができます。
また，教員養成にも力を入れており，この点も入学してよかったと思って
いる点です。（M.A. さん／理〈二部〉）

みごと合格を手にした先輩に，入試突破のためのカギを伺いました。
入試までの限られた時間を有効に活用するために，ぜひ役立ててください。

（注）ここでの内容は，先輩方が受験された当時のものです。2025 年
度入試では当てはまらないこともありますのでご注意ください。

・アドバイスをお寄せいただいた先輩・

M.Y. さん　先進工学部（生命システム工学科）
B 方式・グローバル方式 2024 年度合格，埼玉県
出身

　自分が今できる最善の勉強をしつづけることです。受験は長期戦で
す。あのときにこうしておけばよかったと後悔することもあって当然
です。でも，そう感じたときにもし最善の選択をしていたら，「あの
ときの自分は最善だと思って行動したから今があるんだ」と思えます。
過去には戻れないので後悔をしても過去は変わりません。失敗をする
と，たくさんのことを学べます。失敗を恐れず挑戦しつづけてほしい
です。また，常に前向きに勉強をしつづけることは難しく，時には落
ち込むこともあって当然です。辛い気持ちになったら周りの人を頼り
ましょう。私たちには応援をしてくれる家族や先生，友だちがいます。
ずっと勉強をしつづければ本番では自信になります。最後まで諦めず
に努力していってほしいです。

その他の合格大学　東京理科大（創域理工），明治大（農〈農芸化〉），青

山学院大（理工〈化学・生命科〉），中央大（理工〈生命科〉）

○ **H.S. さん**　先進工学部（機能デザイン工学科）
〇　B方式 2023 年度合格，千葉県出身

　最後まで諦めないことだと思います。模試で良い成績を残せず，「なんでこんなに勉強しているのに成績が伸びないんだ」と心が折れてしまうことがあるかもしれないけれど，最後まで諦めなければ結果はついてくると思います。

その他の合格大学　東京海洋大（海洋工），中央大（理工），青山学院大（理工），法政大（理工）

○ **A.Y. さん**　理学部（化学科）
〇　B方式 2022 年度合格，東京都出身

　1 問 1 問に向き合い，自分自身や受験に対して最後まで諦めない気持ちを持つことが合格への最大のポイントだと思います。うまくいかないこともありますが，踏ん張って自分で考え試行錯誤しているうちに何かに気がつけたり，成長できていることに気づかされることもあります。受験には終わりがあります。あと少しだけ，そう思って諦めず少しずつでも進んでいくことが大切だと思います。どんなにうまくいかなかったり周りから何か言われたりしても合格すればすべて報われます。そう思って頑張ってください！

その他の合格大学　東邦大（理），東京電機大（工），立教大（理），法政大（生命科），中央大（理工），富山大（理）

○ **K.O. さん**　先進工学部（電子システム工学科）
B方式 2022 年度合格，大阪府出身

　時にはモチベーションが上がらなかったり，投げ出したくなること
もあるかもしれません。でもやっぱり一番大事なのは，そんなときこ
そゆっくりでもいいから足を止めず，勉強を続けることだと思います。

その他の合格大学　芝浦工業大（工），法政大（理工），東京都市大（理
工）

入試なんでも **Q & A**

受験生のみなさんからよく寄せられる,
入試に関する疑問・質問に答えていただきました。

 「赤本」の効果的な使い方を教えてください。

A 夏くらいから解き始めました。受験する大学は必ず解き,傾向をつかみました。第一志望校(国立)は8年ほど,私立の実力相応校は3年ほど,安全校は1年ほど解きました。安全校であっても自分に合わない形式の大学もあるので,赤本は必ずやるべきです。また,挑戦校は早めに傾向をつかむことで,合格に近づくことができると思います。赤本の最初のページには傾向が書かれているので,しっかりと目を通すとよいと思います。

(M.Y. さん／先進工)

A 夏頃に第1志望校の最新1年分の過去問を時間を計って解いてみて自分の現状を知ることで,これからどのような学習をすればよいのか再度計画を立て直しました。10月下旬からは志望校の過去問を1週間に1〜2年分解くようにしました。数学や物理は解けなくても気にしないようにして,解答や解説を読んでどのくらいの過程で結論を導き出せるのかを把握することで過去問演習や受験本番のペース配分に利用していました。間違えた問題には印を付けておき,復習しやすいようにしていました。直前期には間違えた問題を中心に第3志望校くらいまでの過去問5年分を2〜3周しました。

(H.S. さん／先進工)

１年間の学習スケジュールはどのようなものでしたか？

A　高３になる前：英語と数学Ⅰ・Ⅱ・Ａ・Ｂの基礎を固めておく。

高３の夏：理科の基礎を固める（『重要問題集』（数研出版）のレベルＡまで，得意な範囲はＢも）。ここで苦手分野をあぶりだす。また，夏に一度，第一志望校の過去問を解き，夏以降の勉強の指針を立てる。

　９月：意外と時間があり，志望校の対策をする。

10月：模試に追われ，模試のたびに復習をして，苦手範囲をつぶしていく。

11月：各科目の苦手範囲を問題集等でなるべく減らす。

12〜１月：共通テストに専念。

共通テスト明け：私立の過去問を解きつつ，国立の対策もする。

（M.Y. さん／先進工）

A　４〜10月までは基礎の参考書を何周もして身につけました。英単語は「忘れたら覚える」の繰り返しを入試までずっと続けていました。理系科目も何周もしましたが，その単元の内容を短時間で一気に身につけるという意識で，１つの問題に長い時間をかけて取り組んでいました。11月から12月半ばまでは過去問演習と参考書学習を並行して行っていました。そこから入試にかけてはほとんど過去問演習でしたが，過去問演習と参考書学習の比率は自分のレベルに応じて決めるといいと思います。

（K.O. さん／先進工）

 どのように学習計画を立て，受験勉強を進めていましたか？

A　１，２週間ごとに「やることリスト」を紙に書き出していました。休憩の時間も含めて決めて，それを元に１日単位のやる量も決めました。計画において大切なことは，ガチガチではなく大ざっぱに決め，少なくてもいいから絶対に決めた量はやりきるということだと思います。最初はなかなか計画通りに進めるのは難しいと思いますが，「今日から計画

を1回も破らない」という意識で，思っているより少ないタスク量から始めていくと続きやすいのかもしれません。　　　　　　　（K.O. さん／先進工）

 東京理科大学を攻略するうえで，特に重要な科目は何ですか？

A 　理科があまり得意ではなかったこともあり，東京理科大学の物理は難しいと感じていたため，英語・数学を得点源にしようと考えました。英語に関しては単語帳と熟語帳を1冊しっかりと仕上げれば，単語や熟語で困ることはないと思います。長文も慣れればそこまで難しくはないので慣れるまで過去問を解きました。私は慣れるのに時間がかかったので他学部の英語の問題も解きました。数学に関しては先進工学部はマーク式と記述式があるのですが，過去問を解いてどちらを得点源にできるのか考えておくと，受験当日に緊張していても落ち着いて試験に臨めると思います。物理に関しては大問の中盤くらいまでをしっかり解けるようにしておけば，難しい問題が多い終盤の問題を落としても合格点に届くと思います。　　　　　　　　　　　　　　　　　　　　　（H.S. さん／先進工）

A 　英語です。数学や化学は年によって難易度に差があり，問題を見てみないとわからない部分もあります。だからこそ英語で安定して点を取れていると強いと思います。東京理科大の英語は傾向が読みにくいので，最低3〜5年分の過去問をやり，どんな形式にでも対応できるようにしておくべきです。試験が始まったら，まずどんな問題で，どのように時間配分をすべきか作戦を立ててから問題に取り組むことをお勧めします。具体的には文と文の因果関係や，プラスマイナスの関係性に気をつけて記号的に読んでいました。　　　　　　　　　　　　　　（A.Y. さん／理）

 学校外での学習はどのようにしていましたか？

A 　高2の秋から1年間，英語と数学を塾で週に1回ずつ学んでいました。学校の課題が多かったので学校と塾との両立は簡単ではあり

ませんでしたが，自分には合っていたと思います。また，夏休みにオンライン学習をしていました。予備校の種類は多いので自分に合ったものを選ぶことが大切だと思います。そもそも予備校に通ったほうがいいのか，対面かオンラインか，集団か個別かなど，体験授業などにも参加して取捨選択するのがいいと思います。自分に合っていない方法をとって時間もお金も無駄にしてしまうことはよくないと思うからです。　　（A.Y. さん／理）

 時間をうまく使うためにしていた工夫を教えてください。

A　時間は自分でつくるものです。いままでスマホを見ていた時間を隙間時間だと考えると，隙間時間の多さを感じると思います。ほかにも，電車に乗っている時間は言うまでもないと思いますが，例えば電車が来るまでの時間，食事後の時間などです。スマホを触る代わりに単語帳を開くとよいと思います。移動時間には暗記系，机の上で勉強できる時間はすべてペンを使った勉強と決めておくと，暗記は電車の中で終わらせるという意識がもてて集中できると思います。　　（M.Y. さん／先進工）

 苦手な科目はどのように克服しましたか？

A　わからない問題を，納得のいくまで先生に聞きつづける。入試本番でわからないより，今わからないほうがよいと思って質問をしていました。質問をしたことは頭にも残りやすいと思います。暗記の場合は，語呂合わせを利用するなどするとよいと思います。理系科目は，苦手な範囲を見つけ，なぜその範囲が苦手なのかを追求し，それを苦手でないようにするにはどうすればよいのかを考え，実行するとよいと思います。一見簡単そうに思えますが，実行までもっていくことは難しいです。なぜできないのかが自分でわからない場合は，逃げるのではなく，周りの人に聞いてみるとよいと思います。　　（M.Y. さん／先進工）

スランプに陥ったときに，どのように抜け出しましたか？

A 友達や先生など信頼できる人に相談をしました。悩んで前に進まない時間が一番もったいないので，周りの人を頼りました。何でも気軽に相談できる先生がいたので，その先生に不安や悩みを相談していました。相談をする時間が惜しかったときもありますが，相談することでメンタルが回復するのであれば，相談をする時間は惜しむべきではないと思います！ また，一緒に頑張る仲間がいると頑張れます。友だちが頑張っていると自分も頑張ろうと思えますし，一方が落ち込んだらもう一方が励ますことで，お互いに支えあって受験を乗り越えることができました。

(M.Y. さん／先進工)

 模試の上手な活用法を教えてください。

A 僕は模試を入試仮想本番として捉えることの大切さを挙げたいと思います。一日中通しで試験を受けるというのは，普段はなかなかできない貴重な体験だと思います。そして，本番として本気でぶつかることで普段の勉強では得られない発見が必ずあります。計算ミスはその筆頭で，これをなくすだけで偏差値は大幅にアップします。本番としてやるというのは，言葉通り模試前の教材の総復習だったり，模試の過去問があるなら見ておいたり，気合いを入れたり，本当の入試として取り組むということです。ぜひやってみてください。 (K.O. さん／先進工)

 試験当日の試験場の雰囲気はどのようなものでしたか？
緊張のほぐし方，交通事情，注意点等があれば教えてください。

A 1時間前には座席に座れるように余裕を持って行動しました。私は受験のときに着る私服を決め，毎回同じ服装で受験していました。私服で行くのは体温調節がしやすいのでオススメです。私はカイロを毎回持参することで緊張をほぐしていました。試験が始まるまで耳栓をして，

黙々と暗記教科を中心に見直しをしていました。教科が終わるごとに歩い
たりトイレに行ったりして，気分転換していました。出来があまりよくな
かった教科ほど気持ちの切り替えが大切です。　　　　（A.Y. さん／理）

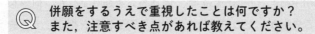

Q 併願をするうえで重視したことは何ですか？
また，注意すべき点があれば教えてください。

A　キャンパスがどこにあるのかをしっかりと調べるようにして，も
し通うことになったときに通学時間が長くても自宅から 2 時間かか
らない場所の大学を選びました。また，自分が最後に受けた模試の偏差値
を見て，安全校，実力相応校，挑戦校を決めました。安全校はウォーミン
グアップ校とも言ったりしますが，実力相応校を受験する前に受験できる
大学を選びました。私の場合は，理科が得点源になるほどにはできなかっ
たので数学や英語だけで受験できるような大学も選ぶようにしていました。
　　　　　　　　　　　　　　　　　　　　　　　（H.S. さん／先進工）

Q 受験生のときの失敗談や後悔していることを教えてください。

A　受験勉強が始まって最初の頃，現実逃避したいせいか受験とは関
係ないことに時間を使いすぎてしまい，勉強をストップしてしまっ
たことです。例えば勉強を 1 週間休んだとしたら，それを取り返すために
は数カ月質を上げて努力し続けなければいけません。だからストップだけ
はせず，気分が上がらないときはかなりスローペースでもいいので勉強を
継続することです。そうやって 1 日 1 日を一生懸命に生きていれば，自然
とペースはつかめてくると思います。　　　　　　（K.O. さん／先進工）

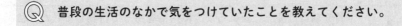

Q 普段の生活のなかで気をつけていたことを教えてください。

A　食事の時間だけは勉強を忘れて友達や家族と他愛ない話をして気
分転換の時間としました。温かいものを食べると体も心も温まるの

で夕食は家で温かいものを食べるようにしていました。また，睡眠時間を削ると翌日の勉強に悪影響を及ぼすので，毎日決まった時間に寝るようにしていました。起床時間は平日と土日でほとんど差がでないようにすることで，平日でも土日でもしっかりと起きることができました。さらに，寝る前の30分は暗記によい時間と聞いたことがあったので，ストレッチをしながらその日にやったことをさらっと復習したり，苦手な範囲を見直したりしていました。

(M.Y. さん／先進工)

 受験生へアドバイスをお願いします。

A　受験は長いです。しかも1日十何時間も毎日本気で勉強して，こんな大変な思いをする意味はあるのか？と思った人もいると思います。でも，本気であることに打ち込むのは貴重な経験だと思います。受験が始まる前に取り組んだいろんなことも，今では何でも簡単にできるようになっていると思えませんか？　そういった自信をつくるという意味で，この経験は受験ならではですし，大学受験が今までの人生で一番本気で頑張っていることだという人も多いと思います。そんな頑張っている自分を認めてあげてください。そのうえで，受験を最後まで走り切ってください。頑張れ受験生！

(K.O. さん／先進工)

科目別攻略アドバイス

みごと入試を突破された先輩に，独自の攻略法や
おすすめの参考書・問題集を，科目ごとに紹介していただきました。

英 語

速読力，単語力，英文の構造理解がポイント。　　（M.Y. さん／先進工）

📘 **おすすめ参考書　『速読英単語』**（Z会）
『LEAP』（数研出版）

まずは語彙力だと思います。文法問題も出題されているので文法も大事
だと思います。　　　　　　　　　　　　　　　　　（H.S. さん／先進工）

📘 **おすすめ参考書　『英単語ターゲット 1900』『英熟語ターゲット 1000』**
（いずれも旺文社）

試験が始まったら，まずどんな問題が出ていてどのように時間を使えば
いいか作戦をざっくり立てる。そうすることで焦りが軽減される。文法問
題から解くことで英語に慣れてから長文を解くとよい。

（A.Y. さん／理）

まず単語と熟語は反復して覚えて，時間内に間に合うまでスピードを上
げることが重要。　　　　　　　　　　　　　　　（K.O. さん／先進工）

📘 **おすすめ参考書　『システム英単語』**（駿台文庫）

数 学

典型問題の解法がすぐに出てくるようにしておきましょう。また，何と
なく解くのではなく，どのような方針で解くのかを考えるとよいです。授

業では，解き方を学ぶというよりも，初見問題に出合ったときの頭の使い方を学ぶとよいと思います。　　　　　　　　　　　　（M.Y. さん／先進工）

📖 **おすすめ参考書**　『**数学Ⅲ 重要事項完全習得編**』（河合出版）
『**合格る計算 数学Ⅲ**』（文英堂）

　記述式とマーク式のどちらが自分にとってコストパフォーマンスがいいか考えて，時間配分の力と計算力を上げることが大切。

（K.O. さん／先進工）

📖 **おすすめ参考書**　『**Focus Gold**』**シリーズ**（啓林館）

物　理

　公式は成り立ちから理解し，演習ではミスをしないギリギリのスピードを探ること。　　　　　　　　　　　　　　　　　（K.O. さん／先進工）

📖 **おすすめ参考書**　『**物理のエッセンス**』（河合出版）

化　学

　典型問題の解法を早めにしっかりと身につけましょう。何を求めたくて，どうすればどれが求まるのか，与えられた条件をどのように使えばいいのかをしっかり考えることが大切です。なぜ自分の答えが間違ったのかを突き止めましょう。　　　　　　　　　　　　　　　（M.Y. さん／先進工）

📖 **おすすめ参考書**　『**実戦 化学重要問題集 化学基礎・化学**』（数研出版）

　教科書を大切にする。教科書の隅々までわかっていれば解ける。細かい知識が問われることが多いので，よく出るところの周辺は手厚く対策するべき。　　　　　　　　　　　　　　　　　　　　　　　（A.Y. さん／理）

📖 **おすすめ参考書**　『**大学受験 Do シリーズ**』（旺文社）
『**宇宙一わかりやすい高校化学 無機化学**』（Gakken）

生物

自分で現象の説明をできるようにすることがポイント。

（M.Y. さん／先進工）

📖 **おすすめ参考書**　『ニューグローバル 生物基礎＋生物』（東京書籍）

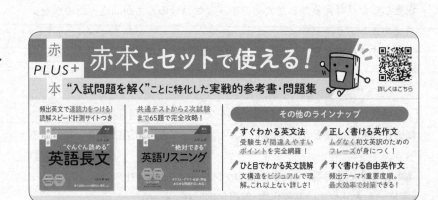

TREND & STEPS

傾向 と 対策

　科目ごとに問題の「傾向」を分析し，具体的にどのような「対策」をすればよいか紹介しています。まずは出題内容をまとめた分析表を見て，試験の概要を把握しましょう。

=== 注　意 ===

　「傾向と対策」で示している，出題科目・出題範囲・試験時間等については，2024年度までに実施された入試の内容に基づいています。2025年度入試の選抜方法については，各大学が発表する学生募集要項を必ずご確認ください。

=== 掲載日程・方式・学部 ===

〔2024・2023年度〕
　全学科
〔2022年度〕
　2月5日：応用数・応用物理・応用化学科
　2月8日：数・物理・化学科

英　語

年　度	番号	項　　目	内　　容
2024 ◑	〔1〕	読　　解	要約（10 字，20 字 2 問），空所補充，同意表現，内容説明，語句整序
	〔2〕	会　話　文	空所補充，内容説明，語句整序，内容真偽
2023 ◑	〔1〕	読　　解	同意表現，省略語句，内容説明（25 字 2 問他），内容真偽
	〔2〕	会　話　文	空所補充
	〔3〕	文法・語彙	語句整序
2022 ◑	2月5日 〔1〕	読　　解	要約文の完成（10 字 2 問），発音・アクセント，内容説明，同意表現，空所補充，段落の主題，文構造把握
	2月5日 〔2〕	会　話　文	空所補充
	2月5日 〔3〕	文法・語彙	語句整序
	2月8日 〔1〕	読　　解	空所補充，内容真偽，語句整序，同意表現，絵の説明，内容説明
	2月8日 〔2〕	会　話　文	空所補充，内容説明，語句整序

（注）　●印は全問，◑印は一部マークシート式採用であることを表す。

読解英文の主題

年　度	番号	主　　題
2024	〔1〕	デジタル・アートについて
	〔2〕	自閉症啓発のための徒歩旅行
2023	〔1〕	科学革命の歴史
	〔2〕	SNS 利用時の注意点
2022	2/5 〔1〕	純粋な利他主義は存在しうるか
	2/5 〔2〕	次に会う約束をする 2 人
	2/8 〔1〕	知識が破壊の危機にさらされてきた歴史
	2/8 〔2〕	コロナ禍における生活に関するインタビュー

読解問題の総合化が進む

01 出題形式は？

理学部第一部のB方式は，2022年度までは2日程であったが，2023年度からは1日程となっている。

試験時間は60分。例年，マークシート式と記述式が併用されている。記述式部分は内容説明が中心である。大問数は2題もしくは3題の出題となっている。

02 出題内容はどうか？

読解問題は，内容説明などを中心に，総合的な英語力を問うものになっている。発音・アクセントが出題されたこともある。英文のテーマは，以前は生物を含めた理科系のものが多かったが，近年は多様なテーマが取り上げられている。

会話文問題は，空所補充のみの場合と，それより長めの英文で，空所補充のみならず，同意表現や語句整序，内容説明が出題され，読解問題と出題形式にあまり差がみられない場合がある。その場合は設問文も英語となっていることがある。

文法・語彙問題は，近年は年度により，語句整序が単独の大問でみられる。単独で大問とならなかった場合でも読解・会話文問題中で出題されている。

03 難易度は？

総合的な出題となっており，設問の難易度は標準〜やや難である。英文のレベルはここ数年大きな変化はなく，安定している。状況を判断，理解した上で選択する同意表現など，和訳ができたとしても，それがそのまま正解につながるとは限らない出題も含まれている。単語集で単純に単語の意味だけを覚えてきたという受験生は苦戦を強いられるだろう。

01　読解問題

　年々文章内容の理解度を問う問題の比重が大きくなっている。毎年のように出題されている内容説明や，文章の流れを意識しながら考える必要のある同意表現，構文の知識力が問われる出題など，バランスよく対策を練っていく必要がある。文章の内容をつかむには逐語訳だけではなく，各段落の関係などを意識して英文に取り組む練習が欠かせない。また，語句の意味を問う問題もよく出題されており，理科系の英文は特に難度の高い語句が用いられていることが多い。文脈から意味を判断できることもあるが，語彙力はしっかりと増強しておく必要がある。また，近年は出題のバリエーションが増えているので，過去問では他の日程・学部の問題にも触れるほか，『大学入試 ぐんぐん読める英語長文』（教学社）などの問題集を使って様々な出題形式に対応できるようにしておきたい。

02　会話文問題

　総合的な会話文問題においては，出題内容は内容説明，同意表現など読解問題とほぼ同じであることも多く，会話文という概念ではなく，読解問題の一種としてとらえたほうがよいケースも多い。本書を用いて，過去の読解・会話文問題をしっかり解いて対策をしておきたい。

03　文法・語彙問題

　語句整序問題を解く上ではイディオム・構文の知識が必要不可欠である。また，文法問題は毎年何らかの形で出題されているので，文法演習を心がけておきたい。『Next Stage 英文法・語法問題』（桐原書店）など総合的な文法問題集を1冊用意し，繰り返し解いておこう。

───── 東京理科大「英語」におすすめの参考書 ───── Check!

✓ 『大学入試 ぐんぐん読める英語長文』（教学社）
✓ 『Next Stage 英文法・語法問題』（桐原書店）

数　学

年　度		番号	項　目	内　容
2024 ◖	共通問題	〔1〕	小問4問	(1)定積分の計算　(2)定積分の計算　(3)平面上の4点の位置関係と三角形の面積比　(4)空間内の5点の位置関係と四面体の体積比
		〔2〕	複素数平面，図形と方程式	放物線上の2点を頂点とする正三角形の残りの1点の軌跡
		〔3〕	微・積分法	2曲線の共有点の座標，2曲線で囲まれる図形の面積
	学科別数学応用	〔1〕	極　限，微・積分法	無限等比級数で定まる関数
		〔2〕	微・積分法	絶対値を含む定積分で定まる関数
2023 ◖	共通問題	〔1〕	小問3問	(1)三角形の外心のベクトル表示　(2)楕円上の格子点の個数と中心からの距離の最大値・最小値　(3)隣接する2つのバイナリーベクトルの取り出し方
		〔2〕	微　分　法	特殊な連立方程式の実数解の存在条件
		〔3〕	微・積分法	2曲線で囲まれた図形の面積
	学科別数学応用	〔1〕	整数の性質	集合の要素の個数
		〔2〕	微　分　法	デカルトの正葉線のいくつかの性質　☑証明
2022 ◖	2月5日	共通問題	〔1〕 小問3問	(1)四面体の体積，回転体の体積　(2)円周上を動く点から2定点までの距離の和のとり得る値の範囲　(3)連立漸化式で定まる数列と極限値
			〔2〕 式と曲線，積分法	双曲線に関する問題
			〔3〕 微・積分法	曲線と直線で囲まれた領域の面積
		学科別数学応用	〔1〕 整数の性質	不定方程式の整数解
			〔2〕 微　分　法	3次方程式の実数解や虚数解の絶対値のとり得る値の範囲
	2月8日	共通問題	〔1〕 小問3問	(1)指数関数の値　(2)三角関数の値とベクトルの内積　(3)円の中心や円と円の接点を通る直線の傾き
			〔2〕 図形と方程式，積分法	放物線で囲まれた図形の面積と回転体の体積　☑図示
			〔3〕 式と証明	整式の割り算の余り
		学科別数学	〔1〕 図形と方程式，微・積分法	曲線が通過する部分の面積　☑証明
			〔2〕 2次関数，図形と方程式	点の動く範囲　☑図示

(注)　●印は全問，◖印は一部マークシート式採用であることを表す。

出題範囲の変更

2025 年度入試より，数学は新教育課程での実施となります。詳細については，大学から発表される募集要項等で必ずご確認ください（以下は本書編集時点の情報）。

2024 年度（旧教育課程）	2025 年度（新教育課程）
数学Ⅰ・Ⅱ・Ⅲ・A・B（数列，ベクトル）	数学Ⅰ・Ⅱ・Ⅲ・A（図形の性質，場合の数と確率）・B（数列，統計的な推測）・C（ベクトル，平面上の曲線と複素数平面）

旧教育課程履修者への経過措置

2025 年度に限り，新教育課程と旧教育課程の共通範囲から出題する。

 微・積分法を中心に計算力を要する問題

01 出題形式は？

理学部第一部のB方式は，2022 年度までは 2 日程であったが，2023 年度からは 1 日程となっている。

〈共通問題〉

試験時間は 100 分で，大問 3 題の出題である。〔1〕は小問集合形式をとっており，マークシート式による空所補充問題で，空所に当てはまる数字または符号をマークするようになっている。残り 2 題は記述式で，答えだけでなく答えを導く過程も記述する。

〈数・応用数学科 学科別問題〉

試験時間は 80 分で，大問 2 題の出題である。〔1〕はマークシート式，〔2〕は記述式で，答えだけでなく答えを導く過程も記述する形のことが多いが，2022 年度の数学科のように，大問 2 題とも記述式になる年度もある。

いずれの問題も，問題冊子と解答用紙は別になっており，問題冊子の中にも下書きや計算に使える余白が十分ある。

02 出題内容はどうか？

例年，微・積分法を中心に広範囲から出題されており，計算力や洞察力が必要である。微・積分法以外の分野では，数列，ベクトル，極限，確率，

図形と方程式，整数の性質の出題が目立っており，複素数平面からも出題されている。さまざまな分野と関連させた融合問題もあり，加えて図形的な考察力が要求されることも多い。また，図示問題や証明問題も出題されている。

03 難易度は？

　全般的に量が多く，平易な問題でも計算量の多いものがある。思考力を必要とする問題が多く，証明問題が出題されることもあるので，記述方法に注意する必要がある。時間的にそれほど余裕はないであろう。特にマークシート式の問題は予想外に時間がかかることもあるので注意したい。

対　策

01 偏りのない学習を

　微・積分法を中心として，数列，ベクトル，極限，確率，図形と方程式，整数の性質，複素数平面など幅広い範囲から出題されている。できるだけ広い分野にわたって学習を深め，自信をつけておくことが必要である。

02 計算力を身につけよう

　記述式問題はもちろん，マークシート式の問題でもかなりの計算力を要するものがある。質・量ともに重みのある問題が多いので，計算を速く正確に行う必要がある。普段の学習においても計算を軽視しない姿勢が大切である。問題演習の際には，解法の道筋が立っても必ず最後の答えまで出すようにするとともに，少しでも計算が楽になるような工夫を心がけるべきである。

03　総合的な思考力を養おう

　単に解答を求めるのではなく，先を読み，推理・予測を行い，異なった角度から考えることは数学の学習にとって大切である。そのためには，実際にグラフや図を描き，具体性をもたせることが有効となる。日常の学習の中でこれらのことを心がけて幅広く考えていくことが総合的な実力養成につながる。正解が導けても，もう一度問題の意図を確認して別の角度から考えてみることも大切である。

04　標準的な問題集で演習量を増やそう

　例年，特別な難問はないものの，標準的な問題か，それよりやや難しい程度の良問がそろっている。したがって，まず標準的な問題集を終わらせて，さらに計算力をつけた上で得意分野を充実させよう。そして記述力を養うため，ポイントを的確に押さえた解答を書く練習を心がけたい。仕上げとして，他学部も含めた過去の問題で演習を重ねておこう。出題傾向や難度を肌で感じることができるので有益である。

—— **東京理科大「数学」におすすめの参考書** —— Check!

✓『大学入試 最短でマスターする数学Ⅰ・Ⅱ・Ⅲ・Ａ・Ｂ・Ｃ』（教学社）

物　理

年　度	番号	項　　目	内　　容
2024 ●	〔1〕	力　　　学	遠心力とすべる条件，傾く条件
	〔2〕	熱　力　学	等温・定積・定圧・断熱変化からなる熱サイクルの熱効率
	〔3〕	電　磁　気	RL回路，交流回路
	〔4〕	波　　　動	ヤングの実験
2023 ●	〔1〕	力　　　学	分裂をしたロケットの中で慣性力をうけた小球の単振動
	〔2〕	熱　力　学	等温変化，吸熱から放熱となる変化を含むサイクルの熱効率
	〔3〕	電　磁　気	ベータトロン，磁場と電場の中の荷電粒子の運動
	〔4〕	波　　　動	ドップラー効果，音波の干渉
2022 ◐	2月5日	〔1〕 力　　　学	板の上で単振動する小球の鉛直投射
		〔2〕 波　　　動	平面のドップラー効果とうなり
		〔3〕 熱　力　学	気体分子運動論によるポアソンの法則の証明
		〔4〕 電　磁　気	磁場中を運動する荷電粒子の繰り返し衝突
	2月8日	〔1〕 力　　　学	摩擦力と空気の抵抗力を受ける斜面上の小物体の運動
		〔2〕 熱　力　学	断熱変化と定積変化からなる熱サイクルの熱効率
		〔3〕 電　磁　気	コンデンサーの極板間の電場と極板間力
		〔4〕 原　　　子	光子と原子の衝突，原子からの光子の放出による運動量とエネルギーの保存

（注）　●印は全問，◐印は一部マークシート式採用であることを表す。

計算力・思考力が要求される良問

01　出題形式は？

　理学部第一部のB方式は，2022年度までは2日程であったが，2023年度からは1日程となっている。

　試験時間 80 分で大問 4 題，全問マークシート式による出題である。大半が選択肢の中から適切なものを選ぶ形式だが，式だけでなくグラフや文章を選択させる問題も出題されている。

02　出題内容はどうか？

　出題範囲は「物理基礎・物理」である。

　力学，熱力学，電磁気各 1 題＋原子または波動 1 題の計 4 題というパターンが多い。

　力学は複雑な設定の問題が多く，運動量保存則，力学的エネルギー保存則，円運動・単振動，慣性力などが頻出である。熱力学では理想気体の状態変化，熱サイクルが毎年のように出題されている。電磁気ではコンデンサーやコイルを含む回路からの出題が多く，次いで電磁誘導，電磁場中での荷電粒子の運動などが頻出している。波動からは近年，光波に関するものやドップラー効果を扱ったものが目立つ。原子分野もしっかり学んでおきたい。

03　難易度は？

　例年，高校で学習する範囲を超えるような難問・奇問はなく，よく工夫され，練られた良問ぞろいといってよいだろう。全体としては，標準〜やや難のレベルである。大問 1 題あたり 20 分程度の時間配分となるが，取り組みやすい問題から手際よく解いていかないと時間的に厳しいだろう。

対策

01　基本事項の徹底を

　難易の差こそあれ，基本的な物理法則の理解と柔軟な応用力で十分対応できるものが多い。物理の基本法則の理解とその概念の習得が対策の第一歩と考えること。そのためには，難問に飛びつく前に標準的な問題集（た

とえば教科書傍用問題集）で実力を養成する必要がある。その際に注意すべきことは，物理法則をただ暗記するのではなく，そこに潜む物理的意義の理解に努めることである。また，教科書を中心に代表的な実験の理解にも時間をかけ，さらに図・グラフの読み取りや活用にも習熟しておきたい。

02　応用力養成のための問題演習を

　基礎力が身についたら，具体的な物理現象への応用力養成に努めよう。マークシート式といっても，基礎事項を単純に問う一問一答ではなく，長い問題文が用意され，いくつかの基礎事項を関連させて解く必要のある問題が中心である。『体系物理』（教学社），『物理 標準問題精講』（旺文社）などの問題集のほか，他学部のものも含めた過去問に接し，題意の正確な読み取り，論理的な式の展開，迅速な計算，図やグラフの読み取りの能力を高めてほしい。

03　物理全体にわたっての学習を

　全分野からほぼ均等に出題され，どれもその分野を代表するような良問である。十分に時間をかけて全分野にわたる学習を進めておこう。

04　迅速・正確な計算力を

　選択肢の中にはまぎらわしい値が用意されていることがあるので，問題演習を積み重ね，正確な計算力を養っておきたい。近似式の取り扱い方にも習熟しておこう。

化　学

年　度	番号	項　目	内　　容
2024 ●	〔1〕	構　　造	塩化ナトリウムの結晶格子，塩化セシウムの結晶格子，原子間距離，配位数　　　　　　　　　　　⊘計算
	〔2〕	変化・無機	海水の電気分解，次亜塩素酸，弱酸の電離定数⊘計算
	〔3〕	変化・状態	H_2O_2 の分解速度，触媒，反応速度定数，気体の状態方程式　　　　　　　　　　　　　　　　　⊘計算
	〔4〕	状態・変化	ラウールの法則，凝固点降下，電離定数，溶解度積，燃焼熱，結合エネルギー，熱化学方程式　　⊘計算
	〔5〕	有　　機	ニトロベンゼン，アニリン，クメン法，サリチル酸の製法，芳香族化合物の分離
	〔6〕	高　分　子	異性体，ヨウ素価，けん化価，油脂の融点と不飽和度⊘計算
2023 ●	〔1〕	理論・無機	電気陰性度，化学結合，結晶格子の充塡率と配位数，遷移元素の性質，無機物質の反応と性質，酸化還元滴定，燃料電池　　　　　　　　　　　　　　⊘計算
	〔2〕	無　　機	鉄鉱石，鉄イオンの色，鉄の錯塩，アンモニアソーダ法
	〔3〕	変化・無機	ヘンリーの法則，ルシャトリエの原理，圧平衡定数⊘計算
	〔4〕	状　　態	水酸化鉄(Ⅲ)のコロイド，浸透圧，コロイドの凝析，ブラウン運動　　　　　　　　　　　　　　⊘計算
	〔5〕	有　　機	ベンゼンの誘導体，芳香族化合物の酸性度，アミンの異性体
	〔6〕	高　分　子	飲料ボトルの構成プラスチックの推定，ポリ乳酸，ポリヒドロキシ酪酸

2022 ●	2月5日	〔1〕	総　　合	原子の性質，酸の性質，物質量，物質の電気伝導性，炭素とケイ素，電池，金属や無機物質の利用，化学物質の工業的製法，食品や医療分野で用いられる化合物，実験器具	
		〔2〕	変　　化	リチウム電池，リチウムイオン電池	⊘計算
		〔3〕	構　　造	化学結合，結合エネルギー，解離エネルギー	⊘計算
		〔4〕	変　　化	酢酸の電離定数，加水分解定数，緩衝液	⊘計算
		〔5〕	高分子	セルロースの加水分解	⊘計算
		〔6〕	有　　機	有機化合物の構造決定	⊘計算
	2月8日	〔1〕	変　　化	電池と電気分解	
		〔2〕	無　　機	金属元素の性質と反応	⊘計算
		〔3〕	構造・無機	銅と亜鉛の沈殿生成，体心立方格子，面心立方格子	⊘計算
		〔4〕	構造・変化	水素と酸素の同位体，元素の周期律，結合エネルギー，pHと電離度，圧平衡定数	⊘計算
		〔5〕	状　　態	気体の法則，飽和蒸気圧，分圧の法則	⊘計算
		〔6〕	有　　機	アルケン・芳香族化合物・フェロセン・油脂の反応	⊘計算
		〔7〕	有　　機	異性体，芳香族エステルの構造決定，不斉炭素原子	⊘計算

(注)　●印は全問，◗印は一部マークシート式採用であることを表す。

理論・有機重視
マークの仕方に注意，ときに難問も

01 出題形式は？

　理学部第一部のB方式は，2022年度までは2日程であったが，2023年度からは1日程となっている。

　試験時間は80分。大問6，7題の出題で，設問数は例年多い。全問マークシート式による出題で，適切な用語・化学式・数値を選ぶもののほか，計算した数値をマークするもの，化合物の構造について詳細に問われるもの，正誤問題など，マークの仕方に特色があるものがみられるので，十分な注意が必要である。

02 出題内容はどうか？

　出題範囲は「化学基礎・化学」である。

　理論が最も重視されており，計算問題とからめて出題されることが多い。結晶格子，平衡定数，酸化・還元，電池，電気分解，中和と pH，気体などは頻出である。有機は異性体が頻出で，合成法や検出法もよく出題されている。また，実験を題材とした問題も出題されているので，実験器具名や実験の手順の問題にも注意しておきたい。

03 難易度は？

　高校で学習する範囲を大きく超えるような問題はなく，考えさせる良問が多い。それだけに単なる知識だけで解ける問題は少なく，ときに難問も見受けられる。ただ，合格を目指す上で重要なのは，これら難問の出来というよりは，それ以外の問題をいかに完全解答に近づけられるかであり，そのためには丸暗記ではなく筋道を立てて考える習慣をつけることが大切である。試験時間にそれほど余裕はないので，時間配分を考慮し，解答に取り組む順序にも気をつけよう。

対　策

01 理　論

　理論分野の完全理解は合格に不可欠である。出題数も多く，また計算問題として出題されることが多い。知識を広く深く確実に習得することはもちろんであるが，応用力をつけるためには，「なぜこの反応は起こるのか」「法則の意味するところは何なのか」ということを絶えず考えること。そうすれば，難問にも手がつけられるようになるだろう。また，計算問題では近似できるところは近似し，それに加えて正確に計算できるよう練習を積んでおこう。

02 有　機

　有機分野も毎年出題されている。内容として特に目につくのは，まず異

性体であり，数え方は特に重要なので十分に練習しておくこと。次いで有機物の合成法（試薬，反応名），名称と構造式である。反応経路をしっかりまとめ，確実に記憶しておくこと。その際，大切なのは，化合物の合成法が複数ある場合は，そのすべてを覚えなければならないということである。また，未知の化合物の構造決定についても，構成原子数が多く手ごわいものも多いので，しっかりと対策をとっておくべきである。さらに，生化学分野での異性体やペプチドのアミノ酸配列なども難しい出題が多いので，これらも練習を積んでおこう。

03　無　機

他の分野とからめて出題されることもあり，注意を要する。気体の発生，イオンの沈殿反応，錯イオン，アンモニアソーダ法や接触法，ハーバー・ボッシュ法やオストワルト法，触媒などの無機化学工業について確実な知識が必要である。

04　実　験

実験器具の操作や実験の手順を問う問題，実験を題材とした問題が出題されている。教科書の実験をよく理解し，実験の問題に数多く当たりたい。また，器具の名称・特質・操作法などについて理解し，慣れておくことが望まれる。

05　本書の有効利用

出題の形式は毎年よく似ている。また，マークの仕方にも特色があるので，過去問を何度も解き，慣れておくとよい。

2024
年度

問題と解答

第 一 部 B 方 式

問 題 編

▶試験科目・配点

学科	教　科	科　　　　　　　　目	配　点
数・応用数	外国語	コミュニケーション英語Ⅰ・Ⅱ・Ⅲ, 英語表現Ⅰ・Ⅱ	100点
	数　学	数学Ⅰ・Ⅱ・Ⅲ・Ａ・Ｂ（共通問題）	100点
		数学Ⅰ・Ⅱ・Ⅲ・Ａ・Ｂ（学科別問題）	100点
物理	外国語	コミュニケーション英語Ⅰ・Ⅱ・Ⅲ, 英語表現Ⅰ・Ⅱ	100点
	数　学	数学Ⅰ・Ⅱ・Ⅲ・Ａ・Ｂ	100点
	理　科	物理基礎・物理	100点
化・応用化	外国語	コミュニケーション英語Ⅰ・Ⅱ・Ⅲ, 英語表現Ⅰ・Ⅱ	100点
	数　学	数学Ⅰ・Ⅱ・Ⅲ・Ａ・Ｂ	100点
	理　科	化学基礎・化学	150点

▶備　考

- 英語はリスニングおよびスピーキングを課さない。
- 数学Ｂは「数列」「ベクトル」から出題。

英　語

（60分）

1　デジタル・アートに関する次の２つのセクションからなる英文を読んで以下の
設問に答えなさい。なお，＊が付いている単語には本文末に注が付いているので
参考にすること。　　　　　　　　　　　　　　　　　　　　　　　　（59点）

[I]

　　From the 1990s to the early twenty-first century, the digital medium* has
undergone technological developments of unprecedented speed, moving from
the 'digital revolution' into the social media era.　Artists have always been
among the first to reflect on the culture and technology of their time, and
decades before the digital revolution had been officially proclaimed, they were
experimenting with the digital medium.

　　The term 'digital art' has itself become an umbrella for such a broad
range of artistic works and practices that it does not describe one unified set
of aesthetics*.　One of the basic but crucial distinctions made here is that
between art that uses digital technologies as a tool for the creation of more
traditional art objects — such as a photograph, print, or sculpture — and
digital-born, computable art that is created, stored, and distributed via digital
technologies and employs their features as its very own medium.　The latter is
commonly understood as 'new media art'.　These two broad categories of
digital art can be distinctly different in their manifestations and aesthetics and
are meant as a preliminary diagram of a territory that is by its nature
extremely hybrid.

[Ⅱ]

The employment of digital technologies as an artistic medium implies that the work exclusively uses the digital platform* from production to presentation, and that it exhibits and explores that platform's inherent possibilities. The digital medium's distinguishing features certainly constitute
(ア)
a distinct form of aesthetics: it is customizable, dynamic, interactive, and participatory, to name just a few of its key characteristics. However, the art itself has multiple manifestations and is extremely hybrid. It can present itself as anything ranging from an interactive installation* with or without network components, virtual reality, software written by the artist, purely Internet-based art, or any combination thereof.

Technologies often tend to develop faster than the rhetoric evaluating
(イ)
them, and we constantly have to develop vocabulary for art using digital technologies as a medium — in social, economic, and aesthetic respects. The characteristics commonly (　あ　) the digital medium need some further clarification since they are often used in such a general way that they hardly carry any meaning. The term (　A　), for instance, has become almost meaningless (　い　) its inflationary use for numerous levels of exchange. Ultimately, any experience of an artwork is interactive, relying on a complex interplay between contexts and productions of meaning at the recipient's end.
(ウ)
Yet, this interaction remains a mental event in the viewer's mind when it
(エ)
comes to experiencing traditional art forms: the physicality of the painting or sculpture does not change in front of his or her eyes. With regard to digital
(オ)
art, however, interactivity allows different forms of navigating, assembling, or contributing to an artwork that go beyond this purely mental event. While the user's or participant's involvement with a work has been explored in performance art, happenings*, and video art, we are now confronted with complex possibilities of remote and immediate intervention that are (　う　) the digital medium.

The possibilities of complex interaction in digital art go far beyond the simple 'pointing and clicking' that offers nothing more than a sophisticated form of looking at a work, or the type of interactivity where a user's act triggers （　a　）. Far more fundamental changes take place with virtual art objects that are open-ended 'information narratives*' with a fluctuating* structure, logic, and closure, where control over content, context, and time is （　え　） the respective recipient through interaction. These types of works can take （　b　） with varying degrees of control over their visual appearance by the artist or the audience. Digital art is not always collaborative in the original sense of the word but often （　B　）, relying on multi-user input. In some artworks, viewers interact within the parameters that have been set by the artist; in others, they set the parameters themselves, or become remote participants in time-based, live performances. In some cases, the visual manifestation of an artwork is ultimately created by the viewer: （　カ　）, a work of art may literally consist of a blank screen.

　　The digital medium is also （　C　） and can respond to a changing data flow and the real-time transmission of data. A variety of artworks, some of which will be discussed later, have used 'live' stock market and financial data as a source for different kinds of visualizations. It is important to point out that the digital medium is not by nature visual but always consists of a 'back end' of code or scripting languages that mostly remain hidden and a visible 'front end' that is experienced by the viewer/user, （ 1. being　2. by 3. the former　4. the latter　5. produced）. The results can range from complex visuals to very abstract communication processes. Some digital art is predominantly visual; other works are more focused on raw data or databases. Another prominent feature of the medium is that it is *customizable*, adaptable to a single user's needs or intervention, for example in artworks where the user's individual profile becomes the basis for the development of and changes in the work.

出典追記：Digital Art by Christiane Paul, Thames & Hudson

注：medium　媒体，芸術表現の手段や技法(a means by which something is communicated or expressed)；

　　aesthetics　美的特徴(artistic style; artistic principle or characteristics)；

　　platform　ある種の技術やシステムが実行されるための基盤や枠組み；

　　interactive installation　観客が作品に触れたり，動いたり，音を出したりすることで，作品が反応するように設計されている芸術作品；

　　happenings　台本や進行表とは無関係に，進行の途中で観客を巻き込んで即興的なパフォーマンスを行う芸術の一形態；

　　information narrative　情報を物語的に表現する手法；

　　fluctuate　不規則に動く

(1)　セクション[Ⅰ]では，デジタルアートは大きく2つに分類できると述べられています。この分類についてまとめた以下の文章を完成させ**解答用紙**に記しなさい。なお，空所**1**には15～20字，空所**2**には10～20字，空所**3**には4～10字の日本語(句読点を含む)が入る。

デジタルアートには2種類あり，それはどの程度デジタル技術が使用されるかで区別される。1つは，デジタル技術はあくまで(　　**1**　　)として使用されるだけのもの。もう1つは，デジタル技術によって(　　**2**　　)ものである。言い換えると，後者はデジタル技術の特徴を(　　**3**　　)として活用するものであり，「新しいメディア芸術」として知られている。

(2)　セクション[Ⅱ]では，下線部(ア)で挙げられたデジタルアートの4つの特徴が論じられています。空所(　**A**　)～(　**C**　)に入るもっとも適切なものを1～3から選び，**解答用マークシート**にマークしなさい。ただし同じものを2回以上使用できない。

　　1　dynamic　　　　　　　**2**　interactive　　　　　　**3**　participatory

(3)　下線部(イ)の意味として，もっとも適切なものを1～4から選び，**解答用マークシート**にマークしなさい。

1 It is desirable that technologies develop swiftly in order to bring forth new ideas or new ways of thinking constantly.

2 Technologies develop so fast that sometimes people do not appreciate the importance of the development.

3 The development of artistic skills tends to be made subsequently to that of digital technologies.

4 When we have rapid development of technologies, we are not equipped with language for the assessment of the new technologies.

(4) 空所（ **あ** ）～（ **え** ）に入るもっとも適切な語を 1 ～ 4 から選び，**解答用マークシート**にマークしなさい。ただし同じものを 2 回以上使用できない。

1 assigned to   2 due to

3 shifted to   4 unique to

(5) 下線部(ウ)の言い換えとして，もっとも適切なものを 1 ～ 4 から選び，**解答用マークシート**にマークしなさい。

1 intended for the recipient

2 irrelevant of the recipient

3 on the part of the recipient

4 without any more recipients

(6) 下線部(エ)の内容をまとめたものとしてもっとも適切なものを 1 ～ 4 から選び，**解答用マークシート**にマークしなさい。

1 A viewer understands or interprets the meaning of a traditional artwork, but this does not involve any kind of change or transformation of the work itself.

2 Many recipients of a traditional artwork often believe that they can change the interpretation of the work, but it is simply a mistake.

3 Such traditional artworks as the painting and sculpture make an impression on the mind of the viewer when the viewer is broad-minded.

4 When someone experiences a traditional artwork, it is the mentality of the viewer and the beauty of the work itself that change.

⑺ 下線部(オ)は traditional art と比較した digital art の特徴を述べている。その特徴についてまとめたものとしてもっとも適切なものを 1 ～ 4 から選び，**解答用マークシートにマークしなさい。**

　　1 Although experiencing digital artworks involves the interactivity between the work and the viewer to some extent, that interaction remains a mental event in the viewer's mind.

　　2 In producing the meaning of a digital artwork, the viewer often brings about changes to the work by handling it or giving some contribution to it.

　　3 The interactivity between a digital artwork and its viewer is meaningless because it is remote and immediate.

　　4 When a viewer is confronted with a digital artwork, the viewer participates in the work without producing any additional meaning to it.

⑻ 空所(**a**)，(**b**)に入る組み合わせとして，もっとも適切なものを 1 ～ 4 から選び，**解答用マークシートにマークしなさい。**

　　1 **a**. one specific response　　**b**. one specific form

　　2 **a**. numerous responses　　**b**. numerous forms

　　3 **a**. one specific response　　**b**. numerous forms

　　4 **a**. numerous responses　　**b**. one specific form

⑼ 空所(**カ**)に入るもっとも適切な語を 1 ～ 4 から選び，**解答用マークシートにマークしなさい。**

　　1 with input　　　　　　**2** with output

　　3 without input　　　　　**4** without output

⑽ 下線部(キ)の括弧内の語を文意が通るようにもっとも適切な順序に並び替え，

並べた順序に従ってその番号を上から順に**解答用マークシート**にマークしなさい。

2 以下のラジオで行われたインタビューの書き起こしを読み，あとの設問に答えなさい。なお，＊印のついた語句には本文末で注が与えられている。　(41点)

Lauren: We've got the perfect booking today, Ian Alderman, who, at the moment, with his eight-year-old daughter Eve, is on a UK backpacking journey from Dunnet Head in Scotland to Lizard Point in Cornwall to raise awareness of autism* and the challenge associated with stereotypes* around that.　He's on the line this morning.　Good morning Ian.　How are you?

Ian: Morning Lauren.　How are you?

Lauren: I'm good thank you.　So (　**A**　)

Ian: Well currently we're in Port Isaac, so we've done about 1,150 miles and we've got about another 150 left to go.

Lauren: Oh my gosh!

Ian: We are getting there.

Lauren: I mean, what a huge challenge you've set yourselves, what's the idea behind the walk, why this?　(　**B**　)

Ian: Well, there's a whole sort of backdrop* into how we got into all this sort of stuff and changing lifestyles and stuff like that.　But Eve's always been into the whole outdoors stuff and sort of challenges.　She wants to go up Everest when she's older.　It's kind of her ambition.

Lauren: That's her thing.
(ア)

Ian: So we just set a big target, especially after lockdown* and all that sort of stuff, just to get out there and do something for charity to raise some money and challenge a few ideas that people tend to associate round autism because both Eve and I are on the spectrum*. We thought we'd just put it all together, just try and make one big epic* journey, put it all out there on social media and see what happens.

Lauren: Yeah, well done to both of you for doing it. So (イ), you're raising funds for the National Autistic Society*, and you're both on the spectrum. When you're talking about the stereotypes you wanted to challenge, (C)

Ian: Well, to some people, the whole autism or spectrum can truly be life altering and it presents in so many different ways. But in other ways it can (ウ) so much of a strength and a power. There are controversial figures who are on the spectrum, like Elon Musk*. No one can deny the amazing things he's achieved. So we're just trying to give a broader range of opinions and thoughts on the whole autism, mental health kind of thing.

Lauren: Yeah.

Ian: Because it's so diverse and that's such a wide range of traits* associated with it, I think if you meet one person with autism you've met just one person. (エ) There's so much more going on than I think, or some people think.

Lauren: Yeah absolutely. So you've undertaken this massive journey. Eve's just eight and I know that she's doing school online. (D)

Ian: She's an absolute machine. If there's a weak point in this whole plan, it's me!

Lauren: [Laughs]

Ian: (1. her　2. is　3. no　4. prevent　5. stopping　6. there).
(オ) I mean she's already talking about wanting to do something next year that's bigger and she wants to involve running as well. We'll just have to see.

２０２４年度

Ｂ方式

英語

Lauren: She's a dynamo*, good luck with that. So I know one of the things Eve's done is to hide <u>these special painted rocks</u> along the route so people might actually find a few of those. What are they?
_(カ)

Ian: It was set up by Sarah, my wife, and basically they're just painted rocks about autism and it ties in with our Facebook page. It's just something else* and it seems to have taken off* quite well. People go out hunting for them when they know where we've been. We put some of them up, some of them we don't publicise and just see what happens if people find them. So we try and (1. a　2. as　3. leave　4. lose　5. trail　6. we) go.
_(キ)

Lauren: Aw, that's lovely. Obviously you're documenting the whole thing on social media, where people can find you if they want to follow your journey. And you're nearly there now, 150 miles to go. <u>That seems like quite a lot, but considering you know....</u>
_(ク)

Ian: Yeah, we're getting a feeling of melancholy already to be honest just because we're coming to the end. But we put it all over mainly Facebook to be honest. It's Our Spectrum Adventures and we write about it and blog it several times a day if we can. We do try and get people involved as much as we can. And so we do try and put it all out there, the good, bad and ugly.

Lauren: Ah, fantastic.

注：autism　自閉症(他者との社会的関係の形成の困難さ，言葉の発達の遅れ，興味や関心が狭く特定のものにこだわることを特徴とする発達の障害)；
stereotype　固定観念；　backdrop　背景；
lockdown　感染症拡大防止のための外出禁止令；
be on the spectrum　自閉スペクトラム症である(spectrum は「連続帯」を意味し，on the spectrum はその連続帯のどこかに位置していることを表す)；
epic　並外れた；　National Autistic Society　英国自閉症協会；
Elon Musk　起業家，米電気自動車大手テスラの最高経営責任者；

trait　特徴；　dynamo　エネルギッシュな人；

something else　すごくいいもの；　take off　すぐにうまくいく

(1)　空所（　**A**　）〜（　**D**　）を補うのにもっとも適切なものを次の1〜5から選び，その番号を**解答用マークシート**にマークしなさい。ただし同じものは2度以上使わないこと。なお，選択肢には<u>不要なもの</u>がひとつ含まれている。また，文頭の大文字も小文字で書かれている。

　1　how is she getting on?

　2　what type of thing do you mean?

　3　when did she come up with the idea?

　4　'where are you' is probably an even better question, where are you on your walk?

　5　why are you walking such a great distance in particular?

(2)　下線部㋐の言い換えとしてもっとも適切なものを次の1〜4から1つ選び，その番号を**解答用マークシート**にマークしなさい。

　1　She has a lot of things to do.

　2　She likes outdoor activities.

　3　She wants everything.

　4　She will definitely make her dream come true.

(3)　空所（　**イ**　）に入るものとしてもっとも適切なものを次の1〜4から1つ選び，その番号を**解答用マークシート**にマークしなさい。

　1　as though you mention　　　　　2　as you say

　3　do we　　　　　　　　　　　　　4　you as well

(4)　空所（　**ウ**　）に入るものとしてもっとも適切なものを次の1〜4から1つ選び，その番号を**解答用マークシート**にマークしなさい。

　1　cease to be　　　　　　　　　　2　choose to be

　3　fail to be　　　　　　　　　　　4　prove to be

(5) 下線部(エ)の言い換えとしてもっとも適切なものを次の1〜4から1つ選び,
その番号を**解答用マークシート**にマークしなさい。

1 Because the symptoms of autism are more or less similar, we can
understand them by knowing one person on the spectrum.

2 In fact, it has been revealed that there are much more people with
autism than we might imagine.

3 In order to understand autism, knowing one person who lives with it is
not enough.

4 It is possible to learn the characteristics of autism without knowing a
person with it.

(6) 下線部(オ)の括弧内の語を文意が通るようにもっとも適切な順序に並び替え,
並べた順序に従ってその番号を上から順に**解答用マークシート**にマークしなさ
い。ただし同じものは2度以上使わないこと。なお,語群には<u>不要な語が1語</u>
含まれている。また,文頭の大文字も小文字で書かれている。

(7) 下線部(カ)について本文中にある説明に<u>当てはまらないもの</u>を次の1〜4から
1つ選び,その番号を**解答用マークシート**にマークしなさい。

1 Ian and Eve present to the public the details of all the painted rocks.

2 Some people take an interest in the painted rocks.

3 The project of leaving painted rocks is in connection with their online
site.

4 The project of leaving painted rocks was arranged by Sarah.

(8) 下線部(キ)の括弧内の語を文意が通るようにもっとも適切な順序に並び替え,
並べた順序に従ってその番号を上から順に**解答用マークシート**にマークしなさ
い。ただし同じものは2度以上使わないこと。なお,語群には<u>不要な語が1語</u>
含まれている。

(9) 下線部(ク)の considering you know 以下で省略されている内容の説明として，もっとも妥当と思えるものを次の 1 ～ 4 から 1 つ選び，その番号を**解答用マークシート**にマークしなさい。

1 You appear to be exhausted because you walked a great distance without any particular destination.

2 You have walked such a great distance that the rest does not seem to be a big deal.

3 You made the right decision to stop her schooling during the journey, taking into account Eve's passion for the project.

4 You will continue walking as you want to see how far you can go.

(10) 本文で述べられている内容と一致するものを次の 1 ～ 4 から 1 つ選び，その番号を**解答用マークシート**にマークしなさい。

1 At the time of the interview, they are 150 miles from Dunnet Head in Scotland.

2 Ian hesitated to write about their experiences on the Internet and therefore Eve decided to hide painted rocks.

3 The aim of the journey is to meet as many people on the spectrum as possible.

4 Walking a long distance, Ian and Eve try to question inaccurate ideas on autism.

数　学

◀学部共通問題▶

（100 分）

問題 $\boxed{1}$ の解答は**解答用マークシート**にマークせよ。

$\boxed{1}$　次の (1) から (4) において，$\boxed{}$ 内のカタカナにあてはまる 0 から 9 までの数字を求め，その数字を**解答用マークシート**にマークせよ。ただし，$\boxed{\,\vdots\,}$ は 2 桁の数を表すものとする。また，分数は既約分数として表すものとする。　　　(40 点)

(1)

$$\int_3^5 (x-3)^3 (5-x)^5\, dx = \frac{\boxed{\text{ア}}\,\boxed{\text{イ}}}{\boxed{\text{ウ}}\,\boxed{\text{エ}}}$$

である。

(2)

$$\int_0^\pi \left(\tan \frac{x}{3}\right)^3 dx + \int_0^\pi \left(\tan \frac{x}{3}\right)^5 dx = \frac{\boxed{\text{オ}}\,\boxed{\text{カ}}}{\boxed{\text{キ}}}$$

である。

(3)　平面上の異なる 4 点 A，B，C，P は等式 $\overrightarrow{\text{AP}} + 3\overrightarrow{\text{BP}} + 2\overrightarrow{\text{CP}} = \vec{0}$ を満たすとする。このとき，

$$\overrightarrow{\text{AP}} = \frac{\boxed{\text{ク}}\,\overrightarrow{\text{AB}} + \boxed{\text{ケ}}\,\overrightarrow{\text{AC}}}{\boxed{\text{コ}}}$$

である。また，三角形 ABP，三角形 BCP，三角形 CAP の面積をそれぞれ，S_1，S_2，S_3 とすると，

$$\frac{S_2}{S_1} = \frac{\boxed{サ}}{\boxed{シ}}, \quad \frac{S_3}{S_1} = \frac{\boxed{ス}}{\boxed{セ}}$$

である。

(4) 空間内の異なる5点 A, B, C, D, P は等式 $\overrightarrow{AP} + 3\overrightarrow{BP} + 2\overrightarrow{CP} + 6\overrightarrow{DP} = \vec{0}$ を満たすとする。また，3点 B, C, D を通る平面 BCD と直線 AP の交点を Q とし，直線 DQ と直線 BC の交点を R とする。このとき，

$$\overrightarrow{AR} = \frac{\boxed{ソ}\overrightarrow{AB} + \boxed{タ}\overrightarrow{AC}}{\boxed{チ}}, \quad \overrightarrow{AQ} = \frac{\boxed{ツ}\overrightarrow{AR} + \boxed{テ}\overrightarrow{AD}}{\boxed{ト}・\boxed{ナ}},$$

$$\overrightarrow{AP} = \frac{\boxed{ニ}・\boxed{ヌ}}{\boxed{ネ}・\boxed{ノ}}\overrightarrow{AQ}$$

である。また，四面体 ABRQ，四面体 PBQD，四面体 PRCQ，四面体 ACDQ の体積をそれぞれ，V_1, V_2, V_3, V_4 とすると，

$$\frac{V_2}{V_1} = \frac{\boxed{ハ}}{\boxed{ヒ}・\boxed{フ}}, \quad \frac{V_3}{V_1} = \frac{\boxed{ヘ}}{\boxed{ホ}}, \quad \frac{V_4}{V_1} = \frac{\boxed{マ}}{\boxed{ミ}}$$

である。

問題 $\boxed{2}$ の解答は**解答用紙**に記入せよ。答だけでなく答を導く過程も記入せよ。

$\boxed{2}$　座標平面において，曲線 $y = x^2$ 上に異なる2点 A (a, a^2), B (b, b^2) をとり，線分 AB を1辺とする正三角形 ABC を考える。ただし，$a < b$ とし，点 C は A, B, C が反時計回りとなるようにとる。以下の問いに答えよ。　　　　　　(30点)

(1)　点 C の座標を求めよ。

(2)　点 A, B が $b - a = \dfrac{\sqrt{3}}{3}$ を満たしながら曲線 $y = x^2$ 上を動くとき，点 C の y 座標が動く範囲を求めよ。

(3)　点 A, B が $b - a = \dfrac{\sqrt{3}}{2}$ を満たしながら曲線 $y = x^2$ 上を動くとき，点 C の軌跡を求めよ。

問題 $\boxed{3}$ の解答は**解答用紙**に記入せよ。答だけでなく答を導く過程も記入せよ。

$\boxed{3}$　t は実数とし，座標平面において 2 つの曲線

$$C_1 : y = 1 - 2x|x| + 3x^4$$

$$C_2 : y = 1 - tx^2$$

を考える。ただし，直線は曲線の特別な場合であると考える。以下の問いに答えよ。

(30 点)

(1)　C_1 と C_2 の共有点の座標をすべて求めよ。

(2)　$-1 < t < 1$ のとき，C_1 と C_2 で囲まれる図形の面積を $S(t)$ とする。$S(t)$ を求めよ。

(3)　$S(t)$ は **(2)** で定めた関数とする。極限値 $\displaystyle\lim_{t \to 0} \frac{S(t) - S(0)}{t}$ を求めよ。

◀数・応用数学科:学科別問題▶

(80 分)

問題 $\boxed{1}$ の解答は**解答用マークシート**にマークせよ。

$\boxed{1}$ 次の (1) から (6) において,$\boxed{}$ 内のカタカナにあてはまる 0 から 9 までの数字を求め,その数字を**解答用マークシート**にマークせよ。ただし,$\boxed{}$ は 2 桁の数を表し,$\boxed{}$ は 3 桁の数を表すものとする。分数は既約分数(それ以上約分できない分数)の形で表し,根号を含む解答では,根号の中に現れる自然数は最小になる形で表すこととする。なお,問題文中に $\boxed{ア}$ などが 2 度以上現れる場合,2 度目以降は,$\boxed{ア}$ のように網掛けで表記する。$\boxed{あ}$,$\boxed{い}$ については,+ または - のうちあてはまるものをマークせよ。

(50 点)

a を実数とする。実数 x に対し,無限等比級数 $\displaystyle\sum_{k=1}^{\infty} \frac{1}{(3x^2 + 2x + 1)^k}$ と関数 $f(x) = -3x^2 - 2x + a$ を考える。

(1) 無限等比級数が収束するような x の値の範囲は

$$x < -\frac{\boxed{ア}}{\boxed{イ}},\quad \boxed{ウ} < x$$

である。また,そのときの和を $g(x)$ とすると

$$g(x) = \frac{1}{\boxed{エ}\, x^2 + \boxed{オ}\, x}$$

である。

以下,(2) から (6) の $g(x)$ は (1) で得られたものとする。

(2) s と t を $s < -\dfrac{\boxed{ア}}{\boxed{イ}}$, $\boxed{ウ} < t$ とするとき, $g(s) = g(t)$ となるのは,

$$s = \boxed{あ}\,\dfrac{\boxed{カ}}{\boxed{キ}}\,\boxed{い}\,t$$

のときである。

(3) (1) で得られた範囲において, 曲線 $y = f(x)$ と $y = g(x)$ が異なる 2 個の共有点をもつのは $a = \boxed{ク}$ のときのみであり, その共有点の x 座標は $-\boxed{ケ}$ と $\dfrac{\boxed{コ}}{\boxed{サ}}$ である。

(4) (1) で得られた範囲において, 曲線 $y = -6x^2 - 4x + 3$ と $y = g(x)$ は 4 個の共有点をもち, その共有点の x 座標を小さい順に x_1, x_2, x_3, x_4 とすると

$$x_1 = -\boxed{シ}, \qquad x_2 = \dfrac{-\boxed{ス} - \sqrt{\boxed{セ}\,\boxed{ソ}}}{\boxed{タ}},$$

$$x_3 = \dfrac{-\boxed{チ} + \sqrt{\boxed{ツ}\,\boxed{テ}}}{\boxed{ト}}, \quad x_4 = \dfrac{\boxed{ナ}}{\boxed{ニ}}$$

である。

(5) 曲線 $y = g(x)$ と x 軸および 2 直線 $x = -1$, $x = -100$ で囲まれた部分の面積を S_{100} とする。このとき, $S_{100} = \dfrac{\boxed{ヌ}}{\boxed{ネ}} \log\left(\dfrac{\boxed{ノ}\,\boxed{ハ}\,\boxed{ヒ}}{\boxed{フ}\,\boxed{ヘ}}\right)$ である。

(6) 2 以上の自然数 n に対し, 曲線 $y = g(x)$ と x 軸および 2 直線 $x = -1$, $x = -n$ で囲まれた部分の面積を S_n とする。このとき, $\lim_{n \to \infty} 2S_n = \log\left(\boxed{ホ}\right)$ である。

問題 $\boxed{2}$ の解答は**解答用紙**に記入せよ。答だけでなく答を導く過程も記入せよ。

$\boxed{2}$　関数 $p(x) = 8(x-2)^2$ と 1 次関数 $q(x)$ について考える。方程式 $p(x) = q(x)$ の解は $x = 1$ と $x = a$ である。ただし，a は実数とし，$a = 1$ のとき，$x = 1$ は重解となる。このとき，以下の問いに答えよ。

(50 点)

(1)　$p(x) - q(x)$ を因数分解せよ。

(2)　$f(a) = \displaystyle\int_0^1 |p(x) - q(x)|\,dx$ とする。$f(a)$ を求めよ。

以下，$f(a)$ は (2) で求めたものとする。

(3)　$-1 \leq a \leq 2$ のとき，$f(a)$ の最大値と最小値を求めよ。また，そのときの a の値を求めよ。

(4)　b を実数とする。a についての方程式 $f(a) = b$ が異なる 2 つの正の実数解をもつとき，b の値の範囲を求めよ。

(5)　c を整数とする。a についての方程式 $f(a) = c$ が異なる 2 つの正の実数解をもつとき，a の値と関数 $q(x)$ を求めよ。

物　理

（80分）

1　次の問題の〔　　　〕の中に入れるべき正しい答えをそれぞれの解答群の中から選び，その番号を解答用マークシートの指定された欄にマークしなさい。必要なら同一番号を繰り返し用いてよい。なお，問題文中の (イ) ，(ウ) ，(エ) ，(オ) ，(カ) はそれぞれ既出の (イ) ，(ウ) ，(エ) ，(オ) ，(カ) を表す。　　　　　　　　　　　　(25点)

　鉛直方向の回転軸まわりに回転するあらい面を持つ台の上におかれた物体のつり合い条件について，回転する台上で物体を観測して考える。物体の密度は一様で質量は m〔kg〕である。重力と遠心力は物体の重心に働くとする。物体の重心と回転軸との距離は r〔m〕となるようにおく。はじめ台上の物体は静止して，じゅうぶんにゆっくり台の回転数を大きくする。重力加速度の大きさは g〔m/s²〕，台と物体間の静止摩擦係数は μ とし，台と物体に対する空気の抵抗は無視できるものとする。

(1)　図1-1 に示すように，回転軸をもつ水平な円板上に3辺の長さ a〔m〕，b〔m〕，c〔m〕が互いに異なる直方体をおく。図1-1 のように，長さ b と c の2辺でつくる面（黒色）が回転中心を向くようにおかれている。円板の回転数を徐々に大きくすると，物体は回転軸から遠ざかる向きに，傾くことなくすべりはじめた。物体がすべりはじめる直前の円板の回転の角速度 ω_1〔rad/s〕は
$\omega_1 = \sqrt{\dfrac{g}{r}} \times$ (ア) である。ここで，もし物体がすべる前に傾いたとすると，傾く直前の回転の角速度の大きさは力のモーメントのつりあいの条件から計算できる。この角速度の大きさと ω_1 を比較すると，物体が傾くことなくすべりはじめる条件は (イ) であることがわかる。

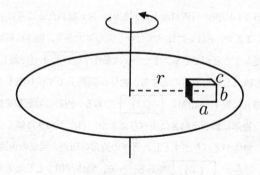

上から見た縮小図

図 1-1

(ア) の解答群

0　$\sqrt{\mu}$　　　　1　$\dfrac{1}{\sqrt{\mu}}$　　　　2　$\sqrt{\dfrac{b\mu}{a}}$　　　　3　$\sqrt{\dfrac{b}{a\mu}}$

4　$\sqrt{\dfrac{a\mu}{b}}$　　　　5　$\sqrt{\dfrac{a}{b\mu}}$

(イ) の解答群

0　$\mu > \dfrac{b}{a}$　　1　$\mu > \dfrac{a}{b}$　　2　$\mu > \dfrac{a}{r}$　　3　$\mu > \dfrac{b}{r}$

4　$\mu < \dfrac{b}{a}$　　5　$\mu < \dfrac{a}{b}$　　6　$\mu < \dfrac{a}{r}$　　7　$\mu < \dfrac{b}{r}$

(2)　図 1-2 に示すように，小問 (1) で用いた円板を側面の母線が水平面となす角が θ 〔rad〕$\left(0 < \theta < \dfrac{\pi}{4}\right)$ であるような円錐形に変形し，一辺が a の立方体を回

転していない円錐の外側斜面上に回転軸から r 離れたところにおくと物体は静止した。ここで，r は a に比べてじゅうぶんに大きく，物体は斜面に面で接していると見なすことができる。また，μ は条件 (イ) （ただし，$a = b = c$ とする）も満たしているものとする。物体が斜面上ですべり出すことなく静止するための μ に対する条件は (ウ) である。円錐の回転数を徐々に大きくするとき，物体は斜面下向きにすべりだすか，斜面下向きに傾くかのいずれかが起こる。物体がすべり出すとしたときの直前の円錐の回転の角速度 ω_2 [rad/s] は $\omega_2 = \sqrt{\dfrac{g}{r}} \times$ (エ) である。一方，物体が傾くとしたときの直前の円錐の回転の角速度 ω_2' [rad/s] は，$\omega_2' = \sqrt{\dfrac{g}{r}} \times$ (オ) である。 (エ) と (オ) から，$(\omega_2^2 - \omega_2'^2)\dfrac{r}{g} =$ (カ) をえる。 (カ) の符号から， (キ) ことがわかる。

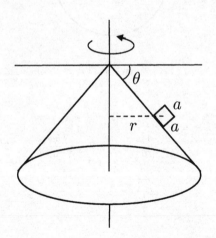

図 1-2

(ウ) の解答群

    0    $\mu \geqq \sin\theta$ 1 $\mu \leqq \sin\theta$ 2 $\mu \geqq \cos\theta$

    3    $\mu \leqq \cos\theta$ 4 $\mu \geqq \tan\theta$ 5 $\mu \leqq \tan\theta$

6 $\mu \leqq \dfrac{1}{\tan\theta}$ 7 $\mu \geqq \dfrac{1}{\sin\theta}$ 8 $\mu \geqq \dfrac{1}{\cos\theta}$

(エ), (オ) の解答群

00 $\sqrt{\tan\theta}$ 01 $\sqrt{\dfrac{\tan\theta}{\mu}}$ 02 $\dfrac{1}{\sqrt{\tan\theta}}$

03 $\sqrt{\dfrac{\mu}{\tan\theta}}$ 04 $\sqrt{\dfrac{1+\tan\theta}{1-\tan\theta}}$ 05 $\sqrt{\dfrac{1-\tan\theta}{1+\tan\theta}}$

06 $\sqrt{\dfrac{1+\mu\tan\theta}{\mu-\tan\theta}}$ 07 $\sqrt{\dfrac{1-\mu\tan\theta}{\mu+\tan\theta}}$ 08 $\sqrt{\dfrac{\mu-\tan\theta}{1-\mu\tan\theta}}$

09 $\sqrt{\dfrac{\mu+\tan\theta}{1+\mu\tan\theta}}$ 10 $\sqrt{\dfrac{\mu+\tan\theta}{1-\mu\tan\theta}}$ 11 $\sqrt{\dfrac{\mu-\tan\theta}{1+\mu\tan\theta}}$

(カ) の解答群

0 $\dfrac{(\mu\tan\theta-1)(1+\tan^2\theta)}{(1-\mu)(1-\tan\theta)}$ 1 $\dfrac{(\mu\tan\theta-1)(1-\tan\theta)}{(1-\mu)(1+\tan^2\theta)}$

2 $\dfrac{(\mu\tan\theta+1)(1+\tan^2\theta)}{(1-\mu)(1-\tan\theta)}$ 3 $\dfrac{(\mu\tan\theta+1)(1-\tan\theta)}{(1-\mu)(1+\tan^2\theta)}$

4 $\dfrac{(\mu-1)(1+\tan^2\theta)}{(\mu\tan\theta-1)(1-\tan\theta)}$ 5 $\dfrac{(\mu-1)(1-\tan\theta)}{(\mu\tan\theta-1)(1+\tan^2\theta)}$

6 $\dfrac{(\mu-1)(1+\tan^2\theta)}{(\mu\tan\theta+1)(1+\tan\theta)}$ 7 $\dfrac{(\mu-1)(1-\tan\theta)}{(\mu\tan\theta+1)(1+\tan^2\theta)}$

(キ) の解答群

0 斜面下向きにすべりだす

1 斜面下向きに傾く

(3) 図 1-3 に示すように,小問 (2) で用いた円錐を上下逆におき,回転軸から r 離れた内側斜面に小問 (2) で用いた物体をおく。小問 (2) と同様に r は a に比べてじゅうぶんに大きく,物体は斜面に面で接していると見なすことができる。

μ の値も小問 (2) と同じく，条件 (イ) （ただし，$a=b=c$ とする）と (ウ) を満たしている。この円錐が回転していないとき，物体は斜面上で静止している。円錐の回転数を徐々に大きくすると，物体は斜面上向きにすべりだすか，斜面上向きに傾くかのいずれかが起こる。物体がすべり出すとしたときの直前の円錐の回転の角速度 ω_3〔rad/s〕は $\omega_3 = \sqrt{\dfrac{g}{r}} \times$ (ク) である。一方，物体が傾くとしたときの直前の円錐の回転の角速度 ω_3'〔rad/s〕は $\omega_3' = \sqrt{\dfrac{g}{r}} \times$ (ケ) である。よって，μ の値が条件 (イ) と (ウ) を満たしているときは (コ) ことがわかる。

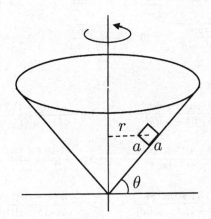

図 1-3

(ク)，(ケ) の解答群

00 $\sqrt{\tan\theta}$　　01 $\sqrt{\dfrac{\tan\theta}{\mu}}$　　02 $\dfrac{1}{\sqrt{\tan\theta}}$

03 $\sqrt{\dfrac{\mu}{\tan\theta}}$　　04 $\sqrt{\dfrac{1+\tan\theta}{1-\tan\theta}}$　　05 $\sqrt{\dfrac{1-\tan\theta}{1+\tan\theta}}$

06 $\sqrt{\dfrac{1+\mu\tan\theta}{\mu-\tan\theta}}$　　07 $\sqrt{\dfrac{1-\mu\tan\theta}{\mu+\tan\theta}}$　　08 $\sqrt{\dfrac{\mu-\tan\theta}{1-\mu\tan\theta}}$

$$09 \quad \sqrt{\frac{\mu + \tan\theta}{1 + \mu\tan\theta}} \qquad 10 \quad \sqrt{\frac{\mu + \tan\theta}{1 - \mu\tan\theta}} \qquad 11 \quad \sqrt{\frac{\mu - \tan\theta}{1 + \mu\tan\theta}}$$

(コ) の解答群

0　$\omega_3 > \omega_3'$ なので，斜面上向きにすべる

1　$\omega_3 > \omega_3'$ なので，斜面上向きに傾く

2　$\omega_3' > \omega_3$ なので，斜面上向きにすべる

3　$\omega_3' > \omega_3$ なので，斜面上向きに傾く

$\boxed{2}$ 　次の問題の $\boxed{}$ の中に入れるべき正しい答えをそれぞれの**解答群**の中から選び，その番号を**解答用マークシート**の指定された欄にマークしなさい。必要なら同一番号を繰り返し用いてよい。なお，問題文中の $\boxed{(ア)}$ ，$\boxed{(イ)}$ ，$\boxed{(ウ)}$ ，$\boxed{(オ)}$ ，$\boxed{(コ)}$ はそれぞれ既出の $\boxed{(ア)}$ ，$\boxed{(イ)}$ ，$\boxed{(ウ)}$ ，$\boxed{(オ)}$ ，$\boxed{(コ)}$ を表す。　　　　　　　　　　　　　(25 点)

次の3つの小問で各 p–V 図で示される**物質量** $1\,\mathrm{mol}$ **の理想気体の状態変化**について考える。一般の圧力，体積，温度の変数は，それぞれ p 〔Pa〕，V 〔m^3〕，T 〔K〕を使う。定積モル比熱は C_V 〔J/(mol·K)〕，定圧モル比熱は C_p 〔J/(mol·K)〕，比熱比は $\gamma = \dfrac{C_p}{C_V}$，気体定数は R 〔J/(mol·K)〕である。なお，内部エネルギー U 〔J〕の状態 A から B に至る過程での変化量は，$\Delta U = U_\mathrm{B} - U_\mathrm{A}$ で定義する。ここで，U_A，U_B はそれぞれ状態 A，B での内部エネルギーである。

(1) 図 **2-1** の p–V 図で示される気体の状態変化で，過程 I（A→B）は定積変化，過程 II（A→C）は定圧変化である。状態 B と C の温度は等しいとする。状態 A，B，C での圧力，体積，温度は，それぞれ $\mathrm{A}(p_\mathrm{A}, V_\mathrm{A}, T_\mathrm{A})$，$\mathrm{B}(p_\mathrm{B}, V_\mathrm{A}, T_\mathrm{B})$，$\mathrm{C}(p_\mathrm{A}, V_\mathrm{C}, T_\mathrm{B})$ とする。過程 I での内部エネルギーの変化量は $\boxed{(ア)}$ で，過

程 II での内部エネルギーの変化量は　(イ)　である。　(ア)　と　(イ)
の間にある関係に，A と C でなりたつ理想気体の状態方程式を使うと，C_V と
C_p の間になりたつ関係式　(ウ)　をえる。

　温度 T の物質量 $1\,\text{mol}$ の多原子分子理想気体の内部エネルギー $U\,〔\text{J}〕$ は
$U = \dfrac{f}{2}RT$ で表わされる。ここで，f は一分子の並進運動と回転運動の自由度
の和を表わす量で，単原子分子では 3，二原子分子や直線状三原子分子では 5，
非直線状三原子分子では 6 の値をとる。　(ウ)　を使うと，比熱比 γ と f は，
$\gamma - 1 = $　(エ)　の関係にある。

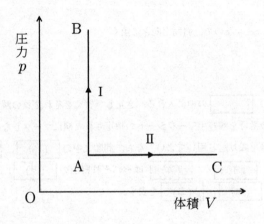

図 2-1

(ア) の解答群

　0　$C_V(T_B - T_A)$　　1　$C_V(T_A - T_B)$　　2　$C_p(T_B - T_A)$

　3　$C_p(T_A - T_B)$

(イ) の解答群

　0　$C_V(T_B - T_A) + p_A(V_C - V_A)$　　1　$C_V(T_A - T_B) + p_A(V_C - V_A)$

  2 $C_p(T_B - T_A) - p_A(V_C - V_A)$ **3** $C_p(T_A - T_B) - p_A(V_C - V_A)$

(ウ) の解答群

  0 $C_p + R = C_V$ **1** $C_p + C_V = R$ **2** $C_p = C_V + R$

  3 $C_p = C_V + \dfrac{3}{2}R$ **4** $C_V = C_p + \dfrac{3}{2}R$

(エ) の解答群

  0 f **1** $\dfrac{f}{2}$ **2** $\dfrac{f+1}{2}$

  3 $\dfrac{f-1}{2}$ **4** $\dfrac{2}{f-1}$ **5** $\dfrac{1}{f}$

  6 $\dfrac{2}{f}$ **7** $\dfrac{1}{f+1}$ **8** $\dfrac{2}{f+1}$

(2) 図 **2-2** の p–V 図で示される，A→B→C→D→A（実線矢印の向き）の状態
変化（サイクル）をする熱機関を考える。ここで，A→B と C→D は等温過程，
B→C と D→A は断熱過程である。熱機関が過程 A→B で接する高温の物体 (高
温源) の温度を T_1，過程 C→D で接する低温の物体 (低温源) の温度を T_2 と
し，過程 A→B で吸収した熱量を Q_1〔J〕(>0)，過程 C→D で放出した熱量を
Q_2〔J〕(>0) とすると，$\dfrac{Q_2}{Q_1}$ は以下の計算で $\dfrac{T_2}{T_1}$ の簡単な式で表すことができ
る。今，A, B, C, D での各体積を V_A, V_B, V_C, V_D とすると，Q_1 は熱機関
が A→B 間でした仕事に等しく，$RT_1 \log_e\left(\dfrac{V_B}{V_A}\right)$ で与えられ，同様に，Q_2 は
熱機関が C→D 間で外部からされた仕事に等しく，$RT_2 \log_e\left(\dfrac{V_C}{V_D}\right)$ で与えら
れる。ここで，$\log_e X$ は X の自然対数である。これらの式は各等温曲線と V
軸，直線 $V = V_A$，直線 $V = V_B$（または直線 $V = V_C$，直線 $V = V_D$）で囲む
部分の面積で与えられる。断熱過程でなりたつポアソンの法則，$pV^\gamma = $ 一定，
を理想気体の状態方程式を使って V と T でなりたつ式に変えると， **(オ)**
をえる。 **(オ)**   を B と C，D と A のそれぞれの状態間の過程に適用しえ
られた関係式と，Q_1 と Q_2 の上式を使うと，

$$\frac{Q_2}{Q_1} = \boxed{\text{(カ)}} \cdots\cdots \text{(a)}$$

をえる。1サイクルで熱機関がした仕事を W 〔J〕(>0) とすると，熱効率 η は $\eta = \dfrac{W}{Q_1}$ で定義される。

　一方，この状態変化を逆にしたサイクル，A→D→C→B→A（破線矢印の向き）は，冷却機関（冷蔵庫など）とみなすことができる。今，電気エネルギーの形で外からした仕事を W (>0)，過程 D→C で庫内（T_2 の低温源）から吸収した熱量を Q_2 (>0)，過程 B→A で庫外（T_1 の高温源）へ放出した熱量を $Q_1(>0)$，としたとき，関係式 (a) がなりたつとする。冷却機関の効率 K は，$K = \dfrac{Q_2}{W}$ で定義される。温度比を $t = \dfrac{T_2}{T_1}$ で定義すると，η と K について，$\boxed{\text{(キ)}}$ ことがわかる。

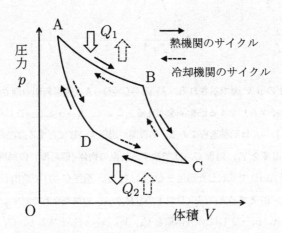

図 2-2

(オ) の解答群

0　$TV^{\gamma+1} = $一定　　1　$VT^{\gamma+1} = $一定　　2　$TV^{-\gamma-1} = $一定

3　$VT^{-\gamma-1} = $一定　　4　$TV^{\gamma-1} = $一定　　5　$VT^{\gamma-1} = $一定

6 $TV^{1-\gamma} = $ 一定   7 $VT^{1-\gamma} = $ 一定

(カ) の解答群

0 $\dfrac{T_1}{T_2}$ 1 $\dfrac{T_2}{T_1}$ 2 $\dfrac{\gamma T_1}{T_2}$ 3 $\dfrac{\gamma T_2}{T_1}$

4 $\dfrac{T_1}{\gamma T_2}$ 5 $\dfrac{T_2}{\gamma T_1}$ 6 $\left(\dfrac{T_1}{T_2}\right)^{\gamma}$ 7 $\left(\dfrac{T_2}{T_1}\right)^{\gamma}$

(キ) の解答群

0 t が 0 に近づくと，η と K はともに 1 に近づく

1 t が 0 に近づくと，η は 0，K は 1 にそれぞれ近づく

2 t が 0 に近づくと，η は 1，K は 0 にそれぞれ近づく

3 t が 1 に近づくと，η と K はともに 0 に近づく

4 t が 1 に近づくと，η は 0，K は 1 にそれぞれ近づく

5 t が 1 に近づくと，η は 1，K は 0 にそれぞれ近づく

(3) 図 **2-3** の p–V 図で示されている，A→B（断熱過程），B→C（定圧過程で熱量 $Q_1(>0)$ を吸収），C→D（断熱過程），D→A（定積過程で熱量 $Q_2\ (>0)$ を放出）の 4 つの状態変化からなり，仕事 W をする熱機関の熱効率 $\eta = \dfrac{W}{Q_1}$ を求める。状態 A，B，C，D での各温度と体積を，T_A，T_B，T_C，T_D と V_A，V_B，V_C，V_D とする。Q_1 と Q_2 はそれぞれ定圧過程，定積過程で移動する熱量であるので，$Q_1 = $ ┃ (ク) ┃，$Q_2 = $ ┃ (ケ) ┃ である。比熱比 γ および T_A，T_B，T_C，T_D を使って，$\dfrac{Q_2}{Q_1} = $ ┃ (コ) ┃ をえる。今，体積比，$\alpha = \dfrac{V_A}{V_B} = \dfrac{V_D}{V_B}$ と $\beta = \dfrac{V_C}{V_B}$ を定義し，A と B，C と D のそれぞれの状態間の過程で ▨ (オ) ▨ を適用した関係式と，B と C でなりたつ理想気体の状態方程式を使うと，▨ (コ) ▨ は α，β，γ だけで表されて，熱効率 η は，$\eta = 1 - $ ┃ (サ) ┃ となる。

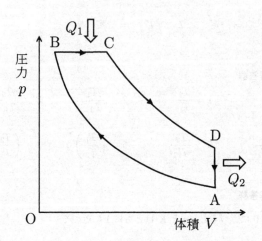

図 2-3

(ク), (ケ) の解答群

0   $C_V(T_B - T_C)$ 1 $C_V(T_C - T_B)$ 2 $C_V(T_A - T_D)$

3   $C_V(T_D - T_A)$ 4 $C_p(T_B - T_C)$ 5 $C_p(T_C - T_B)$

6   $C_p(T_A - T_D)$ 7 $C_p(T_D - T_A)$

(コ) の解答群

0   $\gamma\left(\dfrac{T_A}{T_B}\right)\left(\dfrac{\dfrac{T_D}{T_A}-1}{\dfrac{T_C}{T_B}-1}\right)$ 1 $\gamma\left(\dfrac{T_D}{T_B}\right)\left(\dfrac{\dfrac{T_A}{T_D}-1}{\dfrac{T_C}{T_B}-1}\right)$

2   $\gamma\left(\dfrac{T_B}{T_A}\right)\left(\dfrac{\dfrac{T_C}{T_B}-1}{\dfrac{T_D}{T_A}-1}\right)$ 3 $\gamma\left(\dfrac{T_C}{T_A}\right)\left(\dfrac{\dfrac{T_B}{T_C}-1}{\dfrac{T_D}{T_A}-1}\right)$

4   $\dfrac{1}{\gamma}\left(\dfrac{T_A}{T_B}\right)\left(\dfrac{\dfrac{T_D}{T_A}-1}{\dfrac{T_C}{T_B}-1}\right)$ 5 $\dfrac{1}{\gamma}\left(\dfrac{T_A}{T_C}\right)\left(\dfrac{\dfrac{T_D}{T_A}-1}{\dfrac{T_B}{T_C}-1}\right)$

6 $\dfrac{1}{\gamma}\left(\dfrac{T_{\mathrm{C}}}{T_{\mathrm{D}}}\right)\left(\dfrac{\frac{T_{\mathrm{B}}}{T_{\mathrm{C}}}-1}{\frac{T_{\mathrm{A}}}{T_{\mathrm{D}}}-1}\right)$　　7 $\dfrac{1}{\gamma}\left(\dfrac{T_{\mathrm{C}}}{T_{\mathrm{A}}}\right)\left(\dfrac{\frac{T_{\mathrm{B}}}{T_{\mathrm{C}}}-1}{\frac{T_{\mathrm{D}}}{T_{\mathrm{A}}}-1}\right)$

(サ) の解答群

0 $\dfrac{\gamma}{\beta^{1-\gamma}}\left(\dfrac{\alpha^{\gamma}-1}{\alpha-1}\right)$　　1 $\dfrac{\gamma}{\beta^{1-\gamma}}\left(\dfrac{\alpha-1}{\alpha^{\gamma}-1}\right)$

2 $\dfrac{\beta^{1-\gamma}}{\gamma}\left(\dfrac{\alpha^{\gamma}-1}{\alpha-1}\right)$　　3 $\dfrac{\gamma}{\alpha^{1-\gamma}}\left(\dfrac{\beta^{\gamma}-1}{\beta-1}\right)$

4 $\dfrac{\alpha^{1-\gamma}}{\gamma}\left(\dfrac{\beta-1}{\beta^{\gamma}-1}\right)$　　5 $\dfrac{\alpha^{1-\gamma}}{\gamma}\left(\dfrac{\beta^{\gamma}-1}{\beta-1}\right)$

3 次の問題の ☐ の中に入れるべき正しい答えをそれぞれの**解答群**の中から選び，その番号を解答用マークシートの指定された欄にマークしなさい。必要なら同一番号を繰り返し用いてよい。なお，問題文中の (ケ) ， (サ) ， (ス) はそれぞれ既出の (ケ) ， (サ) ， (ス) を表す。(25点)

(1) 図 **3-1** のように起電力 E 〔V〕の直流電源，スイッチ S，抵抗値 R〔Ω〕の抵抗，自己インダクタンス L〔H〕のコイルからなる回路がある。最初にスイッチ S は開いているとし，コイルを流れる電流が 0 A であるとする。また，電源の内部抵抗とコイル及び導線の電気抵抗は無視できるとする。なお，回路に時計まわりに流れる電流の符号を正とする。

はじめにスイッチ S を閉じる。その直後，抵抗の両端の電圧は (ア) $\times E$ であり，コイルの両端の電圧は (イ) $\times E$ である。スイッチ S を閉じた後，抵抗の両端の電圧は時間とともに変化し，ある時刻に $\frac{1}{2}E$ となった。このとき，コイルに蓄えられたエネルギーは (ウ) $\times L\dfrac{E^2}{R^2}$〔J〕であった。さらにじゅうぶんな時間が経過すると，コイルを流れる電流が一定となった。このときコイルを流れる電流の値は (エ) $\times\dfrac{E}{R}$〔A〕であった。

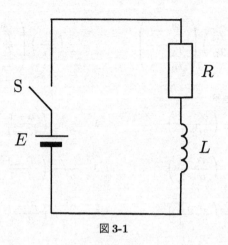

図 3-1

(ア), (イ), (ウ), (エ) の解答群

| 0 | 0 | 1 | $\frac{1}{8}$ | 2 | $\frac{1}{4}$ | 3 | $\frac{3}{8}$ |

| 4 | $\frac{1}{2}$ | 5 | $\frac{5}{8}$ | 6 | $\frac{3}{4}$ | 7 | $\frac{7}{8}$ |

8　1

(2) 図 **3-2** のように, $V(t) = V_0 \sin(\omega t)$〔V〕の電圧の交流電源, 抵抗値 R〔Ω〕の抵抗 2 個, 自己インダクタンス L〔H〕のコイルと電気容量 C〔F〕のコンデンサーからなる回路がある。ここで, V_0〔V〕は電圧の振幅であり, ω〔rad/s〕は交流の角周波数であり, t〔s〕は時間である。また, 電源の内部抵抗とコイル及び導線の電気抵抗は無視できるとする。以下で示すように, この回路はある条件を満たせば角周波数 $\omega = \dfrac{1}{\sqrt{LC}}$ で電流の振幅が最大値をとる。

　図 **3-2** で示すように, 回路全体を流れる電流を $I(t)$〔A〕とし, 抵抗とコイルを直列接続した回路の分岐を流れる電流を $I_1(t)$〔A〕, 抵抗とコンデンサを直列接続した回路の分岐を流れる電流を $I_2(t)$〔A〕とする。なお, 図 **3-2** の矢印の向きを交流電流 $I(t)$, $I_1(t)$, $I_2(t)$ の正の向きとし, その向きに電流を流そうとする交流電圧 $V(t)$ を正とする。$I_1(t)$ と $I_2(t)$ はそれぞれ

$$I_1(t) = \frac{V_0}{Z_1}\sin(\omega t + \phi_1), \qquad I_2(t) = \frac{V_0}{Z_2}\sin(\omega t + \phi_2) \qquad \text{(a)}$$

$$Z_1 = \boxed{\text{(オ)}}, \qquad\qquad Z_2 = \boxed{\text{(カ)}} \qquad \text{(b)}$$

$$\cos\phi_1 = \boxed{\text{(キ)}}, \qquad\qquad \cos\phi_2 = \boxed{\text{(ク)}} \qquad \text{(c)}$$

$$\sin\phi_1 = \boxed{\text{(ケ)}}\ \boxed{\text{(コ)}}, \qquad \sin\phi_2 = \boxed{\text{(サ)}}\ \boxed{\text{(シ)}} \qquad \text{(d)}$$

である。ここで、$\boxed{\text{(ケ)}}$ と $\boxed{\text{(サ)}}$ は正負の符号を表す。

(a) 式と (b) 式と，三角関数の公式

$$a\sin(x + \alpha_1) + b\sin(x + \alpha_2) = c\sin(x + \alpha)$$

$$c^2 = a^2 + b^2 + 2ab\cos(\alpha_1 - \alpha_2)$$

より回路を流れる電流は $I(t) = \dfrac{V_0}{Z}\sin(\omega t + \phi)$ となる。ここで、α は a, b, α_1, α_2 で表され、ϕ は Z_1, Z_2, ϕ_1, ϕ_2 で表される。また、回路のインピーダンス $Z\,[\Omega]$ は

$$Z = \frac{Z_1 Z_2}{\sqrt{Z_1^2 + Z_2^2 + 2Z_1 Z_2\cos(\phi_1 - \phi_2)}}$$

である。(c) 式と (d) 式の結果より

$$Z_1^2 + Z_2^2 + 2Z_1 Z_2\cos(\phi_1 - \phi_2) = R^2 \times \left[\left(\frac{\omega L}{R} - \frac{1}{\omega RC}\right)^2 + \boxed{\text{(ス)}}\right]$$

$$Z_1 Z_2 = R^2 \times \sqrt{\left(1 + \frac{L}{R^2 C}\right)^2 + \left(\frac{\omega L}{R} - \frac{1}{\omega RC}\right)^2}$$

となるので、回路全体のインピーダンスは

$$Z = R\sqrt{1 + \frac{1}{\left(\dfrac{\omega L}{R} - \dfrac{1}{\omega RC}\right)^2 + \boxed{\text{(ス)}}}\left[\left(1 + \frac{L}{R^2 C}\right)^2 - 4\right]}$$

となる。

　ある R, L, C の値を選ぶと、回路のインピーダンス Z は ω の関数として図 **3-3** のように振舞い、角周波数 $\omega = \dfrac{1}{\sqrt{LC}}$ で最小値をとった。このとき、R, L, C は

条件 (セ) を満たしている。この場合，回路の電流 I の振幅は $\omega = \dfrac{1}{\sqrt{LC}}$ において最大値をとる。

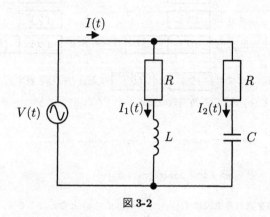

図 3-2

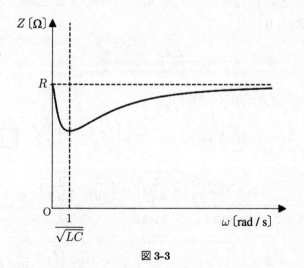

図 3-3

(オ)，(カ) の解答群

    0 R　　　　　　　1 ωL　　　　　2 $\dfrac{1}{\omega C}$

    3 $\sqrt{R^2 + \omega^2 L^2}$　　4 $\sqrt{R^2 + \dfrac{1}{\omega^2 C^2}}$　　5 $\sqrt{R^2 + \left(\omega L - \dfrac{1}{\omega C}\right)^2}$

6　$\dfrac{1}{\sqrt{\dfrac{1}{R^2} + \left(\omega C - \dfrac{1}{\omega L}\right)^2}}$

(キ), (コ) の解答群

0　$\dfrac{R}{\sqrt{R^2 + \omega^2 L^2}}$　　　　　　　1　$\dfrac{R}{\omega L}$

2　$\dfrac{\omega L}{R}$　　　　　　　　　　　3　$\dfrac{\omega L}{\sqrt{R^2 + \omega^2 L^2}}$

(ク), (シ) の解答群

0　$\dfrac{R}{\sqrt{R^2 + \dfrac{1}{\omega^2 C^2}}}$　　　　　1　$\omega R C$

2　$\dfrac{1}{\omega R C}$　　　　　　　　　3　$\dfrac{1}{\omega C}\dfrac{1}{\sqrt{R^2 + \dfrac{1}{\omega^2 C^2}}}$

(ケ), (サ) の解答群

0　$+$　　　　　　　　　　　1　$-$

(ス) の解答群

0　0　　1　1　　2　2　　3　3　　4　4　　5　5

(セ) の解答群

0　$L < R^2 C$　　　　1　$L = R^2 C$　　　　2　$R^2 C < L$

4　　次の問題の　□　の中に入れるべき正しい答えをそれぞれの**解答群**の中か
　　ら選び，その番号を解答用マークシートの指定された欄にマークしなさい。必
　　要なら同一番号を繰り返し用いてよい。なお，問題文中の　(ウ)　は既出の
　　(ウ)　を表す。　　　　　　　　　　　　　　　　　　　　　　　　　(25点)

　　図 **4-1** のように，真空中に配置された y 軸に平行な平板にスリット S1 と S2 が
開いている。平板の中心を O $(0,0)$ とする。S1 の y 座標は $\dfrac{d}{2}$〔m〕であり，S2 の
y 座標は $-\dfrac{d}{2}$〔m〕である。また，スリットから離れたところに，平板に平行にス
クリーンが配置されている。スクリーンの中心を O′ $(x, 0)$ とする。ただし，スク
リーンの x 座標は変えることができ，初期状態では $x = L_0$〔m〕であるとする。波
長 λ〔m〕の平面波単色光を x 軸の正方向に入射する。平板に垂直に入射した光は
スリットを通って回折し，スクリーン上で干渉する。なお，$\lambda \ll d \ll L_0$ とする。
以下の問いに答えなさい。

(1)　スクリーン上の干渉じまの位置を考える。点 O′ では2つのスリットで回折し
　　た光の光路差が0であるため，明線が観測される。この明線を0番目の明線と
　　する。スクリーン上の位置 P (L_0, y_0) に，点 O′ から数えて m 番目の明線が観測
　　された。ただし，$m \geqq 2$ であるとし，$y_0 > 0$，$y_0 \ll L_0$ であるとする。スリット
　　S1 から P までの距離を L_1〔m〕，スリット S2 から P までの距離を L_2〔m〕とし
　　て，y_0，d，L_0 などを用いてあらわすと $L_1 = \sqrt{\boxed{\text{(ア)}}}$，$L_2 = \sqrt{\boxed{\text{(イ)}}}$
　　である。よって，$L_2^2 - L_1^2 = 2 \times \boxed{\text{(ウ)}}$ である。よって光路差は

$$L_2 - L_1 = \frac{L_2^2 - L_1^2}{L_1 + L_2} = \frac{2 \times \boxed{\text{(ウ)}}}{L_1 + L_2}$$

　　となる。ここで，$d \ll L_0$，$y_0 \ll L_0$ の場合，$L_2 + L_1 \fallingdotseq 2L_0$ の近似を用いてよ
　　い。よって

$$L_2 - L_1 = \frac{\boxed{\text{(ウ)}}}{L_0}$$

　　となる。よって，スクリーン上の位置 P で m 番目の明線が観測されるために

λ が満たす条件は

$$m\lambda = \frac{\boxed{(ウ)}}{L_0} \quad \text{(a)}$$

である。

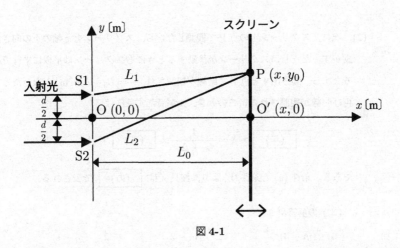

図 4-1

(ア), (イ) の解答群

0 $y_0^2 + L_0^2$

1 $\left(y_0 - \dfrac{d}{2}\right)^2 + L_0^2$

2 $\left(y_0 + \dfrac{d}{2}\right)^2 + L_0^2$

3 $\left(L_0 - \dfrac{d}{2}\right)^2 + y_0^2$

4 $\left(L_0 + \dfrac{d}{2}\right)^2 + y_0^2$

(ウ) の解答群

0 $\dfrac{1}{2}y_0^2$

1 $\dfrac{1}{2}y_0 d$

2 $\dfrac{1}{2}d^2$

3 y_0^2

4　$y_0 d$　　　　　　　　　　　　　　　　5　d^2

6　$2y_0^2$　　　　　　　　　　　　　　　　7　$2y_0 d$

8　$2d^2$

(2)　次に，スクリーン上の点 P で観測しながら，スクリーンを x 軸の正の向きに動かす。ただし，スクリーンが移動するときにもスクリーンは平板に平行であるとする。動き出すと点 P で暗線が観測され，$x = L_0 + \Delta x \,[\mathrm{m}]$ となったとき再び明線が観測された。このとき，λ が満たす条件は

$$\boxed{\text{(エ)}} \times \lambda = \frac{1}{L_0 + \Delta x} \times \boxed{\text{(オ)}} \qquad \text{(b)}$$

である。条件 (a) と条件 (b) より，波長 λ は $\boxed{\text{(カ)}}$ で表される。

(エ) の解答群

0　$(m-3)$　　　　　1　$(m-2)$　　　　　2　$(m-1)$

3　m　　　　　　　4　$(m+1)$　　　　　5　$(m+2)$

6　$(m+3)$

(オ) の解答群

0　$\dfrac{1}{2}y_0^2$　　　　　1　$\dfrac{1}{2}d^2$　　　　　2　$\dfrac{1}{2}y_0 d$

3　y_0^2　　　　　　4　d^2　　　　　　5　$y_0 d$

6　$2y_0^2$　　　　　7　$2d^2$　　　　　8　$2y_0 d$

(カ) の解答群

0　$\dfrac{y_0 d}{L_0}$　　　　1　$\dfrac{y_0 d}{\Delta x}$　　　　2　$\dfrac{y_0 d}{L_0 + \Delta x}$

3　$\dfrac{y_0 d L_0}{\Delta x(L_0 + \Delta x)}$　　4　$\dfrac{y_0 d \Delta x}{L_0(L_0 + \Delta x)}$　　5　$\dfrac{2y_0 d}{L_0}$

6　$\dfrac{2y_0 d}{\Delta x}$　　　7　$\dfrac{2y_0 d}{L_0 + \Delta x}$　　8　$\dfrac{2y_0 d L_0}{\Delta x(L_0 + \Delta x)}$

9　$\dfrac{2y_0 d \Delta x}{L_0(L_0 + \Delta x)}$

(3)　スクリーンの x 座標を L_0 に戻して，図 **4-2** のようにスリットが開いている平板を点 O のまわりに角度 θ〔rad〕だけ時計回りに回転させた。ただし，$0 < \theta \ll \dfrac{\pi}{2}$ であるとする。

　点 $\mathrm{Q}(L_0, y)$ をスクリーン上の位置として，スリット S1 から点 Q までの距離を L_1'〔m〕，スリット S2 から点 Q までの距離を L_2'〔m〕とする。ただし，$y \geqq 0$ とする。また，スリット S1, S2 までの光路差を図 **4-2** に示すように L'〔m〕とする。

　2 つのスリットを通って点 Q に到達する光の全光路差は $L_2' - L_1' - L'$ である。ここで，$L_1' = \sqrt{\boxed{\text{(キ)}}}$，$L_2' = \sqrt{\boxed{\text{(ク)}}}$，$L' = \boxed{\text{(ケ)}}$ である。小問 (1) と同じように，$L_2' - L_1' = \dfrac{{L_2'}^2 - {L_1'}^2}{L_1' + L_2'}$ において，$d \ll L_0$, $y \ll L_0$ より $L_1' + L_2' \fallingdotseq 2L_0$ の近似を使ってよいとすると，点 Q までの全光路差は $\boxed{\text{(コ)}}$ となる。よって明線の間隔は $\boxed{\text{(サ)}}$ である。

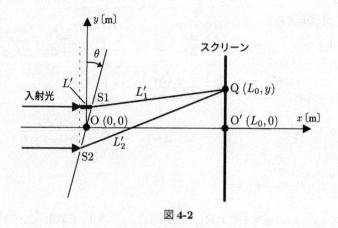

図 4-2

(キ), (ク) の解答群

0 $\quad y^2 + L_0^2$

1 $\quad \left(y - \dfrac{d}{2}\sin\theta\right)^2 + \left(L_0 - \dfrac{d}{2}\sin\theta\right)^2$

2 $\quad \left(y + \dfrac{d}{2}\sin\theta\right)^2 + \left(L_0 + \dfrac{d}{2}\sin\theta\right)^2$

3 $\quad \left(y - \dfrac{d}{2}\cos\theta\right)^2 + \left(L_0 - \dfrac{d}{2}\cos\theta\right)^2$

4 $\quad \left(y + \dfrac{d}{2}\cos\theta\right)^2 + \left(L_0 + \dfrac{d}{2}\cos\theta\right)^2$

5 $\quad \left(y - \dfrac{d}{2}\sin\theta\right)^2 + \left(L_0 - \dfrac{d}{2}\cos\theta\right)^2$

6 $\quad \left(y + \dfrac{d}{2}\sin\theta\right)^2 + \left(L_0 + \dfrac{d}{2}\cos\theta\right)^2$

7 $\quad \left(y - \dfrac{d}{2}\cos\theta\right)^2 + \left(L_0 - \dfrac{d}{2}\sin\theta\right)^2$

8 $\quad \left(y + \dfrac{d}{2}\cos\theta\right)^2 + \left(L_0 + \dfrac{d}{2}\sin\theta\right)^2$

２０２４年度　Ｂ方式　物理

(ケ) の解答群

00　$y \sin\theta$　　　01　$d \sin\theta$　　　02　$L_0 \sin\theta$

03　$\lambda \sin\theta$　　　04　$y \cos\theta$　　　05　$d \cos\theta$

06　$L_0 \cos\theta$　　　07　$\lambda \cos\theta$　　　08　$y \tan\theta$

09　$d \tan\theta$　　　10　$L_0 \tan\theta$　　　11　$\lambda \tan\theta$

(コ) の解答群

0　$\dfrac{yd}{L_0}$　　　1　$\dfrac{yd}{L_0}\cos\theta$　　　2　$\dfrac{yd}{L_0}\cos^2\theta$

3　$\dfrac{yd}{L_0 \cos\theta}$　　　4　$\dfrac{yd}{L_0 \cos^2\theta}$

(サ) の解答群

0　$\dfrac{\lambda L_0}{d}$　　　1　$\dfrac{\lambda L_0}{d}\cos\theta$　　　2　$\dfrac{\lambda L_0}{d}\cos^2\theta$

3　$\dfrac{\lambda L_0}{d \cos\theta}$　　　4　$\dfrac{\lambda L_0}{d \cos^2\theta}$

化　学

（80 分）

　必要があれば，次の数値を用いなさい。

原子量　H：1.00，C：12.0，O：16.0，Na：23.0，Cl：35.5，K：39.0，I：127

気体定数　$R = 8.31 \times 10^3$ Pa·L/(mol·K)

ファラデー定数　$F = 9.65 \times 10^4$ C/mol

1　　下図は a に塩化ナトリウム型の NaCl の結晶構造，b に塩化セシウム型の CsCl
　　の結晶構造を示している。イオン結晶の各イオンの静電気的な力は，イオン間の
　　距離に関係しており，陽イオン同士あるいは陰イオン同士には反発力が働き，陽
　　イオンと陰イオンには引力が働いている。下図では，○ を Na^+ または Cs^+，●
　　を Cl^- として，それぞれの結晶の単位格子の構造を示す。I と II を読んで，
　　(1)〜(5)の問いに答えなさい。　　　　　　　　　　　　　　　　　　　　（24 点）

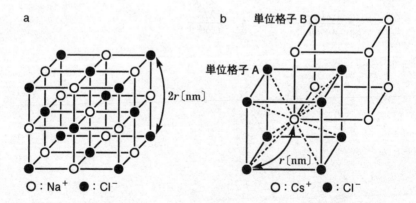

　I　　a の NaCl の結晶は，中心に Na^+ を配置した単位格子を示している。この単
　　　位格子には，Na^+ も Cl^- も 4 個ずつ含まれている。また，Na^+ だけの構造ある
　　　いは Cl^- だけの構造をみると，どちらも面心立方格子の構造をとっている。静

電気的な力は結晶全体に渡って働き，結晶中心の Na^+ に対して Cl^- は引力を，Na^+ は反発力をおよぼしている。中心の Na^+ に最も近いイオンは6個の Cl^- であり，すべて中心の Na^+ に対して引力をおよぼしている。単位格子の一辺を $2r$〔nm〕とすると，中心の Na^+ から最近接 Cl^- までの結合距離は r〔nm〕となる。次に中心の Na^+ から2番目に近いイオン（第2近接イオン）は，　　A　　個の　　ア　　であり，中心の Na^+ に対して　　イ　　をおよぼしている。中心の Na^+ から，そのイオンまでの距離は　　(a)　　〔nm〕である。第3近接イオンは　　B　　個の　　ウ　　であり，中心の Na^+ に対して　　エ　　をおよぼしている。中心の Na^+ から，そのイオンまでの距離は　　(b)　　〔nm〕である。第4近接イオンは　　C　　個の　　オ　　であり，中心の Na^+ に対して　　カ　　をおよぼしている。中心の Na^+ から，そのイオンまでの距離は　　(c)　　〔nm〕である。第5近接イオンは　　D　　個の　　キ　　であり，中心の Na^+ に対して　　ク　　をおよぼしている。中心の Na^+ から，そのイオンまでの距離は　　(d)　　〔nm〕である。このように，NaCl の結晶のイオン間に働く静電気的な力の総和は，$Na^+ \cdots Na^+$ および $Cl^- \cdots Cl^-$ の反発力と $Na^+ \cdots Cl^-$ の引力の両方の力が働くため，一定の値に収束していくことになる。

Ⅱ　b の CsCl の結晶は，2つの単位格子 A および単位格子 B を示しており，それぞれ中心に Cs^+ と Cl^- を配置している。このうち，単位格子 A の Cs^+ を中心とした結晶の静電気的な力を考えてみる。中心の Cs^+ から最も近いイオン（第1近接イオン）の8個の Cl^- との結合距離を r〔nm〕とする。この単位格子 A の中には，Cs^+ も Cl^- も1個ずつ含まれている。また，Cs^+ だけ，あるいは Cl^- だけの構造をみると，ともに単純立方格子をとっている。中心の Cs^+ に対する第2近接イオンは，　　E　　個の Cs^+ であり，中心の Cs^+ に対して反発力をおよぼしている。中心の Cs^+ から，その Cs^+ までの距離は　　(e)　　〔nm〕である。第3近接イオンも　　F　　個の Cs^+ であり，中心の Cs^+ に対して反発力をおよぼしている。中心の Cs^+ から，その Cs^+ までの距離は　　(f)　　〔nm〕である。第4近接イオンは　　G　　個の Cl^- であり，中心の Cs^+ に対して引力をおよぼしている。中心の Cs^+ から，その Cl^-

までの距離は (g) 〔nm〕である。

(1) Iの A ～ D にそれぞれあてはまる最も適切な数値を**解答群**
の中から一つずつ選び，その番号を**解答用マークシート**の指定された欄にマー
クしなさい。なお，同じ選択肢を繰り返し選んでもよい。

解答群

    1 1   **2** 2   **3** 4   **4** 6   **5** 8
    6 12   **7** 24   **8** 48   **9** 64

(2) Iの ア ～ ク にそれぞれあてはまる最も適切なものを**解答群**
の中から一つずつ選び，その番号を**解答用マークシート**の指定された欄にマー
クしなさい。なお，同じ選択肢を繰り返し選んでもよい。

解答群

    0 Na^+ **1** Cl^- **2** 引 力   **3** 反発力

(3) Iの (a) ～ (d) にそれぞれあてはまる最も近い距離を**解答群**の
中から一つずつ選び，その番号の十の位と一の位を**解答用マークシート**の指定
された欄にマークしなさい。たとえば，解答が**03**のときには，十の位に**0**，
一の位に**3**をマークしなさい。なお，同じ選択肢を繰り返し選んでもよい。

解答群

    00 r **01** $2r$ **02** $3r$ **03** $\sqrt{2}\,r$

    04 $\dfrac{\sqrt{2}}{2}r$ **05** $2\sqrt{2}\,r$ **06** $\sqrt{3}\,r$ **07** $\dfrac{\sqrt{3}}{2}r$

    08 $2\sqrt{3}\,r$ **09** $\sqrt{5}\,r$ **10** $\dfrac{\sqrt{5}}{2}r$ **11** $2\sqrt{5}\,r$

    12 $\sqrt{6}\,r$ **13** $\dfrac{\sqrt{6}}{2}r$ **14** $2\sqrt{6}\,r$ **15** $\dfrac{2}{\sqrt{6}}r$

(4) Ⅱの E ～ G にそれぞれあてはまる最も適切な数値を**解答群**の中から一つずつ選び，その番号を**解答用マークシート**の指定された欄にマークしなさい。なお，同じ選択肢を繰り返し選んでもよい。

解答群

0	0	1	1	2	2	3	4	4	6
5	8	6	12	7	24	8	48	9	64

(5) Ⅱの (e) ～ (g) にそれぞれあてはまる最も近い距離を**解答群**の中から一つずつ選び，その番号の十の位と一の位を**解答用マークシート**の指定された欄にマークしなさい。たとえば，解答が03のときには，十の位に0，一の位に3をマークしなさい。なお，同じ選択肢を繰り返し選んでもよい。

解答群

00 r　　　01 $2r$　　　02 $3r$　　　03 $\sqrt{2}\,r$

04 $\sqrt{3}\,r$　　　05 $\sqrt{5}\,r$　　　06 $\dfrac{\sqrt{3}}{2}r$　　　07 $\dfrac{\sqrt{2}}{2\sqrt{3}}r$

08 $\dfrac{2\sqrt{3}}{\sqrt{2}}r$　　　09 $\dfrac{\sqrt{3}}{2\sqrt{2}}r$　　　10 $\dfrac{2}{\sqrt{3}}r$　　　11 $\dfrac{2\sqrt{2}}{\sqrt{3}}r$

12 $\sqrt{\dfrac{7}{2}}\,r$　　　13 $\sqrt{\dfrac{7}{3}}\,r$　　　14 $\sqrt{\dfrac{11}{2}}\,r$　　　15 $\sqrt{\dfrac{11}{3}}\,r$

16 $\sqrt{\dfrac{13}{2}}\,r$　　　17 $\sqrt{\dfrac{13}{3}}\,r$　　　18 $\dfrac{7}{2}r$　　　19 $\dfrac{7}{3}r$

20 $\dfrac{11}{2}r$　　　21 $\dfrac{11}{3}r$　　　22 $\dfrac{13}{2}r$　　　23 $\dfrac{13}{3}r$

2　下図は，電気分解を行って電解槽中の海水に含まれる NaCl を濃縮して取り出す装置の模式図を示している。イオン交換膜には陽イオン交換膜以外に陰イオンのみを透過する陰イオン交換膜もある。(1)～(9)の問いに答えなさい。　(26 点)

　Ti と Fe の電極間に，陰イオンと陽イオンのイオン交換膜をそれぞれ 2 枚ずつ下図のように交互に設置した。(ア)～(オ)の領域は海水で満たされており，それぞれの領域はコックによって，個別に海水を排水したり，注水したりできる。海水は，はじめ 3 ％(質量パーセント濃度)の濃度をもつ NaCl 水溶液として，取り扱えるものとする。電気分解によって，ある領域の海水の NaCl が濃縮され，コックから取り出すことができる。ただし，電気分解および陽イオンと陰イオンの移動は，流れた電気量に応じて理論通りに進行するものとする。

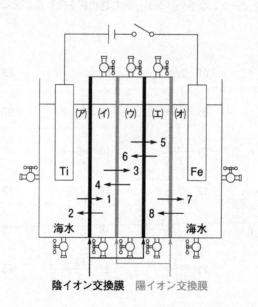

陰イオン交換膜　陽イオン交換膜

(1)　電気分解によって Ti 電極と Fe 電極から発生する気体として最も適切な気体をそれぞれ**解答群**の中から一つずつ選び，その番号を**解答用マークシート**の指定された欄にマークしなさい。

解答群

0 O_2　　　　　　1 H_2　　　　　　2 Cl_2　　　　　　3 N_2

(2)　図のような装置で陰イオンあるいは陽イオンの交換膜を介して電気分解したとき，溶解したイオンがどのように膜を透過するのか示しなさい。まず，図の1～8のうち，イオンが透過する4つの矢印の方向を選び，その番号を小さい順に①～④の**解答用マークシート**の指定された欄に，それぞれマークしなさい。そして，①～④でそれぞれ主に透過するイオン名を**解答群**の中から一つ選び，その番号を**解答用マークシート**の指定された欄にマークしなさい。なお，矢印の方向を**解答用マークシート**にマークするときは1～8を使用し，0は使用しないこと。

解答群

0 Na^+　　　1 Cl^-　　　2 H^+　　　3 OH^-　　　4 Fe^{2+}

(3)　(ア)と(オ)の領域に1000 kg，(イ)と(ウ)，および(エ)の領域に500 kgの海水をそれぞれ注水した。この電解槽を20 Aの電流で268時間3分20秒間だけ電気分解すると，陰極からは気体が標準状態で何L発生したか。発生した気体の体積に最も近いものを**解答群**の中から一つ選び，その番号を**解答用マークシート**の指定された欄にマークしなさい。

解答群

0 1120　　　　　1 2240　　　　　2 4480　　　　　3 11200

4 22400　　　　5 44800

(4)　(3)の条件で電気分解を行ったとき，NaCl濃度の最も高い領域の海水は，どの領域になるか。最も適切なものを**解答群**の中から一つ選び，その番号を**解答用マークシート**の指定された欄にマークしなさい。最も高い濃度の領域が複数ある場合は，それらの領域すべてを含む選択肢を**解答群**から選びなさい。

解答群

0	(イ)	1	(ウ)	2	(エ)	3	(イ), (ウ)

4	(イ), (エ)	5	(ウ), (エ)	6	(イ), (ウ), (エ)

(5) (3)の条件で電気分解を行ったとき，(4)で選んだ領域の海水に存在する NaCl は何 kg になるか，最も近い数値を**解答群**の中から一つ選び，その番号を**解答用マークシート**の指定された欄にマークしなさい。

解答群

0	5.85	1	11.7	2	20.9	3	23.4

4	26.7	5	38.4

(6) 溶液中の NaCl の濃度を高めるために，電気分解の後に NaCl 濃度の最も希薄な領域の海水を排水し，代わりにはじめと同量の海水を注水した。そして，再び(3)の条件で電気分解を行った。電気分解を行った後，NaCl 濃度の最も高い領域の海水に含まれている NaCl は何 kg になるか。最も近い数値を**解答群**の中から一つ選び，その番号を**解答用マークシート**の指定された欄にマークしなさい。

解答群

0	11.7	1	23.4	2	26.7	3	35.1

4	38.4	5	40.1

(7) (3)の条件ではじめの海水を電気分解したとき，(オ)の領域の海水では pH が高くなり，強塩基性の化合物が濃縮される。(オ)の領域の海水中で何 kg の強塩基性化合物が作られるか。最も近い数値を**解答群**の中から一つ選び，その番号を**解答用マークシート**の指定された欄にマークしなさい。

解答群

0	4.00	1	5.85	2	8.00	3	11.7

　　4　24.5　　　　　　5　38.4

(8)　(3)の条件ではじめの海水を電気分解したとき，(ア)の領域の海水には，強い酸
　　化作用を示し，漂白・殺菌作用がある一価の酸の化合物 HX が生成した。HX
　　の化学式として最も適切なものを**解答群**の中から一つ選び，その番号を**解答用
　　マークシート**の指定された欄にマークしなさい。

解答群

　　0　$HClO_4$　　　1　$HClO_3$　　　2　$HClO_2$　　　3　$HClO$　　　4　HCl

(9)　この化合物 HX の電離定数を $K_a = 3 \times 10^{-8}$ mol/L とすると，水溶液中の pK_a
　　$(= -\log_{10} K_a)$ は　| イ |　となる。pH = 11 のときは $\dfrac{[X^-]}{[HX]}$ が　| ロ |
　　となり，| ハ | の濃度が大きくなる。しかし，pH = 6 のときは $\dfrac{[X^-]}{[HX]}$
　　が　| ニ |　となり，| ホ | の濃度が大きくなる。ただし，$\log_{10} 3 = 0.48$
　　とする。最も近い数値を　| イ | の解答群の中から，物質の化学式を
　　| ハ | と | ホ | の解答群の中からそれぞれ選び，その番号を**解答用
　　マークシート**の指定された欄にマークしなさい。また，| ロ | と
　　| ニ | の解答は，| p | に正負の符号を，| a | ，| b | ，
　　| c | には適切な数字をそれぞれ入れて，10 のべき乗形式で答え，**解答
　　用マークシート**の指定された欄にマークしなさい。

　　| イ | の解答群
　　0　-3.84　　　1　3.84　　　2　-7.52　　　3　7.52
　　4　-8.48　　　5　8.48

　　| ハ | と | ホ | の解答群
　　0　X^-　　　　　　　1　HX

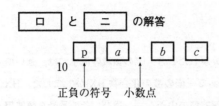

$\boxed{3}$　次の文章を読み，(1)～(6)の問いに答えなさい。　　　　　　　(26点)

　過酸化水素 H_2O_2 の薄い水溶液は，常温で放置してもほとんど変化が見られない。しかし，酸化マンガン(Ⅳ)の粉末または黄褐色の塩化鉄(Ⅲ)水溶液を少量加えると，常温でも激しく分解反応を起こして気体である $\boxed{(ア)}$ を発生する。これは，酸化マンガン(Ⅳ)や Fe^{3+} によって反応速度が大きくなったためである。この反応の前後において酸化マンガン(Ⅳ)や Fe^{3+} の酸化数は $\boxed{(イ)}$ 。このように反応速度を大きくする物質を触媒という。

　水温を一定に調節した水槽の中で，ふたまた試験管の片方に酸化マンガン(Ⅳ)の粉末 $1.00\,g$ を入れ，反対側に $3.00\,\%$ の過酸化水素水(密度 $1.00\,g/cm^3$) $10.0\,mL$ を入れる。この後，これらを混合すると，気体である $\boxed{(ア)}$ を発生する反応が速やかに起こり，水槽に入れたメスシリンダーに発生した $\boxed{(ア)}$ を捕集し，発生した $\boxed{(ア)}$ の体積を記録した。この体積から発生した $\boxed{(ア)}$ の物質量を求め，この値を $\boxed{(ウ)}$ 倍することで分解した過酸化水素の物質量を求めた。反応開始時の過酸化水素の物質量は $\boxed{(エ)}$ mol であるので，これより未反応の過酸化水素の物質量および未反応の過酸化水素の濃度を求めることができた。反応を開始してからの時間〔s〕とその時点における未反応の過酸化水素の濃度 $[H_2O_2]$〔mol/L〕を表にすると以下のようになった。ただし，$\boxed{(ア)}$ の水への溶解は無視できるものとする。

時間〔s〕	0	30.0	60.0	90.0
$[H_2O_2]$〔mol/L〕	0.882	0.442	0.222	0.110

0-30.0 秒の間，30.0-60.0 秒の間，60.0-90.0 秒の間の平均の分解反応速度はそれぞれ ⎡(オ)⎤ mol/(L·min)，⎡(カ)⎤ mol/(L·min)，⎡(キ)⎤ mol/(L·min) であった。また，0-30.0 秒の間，30.0-60.0 秒の間，60.0-90.0 秒の間の平均の $[H_2O_2]$ はそれぞれ ⎡(ク)⎤ mol/L，⎡(ケ)⎤ mol/L，⎡(コ)⎤ mol/L であった。

ところで，平均の分解反応速度 v と，平均の過酸化水素の濃度 c と，反応速度定数 k の関係は，次のような反応速度式で書ける。

$$v = kc$$

これより上記の過酸化水素の分解反応の k は ⎡(サ)⎤ /min であると求められる。

(1) ⎡(ア)⎤ と ⎡(イ)⎤ にそれぞれ該当する最も適切な選択肢を**解答群**の中から一つ選び，その番号を**解答用マークシート**の指定された欄にマークしなさい。

⎡(ア)⎤ の解答群
1 水 素 2 酸 素 3 オゾン

⎡(イ)⎤ の解答群
1 変化する 2 変化しない

(2) ⎡(ウ)⎤ ～ ⎡(サ)⎤ にそれぞれ該当する最も近い値を**解答群**の中から一つ選び，その番号の十の位と一の位を**解答用マークシート**の指定された欄にマークしなさい。たとえば，解答が **03** のときには，十の位に **0**，一の位に **3** をマークしなさい。なお，同じ選択肢を繰り返し選んでよい。

解答群

01　0.00882	02　0.0882	03　0.112	04　0.166
05　0.224	06　0.332	07　0.440	08　0.662
09　0.749	10　0.880	11　1.33	12　2.00
13　3.00	14　4.00	15　7.49	16　10.2
17　13.3	18　102		

(3)　以下の**記述**(a)〜(d)の中で，触媒に関する**記述**として正しい**記述**はどれか。正しい**記述**の組み合わせを**解答群**の中から一つ選び，その番号を**解答用マークシート**の指定された欄にマークしなさい。たとえば，解答が **03** のときには，十の位に **0**，一の位に **3** をマークしなさい。

記述

(a)　触媒を用いると，活性化エネルギーが小さくなる。

(b)　触媒を用いると，反応熱の大きさが小さくなる。

(c)　硝酸の工業的製法であるオストワルト法では，酸化バナジウム（V）を触媒として用いる。

(d)　触媒としてはたらくタンパク質が存在する。

解答群

01　(a)	02　(b)	03　(c)
04　(d)	05　(a), (b)	06　(a), (c)
07　(a), (d)	08　(b), (c)	09　(b), (d)
10　(c), (d)	11　(a), (b), (c)	12　(a), (b), (d)
13　(a), (c), (d)	14　(b), (c), (d)	15　(a), (b), (c), (d)

16　正しい記述はない

(4)　塩化鉄（Ⅲ）水溶液を少量加えたとき，27℃ における過酸化水素の分解反応の反応速度定数 k は 0.10/min である。温度が 10℃ 上昇するごとに，この過酸化水素の分解反応の k は 3.0 倍大きくなる。57℃ におけるこの過酸化水素

の分解反応の k〔/min〕を求めなさい。最も近い値を**解答群**の中から一つ選び，その番号を**解答用マークシート**の指定された欄にマークしなさい。

解答群

1	0.033	2	0.30	3	0.63	4	0.90
5	2.7	6	9.0				

⑸　以下の**気体**(a)～(d)の中で，　(ア)　のように水上置換で捕集する**気体**はどれか。該当する**気体**の組み合わせを**解答群**の中から一つ選び，その番号を**解答用マークシート**の指定された欄にマークしなさい。たとえば，解答が **03** のときには，十の位に **0**，一の位に **3** をマークしなさい。

気体

(a)　アンモニア　　　　(b)　一酸化窒素　　　　(c)　塩化水素

(d)　二酸化硫黄

解答群

01	(a)	02	(b)	03	(c)
04	(d)	05	(a), (b)	06	(a), (c)
07	(a), (d)	08	(b), (c)	09	(b), (d)
10	(c), (d)	11	(a), (b), (c)	12	(a), (b), (d)
13	(a), (c), (d)	14	(b), (c), (d)	15	(a), (b), (c), (d)

16　該当する気体はない

⑹　　(ア)　を水上置換で捕集したところ，27.0℃，1.04×10^5 Pa の大気圧のもとで 249 mL の気体が得られた。得られた　(ア)　の質量は何 g であるかを求めなさい。最も近い値を**解答群**の中から一つ選び，その番号を**解答用マークシート**の指定された欄にマークしなさい。ただし，27.0℃ での水の飽和蒸気圧は 4.00×10^3 Pa とする。

解答群

1　0.0200	**2**　0.320	**3**　22.1	**4**　46.4
5　200	**6**　3200		

4 (1)〜(3)の問いに答えなさい。　　　　　　　　　　　　　　　　　(24点)

(1) 溶液に関する(a)と(b)の問いに答えなさい。

(a) 次の文章を読み，　(ア)　〜　(エ)　にそれぞれ該当する最も適切な選択肢を**解答群**の中から一つ選び，その番号を**解答用マークシート**の指定された欄にマークしなさい。なお，同じ選択肢を繰り返し選んでよい。

スクロースのような揮発しにくい物質が溶けている溶液では，同温・同量の純粋な溶媒に比べて単位時間あたりに蒸発する溶媒分子の数は　(ア)　。このため，同温の純粋な溶媒の蒸気圧に比べて，溶液の蒸気圧は　(イ)　。この割合は，溶質の種類に関係なく，溶液の　(ウ)　に比例する。このため，溶液の蒸気圧が $1.013 \times 10^5\,\mathrm{Pa}$ になる温度は，純粋な溶媒の蒸気圧が $1.013 \times 10^5\,\mathrm{Pa}$ になる温度と比べて　(エ)　。

(ア) の解答群

1 少ない　　　　　　　　2 変わらない　　　　　　3 多 い

(イ) ，(エ) の解答群

1 低 い　　　　　　　　2 変わらない　　　　　　3 高 い

(ウ) の解答群

1 質量パーセント濃度　　2 モル濃度　　　　　　　3 質量モル濃度

(b)　ある非電解質 0.122 g をベンゼン 10.0 mL に溶解したところ，この溶液の凝固点は 4.76℃ であった。この非電解質の分子量に最も近い値を**解答群**の中から一つ選び，その番号を**解答用マークシート**の指定された欄にマークしなさい。ただし，ベンゼンの凝固点は 5.53℃，ベンゼンのモル凝固点降下は 5.12 K・kg/mol であり，ベンゼンの密度は 0.880 g/mL であるとする。

解答群

1 92.0	2 161	3 480
4 7140	5 10800	6 92000
7 161000	8 480000	9 7140000

(2)　次の文章を読み，(a)～(c)の問いに答えなさい。

硫化水素の水溶液中では，次のような電離平衡が成り立つ。

$$H_2S \rightleftharpoons 2H^+ + S^{2-}$$

酸性水溶液中では $[H^+]$ が大きくなるので，上式の平衡は 　(ア)　 の方向に移動し，$[S^{2-}]$ が 　(イ)　 。上記の電離平衡の平衡定数 K は

$$K = \frac{[H^+]^2[S^{2-}]}{[H_2S]} = 1.2 \times 10^{-21} (mol/L)^2$$

である。硫化水素は 　(ウ)　 であり，電離度が非常に小さいので，0.10 mol/L の硫化水素の水溶液では $[H_2S] = 0.10$ mol/L と近似することができる。これにより

$$[H^+]^2[S^{2-}] = \boxed{(エ)} \ (mol/L)^3$$

であると近似することができる。よって，pH が 1 においては

$$[S^{2-}] = \boxed{(オ)} \ mol/L$$

である。ところで，沈殿が　(カ)　色である硫化銅(Ⅱ)と，沈殿が
(キ)　色である硫化亜鉛の溶解度積 K_{sp} はそれぞれ

$$K_{sp} = [Cu^{2+}][S^{2-}] = 6.5 \times 10^{-30} (mol/L)^2$$
$$K_{sp} = [Zn^{2+}][S^{2-}] = 2.2 \times 10^{-18} (mol/L)^2$$

とする。このとき，0.010 mol/L の銅(Ⅱ)イオンが含まれる水溶液と 0.010 mol/L
の亜鉛イオンが含まれる水溶液に塩酸を加えて pH を 1 にした後，硫化水素を
加えて，pH が 1 のままで[H₂S] = 0.10 mol/L になるようにすると，沈殿が
生じなかった場合，[Cu²⁺][S²⁻] = 　(ク)　 (mol/L)² となるはずであり，実
際には，硫化銅(Ⅱ)の沈殿は　(ケ)　。また，沈殿が生じなかった場合，
[Zn²⁺][S²⁻] = 　(コ)　 (mol/L)² となるはずであり，実際には，硫化亜鉛の沈
殿は　(サ)　。

(a)　(ア)　，　(イ)　，　(ウ)　，　(カ)　，　(キ)　，
(ケ)　，　(サ)　 にそれぞれ該当する最も適切な選択肢を**解答群**の中
から一つ選び，その番号を**解答用マークシート**の指定された欄にマークしな
さい。なお，同じ選択肢を繰り返し選んでよい。

(ア)　の解答群

1　左　　　　　　　　　　2　右

(イ)　の解答群

1　減少する　　　　　　　2　変わらない　　　　　　3　増加する

(ウ)　の解答群

1　強　酸　　　　　　　　2　弱　酸　　　　　　　　3　緩衝液

(カ) ， (キ) の解答群

1 白　　　　　　2 赤　褐　　　　　3 桃

4 青　　　　　　5 緑　　　　　　　6 黒

(ケ) ， (サ) の解答群

1 生じない　　　　2 生じる

(b) (エ) ， (オ) にそれぞれ該当する最も近い値を**解答群**の中から一つ選び，その番号を**解答用マークシート**の指定された欄にマークしなさい。なお，同じ選択肢を繰り返し選んでよい。

解答群

1 1.2×10^{-23}　　　2 1.2×10^{-22}　　　3 1.2×10^{-21}

4 1.2×10^{-20}　　　5 1.2×10^{-19}　　　6 1.2×10^{-18}

(c) (ク) ， (コ) にそれぞれ該当する最も近い値を**解答群**の中から一つ選び，その番号を**解答用マークシート**の指定された欄にマークしなさい。なお，同じ選択肢を繰り返し選んでよい。

解答群

1 6.5×10^{-30}　　　2 6.5×10^{-28}　　　3 1.2×10^{-22}

4 1.2×10^{-20}　　　5 2.2×10^{-18}　　　6 2.2×10^{-16}

(3) 次の文章を読み，(a)と(b)の問いに答えなさい。

物質1 molが完全燃焼するときの反応熱を (ア) という。黒鉛の完全燃焼を熱化学方程式で表すと，次のようになる。

$$C(黒鉛) + O_2(気) = CO_2(気) \quad (イ)$$

よって黒鉛の完全燃焼は　(ウ)　反応である。一方，分子内の共有結合を切断してばらばらの原子にするのに必要なエネルギーを，その共有結合の　(エ)　という。H–H の　(エ)　を熱化学方程式で表すと，次のようになる。

$$H_2(気) = 2H(気)\quad (オ)$$

(a)　(ア)　〜　(オ)　にそれぞれ該当する最も適切な選択肢を**解答群**の中から一つ選び，その番号を**解答用マークシート**の指定された欄にマークしなさい。なお，同じ選択肢を繰り返し選んでよい。

(ア)，(エ)　の解答群

　　1　燃焼熱　　　　　　　2　生成熱　　　　　　3　溶解熱
　　4　結合エネルギー　　　5　イオン化エネルギー

(イ)　の解答群

　　1　− 394 kJ　　　　　　2　＋ 394 kJ

(ウ)　の解答群

　　1　発　熱　　　　　　　2　吸　熱

(オ)　の解答群

　　1　− 436 kJ　　　　　　2　＋ 436 kJ

(b)　炭素原子間の単結合の　(エ)　が A kJ/mol，炭素原子間の二重結合の　(エ)　が B kJ/mol，炭素原子間の三重結合の　(エ)　が C kJ/mol である場合に，正しい関係式を**解答群**の中から一つ選び，その番号を**解答用マークシート**の指定された欄にマークしなさい。

解答群

1 A < B < C	2 A < C < B	3 B < A < C
4 B < C < A	5 C < A < B	6 C < B < A

5 　芳香族化合物の反応および分離に関する以下の問いに答えなさい。　(29点)

(1)　次の反応経路図の中の**化合物 A〜化合物 F** としてそれぞれ最も適切なもの
　　を**解答群**の中から一つ選び，その番号を**解答用マークシート**の指定された欄に
　　マークしなさい。たとえば，解答が **03** のときには，十の位に **0**，一の位に **3**
　　をマークしなさい。なお，同じ選択肢を繰り返し選んでよい。

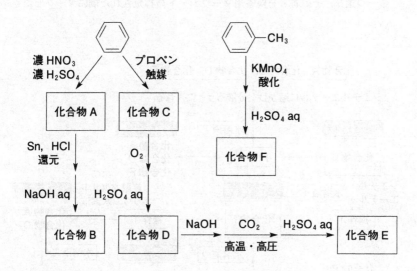

解答群

01　アセチルサリチル酸　　　　　02　アセトアニリド

03　アデニン　　　　　　　　　　04　アニリン

05　アラニン　　　　　　　　　　06　安息香酸

07　安息香酸ナトリウム　　　　　08　キシレン

09　クメン　　　　　　　　　　　10　クレゾール

11	サリチル酸	12	サリチル酸メチル
13	スチレン	14	テレフタル酸
15	ナトリウムフェノキシド	16	ニトロベンゼン
17	ピクリン酸	18	フェノール
19	フタル酸	20	フマル酸
21	ベンゼンスルホン酸		

(2) (1)における**化合物 A, B, D, F** の混合物は，次の図に示した分液ろうとを
　用いた操作により，順次**化合物 b, d, f** へと変換することで分離することが可
　能である。このように分液ろうとを用い，目的とする物質や不要な物質を適当
　な溶媒に溶かし出して分離する操作(**操作 1**)として適切な語句を**解答群**の中か
　ら一つ選び，その番号を**解答用マークシート**の指定された欄にマークしなさ
　い。

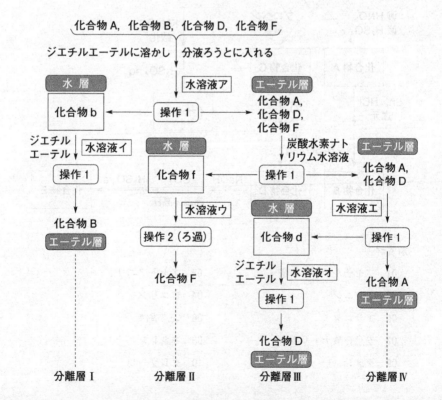

解答群

　1　クロマトグラフィー　　2　抽　出　　　3　透　析

　4　分　留　　　　　　　　5　溶　解

(3)　(2)における**操作1，操作2（ろ過）**の前に加えている　水溶液ア　～　水溶液オ
　としてそれぞれ適切なものを**解答群**の中から一つ選び，その番号を**解答用マー
　クシート**の指定された欄にマークしなさい。

解答群

　1　希塩酸　　　　　　　　　　2　水酸化ナトリウム水溶液

(4)　(2)における化合物の分離の際，水層に含まれている

　化合物 b の分子式 C　(カ)　H　(キ)　N　(ク)　O　(ケ)　Cl　(コ)　Na　(サ)　，

　化合物 d の分子式 C　(シ)　H　(ス)　N　(セ)　O　(ソ)　Cl　(タ)　Na　(チ)　をそれ

　ぞれ答えよ。　(カ)　～　(チ)　にあてはまる数字を**解答用マークシート**の
　指定された欄にマークしなさい。解答が9以上になる場合は9をマークしなさい。
　その元素を含まない場合は0をマークしなさい（例：C_6H_6 → $C_6H_6N_0O_0Cl_0Na_0$
　と考える）。

(5)　(1)における**化合物 C，化合物 E** の混合物を，(2)の分離操作によって処理し
　た。**化合物 C，化合物 E** はそれぞれ**分離層 I ～分離層 IV** のどれに含まれるこ
　とになるか。それぞれ適切なものを**解答群**の中から一つ選び，その番号を**解答
　用マークシート**の指定された欄にマークしなさい。

解答群

　1　分離層 I　　　2　分離層 II　　　3　分離層 III　　　4　分離層 IV

6   以下の油脂に関する問題に答えなさい。   (21点)

(1)   油脂を構成する脂肪酸であるオレイン酸やリノール酸は炭素－炭素二重結合
をもつ不飽和脂肪酸である。その炭素－炭素二重結合は通常シス形であるが，
トランス形になったトランス脂肪酸も存在する。オレイン酸の場合，2個の立
体異性体が考えられる。リノール酸においては全部で (ア) 個の立体異性
体が考えられる。

 (ア) にあてはまる数値を**解答用マークシート**の指定された欄にマーク
しなさい。解答が9以上になる場合は9をマークしなさい。

$$CH_3CH_2CH_2CH_2CH_2CH_2CH_2CH_2CH=CHCH_2CH_2CH_2CH_2CH_2CH_2CH_2CO_2H$$
オレイン酸

$$CH_3CH_2CH_2CH_2CH_2CH=CHCH_2CH=CHCH_2CH_2CH_2CH_2CH_2CH_2CO_2H$$
リノール酸

(2)   ヨウ素価は油脂100 gに付加するヨウ素I_2の質量〔g〕として求められ，油脂
に含まれる炭素－炭素二重結合の数(不飽和度)を知る目安となる。リノール酸
($C_{18}H_{32}O_2$)のみを構成成分とする油脂**A**のヨウ素価として最も近い値を**解答
群**の中から一つ選び，その番号を**解答用マークシート**の指定された欄にマーク
しなさい。

解答群

0 0.90	1 1.7	2 3.0	3 6.0
4 8.6	5 43	6 86	7 115
8 174	9 181	10 231	

(3)   マーガリンなどの硬化油は炭素－炭素二重結合を多く含む油脂へ触媒を用い
て部分的に水素を付加することによってつくられている。

    オレイン酸($C_{18}H_{34}O_2$)のみを構成成分とする油脂**B**(トリオレイルグリセ
ロール)の炭素－炭素二重結合に対して触媒を用いて完全に水素を付加すると

ステアリン酸($C_{18}H_{36}O_2$)のみを構成成分とする油脂 C(トリステアリルグリセロール)が生成する。オレイン酸のみを構成成分とする油脂 B 1 mol に対し触媒とともに水素 H_2 2 mol を用いて水素を付加した際，反応後の油脂 D は，反応せずに残った油脂 B や油脂 C を含めて，異なる分子式の化合物が 　(イ)　 種類含まれた混合物になっていると考えられる。

　　　(イ)　 にあてはまる数値を**解答用マークシートの指定された欄にマーク**しなさい。解答が 9 以上になる場合は 9 をマークしなさい。なおこの水素の付加の過程では用いた 2 mol の水素 H_2 はすべて反応したものとする。この際，水素の付加が起こる炭素－炭素二重結合の反応性には差がないものとし，トランス形の炭素－炭素二重結合をもつトランス脂肪酸は生じないものとする。

(4)　(3)における油脂 D には，構造異性体や鏡像異性体も含まれている。これらの構造異性体や不斉炭素をもつ鏡像異性体同士をそれぞれ別の化合物と考えると油脂 D は，　(ウ)　 種類の混合物になっていると考えられる。　(ウ)　 にあてはまる数値を**解答用マークシートの指定された欄にマーク**しなさい。解答が 9 以上になる場合は 9 をマークしなさい。

(5)　けん化価とは油脂 1 g をけん化するのに必要な水酸化カリウムの質量〔mg〕である。(3)の部分的な水素の付加によって生じた混合物としての油脂 D のけん化価を求めなさい。解答は，有効数字が 2 桁となるように 3 桁目を四捨五入し，次の形式で**解答用マークシートにマーク**しなさい。指数 c がゼロの場合には，符号 p は＋をマークしなさい。

$$\boxed{a}\ .\ \boxed{b} \times 10^{\boxed{p}\ \boxed{c}}$$

$\qquad$小数点 $\qquad\quad$正負の符号

(6)　以下の表は，ある動物から得られた油脂 E，F，G，H それぞれ 100 g をけん化して得られた脂肪酸の質量〔g〕である。油脂 E，F，G，H のヨウ素価を求めた場合，その大小関係が正しいものを**解答群**の中から一つ選び，その番号を

解答用マークシートの指定された欄にマークしなさい。たとえば，解答が**03**のときには，十の位に**0**，一の位に**3**をマークしなさい。

脂肪酸	炭素数：二重結合数	分子量	融点〔℃〕	油脂 E	油脂 F	油脂 G	油脂 H
				けん化によって得られた脂肪酸の質量〔g〕			
ラウリン酸	C12:0	200	44	0.2	0.6	0.1	0.4
ミリスチン酸	C14:0	228	54	2.2	1.5	5.9	6.1
パルミチン酸	C16:0	256	63	23.5	24.2	29.6	26.1
ステアリン酸	C18:0	284	69	11.0	4.6	15.7	29.5
その他の飽和脂肪酸	Cm*:0		52～61	0.4	0.1	1.3	2.9
オレイン酸	C18:1	282	13	40.7	42.0	34.1	28.4
その他の一価不飽和脂肪酸	Cn*:1		0～10	1.1	5.1	2.5	0.5
リノール酸	C18:2	280	−5	16.5	17.5	6.3	1.6
合計〔g〕				95.6	95.6	95.5	95.5

＊：Cm は C13，C15 を含む。Cn は C15，C16，C17 を含む。

解答群

01　E > F > G > H　　　02　E > F > H > G

03　E > G > F > H　　　04　E > G > H > F

05　E > H > F > G　　　06　E > H > G > F

07　F > E > G > H　　　08　F > E > H > G

09　F > G > E > H　　　10　F > G > H > E

11　F > H > E > G　　　12　F > H > G > E

13　G > E > F > H　　　14　G > E > H > F

15　G > F > E > H　　　16　G > F > H > E

17　G > H > E > F　　　18　G > H > F > E

19　H > E > F > G　　　20　H > E > G > F

21　H > F > E > G　　　22　H > F > G > E

23　H > G > E > F　　　24　H > G > F > E

(7) (6)の表の油脂 E，F，G，H に予想される融点の大小関係が正しいものを**解答群**の中から一つ選び，その番号を**解答用マークシート**の指定された欄にマークしなさい。たとえば，解答が**03**のときには，十の位に**0**，一の位に**3**を

マークしなさい。なお，油脂の融点は，それを構成する脂肪酸の融点に比例する。

解答群

01	E > F > G > H		02	E > F > H > G
03	E > G > F > H		04	E > G > H > F
05	E > H > F > G		06	E > H > G > F
07	F > E > G > H		08	F > E > H > G
09	F > G > E > H		10	F > G > H > E
11	F > H > E > G		12	F > H > G > E
13	G > E > F > H		14	G > E > H > F
15	G > F > E > H		16	G > F > H > E
17	G > H > E > F		18	G > H > F > E
19	H > E > F > G		20	H > E > G > F
21	H > F > E > G		22	H > F > G > E
23	H > G > E > F		24	H > G > F > E

解　答　編

英　語

① 解答

(1)1．写真など伝統的な芸術作品を制作する道具（15〜20字）

2．芸術作品を作り出し，保管し，配布する（10〜20字）

3．芸術表現の手段，技法（4〜10字）

(2)A—2　B—3　C—1　(3)—4　(4)あ—1　い—2　う—4　え—3

(5)—3　(6)—1　(7)—2　(8)—3　(9)—3　(10)4→1→5→2→3

········· 全訳 ·········

《デジタル・アートについて》

[Ⅰ]

① 1990年代から21世紀初頭にかけて，デジタル・メディアはかつてないスピードで技術発展を遂げ，「デジタル革命」からソーシャルメディアの時代へと移行した。アーティストたちは常に，その時代の文化や科学技術についていち早く考察し，デジタル革命が公式に宣言される何十年も前から，デジタル・メディアを使った実験を行ってきた。

② 「デジタル・アート」という言葉は，それ自体が幅広い芸術作品や実践を包括するものとなっており，一つの統一された美的特徴を表現するものではない。ここでの基本的かつ重要な区別の一つは，写真，版画，彫刻など，より伝統的な芸術作品を作るための道具としてデジタル技術を使用するアートと，デジタル技術によって制作，保管，配布され，その特徴を独自の表現手段として使用する，デジタル生まれの，コンピュータで作られるアートとの間の区別である。後者は一般的に「ニュー・メディア・アー

ト」として理解されている。デジタル・アートのこれら2つの大まかな分類は，その表現と美的特徴において明確に異なることがあり，本質的にはかなり混ざり合った領域を示す暫定的な図式を意味するものとされている。

[Ⅱ]

① 芸術を表現する手段としてデジタル技術を用いるということは，制作から発表に至るまで，作品がデジタル・プラットフォームのみを使用し，またその作品がプラットフォーム固有の可能性を表したり探究したりすることを意味する。デジタル・メディアの際立った特徴は，確実に独特の美的特徴を構成している。その主な特徴をほんの少し挙げれば，カスタマイズ可能で，動的で，双方向的で，参加型である。しかし，アートそのものは複数の姿を持ち，極めていろいろなものが混ざり合っている状態である。ネットワーク要素のある，あるいはない双方向的なインスタレーション，仮想現実，アーティストが書いたソフトウェア，完全にインターネットのみを基にしたアート，あるいはそれらの組み合わせに至るまで，あらゆる形を表現しうるのだ。

② 科学技術はしばしば，それを評価するレトリックよりも速く発展する傾向があり，私たちは常に，社会的，経済的，美的な観点から，デジタル技術を表現手段として使っているアートのための語彙を開発しなければならない。デジタル・メディアに一般的に与えられている特性は，その使われ方がしばしば広く一般的すぎてほとんど意味を持たないため，さらに明確にする必要がある。例えば，双方向的という用語は，多数レベルの交流に対して使われすぎていて，ほとんど意味をなさなくなっている。結局のところ，芸術作品を体験することはすべて双方向的なものであり，コンテクストと受け手側による意味生成の間の複雑な相互作用に依存している。しかし，この相互作用は，伝統的な芸術形式を体験する場合，鑑賞者の心の中の出来事にとどまる。絵画や彫刻の物質的特徴は，鑑賞者の目の前で変化することはない。しかし，デジタル・アートに関しては，双方向性によって，この精神面のみの出来事を超えて，作品を操作したり，組み立てたり，またその作品の一部になったりなど，さまざまな形態が実現可能になる。パフォーマンス・アートやハプニング，ビデオ・アートでは，ユーザーや参加者が作品に関与することが探究されてきたが，私たちは今，デジタル・メディア特有の，遠隔かつ即時的な介入という複雑な可能性に直面

している。

③　デジタル・アートにおける複雑な相互作用の可能性は，単純な「マウス
ポインターを合わせてクリックすること」による，作品の鑑賞形態が凝っ
ているというに過ぎないものや，ユーザーの行為が一つの特定の反応を引
き起こすタイプの相互作用をはるかに超えている。不規則に動く構造，論
理，終結を持つ，制限のない「インフォメーション・ナラティブ」である
バーチャル・アート作品では，はるかに根本的な変化が起こり，そこでは
相互作用を通じて，コンテンツ，コンテクスト，時間のコントロールがそ
れぞれの受け手に移行する。こういった種類の作品は，アーティストか，
あるいは観客が外観をコントロールする程度の変化に合わせて，多数の形
態をとることができる。デジタル・アートは，必ずしも本来の意味でのコ
ラボレーションではなく，複数のユーザーによって入力される情報に依存
した参加型のものであることが多い。鑑賞者が芸術家の設定した範囲の中
で相互作用をする作品もあれば，別の作品では，鑑賞者自身がその範囲を
設定したり，時間ベースのライブパフォーマンスの遠隔参加者になったり
する。場合によっては，芸術作品の視覚的な表現が，最終的には鑑賞者に
よって作られることもある。つまり入力される情報がなければ，芸術作品
は文字通り空白のスクリーンで構成されることもあるのだ。

④　また，デジタル・メディアは動的であり，変化するデータの流れやデー
タをリアルタイムで伝送することに対応することができる。さまざまなア
ート作品が，「生の」株式市場や金融データを，さまざまな種類の視覚化
の情報源として使用している。そのうちのいくつかの作品については後で
考察する。ここで指摘すべき重要なことは，デジタル・メディアはもとも
と目に見えるものではなく，ほとんどが隠されたままのコードやスクリプ
ト言語である「バックエンド」と，鑑賞者やユーザーが体験する目に見え
る「フロントエンド」から常に構成されており，後者は前者によって生み
出されるということだ。その結果，複雑な映像から非常に抽象的なコミュ
ニケーション・プロセスまで，さまざまなものが生み出される。デジタ
ル・アートの中には，視覚的な表現が主体のものもあれば，生のデータや
データベースに重点を置いた作品もある。デジタル・メディアのもう一つ
の顕著な特徴は，カスタマイズ可能であることで，例えば，ユーザー個人
のプロフィールが作品の発展や変化の基礎となるような作品では，一人の

ユーザーのニーズや干渉に適応することができる。

========== 解説 ==========

(1) 設問で「デジタルアートには2種類あり…」とあるが，本文でデジタル・アートの種類について説明しているのはセクション［Ⅰ］の第2段第2文（One of the basic …）である。空所1から3まですべて，この文の中からそれぞれ適切な箇所を抜き出し，指定の字数におさまるように訳す。distribute「配布，配信する」 one's very own ～「自分だけの～」

(2) **A.** 空所Aの直後に for instance とあることから，空所前文であるセクション［Ⅱ］の第2段第2文（The characteristics commonly …）「デジタル・メディアに一般的に与えられている特性は，その使われ方がしばしば広く一般的すぎてほとんど意味を持たない」の一例に関する語が空所Aに入る。同段第4文（Ultimately, any experience …）において「芸術作品を体験すること」はデジタル・アートに限らず「すべて双方向的なもの」と述べられていることから，デジタル・アートの特性を表す言葉であると同時に他のアートにも広く一般的に使われている言葉は2.「双方向的」である。

B. 空所Bを含む文によれば，Bに入る特徴は「複数のユーザーによって入力される情報に依存した」ものであることがわかる。芸術品を鑑賞する人の介入によって影響を受ける様子を表せるのは，3.「参加型の」である。

C. 空所Cを含む文によれば，Cに入る特徴は「変化するデータの流れやデータをリアルタイムで伝送することに対応することができる」ものであることがわかる。周囲の情報にあわせて絶えず変化する様子を表せるのは1.「動的」である。

(3) 下線部(イ)を和訳すると，「科学技術はしばしば，それを評価するレトリックよりも速く発展する傾向がある」となる。レトリックとは物事を言語で表現する手法，いわゆる修辞学のことで，これはつまり科学技術の進歩が速すぎて，それをうまく形容できる言葉が中々見つからないことがあることを表している。この内容に最も近いのは4.「科学技術の進歩が速いとき，それらの新しい技術を評価する言葉を有していない」である。be equipped with ～ で「～を身につけている，備え付けている」の意味がある。

(4)　**あ.** 空所あ直後の the digital medium とあわせて, 前の The characteristics を修飾する形容詞句を形成している。また直前の commonly はこの空所に入る語句を修飾している。1. assigned to は「〜に付与される」の意味で, 空所に入れることで「デジタル・メディアに一般的に与えられている特性」という形になり意味が通る。

い. 後ろの名詞句とあわせて, 前の文を修飾する副詞句を形成している。2. due to は「〜が原因で」の意味で, 空所に入れることで「例えば, 双方向的という用語は, 多数レベルの交流に対して使われすぎていて, ほとんど意味をなさなくなっている」という意味の通った文が完成する。これはセクション［Ⅱ］の第2段第2文後半部分 (since they are …) の「デジタル・メディアに一般的に与えられている特性は, その使われ方がしばしば広く一般的すぎてほとんど意味を持たない」という内容にも一致する。

う. 空所の前の that は主格の関係代名詞で, 後ろの the digital medium とあわせて, 先行詞である complex possibilities of remote and immediate intervention を修飾する形容詞節を形成している。4. unique to は「〜特有の」の意味であり, 空所に入れることで「デジタル・メディア特有の, 遠隔かつ即時的な介入という複雑な可能性」という形になり意味が通る。直後に続く次の段落の冒頭の文 (The possibilities of 〜) でも「デジタル・アートにおける複雑な相互作用の可能性」について話が展開されていくので, その内容とも一致する。

え. 空所を含む文の直後の文 (These types of works …) の後半部分に「アーティストか, あるいは観客による外観のコントロールの程度の変化」とあるが, これはデジタル・アートに対するコントロールがアーティスト側からなされることもあれば, 鑑賞者側からなされることもあるということを示している。空所に3. shifted to「〜に移行される」を入れることで,「コンテンツ, コンテクスト, 時間のコントロールがそれぞれの受け手に移行する」という形になり, 内容が一致する。

(5)　end はしばしば, ある立場と対極にある立場を表すときに用いられ, ここでは芸術作品を作る立場に対して,「受け手側」を表している。選択肢の中で立場を表している表現は3.「受け手側の」である。on the part of 〜 で「〜側の」の意味になる。

⑹　下線部を訳すと,「しかしこの相互作用は,伝統的な芸術形式を体験する場合,鑑賞者の心の中の出来事に留まる」となる。「この相互作用」は直前の文の後半部分（a complex interplay …）である「コンテクストと受け手側による意味生成の間の複雑な相互作用」のことを表しており,芸術作品の鑑賞者がその作品の意味を解釈する様子を説明している。また「鑑賞者の心の中の出来事に留まる」という内容については,下線部直後のコロン以下で「絵画や彫刻の物質的特徴は,鑑賞者の目の前で変化することはない」と説明がなされている。これらのことを踏まえると,最適な選択肢は1.「鑑賞者は伝統的な芸術作品の意味を理解したり解釈したりするが,このことが作品そのものの変化や変形といったものを伴うことは決してない」となる。

2.「伝統的な芸術作品の受け手の多くは自分たちが作品の解釈を変えられると信じることが多いが,それは単に間違いである」

「変えられると信じることが多い」の記述がないので誤り。

3.「絵画や彫刻のような伝統的な芸術作品は,鑑賞者に偏見がない場合,その精神に印象を与える」

「鑑賞者に偏見がない場合」という記述がないので誤り。

4.「誰かが伝統的な芸術作品を体験する場合,変化するのは鑑賞者のものの見方と作品の美しさである」

「変化するのは」以降の記述がないので誤り。

⑺　下線部を訳すと,「しかし,デジタル・アートに関しては,双方向性によって,この精神面のみの出来事を超えて,作品を操作したり,組み立てたり,またその作品の一部になったりなど,さまざまな形態が実現可能になる」となる。「この精神面のみの出来事」は,直前の2文（Ultimately, any experience … or her eyes.）の,芸術作品体験における双方向性は作品のコンテクストと鑑賞者側による意味生成に依存しているが,伝統的な芸術作品においてはそれが鑑賞者の心や頭の中の出来事に留まり,作品に変化は起こらない,という内容を指している。この文では,それを「超える」デジタル・アート鑑賞特有の双方向性について述べているので,最適な選択肢は2.「デジタル・アートの意味を作り出す際に,鑑賞者は,その作品を操作したり,作品の一部になったりすることで,作品に対する変化をしばしば引き起こす」。

　１．「デジタル・アート作品の体験にはある程度作品と鑑賞者の双方向性を伴うが，その相互作用は鑑賞者の頭の中の，精神的な出来事に留まる」

　これは，デジタル・アートではなく伝統的な芸術作品に関する性質なので誤り。

　３．「デジタル・アート作品とその鑑賞者の双方向性は，遠隔かつ即時的であるため無意味である」

　同段の最終文（While the user's …）の最後に，「デジタル・メディア特有の，遠隔かつ即時的な介入という複雑な可能性」とあり，「無意味」は誤り。

　４．「鑑賞者がデジタル・アート作品に対峙したとき，鑑賞者は何ら意味を付け加えることなく作品に参加する」

　「意味を付け加えることなく」が誤り。

⑻　ａ．この空所は pointing and clicking「マウスポインターを合わせてクリックすること」を説明する英文の一部となっている。パソコン上で何かにマウスポインターを合わせてクリックしたときには，同じボタンをクリックすれば必ず同じ挙動をすることが想像できる。空所の直前には a user's act triggers「ユーザーの行動が〜を引き起こす」とあるので，ここで引き起こされるのは one specific response「ある特定の反応」であることがわかる。

　ｂ．空所直前の take はここでは「〜（形式など）をとる，〜になる」の意味。These types of works は直前の文の virtual art objects を指し，その文の冒頭では「バーチャル・アートでは，はるかに根本的な変化が起こる」と書かれているので These types of works がとりうる形は numerous forms「多数の形態」となる。したがって，設問の解答としては３を選ぶ。

⑼　空所直前の節（In some cases …）では「場合によっては，芸術作品の視覚的な表現が，最終的には鑑賞者によって作られることもある」と述べられている。この「鑑賞者によって作られる」とは，２文前（Digital art is …）に，デジタル・アートは複数のユーザーが入力する情報に依存する参加型のもの，とあることから，「鑑賞者の入力する情報があって作品ができる」ということだとわかる。よって空所直後の「芸術作品は文字通り空白のスクリーンで構成されることもある」に合うのは，３．「入力

される情報がなければ」となる。

⑽　選択肢をみると，A being produced by B「A は B によって生み出される」という，独立分詞構文の形がまず想起される。あとは A と B のどちらにそれぞれ the former「前者」と the latter「後者」が入るかということになる。下線部を含む文で書かれている順番に従えば，ここでは the former は back end を，the latter は front end を指すことがわかる。back end は「ほとんどが隠されたままのコードやスクリプト言語」であり，front end は「鑑賞者やユーザーが体験する目に見える」ものである。つまり front end が芸術作品のことで，back end はそれを生み出すもととなっているものであることがわかり，意味が通る。よってここでは the latter being produced by the former の語順が正解となる。

② 解答

(1)**A**－4　**B**－5　**C**－2　**D**－1　(2)－2　(3)－2
(4)－4　(5)－3　(6)6→2→3→5→1　(7)－1
(8)3→1→5→2→6　(9)－2　(10)－4

⋯⋯⋯⋯⋯⋯⋯⋯⋯⋯⋯⋯⋯⋯⋯ 全訳 ⋯⋯⋯⋯⋯⋯⋯⋯⋯⋯⋯⋯⋯⋯⋯

《自閉症啓発のための徒歩旅行》

ローレン：今日はイアン゠アルダーマンをお迎えしました。彼は現在，8歳の娘イヴとスコットランドのダネット・ヘッドからコーンウォールのリザード・ポイントまで，自閉症と，自閉症にまつわるステレオタイプに関係する課題の認知度を高めるため，英国バックパッカーの旅をしています。今朝は彼と電話がつながっています。おはよう，イアン。調子はどうですか？

イアン：おはよう，ローレン。そちらこそ，どうですか？

ローレン：元気ですよ，ありがとうございます。さて，「今どこにいるの」という質問のほうがもっといい質問かもしれませんね。今どのあたりを歩いていますか。

イアン：今はポートアイザックですね，今までに 1,150 マイルくらい歩いていて，あと 150 マイルくらい残っています。

ローレン：そんなまさか！

イアン：もうすぐゴールです。

ローレン：私が思ったのは，なんて大きな挑戦を自分たちに課したんだと

いうことですね，この徒歩旅行の背景にある考えは何なのか，なぜこのようなことをするのですか。とりわけ，なぜこれだけの距離を歩くのですか。

イアン：そうですね，僕らがどうしてこういうことを始めることになったのか，ライフスタイルとかもろもろを変えることになったのかについてはありとあらゆる膨大な背景があるんです。でも，イヴはいつもアウトドアに関するあらゆることや挑戦とかいったことに夢中になるんです。彼女は大きくなったらエベレストに登りたいと言っています。それが彼女の目標のようなものなんです。

ローレン：彼女はそれが好きなんですね。

イアン：だから，大きな目標を立てたんです。特にロックダウンとか，いろいろあったので，外に出て，お金を集めるために慈善活動をして，人々が自閉症に関連づけがちな考え方に一石を投じるためでした。イヴも私も自閉スペクトラム症ですからね。私たちはただ，これらすべてをひとまとめにして，ひとつの大きな壮大な旅をして，SNSにすべてを公開して，何が起こるか見てみようと思ったのです。

ローレン：ええ，2人とも素晴らしいことをやっていますね。あなたの言うように，あなたたちは英国自閉症協会のために資金を集めていて，2人とも自閉スペクトラム症の当事者なんですね。一石を投じたいというステレオタイプについて話をしていましたが，それはどのようなものを指しているのですか。

イアン：まあ，人によっては，自閉症や自閉スペクトラム症そのものが人生を本当に一変させてしまうこともあるし，またそれがいろいろな形で現れる人もいます。でも，ある意味では，それが大きな力となることもあるんです。イーロン=マスクのように，議論を呼ぶ自閉スペクトラム症の人もいます。彼が成し遂げた素晴らしいことは誰も否定できません。だから私たちは，自閉症やメンタルヘルスのようなもの全体について，より幅広い意見や考えを伝えようとしているだけなんです。

ローレン：なるほど。

イアン：自閉症はとても多様で，自閉症に関連する特性はとても幅広いので，自閉症の人に1人会ったとしても，それはただ1人の人に会った

ということにしかならないと思います。私が思っている以上に，あるいは人々が思っている以上に，たくさんのことが起こっているんです。

ローレン：ええ，その通りですね。だからあなたはこの壮大な旅に出たんですね。イヴはまだ8歳で，オンラインで学校に通っていますよね。うまくやっていますか？

イアン：彼女は完全に機械です。この計画に欠点があるとすれば，それは僕ですね！

ローレン：［笑い声］。

イアン：彼女を止めることはできません。来年はもっと大きなことをやりたいと言っているし，ランニングもとりいれたいと思っています。どうなるか楽しみです。

ローレン：彼女は元気にあふれた人ですね，うまくいくといいですね。さて，イヴがやったことの1つに，ルート沿いに特別な絵の描かれた石を隠して，みんな実際にそれらのいくつかを見つけられるようにしたというのがありましたよね。その石というのは一体どのようなものなのでしょうか。

イアン：僕の妻サラが準備したもので，基本的には自閉症について描かれた石なんです。また私たちの Facebook ページと連動しています。すごくいいアイデアで，すぐにうまくいったようです。僕らがどこに行ったか知ると，みんな石を探しに行くんです。公開したものもあれば，公開しないでおいて，人々がそれを見つけたらどうなるかを見ているものもあります。そうやって，どこかに行くたびに痕跡を残そうとしているんです。

ローレン：なんと，素敵ですね。言うまでもないですが，あなたは SNS にすべてを記録しているんですね。そしてもうすぐ，あと150マイルでゴールですね。かなりあるように思えますが，（これまでの距離を）考えてみると…。

イアン：はい，正直なところ，終わりに近づいているだけに，もう悲しい気分になっています。でも，正直なところ，主に Facebook に，全部載せています。それは『Our Spectrum Adventures』というタイトルで，できれば1日に数回は書いて投稿しています。できる限りみんなを巻き込もうと思っているんです。ですから良いこと，悪いこと，

醜いこと，すべてを発信するようにしています。

ローレン：ああ，素晴らしいですね。

═══════════ 解　説 ═══════════

⑴　**A.** 直後にイアンが自分の現在地について説明しているので，4.「『今どこにいるの』という質問のほうがもっといい質問かもしれませんね。今どのあたりを歩いていますか」を選ぶ。

B. イアンがすでに1,150マイル歩いていて，さらに150マイルも歩くという話を聞いて，ローレンがその距離の長さに驚いている状況。その内容を詳しく聞く表現として適切なのは5.「とりわけ，なぜこれだけの距離を歩くのですか」である。

C. 空所直前では，自閉症に関して「一石を投じたいというステレオタイプ」について話題を展開しており，直後にイアンがその内容について説明しているので，その内容を問う質問は2.「それはどのような種類のものを指しているのですか」となる。

D. 空所直前の「イヴはまだ8歳で，オンラインで学校に通っていますよね」という発言から，学校の様子を訪ねる表現を選ぶ。最適なのは1.「うまくやっていますか？」となる。get on は「(学校や仕事などを) うまくこなす」という意味がある。

⑵　*one's* thing で「～の好きなこと」を表せるので，下線部は「彼女はそれが好きなんですね」と訳せる。直前ではイアンが，イヴがアウトドア活動に夢中になっているという話をしているので，正解は2.「彼女はアウトドア活動が好きだ」となる。

⑶　空所直後に「あなたたちは英国自閉症協会のために資金を集めていて，2人とも自閉スペクトラム症の当事者なんですね」という文が続くが，これは直前のイアンの発言内容を要約したものとなっているため，ここに入る最適な選択肢は2.「あなたの言うように」となる。

⑷　空所を含む文の後で，イーロン＝マスクを例にあげ，自閉スペクトラム症の成功者の話をしていることから，この文では自閉症がメリットになりうることが言いたいということがわかる。4. prove to be ～ は prove の自動詞の用法で「～ということがわかる，判明する」という意味があるので，これを入れることで空所を含む文全体が「自閉症が大きな力になりうる」という意味をなす。

(5)　下線部を訳すと「自閉症の人に1人会ったとしても，それはただ1人の人に会ったということにしかならない」となり，その理由として下線部を含む文の冒頭で「自閉症はとても多様で，自閉症に関連する特性はとても幅広い」と述べられている。このことを最もよく表しているのは3.「自閉症を理解するためには，それを持って生きている人を1人知っているだけでは十分ではない」となる。

(6)　下線部の直後でイアンは「彼女は来年もっと大きなことをやりたいと言っている」と話していて，イヴがやる気にあふれていることがわかる。選択肢には stopping や prevent があるので，「彼女を止めることはできない」という内容の英文を作りたい。there is no *doing* で「～することができない」という意味になるので，答えは There is no stopping her. となる。なお，prevent は prevent *A* from *doing* で「*A* に～させない」というように用いるため，ここでは使えない。

(7)　次のイアンの発言の第4文（We put some …）で，「公開した石もあれば，公開していないものもある」と述べられており，1.「イアンとイヴは絵の描かれたすべての石についての詳細な情報を公の場に提示している」はこの内容に当てはまらない。

2.「絵の描かれた石に興味を持つ人もいる」

　次のイアンの発言の第2・3文（It's just something … where we've been.）に当てはまる。

3.「絵の描かれた石を置いていくプロジェクトは彼らのオンラインサイトと連動している」

4.「絵の描かれた石を置いていくプロジェクトはサラによって手配された」

　3・4ともに次のイアンの発言の第1文（It was set …）に当てはまる。

(8)　try and *do* で「～しようと（努力）する」となり，ここまでの発言で旅の途中で絵の描かれた石を置いていく話をしているので，この石を彼らが旅をした痕跡と考えれば，try and leave a trail で「痕跡を残そうとする」という形を作ることができる。leave を他動詞の用法「～を残す」で使うことがポイントになる。lose は「～を失う」なので意味が合わない。残った選択肢を使って as we（go）とすれば，「（どこかに）行くたびに」という意味になるので，答えは leave a trail as we（go）となる。

(9)　下線部冒頭の That は直前の文末，150 miles to go「（ゴールまでの）残り 150 マイル」のことを指す。「150 マイルは数字として大きいように思える」という文に対して「しかし」という逆接の接続詞をつないでいることから，続く内容として適切なのは「そこまで大きな数字ではない」ということになる。実際，次のイアンの発言（Yeah, we're getting …）では「終わりに近づいている」とも述べられている。これらのことを踏まえると，最も適切な選択肢は2.「すでにあれだけの距離を歩いているので，残りはそこまで大したことがないように思える」となる。「あれだけの距離」はすでにイアンたちが歩いた 1,150 マイルを，「残り」は 150 マイルのことを指している。

1.「特に目的地なく長距離を歩いているので疲れているようですね」

　ローレンの最初の発言（We've got the …）から，目的地は決まっている。また，疲れている様子という記述はないので誤り。

3.「イヴの，プロジェクトへの熱意を考え，旅の間学校教育を止めるという判断は正しかったですね」

　空所Dを含むローレンの発言，第 3 文（Eve's just eight …）に学校教育をオンラインで受けているとあるので誤り。

4.「どれくらい進めるか見てみたいので歩き続けるでしょうね」

　次のイアンの発言（Yeah, we're getting …）より，旅を終えることが想定できるので誤り。

(10)　4.「長い距離を歩いて，イアンとイヴは自閉症に関する間違った考えに異議を唱えようとしている」は，ローレンの最初の発言（We've got the …）の「彼は現在，8 歳の娘イヴとスコットランドのダネット・ヘッドからコーンウォールのリザード・ポイントまで，自閉症と，自閉症にまつわるステレオタイプに関係する課題の認知度を高めるため，英国バックパッカーの旅をしています」という内容と一致する。

1.「インタビューの時点で，彼らはスコットランドのダネット・ヘッドから 150 マイルのところにいる」

　イアンの 2 番目の発言（Well currently we're …）から，1,150 マイルの間違い。

2.「イアンは自分たちの経験をオンラインで書くことをためらい，よってイヴは絵が描かれた石を隠すことにした」

イアンの最後の発言の2・3文目（But we put … if we can.）および
最後から2番目のイアンの発言（It was set …）より誤り。
3．「この旅の目的はできるだけ多くの自閉スペクトラム症を持つ人たち
に会うことだ」
　ローレンの最初の発言の1文目後半（to raise awareness …）より，目
的が誤り。

講評

　2024年度は読解，会話文が各1題ずつで大問2題の出題となった。
　1　読解問題。デジタル・アートに関する内容である。従来のアート
と比較して，一般的に「インタラクティブアート」と言われる，作品と
観客による双方向の対話や，作品に対する観客の参加によって成立・完
成するアート作品の特徴について述べられている。鑑賞者が近づいたり
触れたりすることで作品の姿形が変化するなどといった現象は，実際に
その様子を映像で見たり，あるいは自分で体験したりしたことがないと
中々イメージが難しいかもしれない。
　文量は少し長く，アートに関する専門用語も多いが，全体として語彙
は標準的なレベルと言えよう。空所を埋める問題や，英文の内容を説明
させる問題，語句整序問題も出題されているが，総じて各段落の流れや
要旨を把握していないと解けない問題が多い。一文一文の意味を精読で
きるだけでなく，長文全体をきちんと読解する力が求められる。設問(2)
は似たような選択肢なので少々悩むが，それ以外の設問は正しく読めて
いればそれほど悩むことなく正解を選べるだろう。
　2　会話文問題。自閉症に関する偏見に一石を投じるために，長距離
をバックパッカーとして踏破する活動をしている人のインタビューであ
る。英文が少し長く，自閉症がテーマにはなっているが，その分野に精
通していなかったとしても読みやすい内容となっている。問題の形式は，
1と同様で，各設問に関わる箇所の前後の会話の流れをしっかりと把握
しないと解けない問題が多い。ただ選択肢の英文には口語特有の表現も
そこまでなく，問題の難易度は比較的易しい。

２０２４年度　Ｂ方式　　数学

数　学

◀学部共通問題▶

（注）　解答は，東京理科大学から提供のあった情報を掲載しています。

①　解答

(1)　**アイ.** 64　**ウエ.** 63
(2)　**オカ.** 27　**キ.** 4
(3)　**ク.** 3　**ケ.** 2　**コ.** 6　**サ.** 1　**シ.** 2　**ス.** 3　**セ.** 2
(4)　**ソ.** 3　**タ.** 2　**チ.** 5　**ツ.** 5　**テ.** 6　**トナ.** 11　**ニヌ.** 11
ネノ. 12　**ハ.** 5　**ヒフ.** 72　**ヘ.** 1　**ホ.** 8　**マ.** 5　**ミ.** 4

――――――――――― 解説 ―――――――――――

《小問4問》

(1)　$5-x=t$ とおくと

$$x=5-t, \quad \frac{dx}{dt}=-1, \quad \begin{array}{c|c} x & 3 \to 5 \\ \hline t & 2 \to 0 \end{array}$$

であるから

$$\int_3^5 (x-3)^3(5-x)^5 dx = \int_2^0 (2-t)^3 t^5 \cdot (-dt) = \int_0^2 (2-t)^3 t^5 dt$$

$$= \int_0^2 (8t^5 - 12t^6 + 6t^7 - t^8)\, dt$$

$$= \left[\frac{4}{3}t^6 - \frac{12}{7}t^7 + \frac{3}{4}t^8 - \frac{1}{9}t^9\right]_0^2$$

$$= \frac{4 \cdot 2^6}{3} - \frac{12 \cdot 2^7}{7} + 3 \cdot 2^6 - \frac{2^9}{9}$$

$$= \frac{(84-216+189-56) \cdot 2^6}{7 \cdot 9}$$

$$= \frac{64}{63} \quad \to \text{ア～エ}$$

参考　0以上の整数 m, n と実数 α, β に対して

$$\int_{\alpha}^{\beta}(x-\alpha)^{m}(\beta-x)^{n}dx=\frac{m!n!}{(m+n+1)!}(\beta-\alpha)^{m+n+1}\quad\cdots\cdots①$$

が成り立つことを知っていれば

$$\int_{3}^{5}(x-3)^{3}(5-x)^{5}dx=\frac{3!\cdot5!\cdot2^{9}}{9!}=\frac{64}{63}$$

と求めてもよい。

　①を導いた経験のある受験生も多いと思うが，念のために示しておく。

　①の左辺を $I(m,\ n)$ とおくと

$$I(m,\ 0)=\int_{\alpha}^{\beta}(x-\alpha)^{m}dx=\left[\frac{1}{m+1}(x-\alpha)^{m+1}\right]_{\alpha}^{\beta}$$

$$=\frac{1}{m+1}(\beta-\alpha)^{m+1}$$

また，$n\geqq1$ のとき

$$I(m,\ n)=\int_{\alpha}^{\beta}(x-\alpha)^{m}(\beta-x)^{n}dx$$

$$=\int_{\alpha}^{\beta}\left\{\frac{1}{m+1}(x-\alpha)^{m+1}\right\}'\cdot(\beta-x)^{n}dx$$

$$=\left[\frac{1}{m+1}(x-\alpha)^{m+1}\cdot(\beta-x)^{n}\right]_{\alpha}^{\beta}$$

$$-\int_{\alpha}^{\beta}\frac{1}{m+1}(x-\alpha)^{m+1}\cdot\{(\beta-x)^{n}\}'dx$$

$$=\frac{1}{m+1}(0-0)+\frac{n}{m+1}\int_{\alpha}^{\beta}(x-\alpha)^{m+1}(\beta-x)^{n-1}dx$$

$$=\frac{n}{m+1}I(m+1,\ n-1)$$

となるから，この結果を繰り返し用いると

$$I(m,\ n)=\frac{n}{m+1}I(m+1,\ n-1)$$

$$=\frac{n}{m+1}\cdot\frac{n-1}{m+2}I(m+2,\ n-2)$$

$$\vdots$$

$$=\frac{n}{m+1}\cdot\frac{n-1}{m+2}\cdot\cdots\cdot\frac{1}{m+n}I(m+n,\ 0)$$

$$=\frac{n}{m+1}\cdot\frac{n-1}{m+2}\cdot\cdots\cdot\frac{1}{m+n}\cdot\frac{1}{m+n+1}(\beta-\alpha)^{m+n+1}$$

$$= \frac{m!n!}{(m+n+1)!}(\beta-\alpha)^{m+n+1}$$

（$n=0$ のときもこれでよい）

(2)　$\displaystyle\int_0^\pi \left(\tan\frac{x}{3}\right)^3 dx + \int_0^\pi \left(\tan\frac{x}{3}\right)^5 dx$

$$= \int_0^\pi \left(\tan\frac{x}{3}\right)^3 \left\{1 + \left(\tan\frac{x}{3}\right)^2\right\} dx$$

$$= \int_0^\pi \left(\tan\frac{x}{3}\right)^3 \cdot \frac{1}{\left(\cos\dfrac{x}{3}\right)^2} dx$$

$$= \int_0^\pi 3\left(\tan\frac{x}{3}\right)^3 \cdot \frac{1}{3\left(\cos\dfrac{x}{3}\right)^2} dx$$

$$= \left[\frac{3}{4}\left(\tan\frac{x}{3}\right)^4\right]_0^\pi = \frac{3}{4}(9-0) = \frac{27}{4} \quad \rightarrow \text{オ}\sim\text{キ}$$

(3)　$\overrightarrow{AP} + 3\overrightarrow{BP} + 2\overrightarrow{CP} = \vec{0}$ より

$$\overrightarrow{AP} + 3(\overrightarrow{AP} - \overrightarrow{AB}) + 2(\overrightarrow{AP} - \overrightarrow{AC}) = \vec{0}$$

$$6\overrightarrow{AP} - 3\overrightarrow{AB} - 2\overrightarrow{AC} = \vec{0}$$

$$\therefore \quad \overrightarrow{AP} = \frac{3\overrightarrow{AB} + 2\overrightarrow{AC}}{6} \quad \rightarrow \text{ク}\sim\text{コ}$$

これをさらに変形すると

$$\overrightarrow{AP} = \frac{5}{6} \cdot \frac{3\overrightarrow{AB} + 2\overrightarrow{AC}}{2+3}$$

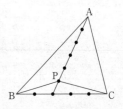

となるから，位置関係は右図のようになる。よって

$$S_1 : S_2 : S_3 = \left(\frac{2}{5} \cdot \frac{5}{6}\right) : \frac{1}{6} : \left(\frac{3}{5} \cdot \frac{5}{6}\right) = 2 : 1 : 3$$

となるから

$$\frac{S_2}{S_1} = \frac{1}{2}, \quad \frac{S_3}{S_1} = \frac{3}{2} \quad \rightarrow \text{サ}\sim\text{セ}$$

(注)　平面上の異なる3点が三角形を作らないときは考えないとして解答した。

(4)　$\overrightarrow{AP} + 3\overrightarrow{BP} + 2\overrightarrow{CP} + 6\overrightarrow{DP} = \vec{0}$ より

$$\overrightarrow{AP} + 3(\overrightarrow{AP} - \overrightarrow{AB}) + 2(\overrightarrow{AP} - \overrightarrow{AC}) + 6(\overrightarrow{AP} - \overrightarrow{AD}) = \vec{0}$$

$$12\overrightarrow{AP} - 3\overrightarrow{AB} - 2\overrightarrow{AC} - 6\overrightarrow{AD} = \vec{0}$$

$$\therefore \quad \overrightarrow{AP} = \frac{3\overrightarrow{AB} + 2\overrightarrow{AC} + 6\overrightarrow{AD}}{12} = \frac{11}{12} \cdot \frac{3\overrightarrow{AB} + 2\overrightarrow{AC} + 6\overrightarrow{AD}}{11}$$

$$= \frac{11}{12} \cdot \frac{5 \cdot \dfrac{3\overrightarrow{AB} + 2\overrightarrow{AC}}{2 + 3} + 6\overrightarrow{AD}}{6 + 5}$$

よって

$$\overrightarrow{AR} = \frac{3\overrightarrow{AB} + 2\overrightarrow{AC}}{2 + 3} = \frac{3\overrightarrow{AB} + 2\overrightarrow{AC}}{5} \quad \rightarrow ソ～チ$$

$$\overrightarrow{AQ} = \frac{5\overrightarrow{AR} + 6\overrightarrow{AD}}{6 + 5} = \frac{5\overrightarrow{AR} + 6\overrightarrow{AD}}{11} \quad \rightarrow ツ～ナ$$

$$\overrightarrow{AP} = \frac{11}{12}\overrightarrow{AQ} \quad \rightarrow ニ～ノ$$

これより位置関係は下図のようになる。

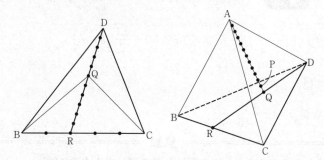

　そこで，三角形 XYZ の面積を〈XYZ〉，四面体 WXYZ の体積を [WXYZ] などで表すことにすると

$$[ABRQ] : [ABQD] : [ARCQ] : [ACDQ]$$

$$= \langle BRQ \rangle : \langle BQD \rangle : \langle RCQ \rangle : \langle CDQ \rangle$$

$$= \left(\frac{2}{5} \cdot \frac{6}{11} \right) : \left(\frac{2}{5} \cdot \frac{5}{11} \right) : \left(\frac{3}{5} \cdot \frac{6}{11} \right) : \left(\frac{3}{5} \cdot \frac{5}{11} \right)$$

$$= 12 : 10 : 18 : 15$$

$$V_1 = [ABRQ]$$

$$V_2 = [PBQD] = \frac{1}{12}[ABQD]$$

$$V_3 = [PRCQ] = \frac{1}{12}[ARCQ]$$

$V_4 = [\text{ACDQ}]$

であるから

$$\frac{V_2}{V_1} = \frac{\frac{1}{12}[\text{ABQD}]}{[\text{ABRQ}]} = \frac{\frac{1}{12} \cdot 10}{12} = \frac{5}{72} \quad \rightarrow \text{ハ}\sim\text{フ}$$

$$\frac{V_3}{V_1} = \frac{\frac{1}{12}[\text{ARCQ}]}{[\text{ABRQ}]} = \frac{\frac{1}{12} \cdot 18}{12} = \frac{1}{8} \quad \rightarrow \text{ヘ, ホ}$$

$$\frac{V_4}{V_1} = \frac{[\text{ACDQ}]}{[\text{ABRQ}]} = \frac{15}{12} = \frac{5}{4} \quad \rightarrow \text{マ, ミ}$$

(注) 空間内の異なる4点が四面体を作らないときは考えないとして解答した。

② 解答 （答を導く過程は省略）

(1) $\left(\dfrac{1}{2}(a+b) - \dfrac{\sqrt{3}}{2}(b^2 - a^2),\ \dfrac{1}{2}(a^2 + b^2) + \dfrac{\sqrt{3}}{2}(b-a)\right)$

(2) $y \geqq \dfrac{7}{12}$

(3) 放物線 $y = 4x^2 + \dfrac{15}{16}$

═══════ 解 説 ═══════

《放物線上の2点を頂点とする正三角形の残りの1点の軌跡》

(1) 3点A，B，Cの位置関係は右図のようになる。回転を利用するため複素数平面で考えることにし，3点A，B，Cの表す複素数をそれぞれ α，β，γ とすると

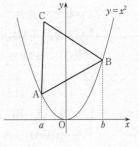

$\alpha = a + a^2 i$

$\beta = b + b^2 i$

$\gamma - \alpha = (\beta - \alpha)\left(\cos\dfrac{\pi}{3} + i\sin\dfrac{\pi}{3}\right)$

であるから

$\gamma = a + a^2 i + \{b - a + (b^2 - a^2)i\}\left(\dfrac{1}{2} + \dfrac{\sqrt{3}}{2}i\right)$

$$= a + a^2i + \frac{b-a}{2} + \frac{(b-a)\sqrt{3}}{2}i + \frac{b^2-a^2}{2}i - \frac{(b^2-a^2)\sqrt{3}}{2}$$

$$= \frac{b+a-(b^2-a^2)\sqrt{3}}{2} + \frac{b^2+a^2+(b-a)\sqrt{3}}{2}i$$

よって

$$C\left(\frac{b+a-(b^2-a^2)\sqrt{3}}{2}, \ \frac{b^2+a^2+(b-a)\sqrt{3}}{2}\right)$$

(2) $b-a=\dfrac{\sqrt{3}}{3}$ のとき，点Cの y 座標は

$$\frac{b^2+a^2+(b-a)\sqrt{3}}{2} = \frac{\left(a+\frac{\sqrt{3}}{3}\right)^2 + a^2 + \frac{\sqrt{3}}{3}\cdot\sqrt{3}}{2}$$

$$= \frac{a^2 + \frac{2\sqrt{3}}{3}a + \frac{1}{3} + a^2 + 1}{2}$$

$$= a^2 + \frac{\sqrt{3}}{3}a + \frac{2}{3}$$

$$= \left(a+\frac{\sqrt{3}}{6}\right)^2 + \frac{7}{12} \quad\cdots\cdots①$$

となる。そして，a は実数全体を動くから，①より，点Cの y 座標が動く範囲は $\dfrac{7}{12}$ 以上の実数全体である。

(3) $C(X, Y)$ とすると，$b-a=\dfrac{\sqrt{3}}{2}$ のとき

$$X = \frac{b+a}{2}\{1-(b-a)\sqrt{3}\} = \frac{a+\frac{\sqrt{3}}{2}+a}{2}\left(1-\frac{\sqrt{3}}{2}\cdot\sqrt{3}\right)$$

$$= -\frac{1}{2}\left(a+\frac{\sqrt{3}}{4}\right) \quad\cdots\cdots②$$

$$Y = \frac{b^2+a^2+(b-a)\sqrt{3}}{2} = \frac{\left(a+\frac{\sqrt{3}}{2}\right)^2 + a^2 + \frac{\sqrt{3}}{2}\cdot\sqrt{3}}{2}$$

$$= \frac{a^2 + \sqrt{3}a + \frac{3}{4} + a^2 + \frac{3}{2}}{2} = a^2 + \frac{\sqrt{3}}{2}a + \frac{9}{8}$$

$$= \left(a + \frac{\sqrt{3}}{4}\right)^2 + \frac{15}{16} \quad \cdots\cdots ③$$

となる。②より，a が実数全体を動くとき X も実数全体を動き，また

$$a + \frac{\sqrt{3}}{4} = -2X$$

これを③へ代入すると

$$Y = (-2X)^2 + \frac{15}{16} = 4X^2 + \frac{15}{16}$$

よって，求める点Cの軌跡は，放物線 $y = 4x^2 + \frac{15}{16}$ 全体である。

3 **解答** （答を導く過程は省略）

(1) $t < -2$ のとき

$$\left(-\sqrt{\frac{-2-t}{3}}, \ \frac{3+2t+t^2}{3}\right), \ (0, \ 1), \ \left(\sqrt{\frac{2-t}{3}}, \ \frac{3-2t+t^2}{3}\right)$$

$-2 \leqq t < 2$ のとき　　$(0, \ 1), \ \left(\sqrt{\frac{2-t}{3}}, \ \frac{3-2t+t^2}{3}\right)$

$t \geqq 2$ のとき　　$(0, \ 1)$

(2) $\dfrac{2}{45\sqrt{3}}(2-t)^{\frac{5}{2}}$

(3) $-\dfrac{2\sqrt{6}}{27}$

解説

《2曲線の共有点の座標，2曲線で囲まれる図形の面積》

(1) $C_1 : y = \begin{cases} 1 - 2x^2 + 3x^4 & (x \geqq 0) \\ 1 + 2x^2 + 3x^4 & (x < 0) \end{cases}$ である。

(i) $x \geqq 0$ のとき，$1 - 2x^2 + 3x^4 = 1 - tx^2$ を変形すると

$$x^2(3x^2 - 2 + t) = 0$$

∴ $x^2 = 0, \ \dfrac{2-t}{3}$

これを満たす $x \geqq 0$ は

• $-t+2 \leqq 0$ すなわち $t \geqq 2$ のとき　　$x = 0$

・$-t+2>0$ すなわち $t<2$ のとき　　$x=0,\ \sqrt{\dfrac{2-t}{3}}$

(ii) $x<0$ のとき，$1+2x^2+3x^4=1-tx^2$ を変形すると

$$x^2(3x^2+2+t)=0$$

$\therefore\quad x^2=0,\ \dfrac{-2-t}{3}$

これを満たす $x<0$ は

・$-t-2\leqq0$ すなわち $t\geqq-2$ のとき　　存在しない

・$-t-2>0$ すなわち $t<-2$ のとき　　$x=-\sqrt{\dfrac{-2-t}{3}}$

　　以上，(i)，(ii)より，C_1 と C_2 の共有点の座標は次のようになる。

・$t<-2$ のとき

$$\left(-\sqrt{\frac{-2-t}{3}},\ \frac{3+2t+t^2}{3}\right),\ (0,\ 1),\ \left(\sqrt{\frac{2-t}{3}},\ \frac{3-2t+t^2}{3}\right)$$

・$-2\leqq t<2$ のとき　　$(0,\ 1),\ \left(\sqrt{\dfrac{2-t}{3}},\ \dfrac{3-2t+t^2}{3}\right)$

・$2\leqq t$ のとき　　$(0,\ 1)$

(2)　$-1<t<1$ のとき，C_1 と C_2 の共有点の x 座標は

$$x=0,\ \sqrt{\frac{2-t}{3}}$$

であり，$0\leqq x\leqq\sqrt{\dfrac{2-t}{3}}$ のとき

$$0\leqq x^2\leqq\frac{2-t}{3}$$

$$x^2(3x^2-2+t)\leqq0$$

$\therefore\quad 1-2x^2+3x^4\leqq1-tx^2$

よって

$$S(t)=\int_0^{\sqrt{\frac{2-t}{3}}}\{(1-tx^2)-(1-2x^2+3x^4)\}\,dx$$

$$=\int_0^{\sqrt{\frac{2-t}{3}}}\{(2-t)x^2-3x^4\}\,dx$$

$$=\left[\frac{2-t}{3}x^3-\frac{3}{5}x^5\right]_0^{\sqrt{\frac{2-t}{3}}}$$

$$=\left(\frac{2-t}{3}\right)^{\frac{5}{2}}-\frac{3}{5}\left(\frac{2-t}{3}\right)^{\frac{5}{2}}$$

$$= \frac{2}{5}\left(\frac{2-t}{3}\right)^{\frac{5}{2}} = \frac{2}{45\sqrt{3}}(2-t)^{\frac{5}{2}}$$

(3) (2)の結果より，$-1 < t < 1$ のとき

$$S'(t) = -\frac{1}{3}\left(\frac{2-t}{3}\right)^{\frac{3}{2}}$$

である。よって

$$\lim_{t \to 0}\frac{S(t)-S(0)}{t} = S'(0) = -\frac{1}{3}\left(\frac{2}{3}\right)^{\frac{3}{2}} = -\frac{2\sqrt{6}}{27}$$

（講評）

　　大問 3 題の出題で，1 が空所補充形式，2，3 が記述式であった。証明問題・図示問題は出題されなかった。

　　1　(1)・(2)は定積分の計算問題である。(1)は被積分関数をそのまま展開すると大変であるから，置換して計算量を減らしたい。**参考** で紹介した公式を知っていた受験生は得をしたであろう。(2)は

$$1 + \left(\tan\frac{x}{3}\right)^2 = \frac{1}{\left(\cos\dfrac{x}{3}\right)^2}$$

を用いると $\tan\dfrac{x}{3}$ の微分が現れるから置換積分で計算できる。(3)・(4)は与えられたベクトルの関係式から平面上や空間内の点の位置関係を求め，現れる三角形の面積比や四面体の体積比を求める問題である。与えられたベクトルの関係式を A を始点に書き直し分点公式を用いれば点の位置関係が求められる。点の位置関係が分かれば三角形の面積比や四面体の体積比は簡単に求められる。

　　2　放物線上の 2 点を頂点とする正三角形の残りの 1 点の座標や軌跡を求める問題である。残りの 1 点の座標を求めるには，座標平面で計算するより複素数平面の回転を用いる方が簡単であると思われる。残りの 1 点の座標が求められれば，その点の軌跡を求めることは難しくない。

　　3　2 曲線の共有点の座標や，2 曲線で囲まれる図形の面積を求める問題である。t の値によって 2 曲線の共有点の個数が変わることに注意

したい。2曲線で囲まれる図形の面積は簡単に求められる。

　全体的に標準レベルの出題であった。

◀数・応用数学科：学科別問題▶

(注)　解答は，東京理科大学から提供のあった情報を掲載しています。

①　解答

(1)　ア. 2　イ. 3　ウ. 0　エ. 3　オ. 2
(2)　あ. −　カ. 2　キ. 3　い. −
(3)　ク. 2　ケ. 1　コ. 1　サ. 3
(4)　シ. 1　ス. 2　セソ. 10　タ. 6　チ. 2　ツテ. 10　ト. 6
ナ. 1　ニ. 3
(5)　ヌ. 1　ネ. 2　ノハヒ. 149　フヘ. 50　(6)　ホ. 3

===== 解説 =====

《無限等比級数で定まる関数》

(1)　この無限等比級数が収束する条件は

$$-1 < \frac{1}{3x^2 + 2x + 1} < 1 \quad \cdots\cdots ①$$

である。実数 x に対して

$$3x^2 + 2x + 1 = 3\left(x + \frac{1}{3}\right)^2 + \frac{2}{3} > 0$$

であることに注意すると，①を満たす x の値の範囲は

$$3x^2 + 2x + 1 > 1$$
$$3x^2 + 2x > 0$$
$$x(3x + 2) > 0$$

$$\therefore \quad x < -\frac{2}{3}, \quad 0 < x \quad \rightarrow \text{ア〜ウ}$$

このとき

$$g(x) = \frac{\dfrac{1}{3x^2 + 2x + 1}}{1 - \dfrac{1}{3x^2 + 2x + 1}} = \frac{1}{3x^2 + 2x} \quad \rightarrow \text{エ，オ}$$

(2)　$s < -\dfrac{2}{3}$, $0 < t$ のとき，$g(s) = g(t)$ を変形すると

$$\frac{1}{3s^2+2s}=\frac{1}{3t^2+2t}$$

$$3s^2+2s=3t^2+2t$$

$$3(s-t)(s+t)+2(s-t)=0$$

$$\therefore \quad (s-t)\{3(s+t)+2\}=0$$

$s-t\neq0$ より　　$3(s+t)+2=0$

よって　　$s=-\dfrac{2}{3}-t$　→あ，カ，キ，い

(3) $f(x)=g(x)$ すなわち

$$a=3x^2+2x+\frac{1}{3x^2+2x}\quad\cdots\cdots②$$

が $x<-\dfrac{2}{3}$，$0<x$ の範囲に異なる2個の実数解をもつ a の値を求める。

そこで，$h(x)=3x^2+2x+\dfrac{1}{3x^2+2x}$　$\left(x<-\dfrac{2}{3},\ 0<x\right)$ とおくと

$$h'(x)=6x+2-\frac{6x+2}{(3x^2+2x)^2}=\frac{(6x+2)\{(3x^2+2x)^2-1\}}{(3x^2+2x)^2}$$

$$=\frac{2(3x+1)(3x^2+2x-1)(3x^2+2x+1)}{(3x^2+2x)^2}$$

$$=\frac{2(3x+1)(3x-1)(x+1)(3x^2+2x+1)}{(3x^2+2x)^2}$$

ここで，$x<-\dfrac{2}{3}$，$0<x$ のとき，

$(3x^2+2x)^2>0$，$3x^2+2x+1>0$ であるから，
$h'(x)$ の符号は $(3x+1)(3x-1)(x+1)$ が
決めることに注意すると，増減表は次のよ
うになる。

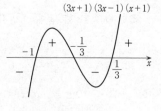

x	$\cdots$	-1	$\cdots$	$-\dfrac{2}{3}$	$\cdots$	0	$\cdots$	$\dfrac{1}{3}$	$\cdots$
$h'(x)$	$-$	0	$+$				$-$	0	$+$
$h(x)$	$\searrow$	2	$\nearrow$				$\searrow$	2	$\nearrow$

また

$$\lim_{x\to\pm\infty}h(x)=\infty$$

$$\lim_{x \to -\frac{2}{3}-0} h(x) = \infty$$

$$\lim_{x \to +0} h(x) = \infty$$

であるから，グラフは右図のようになる。

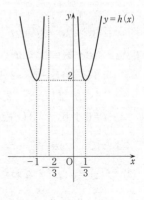

　このグラフと直線 $y=a$ が異なる2個の共有

点をもつ a の値は

$$a = 2 \quad \rightarrow ク$$

のみであり，その共有点の x 座標は

$$x = -1, \ \frac{1}{3} \quad \rightarrow ケ \sim サ$$

である。

(4)　$-6x^2 - 4x + 3 = g(x)$ を変形すると

$$-2(3x^2 + 2x) + 3 = \frac{1}{3x^2 + 2x}$$

$$-2(3x^2 + 2x)^2 + 3(3x^2 + 2x) = 1$$

$$2(3x^2 + 2x)^2 - 3(3x^2 + 2x) + 1 = 0$$

$$\{(3x^2 + 2x) - 1\}\{2(3x^2 + 2x) - 1\} = 0$$

$$\therefore \quad (x+1)(3x-1)(6x^2 + 4x - 1) = 0$$

　　これの実数解は　　$x = -1, \ \frac{1}{3}, \ \frac{-2 \pm \sqrt{10}}{6}$

　　これらはすべて $x < -\dfrac{2}{3}$, $0 < x$ の範囲にあるから，小さい順に並べて

$$x_1 = -1, \quad x_2 = \frac{-2-\sqrt{10}}{6}, \quad x_3 = \frac{-2+\sqrt{10}}{6}, \quad x_4 = \frac{1}{3} \quad \rightarrow シ \sim ニ$$

(5)　$x < -\dfrac{2}{3}$ のとき，$g(x) = \dfrac{1}{x(3x+2)} > 0$ である。よって，$n \geqq 2$ に対して

$$S_n = \int_{-n}^{-1} \frac{1}{x(3x+2)} dx = \int_{-n}^{-1} \frac{1}{2}\left(\frac{1}{x} - \frac{3}{3x+2}\right) dx$$

$$= \left[\frac{1}{2}(\log|x| - \log|3x+2|)\right]_{-n}^{-1} = \left[\frac{1}{2}\log\left|\frac{x}{3x+2}\right|\right]_{-n}^{-1}$$

$$= \frac{1}{2}\left(0 - \log\frac{n}{3n-2}\right) = \frac{1}{2}\log\frac{3n-2}{n}$$

　　特に　　$S_{100} = \dfrac{1}{2}\log\dfrac{298}{100} = \dfrac{1}{2}\log\dfrac{149}{50} \quad \rightarrow ヌ \sim ヘ$

(6) (5)の過程より

$$\lim_{n\to\infty} 2S_n = \lim_{n\to\infty} \log\left(3-\frac{2}{n}\right) = \log 3 \quad \to \text{ホ}$$

② **解 答** （答を導く過程は省略）

(1) $p(x) - q(x) = 8(x-1)(x-a)$

(2) $f(a) = \begin{cases} -4a+\dfrac{4}{3} & (a\leq 0) \\ -\dfrac{8}{3}a^3+8a^2-4a+\dfrac{4}{3} & (0<a\leq 1) \\ 4a-\dfrac{4}{3} & (a>1) \end{cases}$

(3) $a=2$ のとき，最大値 $\dfrac{20}{3}$，$a=\dfrac{1}{2}(2-\sqrt{2})$ のとき，最小値 $\dfrac{4}{3}(2-\sqrt{2})$

(4) $\dfrac{4}{3}(2-\sqrt{2})<b<\dfrac{4}{3}$

(5) $a=\dfrac{1}{2}$ のとき，$q(x) = -20x+28$

$a=\dfrac{1}{4}(5-\sqrt{21})$ のとき，$q(x) = -2(7+\sqrt{21})x+2(11+\sqrt{21})$

━━━━━━━━━━ **解 説** ━━━━━━━━━━

《絶対値を含む定積分で定まる関数》

(1) $p(x)-q(x)$ は 2 次式で，x^2 の係数は 8 である。

また，$p(x)-q(x)=0$ の解は　　$x=1, a$

よって　　$p(x)-q(x) = 8(x-1)(x-a)$

(2) $p(x)-q(x) = r(x)$ とおくと

$$r(x) = 8(x-1)(x-a) = 8x^2-8(a+1)x+8a$$

また，$r(x)$ の原始関数の 1 つは

$$R(x) = \frac{8}{3}x^3-4(a+1)x^2+8ax$$

このとき

$$R(0) = 0$$

2
0
2
4
年
度

B
方
式

数
学

$$R(1) = \frac{8}{3} - 4(a+1) + 8a = 4a - \frac{4}{3}$$

$$R(a) = \frac{8}{3}a^3 - 4(a+1)a^2 + 8a^2 = -\frac{4}{3}a^3 + 4a^2$$

(i)　$a \le 0$ のとき

　$r(x)$ のグラフは右図のようになるから

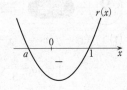

$$f(a) = -\int_0^1 r(x)\,dx = -\Big[R(x)\Big]_0^1$$

$$= -\{R(1) - R(0)\}$$

$$= -4a + \frac{4}{3}$$

(ii)　$0 < a \le 1$ のとき

　$r(x)$ のグラフは右図のようになるから

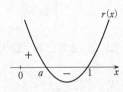

$$f(a) = \int_0^a r(x)\,dx - \int_a^1 r(x)\,dx$$

$$= \Big[R(x)\Big]_0^a - \Big[R(x)\Big]_a^1$$

$$= \{R(a) - R(0)\} - \{R(1) - R(a)\}$$

$$= 2R(a) - R(1) - R(0)$$

$$= \left(-\frac{8}{3}a^3 + 8a^2\right) - \left(4a - \frac{4}{3}\right)$$

$$= -\frac{8}{3}a^3 + 8a^2 - 4a + \frac{4}{3}$$

(iii)　$1 < a$ のとき

　$r(x)$ のグラフは右図のようになるから

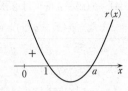

$$f(a) = \int_0^1 r(x)\,dx = \Big[R(x)\Big]_0^1$$

$$= R(1) - R(0)$$

$$= 4a - \frac{4}{3}$$

以上，(i)〜(iii)より

$$f(a) = \begin{cases} -4a + \dfrac{4}{3} & (a \leqq 0) \\[2mm] -\dfrac{8}{3}a^3 + 8a^2 - 4a + \dfrac{4}{3} & (0 < a \leqq 1) \\[2mm] 4a - \dfrac{4}{3} & (1 < a) \end{cases}$$

(3) (i) $a < 0$ のとき　　$f'(a) = -4 < 0$

(ii) $0 < a < 1$ のとき

$$f'(a) = -8a^2 + 16a - 4$$
$$= -4(2a^2 - 4a + 1)$$

$2a^2 - 4a + 1 = 0$ より

$$a = \frac{2 \pm \sqrt{2}}{2}$$

で，符号は右図のようになる。

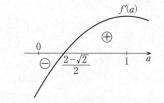

(iii) $1 \leqq a$ のとき　　$f'(a) = 4 > 0$

以上，(i)〜(iii)より，$-1 \leqq a \leqq 2$ における $f(a)$ の増減表は次のようになる。

a	-1	$\cdots$	0	$\cdots$	$\dfrac{2-\sqrt{2}}{2}$	$\cdots$	1	$\cdots$	2
$f'(a)$		$-$		$-$	0	$+$		$+$	
$f(a)$	$\dfrac{16}{3}$	$\searrow$	$\dfrac{4}{3}$	$\searrow$	$\dfrac{4}{3}(2-\sqrt{2})$	$\nearrow$	$\dfrac{8}{3}$	$\nearrow$	$\dfrac{20}{3}$

よって

$$\begin{cases} a = 2 \text{ のとき，最大値} \dfrac{20}{3} \\[3mm] a = \dfrac{2-\sqrt{2}}{2} \text{ のとき，最小値} \dfrac{4}{3}(2-\sqrt{2}) \end{cases}$$

参考　$0 < a < 1$ のとき，$f(a) \div (2a^2 - 4a + 1)$ を実行すると

$$f(a) = (2a^2 - 4a + 1)\left(-\frac{4}{3}a + \frac{4}{3}\right) + \frac{8}{3}a$$

である。そして，$a = \dfrac{2-\sqrt{2}}{2}$ のとき $2a^2 - 4a + 1 = 0$ であるから

$$f\left(\frac{2-\sqrt{2}}{2}\right) = \frac{8}{3} \cdot \frac{2-\sqrt{2}}{2} = \frac{4}{3}(2-\sqrt{2})$$

⑷　(3)の(i)～(iii)より，$v=f(a)$ のグラフは右図のようになる。このグラフと直線 $v=b$ が $a>0$ の範囲に 2 つの共有点をもつような b の値の範囲が求めるものであるから

$$\frac{4}{3}(2-\sqrt{2})<b<\frac{4}{3}$$

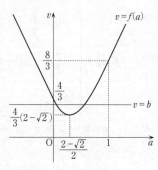

⑸　⑷で求めた b の値の範囲に含まれる整数が c であり

$$0<\frac{4}{3}(2-\sqrt{2})<1<\frac{4}{3}<2$$

であるから　　$c=1$

　$v=f(a)$ のグラフより，$f(a)=1$ の解は $0<a<1$ の範囲にあるから，$f(a)=1$ を解くと

$$-\frac{8}{3}a^3+8a^2-4a+\frac{4}{3}=1$$

$$8a^3-24a^2+12a-1=0$$

$$(2a-1)(4a^2-10a+1)=0$$

$$\therefore\ a=\frac{1}{2},\ \frac{1}{4}(5-\sqrt{21})\quad(0<a<1\ より)$$

また

$$q(x)=p(x)-r(x)$$
$$=(8x^2-32x+32)-\{8x^2-8(a+1)x+8a\}$$
$$=(8a-24)x-8a+32$$

よって

$$\begin{cases}a=\dfrac{1}{2}\ のとき\quad q(x)=-20x+28\\[2mm]a=\dfrac{1}{4}(5-\sqrt{21})\ のとき\quad q(x)=-2(7+\sqrt{21})x+2(11+\sqrt{21})\end{cases}$$

講 評

　大問 2 題の出題で，1 が空所補充形式，2 が記述式であった。証明問題・図示問題は出題されなかった。

　1　無限等比級数で定まる関数についての問題である。設問数は多いが手間のかかる問題はないから確実に解きたい。

　2　絶対値を含む定積分で定まる関数についての問題である。(2)が少し手間がかかったり，(3)・(5)で煩雑な数字の計算があるが，全体的に難しくはない。

　学科別問題の試験としては易しかったと思われる。

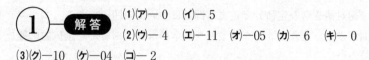

（注）　解答は，東京理科大学から提供のあった情報を掲載しています。

1 **解答** (1)(ア)— 0　(イ)— 5
(2)(ウ)— 4　(エ)—11　(オ)—05　(カ)— 6　(キ)— 0
(3)(ク)—10　(ケ)—04　(コ)— 2

═══════════ 解説 ═══════════

《遠心力とすべる条件，傾く条件》

(1)(ア)　物体がすべり出す直前，大きさ μmg の静止摩擦力が働く。このとき，回転する台上で物体を観測すると，遠心力と静止摩擦力がつり合っているので

$$mr\omega_1{}^2 = \mu mg$$

$$\therefore \quad \omega_1 = \sqrt{\frac{g}{r}} \times \sqrt{\mu}$$

(イ)　傾きはじめるとき，垂直抗力の作用点は物体の下面の外側の辺上にくるから，このときの角速度を $\omega_1{}'$ とすると，この辺まわりの力のモーメントのつり合いより

$$mr\omega_1{}'^2 \times \frac{b}{2} = mg \times \frac{a}{2}$$

$$\therefore \quad \omega_1{}' = \sqrt{\frac{g}{r}} \times \sqrt{\frac{a}{b}}$$

物体が傾くことなく，すべりはじめる条件は

$$\omega_1 < \omega_1{}'$$

$$\therefore \quad \mu < \frac{a}{b}$$

(2)(ウ)　垂直抗力の大きさを N_0，静止摩擦力の大きさを f_0 として，すべり出す直前で，物体の力のつり合いの式をたてると

斜面に平行方向：$f_0 = mg\sin\theta$

斜面に垂直方向：$N_0 = mg\cos\theta$

　物体がすべり出さない条件は

$$f_0 \leqq \mu N_0$$

$$\therefore \quad \mu \geqq \tan\theta$$

(エ)　垂直抗力の大きさを N_2 として，すべり出す直前での回転座標系での物体の力のつり合いの式をたてると

斜面に平行方向：$mr\omega_2{}^2\cos\theta + mg\sin\theta = \mu N_2$

斜面に垂直方向：$mr\omega_2{}^2\sin\theta + N_2 = mg\cos\theta$

以上の 2 式より，N_2 を消去して

$$\omega_2 = \sqrt{\frac{g}{r}} \times \sqrt{\frac{\mu - \tan\theta}{1 + \mu\tan\theta}}$$

(オ)　傾きはじめるときの物体の下面の外側の辺まわりの力のモーメントのつり合いより

$$(mr\omega_2{}'^2\cos\theta + mr\omega_2{}'^2\sin\theta + mg\sin\theta) \times \frac{a}{2} = mg\cos\theta \times \frac{a}{2}$$

$$\therefore \quad \omega_2' = \sqrt{\frac{g}{r}} \times \sqrt{\frac{1 - \tan\theta}{1 + \tan\theta}}$$

(カ)　　$(\omega_2{}^2 - \omega_2{}'^2)\dfrac{r}{g} = \dfrac{(\mu - 1)(1 + \tan^2\theta)}{(\mu\tan\theta + 1)(1 + \tan\theta)}$

(キ)　$b = a$ とすると，(イ)の条件は $\mu < 1$ となるから

$$\omega_2{}^2 - \omega_2{}'^2 < 0$$

$$\therefore \quad \omega_2 < \omega_2'$$

よって，斜面下向きにすべりだす。

(3)(ク)　垂直抗力の大きさを N_3 として，すべり出す直前での回転座標系での物体の力のつり合いの式をたてると

斜面に平行方向：$mr\omega_3{}^2\cos\theta = \mu N_3 + mg\sin\theta$

斜面に垂直方向：$N_3 = mr\omega_3{}^2\sin\theta + mg\cos\theta$

以上の 2 式より，N_3 を消去して

$$\omega_3 = \sqrt{\frac{g}{r}} \times \sqrt{\frac{\mu + \tan\theta}{1 - \mu\tan\theta}}$$

(ケ)　傾きはじめるときの物体の下面の外側の辺まわりの力のモーメントのつり合いより

$$mr\omega_3{}'^2\cos\theta \times \frac{a}{2} = (mr\omega_3{}'^2\sin\theta + mg\sin\theta + mg\cos\theta) \times \frac{a}{2}$$

$$\therefore\quad \omega_3' = \sqrt{\frac{g}{r}} \times \sqrt{\frac{1+\tan\theta}{1-\tan\theta}}$$

(コ)　$\omega_3{}^2 - \omega_3'{}^2 = \dfrac{(\mu-1)(1+\tan^2\theta)}{(1-\mu\tan\theta)(1-\tan\theta)}$

ここで，(イ)，(ウ)の条件より，$\tan\theta \leqq \mu < 1$ となるから

$\quad\quad 1-\mu\tan\theta > 1-\mu > 0,\quad 1-\tan\theta > 0,\quad \mu-1 < 0$

より　　$\omega_3{}^2 - \omega_3'{}^2 < 0$

$\omega_3' > \omega_3$ なので，斜面上向きにすべる。

② 解答

(1)(ア)— 0　(イ)— 2　(ウ)— 2　(エ)— 6

(2)(オ)— 4　(カ)— 1　(キ)— 2

(3)(ク)— 5　(ケ)— 3　(コ)— 4　(サ)— 5

=== 解　説 ===

《等温・定積・定圧・断熱変化からなる熱サイクルの熱効率》

(1)(ア)　$\Delta U_1 = U_B - U_A = C_V(T_B - T_A)$

(イ)　熱力学第一法則より

$$\Delta U_2 = C_P(T_B - T_A) - p_A(V_C - V_A)$$

(ウ)　　　$\Delta U_2 = C_V(T_B - T_A)$

状態方程式は

$$\begin{cases} \text{A}: p_A V_A = R T_A \\ \text{C}: p_A V_C = R T_B \end{cases}$$

この3式を(イ)の結果に代入して

$$C_V(T_B - T_A) = C_P(T_B - T_A) - R(T_B - T_A)$$

$$\therefore\quad C_P = C_V + R$$

(エ)　(ウ)の結果より　　$\gamma = \dfrac{C_P}{C_V} = 1 + \dfrac{R}{C_V}$

ここで，題意より

$$U = C_V \Delta T = \frac{f}{2} R \Delta T \quad \therefore\quad C_V = \frac{f}{2} R$$

となるから

$$\gamma - 1 = \frac{R}{C_V} = \frac{2}{f}$$

(2)(オ)　ポアソンの法則：$pV^\gamma = $ 一定とボイル・シャルルの法則：$\dfrac{pV}{T} = $ 一定

より，2式の辺々割って

$$TV^{\gamma-1}=-定$$

(カ)　ポアソンの法則を断熱過程で用いて

$$\begin{cases} B \to C : T_1 V_B{}^{\gamma-1} = T_2 V_C{}^{\gamma-1} \\ D \to A : T_1 V_A{}^{\gamma-1} = T_2 V_D{}^{\gamma-1} \end{cases}$$

辺々割って，$\dfrac{V_B}{V_A}=\dfrac{V_C}{V_D}$ となるから

$$\frac{Q_2}{Q_1} = \frac{RT_2 \log_e\left(\dfrac{V_C}{V_D}\right)}{RT_1 \log_e\left(\dfrac{V_B}{V_A}\right)} = \frac{T_2}{T_1}$$

(キ)　$W=Q_1-Q_2$ より

$$\eta = \frac{W}{Q_1} = 1 - \frac{Q_2}{Q_1} = 1 - \frac{T_2}{T_1} = 1-t$$

$$K = \frac{Q_2}{W} = \frac{Q_2}{Q_1-Q_2} = \frac{\dfrac{Q_2}{Q_1}}{1-\dfrac{Q_2}{Q_1}} = \frac{t}{1-t} = \frac{1}{\dfrac{1}{t}-1}$$

よって，t が0に近づくと，η は1，K は0にそれぞれ近づく。

(3)(ク)　$Q_1 = C_P(T_C-T_B)$

(ケ)　　　$Q_2 = C_V(T_D-T_A)$

(コ)　　　$\dfrac{Q_2}{Q_1} = \dfrac{C_V(T_D-T_A)}{C_P(T_C-T_B)} = \dfrac{1}{\gamma}\left(\dfrac{T_A}{T_B}\right)\dfrac{\left(\dfrac{T_D}{T_A}-1\right)}{\left(\dfrac{T_C}{T_B}-1\right)}$

(サ)　(オ)の結果から

$$\begin{cases} A \to B : T_A V_A{}^{\gamma-1} = T_B V_B{}^{\gamma-1} \\ C \to D : T_C V_C{}^{\gamma-1} = T_D V_D{}^{\gamma-1} \Longleftrightarrow T_C V_C{}^{\gamma-1} = T_D V_A{}^{\gamma-1} \end{cases}$$

与えられた式より　　$V_A = V_D = \alpha V_B$，$V_C = \beta V_B$

また，気体の状態方程式より

$$\begin{cases} B : p_B V_B = RT_B \\ C : p_B V_C = RT_C \end{cases}$$

以上の式より

$$\frac{T_A}{T_B} = \left(\frac{V_B}{V_A}\right)^{\gamma-1} = \frac{1}{\alpha^{\gamma-1}} = \alpha^{1-\gamma}, \quad \frac{T_D}{T_C} = \left(\frac{V_C}{V_D}\right)^{\gamma-1} = \left(\frac{\beta}{\alpha}\right)^{\gamma-1}, \quad \frac{T_C}{T_B} = \frac{V_C}{V_B} = \beta$$

よって，$\dfrac{T_D}{T_A}=\dfrac{\frac{T_D}{T_B}}{\frac{T_A}{T_B}}=\dfrac{\frac{T_D}{T_C}\cdot\frac{T_C}{T_B}}{\frac{T_A}{T_B}}=\dfrac{\left(\frac{\beta}{\alpha}\right)^{\gamma-1}\beta}{\frac{1}{\alpha^{\gamma-1}}}=\beta^{\gamma}$ となるから

$$\eta=1-\dfrac{Q_2}{Q_1}=1-\dfrac{1}{\gamma}\left(\dfrac{T_A}{T_B}\right)\dfrac{\left(\frac{T_D}{T_A}-1\right)}{\left(\frac{T_C}{T_B}-1\right)}=1-\dfrac{\alpha^{1-\gamma}}{\gamma}\left(\dfrac{\beta^{\gamma}-1}{\beta-1}\right)$$

③ 解答

(1)(ア)― 0　(イ)― 8　(ウ)― 1　(エ)― 8

(2)(オ)― 3　(カ)― 4　(キ)― 0　(ク)― 0　(ケ)― 1

(コ)― 3　(サ)― 0　(シ)― 3　(ス)― 4　(セ)― 0

=== 解　説 ===

《RL 回路，交流回路》

(1)(ア)　コイルに流れる電流はスイッチを閉じる直前の電流に等しく，0 であるから，抵抗の電圧は　　　0

(イ)　抵抗の電圧が 0 であるから，キルヒホッフ第 2 法則より，コイルの両端の電圧は　　　E

(ウ)　コイルおよび抵抗に流れる電流は，オームの法則より，$\dfrac{E}{2R}$ となるから，コイルのエネルギーは

$$\dfrac{1}{2}L\left(\dfrac{E}{2R}\right)^2=\dfrac{1}{8}\times L\dfrac{E^2}{R^2}$$

(エ)　コイルに流れる電流を i とすると，コイルを流れる電流が一定となったとき，コイルの自己誘導起電力は 0 となるから，キルヒホッフ第 2 法則より

$$E-0=Ri \quad \therefore \quad i=\dfrac{E}{R}$$

(2)(オ)・(キ)・(ケ)・(コ)　コイルのリアクタンスは ωL であり，コイルの電圧はコイルを流れる電流より位相が $\dfrac{\pi}{2}$ 進む。電流の最大値を I_1 とすると，抵抗とコイルの合成インピーダンス Z_1 は，右図の電流を基準とした電圧の最大値の関

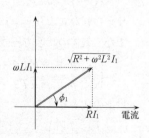

係より求まる。

ϕ_1 は電圧を基準にした電流の位相差であることに注意して

$$Z_1 = \sqrt{R^2 + \omega^2 L^2}, \quad \cos\phi_1 = \frac{R}{\sqrt{R^2 + \omega^2 L^2}},$$

$$\sin\phi_1 = -\frac{\omega L}{\sqrt{R^2 + \omega^2 L^2}}$$

(カ)・(ク)・(サ)・(シ)　コンデンサーのリアクタンスは $\frac{1}{\omega C}$ であり，コンデン

サーの電圧はコイルを流れる電流より位相が $\frac{\pi}{2}$ 遅れる。電流の最大値を

I_2 とすると，抵抗とコンデンサーの合成イン
ピーダンス Z_2 は，右図の電流を基準とした電
圧の最大値の関係より求まる。

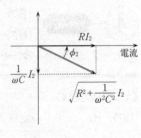

ϕ_2 は電圧を基準にした電流の位相差である
ことに注意して

$$Z_2 = \sqrt{R^2 + \frac{1}{\omega^2 C^2}}, \quad \cos\phi_2 = \frac{R}{\sqrt{R^2 + \frac{1}{\omega^2 C^2}}},$$

$$\sin\phi_2 = +\frac{1}{\omega C} \frac{1}{\sqrt{R^2 + \frac{1}{\omega^2 C^2}}}$$

(ス)　与えられた式を用いて

$$Z_1{}^2 + Z_2{}^2 + 2Z_1 Z_2 \cos(\phi_1 - \phi_2)$$

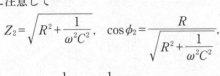

$$= Z_1{}^2 + Z_2{}^2 + 2Z_1 Z_2 (\cos\phi_1\cos\phi_2 + \sin\phi_1\sin\phi_2)$$

$$= R^2\left(1 + \frac{\omega^2 L^2}{R^2}\right) + R^2\left(1 + \frac{1}{\omega^2 R^2 C^2}\right) + 2Z_1 Z_2\left(\frac{R^2}{Z_1 Z_2} - \frac{\omega L \cdot \frac{1}{\omega C}}{Z_1 Z_2}\right)$$

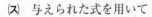

$$= R^2\left[\frac{\omega^2 L^2}{R^2} - 2\frac{L}{R^2 C} + \frac{1}{\omega^2 R^2 C^2} + 4\right] = R^2\left[\left(\frac{\omega L}{R} - \frac{1}{\omega R C}\right)^2 + 4\right]$$

(セ)　図3-3より，$\omega = 0$ のとき $Z = R$，$\omega > 0$ のとき $Z < R$ だから

$$R\sqrt{1 + \frac{1}{\left(\frac{\omega L}{R} - \frac{1}{\omega R C}\right)^2 + 4}\left[\left(1 + \frac{L}{R^2 C}\right)^2 - 4\right]} < R$$

よって

$$1+\frac{1}{\left(\dfrac{\omega L}{R}-\dfrac{1}{\omega RC}\right)^2+4}\left[\left(1+\frac{L}{R^2C}\right)^2-4\right]<1$$

ここで，$\left(\dfrac{\omega L}{R}-\dfrac{1}{\omega RC}\right)^2+4>0$ より

$$\left(1+\frac{L}{R^2C}\right)^2-4<0$$

$$\therefore\quad L<R^2C$$

④　**解答**　(1)(ア)— 1　(イ)— 2　(ウ)— 4
　　　　　　(2)(エ)— 2　(オ)— 5　(カ)— 4
(3)(キ)— 7　(ク)— 8　(ケ)—01　(コ)— 1　(サ)— 3

══════════════ **解説** ══════════════

《ヤングの実験》

(1)(ア)・(イ)　三平方の定理より

$$L_1=\sqrt{\left(y_0-\frac{d}{2}\right)^2+L_0{}^2},\quad L_2=\sqrt{\left(y_0+\frac{d}{2}\right)^2+L_0{}^2}$$

(ウ)　$L_2{}^2-L_1{}^2=2\times y_0 d$

(2)(エ)・(オ)　(a)の式で，L_0 を $L_0+\Delta x$ に置き換えると，右辺は小さくなるので，m を1小さい $m-1$ に置き換えて

$$(m-1)\lambda=\frac{y_0 d}{L_0+\Delta x}\quad\cdots\cdots(b)$$

(カ)　(a)，(b)の式を辺々引いて

$$\lambda=\frac{y_0 d\Delta x}{L_0(L_0+\Delta x)}$$

(3)(キ)　S1の座標が $\left(\dfrac{d}{2}\sin\theta,\ \dfrac{d}{2}\cos\theta\right)$ となるので，距離の式より

$$L_1'=\sqrt{\left(y-\frac{d}{2}\cos\theta\right)^2+\left(L_0-\frac{d}{2}\sin\theta\right)^2}$$

(ク)　S2の座標が $\left(-\dfrac{d}{2}\sin\theta,\ -\dfrac{d}{2}\cos\theta\right)$ となるので，距離の式より

$$L_2'=\sqrt{\left(y+\frac{d}{2}\cos\theta\right)^2+\left(L_0+\frac{d}{2}\sin\theta\right)^2}$$

(ケ) S1 と S2 の距離が d より

$$L' = d\sin\theta$$

(コ) $L_2' - L_1' - L'$

$$= \frac{\left\{\left(y+\dfrac{d}{2}\cos\theta\right)^2 + \left(L_0+\dfrac{d}{2}\sin\theta\right)^2\right\} - \left\{\left(y-\dfrac{d}{2}\cos\theta\right)^2 + \left(L_0-\dfrac{d}{2}\sin\theta\right)^2\right\}}{2L_0}$$
$$- d\sin\theta$$

$$= \frac{yd}{L_0}\cos\theta$$

(サ) m 番目の明線が満たす条件は，明線条件より

$$\frac{yd}{L_0}\cos\theta = m\lambda$$

明線の間隔を Δy とすると

$$\frac{(y+\Delta y)\,d}{L_0}\cos\theta = (m+1)\,\lambda$$

2 式の辺々を引いて

$$\Delta y = \frac{\lambda L_0}{d\cos\theta}$$

講　評

2022 年度は原子からも出題されていたが，2024 年度は，2023 年度と同じで大問 4 題が，力学，波動，熱力学，電磁気の 4 分野から出題された。問題量は例年並みで，難度は 2023 年度と同程度である。しかし，計算量が多く，時間的な余裕はあまりないかもしれないので，手際よく解いていきたい。

1 遠心力と物体がすべる条件と傾く条件の問題。(1)は基本的な内容であるので，得点したい。(2)，(3)は計算量が多いが，基本的には解き方は同じである。回転座標系で考えて遠心力を描きこみ，力を斜面に平行な方向と斜面に垂直な方向に分解する。すべりはじめる条件は垂直抗力の大きさを N，最大摩擦力は μN として，すべる直前の力のつり合いの式をたてる。傾きはじめる条件は，傾く直前の力のモーメントの式を，垂直抗力以外の分解した力で考える。類題をこなしていれば，早く解け

たであろう。頻出のテーマであるので，得点したい。

　　2　⑴は基本的な内容であるので，得点したい。⑵はカルノーサイクルに関する問題である。ポアソンの式を用いると吸収熱量と放出熱量の比が温度のみで表される。頻出テーマなので，これも類題をこなしていれば，早く解けたであろう。⑶は㈤の計算が複雑であるが，標準的な内容なので，得点したい。

　　3　⑴はコイルの性質に関する基本的な内容であるので，得点したい。⑵は交流の問題である。抵抗とコイル，抵抗とコンデンサーはそれぞれ直列で電流が等しいので，電流を基準にして考える。電流軸に対する最大電圧のベクトル図を描いて合成インピーダンスや位相の変化を考えた方が，三角関数の合成の計算で考えるより早く解けたであろう。発展的ではあるが，この方法を知らないと時間がかかったと思われる。後半は誘導に従って解いていくが，計算が複雑で時間がかかる。㈥はグラフでωが0や無限大でないとき，抵抗値がRより小さいことに注目するが，難しかったであろう。

　　4　ヤングの実験に関する問題。後半はスリットが回転するが，全体的に標準的な内容である。完答したい。

　　全体としてみると，難しい問題もあったが，標準的な内容が多くを占めている。各大問は，前半に基本的な問題が配置され，後半になるとやや発展的な問題が登場するという形で難易度に傾斜がつけられていることが多い。後半の問題も誘導に従えば最後まで解けるものも多い。前半を着実に得点し，後半にどれだけ上積みできるかが合否を分ける。物理的な思考力や状況把握力をしっかりと身につけて臨みたい。

化　学

（注）　解答は，東京理科大学から提供のあった情報を掲載しています。

(1)A－6　**B**－5　**C**－4　**D**－7
(2)ア－0　**イ**－3　**ウ**－1　**エ**－2　**オ**－0　**カ**－3
キ－1　**ク**－2
(3)(a)－03　**(b)**－06　**(c)**－01　**(d)**－09
(4)E－4　**F**－6　**G**－7　**(5)(e)**－10　**(f)**－11　**(g)**－15

=== 解　説 ===

《塩化ナトリウムの結晶格子，塩化セシウムの結晶格子，原子間距離，配位数》

A・(a)　右図において，中心に位置するNa^+ に対して，◙で表した 12 個の Na^+ が第 2 近接距離にある。

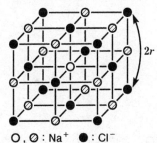

○, ◙：Na^+　●：Cl^-

また，右図のように第 2 近接距離にある Na^+（○）との距離は $\sqrt{2}r$ である。

B・(b)　A・(a)の図において，単位格子の頂点に位置する 8 個の Cl^- が第 3 近接距離にある。

また，右下図のように第 3 近接距離にある Cl^- との距離は $\sqrt{3}r$ である。

C・(c)　中心（体心）に位置する Na^+ に対して，距離 $2r$ の位置にある上下，左右，前後の 6 個の Na^+ が第 4 近接距離にある。

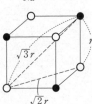

D・(d) 右図において◎の Na^+ に対して，距離 $\sqrt{5}r$ の
位置にある 24 個の Cl^-（◉）が第 5 近接距離にある。

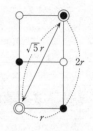

ア・イ. 第 2 近接距離にあるのは，中心の Na^+ と同符
号の Na^+ なので，反発力をおよぼしている。

ウ・エ. 第 3 近接距離にあるのは，中心の Na^+ に対し
て異符号の Cl^- なので，引力をおよぼしている。

オ・カ. 第 4 近接距離にあるのは，中心の Na^+ に対して同符号の Na^+ な
ので，反発力をおよぼしている。

キ・ク. 第 5 近接距離にあるのは，中心の Na^+ に対して異符号の Cl^- な
ので，引力をおよぼしている。

E. 中心の Cs^+ に対して，単位格子の一辺の長さの距離にある上下，左
右，前後の 6 個の Cs^+ が第 2 近接距離にある。

F. 右図の中心の Cs^+ に対して第 3 近
接距離には 12 個の Cs^+ がある。

第 3 近接距離

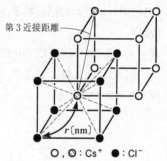

r〔nm〕

○, ◎：Cs^+　●：Cl^-

G. 単位格子の一辺の長さを l とすると，$\dfrac{\sqrt{11}}{2}l$ の距離
には 24 個の Cl^- が位置する。

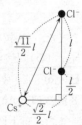

(e) 右図のように単位格子の一辺の長さを l とすると，$\sqrt{3}\,l = 2r$ なので

$$l = \frac{2}{\sqrt{3}}\,r$$

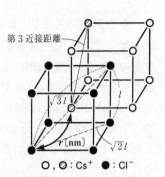

第3近接距離

$\bigcirc$, $\oslash$：Cs^+ $\bullet$：Cl^-

(f) 中心の Cs^+ から第3近接距離の Cs^+（$\oslash$）までは $\sqrt{2}\,l$ なので

$$\sqrt{2}\,l = \sqrt{2} \times \frac{2}{\sqrt{3}}\,r = \frac{2\sqrt{2}}{\sqrt{3}}\,r$$

(g) 中心の Cs^+ から第4近接距離の Cl^- までは $\dfrac{\sqrt{11}}{2}\,l$ なので

$$\frac{\sqrt{11}}{2}\,l = \frac{\sqrt{11}}{2} \times \frac{2}{\sqrt{3}}\,r = \frac{\sqrt{11}}{\sqrt{3}}\,r$$

②　解 答

(1) Ti 電極：2　Fe 電極：1

(2)①矢印の向き：2　イオンの種類：1

②矢印の向き：3　イオンの種類：0

③矢印の向き：6　イオンの種類：1

④矢印の向き：7　イオンの種類：0

(3)—1　(4)—1　(5)—4　(6)—4　(7)—2　(8)—3

(9)**イ**—3　**ロ.** p. + a. 3　b. 4　c. 8　**ハ**—0

ニ. p. – a. 1　b. 5　c. 2　**ホ**—1

=============== 解 説 ===============

《海水の電気分解，次亜塩素酸，弱酸の電離定数》

(1) Ti 電極（陽極）と Fe 電極（陰極）では，それぞれ次の反応によって Cl_2 と H_2 が発生する。

$$\begin{cases} Ti\,電極：2Cl^- \longrightarrow Cl_2 + 2e^- \\ Fe\,電極：2H_2O + 2e^- \longrightarrow H_2 + 2OH^- \end{cases}$$

2
0
2
4
年
度

B
方
式

化
学

(2)　陰イオンである Cl^- は陽極向き，陽イオンである Na^+ は陰極向きに移動するので，それぞれ右図のようになる。陰極で発生した OH^- は陽イオン交換膜を通らないので，(オ)の領域にとどまる。

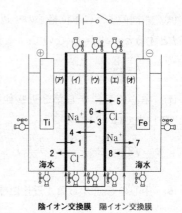

(3)　20 A で 268 時間 3 分 20 秒電気分解したときに流れる電子の物質量は次のようになる。

$$\frac{20 \times (268 \times 60 \times 60 + 3 \times 60 + 20)}{9.65 \times 10^4}$$

$$= 200 \,〔mol〕$$

よって，陰極から発生する水素の標準状態での体積は，次のようになる。

$$200 \times \frac{1}{2} \times 22.4 = 2240 \,〔L〕$$

(4)　領域(ウ)では，Na^+ が領域(イ)→領域(ウ)に流入し，Cl^- が領域(エ)→領域(ウ)に流入するため，NaCl 濃度が増加する。

(5)　200 mol の電子が流れることで，領域(ウ)では NaCl（式量：58.5）が 200 mol 増加するので，はじめに存在した濃度 3 ％で 500 kg の海水中に含まれる NaCl の質量と合わせると，次の値となる。

$$500 \times \frac{3}{100} + 200 \times 58.5 \times 10^{-3} = 15 + 11.7 = 26.7 \,〔kg〕$$

(6)　領域(ウ)では，さらに 11.7 kg の NaCl が生じるので，電気分解後に生じる NaCl の質量は次のようになる。

$$15 + 11.7 + 11.7 = 38.4 \,〔kg〕$$

(7)　領域(オ)では，次のような反応で 200 mol の水酸化ナトリウム NaOH が生じる。

$$2H_2O + 2Na^+ + 2e^- \longrightarrow H_2 + 2NaOH$$

よって，領域(オ)で生じる NaOH（式量：40.0）の質量は次のようになる。

$$40.0 \times 200 \times 10^{-3} = 8.00 \,〔kg〕$$

(8)　領域(ア)では発生した Cl_2 が水に溶け込むため，次のような反応で漂白・殺菌作用がある次亜塩素酸 HClO が生じる。

$$Cl_2 + H_2O \longrightarrow HCl + HClO$$

(9)　**イ．** $K_a = 3 \times 10^{-8}$ mol/L より pK_a は次のようになる。

$$p K_a = -\log_{10} K_a = -\log_{10}(3 \times 10^{-8}) = -0.48 + 8 = 7.52$$

ロ． pH=11 のとき，$[H^+] = 1.0 \times 10^{-11}$ mol/L より

$$K_a = \frac{[H^+][X^-]}{[HX]} = \frac{1.0 \times 10^{-11} \times [X^-]}{[HX]} = 3 \times 10^{-8}\,(\text{mol/L})$$

$$\therefore\ \frac{[X^-]}{[HX]} = 3 \times 10^3 = 10^{0.48} + 10^3 = 10^{3.48}$$

ハ． ロの結果より，X^- の濃度が大きくなる。

ニ． pH=6 のとき，$[H^+] = 1.0 \times 10^{-6}$ mol/L より

$$K_a = \frac{[H^+][X^-]}{[HX]} = \frac{1.0 \times 10^{-6} \times [X^-]}{[HX]} = 3 \times 10^{-8}\,(\text{mol/L})$$

$$\therefore\ \frac{[X^-]}{[HX]} = 3 \times 10^{-2} = 10^{0.48} \times 10^{-2} = 10^{-1.52}$$

ホ． ニの結果より，HX の濃度が大きくなる。

③ **解答**　(1)(ア)—2　(イ)—2

(2)(ウ)—12　(エ)—01　(オ)—10　(カ)—07　(キ)—05

(ク)—08　(ケ)—06　(コ)—04　(サ)—11

(3)—07　(4)—5　(5)—02　(6)—2

═══════════════ **解　説** ═══════════════

《H_2O_2 の分解速度，触媒，反応速度定数，気体の状態方程式》

(1)(ア)　H_2O_2 は次のように反応して O_2 が発生する。

$$2H_2O_2 \longrightarrow 2H_2O + O_2$$

(イ)　MnO_2 や Fe^{3+} は触媒として働いているので，酸化数は変化しない。

(2)(ウ)　発生した O_2 の 2 倍の物質量の H_2O_2 が分解している。

(エ)　反応開始時の過酸化水素水の体積が 10.0 mL，濃度が 0.882 mol/L なので，その物質量は次のようになる。

$$0.882 \times \frac{10.0}{1000} = 0.00882\,(\text{mol})$$

(オ)〜(キ)　0-30.0 秒，30.0-60.0 秒，60.0-90.0 秒の各 30 秒 =0.50 分間の平均の分解反応速度をそれぞれ v_1, v_2, v_3 とすると，次のように表される。

$$\begin{cases} v_1 = -\dfrac{0.442-0.882}{0.50} = 0.88\,[\mathrm{mol/(L\cdot min)}] \\[2mm] v_2 = -\dfrac{0.222-0.442}{0.50} = 0.44\,[\mathrm{mol/(L\cdot min)}] \\[2mm] v_3 = -\dfrac{0.110-0.222}{0.50} = 0.224\,[\mathrm{mol/(L\cdot min)}] \end{cases}$$

(ク)～(コ)　0-30.0 秒，30.0-60.0 秒，60.0-90.0 秒の間の平均の［H_2O_2］を
それぞれ c_1, c_2, c_3 とすると，次のように表される。

$$\begin{cases} c_1 = \dfrac{0.882+0.442}{2} = 0.662\,[\mathrm{mol/L}] \\[2mm] c_2 = \dfrac{0.442+0.222}{2} = 0.332\,[\mathrm{mol/L}] \\[2mm] c_3 = \dfrac{0.222+0.110}{2} = 0.166\,[\mathrm{mol/L}] \end{cases}$$

(サ)　$v=kc$ に 0-30.0 秒，30.0-60.0 秒，60.0-90.0 秒の間の反応速度と平
均濃度を代入して k を求める。

　それぞれの時間区間における反応速度定数を k_1, k_2, k_3 とすると，次
のようになる。

$$\begin{cases} 0.88 = k_1 \times 0.662 \\ 0.44 = k_2 \times 0.332 \\ 0.224 = k_3 \times 0.166 \end{cases}$$

　∴　$k_1 \fallingdotseq 1.329\,[/\mathrm{min}]$，$k_2 \fallingdotseq 1.325\,[/\mathrm{min}]$，$k_3 \fallingdotseq 1.349\,[/\mathrm{min}]$

よって反応速度定数 k は以下の通りである。

$$k = \frac{1}{3}(1.329+1.325+1.349) = 1.334 \fallingdotseq 1.33\,[/\mathrm{min}]$$

(3)　(a)～(d)の触媒に関する記述の正誤はそれぞれ次のようになる。

(a)　正しい。

(b)　誤り。触媒は反応熱を変化させない。

(c)　誤り。オストワルト法の触媒は白金 Pt である。

(d)　正しい。

(4)　温度が 10℃上昇するごとに反応速度定数 k は 3.0 倍となるので，27
℃から 52℃にすると，反応速度定数 k' は $(3.0)^3 = 27$ 倍となる。

　　よって　　$k' = 0.10 \times (3.0)^3 = 2.7\,[/\mathrm{min}]$

(5)　NH_3，NO，HCl，SO_2 の中で，水上置換で捕集できる気体は NO のみである。

(6)　27.0℃，$1.04×10^5$ Pa で 249mL の O_2（分子量：32.0）の質量を w〔g〕とすると，気体の状態方程式より次の式が成り立つ。ただし，水上置換で捕集しているので，水の飽和蒸気圧 $4.00×10^3$ Pa を大気圧から引くことに注意すること。

$$(1.04×10^5 - 4.00×10^3)×\frac{249}{1000} = \frac{w〔g〕}{32.0}×8.31×10^3×(27.0+273)$$

∴　$w = 0.3196 ≒ 0.320$〔g〕

④ **解答**　(1)(a)(ア)—1　(イ)—1　(ウ)—3　(エ)—3　(b)—1
(2)(a)(ア)—1　(イ)—1　(ウ)—2　(カ)—6　(キ)—1
(ケ)—2　(サ)—1　(b)(エ)—2　(オ)—4　(c)(ク)—3　(コ)—3
(3)(a)(ア)—1　(イ)—2　(ウ)—1　(エ)—4　(オ)—1　(b)—1

=================== 解　説 ===================

《ラウールの法則，凝固点降下，電離定数，溶解度積，燃焼熱，結合エネルギー，熱化学方程式》

(1)(a)(ア)　純溶媒に比べて，単位時間あたりに溶液表面から蒸発する溶媒分子の数は少ない。

(イ)　溶液の蒸気圧は純溶媒の蒸気圧に比べて低い。

(ウ)　蒸気圧が降下する割合は溶液の質量モル濃度に比例する。

(b)　分子量 M の非電解質 0.122g を密度 0.880g/mL のベンゼン 10.0mL に溶解したとき，$Δt_f = k_f×m$（$Δt_f$：凝固点降下度，k_f：モル凝固点降下度，m：質量モル濃度）より，次の式が成り立つ。

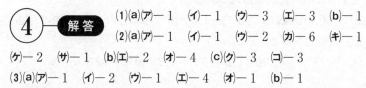

$$5.53 - 4.76 = 5.12×\left(\frac{0.122}{M}×\frac{1000}{0.880×10.0}\right)$$

∴　$M = 92.184 ≒ 92.0$

(2)(ア)，(イ)　$H_2S \rightleftharpoons 2H^+ + S^{2-}$ において，酸性水溶液中では $[H^+]$ が大きくなるので，上式の平衡は左に移動し，その結果 $[S^{2-}]$ が減少する。

(ウ)　硫化水素は弱酸である。

(エ)　硫化水素の電離定数 $K = \dfrac{[H^+]^2[S^{2-}]}{[H_2S]} = 1.2×10^{-21}$（mol/L）^{2} において，

$[H_2S] = 0.10\,mol/L$ より

$$[H^+]^2[S^{2-}] = K[H_2S]$$
$$= 1.2 \times 10^{-21} \times 0.10$$
$$= 1.2 \times 10^{-22}\,(mol/L)^3$$

(オ)　$pH = 1$ のとき，(エ)の $[H^+]^2[S^{2-}] = 1.2 \times 10^{-22}\,(mol/L)^3$ に $[H^+] = 0.10\,mol/L$ を代入して

$$(0.10)^2 \times [S^{2-}] = 1.2 \times 10^{-22}$$

$\therefore$　$[S^{2-}] = 1.2 \times 10^{-20}\,[mol/L]$

(カ)　硫化銅(Ⅱ)CuS の沈殿は黒色である。

(キ)　硫化亜鉛 ZnS の沈殿は白色である。

(ク)　$[Cu^{2+}] = 0.010\,mol/L$，$[S^{2-}] = 1.2 \times 10^{-20}\,mol/L$ のとき，CuS の沈殿が生じないと仮定すると

$$[Cu^{2+}][S^{2-}] = 0.010 \times 1.2 \times 10^{-20} = 1.2 \times 10^{-22}\,(mol/L)^2$$

となる。

(ケ)　(ク)の値は CuS の溶解度積 $K_{sp} = [Cu^{2+}][S^{2-}] = 6.5 \times 10^{-30}\,(mol/L)^2$ より大きいので，CuS の沈殿が生じる。

(コ)　$[Zn^{2+}] = 0.010\,mol/L$，$[S^{2-}] = 1.2 \times 10^{-20}\,mol/L$ のとき，ZnS の沈殿が生じないと仮定すると

$$[Zn^{2+}][S^{2-}] = 0.010 \times 1.2 \times 10^{-20} = 1.2 \times 10^{-22}\,(mol/L)^2$$

となる。

(サ)　(コ)の値は ZnS の溶解度積 $K_{sp} = [Zn^{2+}][S^{2-}] = 2.2 \times 10^{-18}\,(mol/L)^2$ より小さいので，ZnS の沈殿は生じない。

(3)(a)(ア)　物質 1 mol が完全燃焼するときの反応熱を燃焼熱という。

(イ)，(ウ)　燃焼熱は必ず発熱反応となるので，正の値である。

(エ)，(オ)　共有結合を切断してばらばらの原子にするのに必要なエネルギーを結合エネルギーといい，吸熱反応なので熱化学方程式で表す場合は負の値となる。

(b)　炭素原子間の結合エネルギーは，単結合と比べると，二重結合，三重結合の順に大きくなる。よって，A<B<C となる。

⑤ **解答**

(1)**A**—16　**B**—04　**C**—09　**D**—18　**E**—11　**F**—06

(2)— 2

(3)**ア**—1　**イ**—2　**ウ**—1　**エ**—2　**オ**—1

(4)(カ)6　(キ)8　(ク)1　(ケ)0　(コ)1　(サ)0　(シ)6　(ス)5　(セ)0　(ソ)1

(タ)0　(チ)1

(5)**C**— 4　**E**— 2

2024年度　B方式　化学

══════════ 解説 ══════════

《ニトロベンゼン，アニリン，クメン法，サリチル酸の製法，芳香族化合物の分離》

⑴　反応経路図の化合物**A**～**F**はそれぞれ以下のようになる。

よって，化合物**A**はニトロベンゼン，化合物**B**はアニリン，化合物**C**はクメン，化合物**D**はフェノール，化合物**E**はサリチル酸，化合物**F**は安息香酸である。

⑵　芳香族化合物は極性溶媒である水に溶けにくく，無極性溶媒であるジエチルエーテルに溶けやすいが，イオン結合性の塩を生じると水に溶けやすくなる。このような性質を利用して有機化合物を分離する操作を抽出という。

⑶**ア．**化合物**B**（アニリン）は塩基性なので，希塩酸によってアニリン塩

酸塩（化合物 **b**）となり，水層に抽出される。

イ. アニリン塩酸塩に水酸化ナトリウム水溶液を加えると，アニリンが遊離するため，エーテル層に抽出される。

ウ. 安息香酸ナトリウム（化合物 **f**）に希塩酸を加えると，化合物 **F**（安息香酸）が遊離する。

エ. 化合物 **D**（フェノール）に水酸化ナトリウム水溶液を加えると，ナトリウムフェノキシド（化合物 **d**）を生じて水層に抽出される。

オ. ナトリウムフェノキシド（化合物 **d**）に希塩酸を加えると，化合物 **D**（フェノール）が遊離する。

(4) 化合物 **b**：—NH$_3$Cl の分子式は C$_6$H$_8$NCl である。

化合物 **d**：◯—ONa の分子式は C$_6$H$_5$ONa である。

(5) 化合物 **C**（クメン）は中性化合物なので分離層IVに含まれ，化合物 **E**（サリチル酸）はカルボキシ基を有するため，分離層IIに含まれる。

⑥ 解答

(1)—4　(2)—8　(3)—4　(4)—8
(5)a. 1　b. 9　p. +　c. 2
(6)—07　(7)—23

解説

《異性体，ヨウ素価，けん化価，油脂の融点と不飽和度》

(1) リノール酸は炭素-炭素二重結合を 2 個有し，$2^2=4$ 個の立体異性体が考えられる。

(2) リノール酸のみを構成脂肪酸とする油脂 **A** C$_3$H$_5$(OCOC$_{17}$H$_{31}$)$_3$（分子量：878）の 1 mol には，ヨウ素 I$_2$（分子量：254）6 mol が付加するので，油脂 **A** の 100 g に付加するヨウ素の質量は次のようになる。

$$\frac{100}{878}\times6\times254=173.576\fallingdotseq174$$

(3) オレイン酸のみを構成脂肪酸とする油脂に H$_2$ を付加すると，H$_2$ が全く付加しなかった油脂，1 分子付加した油脂，2 分子付加した油脂，3 分子付加した油脂の 4 種類の分子式の化合物が生じる。

(4) 油脂 **D** には以下の 8 種類の油脂が含まれる（*C は不斉炭素原子）。

$$
\begin{array}{lll}
\mathrm{CH_2-O-\overset{\displaystyle O}{\overset{\|}{C}}-C_{17}H_{33}} & \mathrm{CH_2-O-\overset{\displaystyle O}{\overset{\|}{C}}-C_{17}H_{33}} & \mathrm{CH_2-O-\overset{\displaystyle O}{\overset{\|}{C}}-C_{17}H_{33}} \\[1em]
\mathrm{CH-O-\overset{O}{\overset{\|}{C}}-C_{17}H_{33}} & {}^{*}\mathrm{CH-O-\overset{O}{\overset{\|}{C}}-C_{17}H_{33}} & \mathrm{CH-O-\overset{O}{\overset{\|}{C}}-C_{17}H_{35}} \\[1em]
\mathrm{CH_2-O-\overset{O}{\overset{\|}{C}}-C_{17}H_{33}} & \mathrm{CH_2-O-\overset{O}{\overset{\|}{C}}-C_{17}H_{35}} & \mathrm{CH_2-O-\overset{O}{\overset{\|}{C}}-C_{17}H_{33}}
\end{array}
$$

$$
\begin{array}{lll}
\mathrm{CH_2-O-\overset{\displaystyle O}{\overset{\|}{C}}-C_{17}H_{33}} & \mathrm{CH_2-O-\overset{\displaystyle O}{\overset{\|}{C}}-C_{17}H_{35}} & \mathrm{CH_2-O-\overset{\displaystyle O}{\overset{\|}{C}}-C_{17}H_{35}} \\[1em]
{}^{*}\mathrm{CH-O-\overset{O}{\overset{\|}{C}}-C_{17}H_{35}} & \mathrm{CH-O-\overset{O}{\overset{\|}{C}}-C_{17}H_{33}} & \mathrm{CH-O-\overset{O}{\overset{\|}{C}}-C_{17}H_{35}} \\[1em]
\mathrm{CH_2-O-\overset{O}{\overset{\|}{C}}-C_{17}H_{35}} & \mathrm{CH_2-O-\overset{O}{\overset{\|}{C}}-C_{17}H_{35}} & \mathrm{CH_2-O-\overset{O}{\overset{\|}{C}}-C_{17}H_{35}}
\end{array}
$$

(5)　油脂Dの混合物の平均として構成脂肪酸は，オレイン酸（分子量：282）が1分子，ステアリン酸（分子量：284）が2分子と考えればよいので，その分子量は888となる。

　　よって，けん化価は次のようになる。

$$\frac{1}{888}\times3\times56\times10^{3}=189.189\fallingdotseq1.9\times10^{2}$$

(6)　不飽和度の高い油脂ほどヨウ素価が大きくなるので，構成脂肪酸に含まれるリノール酸（二重結合2個）や，オレイン酸（二重結合1個）などの不飽和脂肪酸の割合の高いものから順に F>E>G>H となる。

(7)　構成脂肪酸に含まれる不飽和脂肪酸が少ない脂肪ほど高融点となるので，(6)と逆に H>G>E>F となる。

(講 評)

　　2024年度は2023年度に比べて，解答に時間を要する問題が増加した。結晶格子の近接イオンの数など，丁寧な考察を要する設問が含まれていた。試験時間に比べて受験生には厳しい分量であった。

　　1　塩化ナトリウムの結晶格子，塩化セシウムの結晶格子，近接イオンの数，イオン間距離などからの出題であった。それぞれの単位格子の図は与えられているものの，第4近接イオンや第5近接イオンの数を問うなど，図には無い離れたイオンの数まで設問になっており，丁寧な考

察が必要であった。難易度はやや難。

2　イオン交換膜を用いた海水の電気分解，塩素水，弱酸の電離定数からの出題であった。難易度は標準。

3　過酸化水素の分解速度，反応速度定数，触媒の性質，気体の捕集法，気体の状態方程式からの出題であった。難易度はやや易～標準。

4　溶液の蒸気圧，凝固点降下，硫化水素の電離定数，硫化銅（Ⅱ）と硫化亜鉛の溶解度積，燃焼熱，結合エネルギー，熱化学方程式からの出題であった。計算量は多めだが，難易度は標準。

5　ベンゼンの誘導体，ニトロベンゼン，アニリン，クメン法，サリチル酸，安息香酸，芳香族化合物の分離からの出題であった。難易度は標準。

6　高級脂肪酸の立体異性体，ヨウ素価，硬化油，油脂の異性体，けん化価，油脂の不飽和度と融点の関係からの出題であった。異性体の数を求める設問など，解答に時間を要する問題が含まれていた。難易度は標準～やや難。

2023
年度

問題と解答

■第一部B方式

問題編

▶試験科目・配点

学科	教科	科 目	配 点
数・応用数	外国語	コミュニケーション英語Ⅰ・Ⅱ・Ⅲ，英語表現Ⅰ・Ⅱ	100 点
	数 学	数学Ⅰ・Ⅱ・Ⅲ・A・B（共通問題）	100 点
		数学Ⅰ・Ⅱ・Ⅲ・A・B（学科別問題）	100 点
物理	外国語	コミュニケーション英語Ⅰ・Ⅱ・Ⅲ，英語表現Ⅰ・Ⅱ	100 点
	数 学	数学Ⅰ・Ⅱ・Ⅲ・A・B	100 点
	理 科	物理基礎・物理	100 点
化・応用化	外国語	コミュニケーション英語Ⅰ・Ⅱ・Ⅲ，英語表現Ⅰ・Ⅱ	100 点
	数 学	数学Ⅰ・Ⅱ・Ⅲ・A・B	100 点
	理 科	化学基礎・化学	150 点

▶備　考

- 英語はリスニングおよびスピーキングを課さない。
- 数学Bは「数列」「ベクトル」から出題。

問題編

■英語■

（60 分）

1　近代科学の歴史をテーマにした，次の 6 つの段落に分けられた英文を読み，あとの設問に答えなさい。なお，＊印のついた語句には本文末で注が与えられている。

（62 点）

① The origins of modern science lie in a period of rapid scientific development that occurred in Europe between about 1500 and 1750, which we now refer to as the *scientific revolution*. Of course scientific investigations were pursued in ancient and medieval times too — the scientific revolution did not come from nowhere. In these earlier periods the dominant worldview was *Aristotelianism*, named after the ancient Greek philosopher Aristotle, who put forward detailed theories in physics, biology, astronomy, and cosmology. But Aristotle's ideas would seem very strange to a modern scientist, as would his methods of enquiry. To pick just one example, he believed that all earthly* bodies are composed of just four elements: earth, fire, air, and water. This view is obviously at odds with what modern chemistry tells us.

② The first crucial step in the development of the modern scientific worldview was the Copernican revolution. In 1542 the Polish astronomer Nicolas Copernicus (1473-1543) published a book attacking the geocentric model of the universe, which placed the stationary earth at the centre of the universe with the planets and the sun in orbit around it. Geocentric astronomy, also known as Ptolemaic astronomy after the ancient Greek astronomer Ptolemy, lay at the heart of the Aristotelian world view, and had gone largely unchallenged for 1,800 years. But Copernicus suggested an alternative: the *sun* was the fixed centre of the universe, and the planets, including the earth, were in orbit around it.　On this heliocentric model the earth is regarded as just another planet, and so loses <u>the unique status</u> that tradition had accorded* (オ) it.　Copernicus' theory initially met with much resistance, <u>not least</u> from the (カ) Catholic Church who regarded it as contravening* the Scriptures*, and in 1616 banned books advocating the earth's motion.　But within 100 years Copernicanism had become established scientific orthodoxy*.

③　Copernicus' innovation did not merely lead to a better astronomy. Indirectly, it led to the development of modern physics, through the work of Johannes Kepler (1571-1630) and Galileo Galilei (1564-1642).　Kepler discovered that the planets do not move in circular orbits around the sun, as Copernicus thought, but rather in *ellipses**.　This was his 'first law' of planetary motion; his second and third laws specify the speeds at which the planets orbit the sun.　<u>Taken together</u>, Kepler's laws provided a successful planetary theory, (キ) solving problems that had confounded* astronomers for centuries.　Galileo was a lifelong supporter of Copernicanism and one of the early pioneers of the telescope.　When he pointed his telescope at the heavens, he made a wealth of amazing discoveries: mountains on the moon, a vast array of stars, sun-spots, Jupiter's moons, and more.　All of these conflicted with Aristotelian cosmology, and <u>played a pivotal role in converting the scientific community to</u> (ク) <u>Copernicanism</u>.

④　Galileo's most enduring contribution, however, lay not in astronomy but in mechanics, where he refuted* the Aristotelian theory that heavier bodies fall faster than lighter ones.　<u>In place of</u> this theory, Galileo made the counter- (ケ) intuitive suggestion that all freely falling bodies will fall towards the earth at the same rate, irrespective of* their weight.　(Of course in practice, if you drop a feather and a cannonball from the same height the cannonball will land first, but Galileo argued that this is simply due to air resistance — in a vacuum, they would land together.)　Furthermore, he argued that freely falling bodies accelerate uniformly, i.e. gain equal increments* of speed in equal times; this is known as Galileo's law of free fall.　Galileo provided persuasive though not conclusive evidence for this law, which formed the centrepiece of his mechanics.

⑤ <u>Galileo is generally regarded as the first modern physicist.</u> He was the
(コ)
first to show that the language of mathematics could be used to describe the behaviour of material objects, such as falling bodies and projectiles*. To us this seems obvious — today's scientific theories are routinely formulated in mathematical language, not only in physics but also in the biological and social sciences. But in Galileo's day it was not obvious: <u>mathematics was widely
(サ)
regarded as dealing with purely abstract entities, hence inapplicable to physical reality.</u> Another innovative aspect was Galileo's emphasis on testing hypotheses experimentally. To the modern scientist this may again seem obvious. But in Galileo's day experimentation was not generally regarded as a reliable means of gaining knowledge. Galileo's emphasis on experiment marks the beginning of an empirical approach to studying nature that continues to this day.

⑥ <u>The period following Galileo's death saw the scientific revolution rapidly
(シ)
gain in momentum.</u> The French philosopher-scientist René Descartes (1596-1650) developed a radical new 'mechanical philosophy', according to which the physical world consists of inert particles of matter interacting and colliding with one another. The laws governing the motion of these particles or 'corpuscles*' held the key to understanding the structure of the universe, Descartes believed. The mechanical philosophy promised to explain all observable phenomena in terms of the motions of these corpuscles, and quickly became the dominant scientific vision of the late 17th century; to some extent it is still with us today. Versions of the mechanical philosophy were espoused* by figures such as Huygens, Gassendi, Hooke, and Boyle; its acceptance marked the final downfall of the Aristotelian world view.

(注)　earthly　地上に存在する；　accord　…に〜を与える；

　　　　contravene　〜に反する；　the Scriptures　聖書；

出典追記：Philosophy of Science：A Very Short Introduction by Samir Okasha, Oxford University Press

orthodoxy　正しいと認められた考え；　ellipse　楕円；
confound　～を混乱させる；　refute　～の誤りを証明する；
irrespective of　～に無関係に；　increment　増加；
projectile　投射物；　corpuscle　微粒子；　espouse　～を支持する

(1)　下線部(ア)の内容としてもっとも適切なものを1つ選び，その番号を**解答用マークシート**にマークしなさい。

1　The scientific revolution did not happen without the exploration in science of former eras.

2　The scientific revolution does not start here and now.

3　The scientific revolution miraculously happened without any foundation of scientific knowledge.

4　The scientific revolution suddenly happened and most people did not recognize it at that time.

(2)　下線部(イ)について，言葉を省略せずに述べた場合以下のように表現することができます。この文章の空所Ⅰに入るものを本文中から抜き出し，その最初の1語と最後の1語を**解答用紙**に記しなさい。

as his methods of enquiry would（　　Ⅰ　　）

(3)　下線部(ウ)の代名詞が指すものとしてもっとも適切なものを1つ選び，その番号を**解答用マークシート**にマークしなさい。

1　the geocentric model　　　　2　the stationary earth
3　the sun　　　　　　　　　　4　the universe

(4)　下線部(エ)の意味にもっとも近いものを次の1～4から1つ選び，その番号を**解答用マークシート**にマークしなさい。

1　had been partly proved
2　had gone too far

3　had not been well approved

4　had remained unquestioned for the most part

(5)　下線部(オ)の内容としてもっとも適切なものを1つ選び，その番号を**解答用マークシート**にマークしなさい。

1　being a planet in orbit around the sun

2　being one of the planets in the solar system

3　being the centre of the universe

4　being the only planet that moves around the sun

(6)　下線部(カ)の意味にもっとも近いものを次の1～4から1つ選び，その番号を**解答用マークシート**にマークしなさい。

1　in some degree	2　not at all
3　not only	4　particularly

(7)　下線部(キ)について，言葉を省略せずに述べた場合以下のように表現することができます。この文章の空所Ⅱに入るものとしてもっとも適切なものを1つ選び，その番号を**解答用マークシート**にマークしなさい。

when （　　Ⅱ　　） taken together

1　Copernicus' innovation was

2　Kepler's laws were

3　Kepler's second and third laws were

4　the planets were

(8)　下線部(ク)の内容としてもっとも適切なものを1つ選び，その番号を**解答用マークシート**にマークしなさい。

1　actively encouraged scientists to cast questions on Copernicus' theory

2　helped Copernicus to think about other scientists in his community

3　made a major contribution in persuading the scientists of Copernicus' theory

　　4　provided crucial evidence which made scientists reject Copernicus' way of thinking

(9)　下線部(ケ)の意味にもっとも近いものを次の1〜4から1つ選び，その番号を**解答用マークシートにマーク**しなさい。

　　1　because of　　　**2**　inspired by　　　**3**　instead of　　　**4**　thanks to

(10)　第④段落で示されている事柄として<u>あてはまらないもの</u>を1つ選び，その番号を**解答用マークシートにマーク**しなさい。

　　1　According to Galileo, air resistance prevents objects from falling towards the earth at the same rate in practice.

　　2　Galileo did not leave any room for further evidence of his law of free fall.

　　3　Galileo's claim about falling objects would oppose our usual expectation.

　　4　Galileo's most crucial finding is the rule concerning freely falling objects.

(11)　筆者が下線部(コ)のように述べる理由が2つあります。その2つの理由の要点をそれぞれ**25字以内の日本語**で**解答用紙**に記しなさい。なお，句読点を使用する場合は，それも文字数に含めることとする。

(12)　下線部(サ)の内容としてもっとも適切なものを1つ選び，その番号を**解答用マークシートにマーク**しなさい。

　　1　It was widely believed that by offering abstract ways of thinking mathematics could help explore factual reality.

　　2　It was widely believed that mathematics had mostly practical applications.

　　3　It was widely believed that mathematics, the conceptual study, was unsuitable for investigating material objects.

　　4　It was widely believed that mathematics was a practical means to think of multiple phenomena that occurred in the real world.

⒀ 下線部(シ)の内容としてもっとも適切なものを 1 つ選び，その番号を**解答用
マークシート**にマークしなさい。

1 It was Galileo's death that caused the scientific revolution to move
forward.

2 Prior to Galileo's death, the scientific revolution attracted public attention.

3 The scientific revolution accelerated in the time subsequent to the death
of Galileo.

4 While Galileo was facing death, he saw the scientific revolution
significantly growing.

⒁ 第⑥段落から読み取れるものとしてもっとも適切なものを 1 つ選び，その番
号を**解答用マークシート**にマークしなさい。

1 Descartes failed to consider inert particles connecting with and bumping
against each other.

2 Descartes thought that his finding of the rules concerning moving inert
particles was of great help to comprehend the mechanism of the universe.

3 It took a long time for scientists to accept Descartes' theory.

4 The 'mechanical philosophy' proposed by Descartes did not surprise
people because it is neither new nor radical.

⒂ 本文で述べられている科学者たちの学説や功績についての説明としてもっと
も適切なものを 1 つ選び，その番号を**解答用マークシート**にマークしなさい。

1 A mechanical philosophy presented by Descartes is partly accepted in
today's world.

2 In astronomy, Galileo made important discoveries by applying his
theory of falling objects to the phenomena observed in the night sky.

3 It was not only Copernicus but also Kepler who suggested that the
planets' orbits around the sun are not circular but ellipses.

4 Ptolemy's theory, or Geocentric astronomy, was unrelated to the
Aristotelian views of the world.

2 次の会話の空所(**ア**)～(**ケ**)を補うのにもっとも適当なものを1～9から選び，その番号を**解答用マークシート**にマークしなさい。同じものを2度以上用いないこと。 (18点)

Alice: Today we have Tom Russell on the show to give us some tips about how to use some social media safely. Welcome to the show, Tom!

Tom: (**ア**)

Alice: So, Tom, everyone is on Facebook, Twitter and other social media sites nowadays. What's your advice for our listeners on how to use these media?

Tom: (**イ**) A lot of people post any photo or video they think is funny onto the web without thinking about who might see it when. Just remember that whatever you put online will probably still be available years from now. (**ウ**)

Alice: I know what you mean! I've got some really embarrassing photos from when I was younger that I'd hate anyone to see now. (**エ**)

Tom: Well, I'd say be careful about putting too much private information about yourself online. Identity theft is a common crime nowadays, so you need to be careful.

Alice: (**オ**)

Tom: Sure. Identity theft is when someone pretends to be you by using your personal details, like your name, address, email address, and so on. (**カ**) In the worst case, they can access your bank account and steal money directly from your account.

Alice: I see. You really don't want that to happen.

Tom: Of course not. So that's why you need to make sure you don't post too much private information that a criminal might be able to use.

Alice: I see. Do you have one more tip for our listeners?

Tom: (**キ**) People often forget that the internet is in the public domain.

In terms of the law, it's not really any different to print media like a book or newspaper. （　ク　） They're wrong! （　ケ　） So watch out!

Alice:　Good to know. I'll be careful what I post online in the future. Thanks, Tom.

Tom:　You're welcome. And happy networking!

1　Could you explain a bit more about what you mean by 'identity theft'?

2　Criminals may use your details to log in to a website and then buy goods.

3　Do you really want a possible future employer to see you with your friends at 18, dressed in a policeman's uniform?

4　If you say untrue comments about a person online, they can sue you.

5　So what other advice do you have?

6　Thanks, Alice, glad to be here!

7　Well, first of all, I'd say be careful what you upload onto a social networking site.

8　Yes, my last tip is be careful what you say online.

9　You would be careful about printing bad comments about someone, but people think that posting negative or untrue comments on the internet is OK.

出典追記：International Express : Intermediate by Keith Harding and Alastair Lane, Oxford University Press

3 与えられた語(句)群を並び替え，和文に相当するもっとも自然な英文を完成させて，その番号を**解答用マークシート**にマークしなさい。ただし，同じものは2度以上使わないこと。　　　　　　　　　　　　　　　　　　　　　　　　（20 点）

(1)　それほど本当の民主主義からほど遠いものはない。（7 語）

　　Nothing ＿＿＿＿＿＿＿＿＿＿＿＿＿＿＿＿＿＿＿＿＿＿＿＿＿．

1　be	2　could	3　democracy
4　further from	5　than	6　that
7　true		

(2)　大半の病気は自然となおってしまうものだ。（7 語）

　　We ＿＿＿＿＿＿＿＿＿＿＿＿＿＿＿＿＿＿＿＿ in particular.

1　anything	2　diseases	3　doing
4　from	5　most	6　recover
7　without		

(3)　2時間でその仕事を終えるのは難しい。（8 語）

　　I find ＿＿＿＿＿＿＿＿＿＿＿＿＿＿＿＿＿＿＿＿ two hours.

1　difficult	2　done	3　get
4　in	5　it	6　the
7　to	8　work	

(4)　彼の演説では，ユーモアのある言葉は特別の場合を除いて使われない。（8 語）

　　Humorous ＿＿＿＿＿＿＿＿＿＿＿＿＿＿＿＿＿＿＿ in his speech.

1　are	2　cases	3　except
4　in	5　made	6　not
7　rare	8　remarks	

⑸ 言論の自由を制限するかどうかを巡り議論がある。（8 語）

There is a debate over _____.

1	freedom	**2**	limits	**3**	of
4	on	**5**	put	**6**	speech
7	to	**8**	whether		

■ 数学 ■

◀学部共通問題▶

（100 分）

問題 $\boxed{1}$ の解答は**解答用マークシート**にマークせよ。

$\boxed{1}$ 次の **(1)** から **(3)** において，$\boxed{}$ 内のカタカナにあてはまる 0 から 9 までの数字を求め，その数字を**解答用マークシート**にマークせよ。ただし，$\boxed{\vdots}$ は 2 桁の数を表すものとし，分数は既約分数の形に表すものとする。また，根号を含む解答では，根号の中に現れる自然数は最小になる形で答えなさい。なお，同一の問題文中に $\boxed{ア}$ などが 2 度以上現れる場合，2 度目以降は，$\boxed{ア}$ のように網掛けで表記する。 (40 点)

(1) AB の長さが 3，AC の長さが 5 である三角形 ABC の外接円の中心を O とするとき，以下が成り立つ。

(a) $\angle \mathrm{BAC} = \dfrac{\pi}{3}$ のとき，$\overrightarrow{\mathrm{AB}} \cdot \overrightarrow{\mathrm{AO}} = \dfrac{\boxed{ア}}{\boxed{イ}}$，$\overrightarrow{\mathrm{AC}} \cdot \overrightarrow{\mathrm{AO}} = \dfrac{\boxed{ウ}\ \boxed{エ}}{\boxed{オ}}$ であり，

$\overrightarrow{\mathrm{AO}} = \dfrac{\boxed{カ}}{\boxed{キ}} \overrightarrow{\mathrm{AB}} + \dfrac{\boxed{ク}}{\boxed{ケ}\ \boxed{コ}} \overrightarrow{\mathrm{AC}}$ である。

(b) BC の長さが 7 のとき，$\overrightarrow{\mathrm{AB}} \cdot \overrightarrow{\mathrm{AO}} = \dfrac{\boxed{サ}}{\boxed{シ}}$，$\overrightarrow{\mathrm{AC}} \cdot \overrightarrow{\mathrm{AO}} = \dfrac{\boxed{ス}\ \boxed{セ}}{\boxed{ソ}}$ であり，

$\overrightarrow{\mathrm{AO}} = \dfrac{\boxed{タ}\ \boxed{チ}}{\boxed{ツ}} \overrightarrow{\mathrm{AB}} + \dfrac{\boxed{テ}\ \boxed{ト}}{\boxed{ナ}\ \boxed{ニ}} \overrightarrow{\mathrm{AC}}$ である。

(2) x と y が共に整数であるような座標平面上の点 (x, y) を格子点とよぶ。また，実部と虚部が共に整数であるような複素数を複素整数とよび，i は虚数単位を表

す。このとき以下が成り立つ。

(a) 座標平面上の楕円の方程式 $\dfrac{x^2}{25} + \dfrac{y^2}{100} = 1$ を満たす格子点 (x, y) のうち x と y が共に正であるものは $(\boxed{ヌ}, \boxed{ネ})$ と $(\boxed{ノ}, \boxed{ハ})$ $(\boxed{ヌ} < \boxed{ノ})$ の 2 点であり，この楕円上にある格子点は全部で $\boxed{ヒ\;フ}$ 個ある。

(b) (a) の楕円の焦点は $s = \boxed{ヘ}\sqrt{\boxed{ホ}}$ とおくと $(0, -s)$ と $(0, s)$ である。$|z - s| + |z + s| = 20$ を満たす複素整数 z は全部で $\boxed{マ\;ミ}$ 個あり，その絶対値 $|z|$ がとり得る値の最大値は $\boxed{ム\;メ}$，最小値は $\boxed{モ}$ である。

(3) 2 以上の自然数 n に対して，0 と 1 を n 個並べたもの，すなわち各 $i = 1, \cdots\cdots, n$ に対して $a_i = 0$ または $a_i = 1$ であるような a_i を順に n 個並べて得られる $(a_1, \cdots\cdots, a_n)$ を n 次元バイナリーベクトルとよぶ。2 つの n 次元バイナリーベクトル $(a_1, \cdots\cdots, a_n)$ と $(b_1, \cdots\cdots, b_n)$ に対して，ある i に対して $a_i \neq b_i$ であり，それ以外の j については $a_j = b_j$ となるとき，$(a_1, \cdots\cdots, a_n)$ と $(b_1, \cdots\cdots, b_n)$ は隣接するという。n 次元バイナリーベクトル全体の集合を B_n で表すことにする。例えば，$n = 3$ のときは

$$B_3 = \{(0,0,0),(0,0,1),(0,1,0),(0,1,1),(1,0,0),(1,0,1),(1,1,0),(1,1,1)\}$$

であり，$(0,0,0)$ と $(1,0,0)$ は隣接し，$(0,1,1)$ と $(1,0,0)$ は隣接しない。B_n の中から隣接する 2 つの n 次元バイナリーベクトルを取り出すとき，取り出し方の組み合わせの総数を M_n と記す。このとき，以下が成り立つ。

(a) $M_2 = \boxed{ヤ}$ である。

(b) $M_3 = \boxed{ユ\;ヨ}$ である。

(c) 2 以上のすべての自然数 n に対して，$M_{n+1} = \boxed{ラ} M_n + \boxed{リ}^n$ が成り立つ。

(d) すべての自然数 n に対して，$M_{n+1} = (n + \boxed{ル})\boxed{レ}^n$ である。

問題 **2** の解答は**解答用紙**に記入せよ。答だけでなく答を導く過程も記入せよ。

2   実数 a に対して，$f(x,y) = x^3 + y^3 - a$ とおき，$g(x,y) = x^2 + y^2 - 1$ とおく。以下の問いに答えよ。   (30 点)

(1)   実数 x, y が $g(x,y) = 0$ を満たすとき，$x + y$ のとり得る値の範囲を求めよ。また，$g(x,y) = 0$ を満たす正の実数 x, y に対する $x + y$ のとり得る値の範囲も求めよ。

(2) $t = x + y$，$u = xy$ とするとき，$x^3 + y^3$ を t と u の多項式として表わせ。さらに x, y が $g(x,y) = 0$ を満たすとき，$x^3 + y^3$ を t のみの多項式として表わせ。

(3) $f(x,y) = 0$ と $g(x,y) = 0$ を共に満たすような実数 x, y が存在するような a の値の範囲を求めよ。

(4) $f(x,y) = 0$ と $g(x,y) = 0$ を共に満たすような正の実数 x, y が存在するような a の値の範囲を求めよ。

(5) $f(x,y) = 0$ と $g(x,y) = 0$ を共に満たすような正の実数 x, y がただ 1 組だけ存在するような a の値を求めよ。また，そのときの x, y の値も求めよ。

問題 $\boxed{3}$ の解答は**解答用紙**に記入せよ。答だけでなく答を導く過程も記入せよ。

$\boxed{3}$　$f(x) = -\dfrac{\sin x}{2 + \cos x}$ と $g(x) = \dfrac{\cos x}{2 + \sin x}$ に対して以下の問いに答えよ。(30 点)

(1)　不定積分 $\displaystyle\int f(x)dx$ と $\displaystyle\int g(x)dx$ を計算せよ。

(2)　すべての実数 x に対して $f(x) = g(x + s)$ が成り立つような，正の実数 $s\,(0 < s < 2\pi)$ の値を求めよ。

(3)　$0 \leqq x \leqq 2\pi$ のとき，$f(x)$ と $g(x)$ のそれぞれについて最大値と最小値，およびそれらを与える x の値を求めよ。

(4)　$f(x) = g(x)$ を満たす正の実数 x の中で最小の数を α_1，2 番目に小さい数を α_2 とする。$\alpha_1 + \alpha_2$ の値を求めよ。

(5)　座標平面において，2 曲線 $y = f(x)\,(0 \leqq x \leqq 2\pi)$ と $y = g(x)\,(0 \leqq x \leqq 2\pi)$ で囲まれた図形の面積を求めよ。

◆数・応用数学科：学科別問題▶

（80 分）

問題 $\boxed{1}$ の解答は**解答用マークシート**にマークせよ。

$\boxed{1}$　次の **(1)** から **(6)** において，$\boxed{}$ 内のカタカナにあてはまる 0 から 9 までの数字を求め，その数字を**解答用マークシート**にマークせよ。ただし $\boxed{\,|\,}$ は 2 桁，$\boxed{\,|\,\,|\,}$ は 3 桁の数を表すものとする。 (40 点)

S を 1 以上 1000 以下の自然数全体の集合とする。$i = 1, 2, 3$ に対して，S の部分集合 A_i を次のように定義する。

$$A_1 = \{x \mid x \in S \text{ かつ } x \text{ を 3 で割ると余りが 1}\},$$
$$A_2 = \{x \mid x \in S \text{ かつ } x \text{ と 30 の最大公約数が 2}\},$$
$$A_3 = \{x \mid x \in S \text{ かつ } x \text{ の各桁の数の和が 7}\}$$

また，$i = 1, 2, 3$ と，S の要素 x に対して，整数 $h_i(x)$ を，

$$x \in A_i \text{ のとき } h_i(x) = 1,$$
$$x \not\in A_i \text{ のとき } h_i(x) = 0$$

と定める。

(1) 集合 $\{x \mid x \in S \text{ かつ } h_1(x) = 1\}$ の要素の個数は $\boxed{\text{ア}\,|\,\text{イ}\,|\,\text{ウ}}$ である。

(2) 集合 $\{x \mid x \in S \text{ かつ } h_2(x) = 1\}$ の要素の個数は $\boxed{\text{エ}\,|\,\text{オ}\,|\,\text{カ}}$ である。

(3) 集合 $\{x \mid x \in S \text{ かつ } h_3(x) = 1\}$ の要素の個数は $\boxed{\text{キ}\,|\,\text{ク}}$ である。

(4) 集合 $\{x \mid x \in S \text{ かつ } h_1(x)h_2(x) = 1\}$ の要素を 6 で割ったときの余りは $\boxed{\text{ケ}}$ である。

(5) 集合 $\{x \mid x \in S \text{ かつ } h_1(x)h_2(x)h_3(x) = 0\}$ の要素の個数は $\boxed{\text{コ}\,|\,\text{サ}\,|\,\text{シ}}$ で

ある。

(6) 集合 $\{x \mid x \in S$ かつ $h_1(x) + h_2(x) - h_1(x)h_2(x) = 1\}$ の要素の個数は

$\boxed{\text{ス} \mid \text{セ} \mid \text{ソ}}$ である。

問題 $\boxed{2}$ の解答は**解答用紙**に記入せよ。答だけでなく答を導く過程も記入せよ。

$\boxed{2}$　座標平面において，

$$x^3 + y^3 = 3xy \quad \text{かつ} \quad x \geqq 0 \quad \text{かつ} \quad y \geqq 0$$

を満たす点 (x, y) の全体で表される図形を C とする。このとき，次の問いに答えよ。

(60 点)

(1) C と直線 $y = x$ の共有点の座標を求めよ。

(2) (x_0, y_0) を C 上の点とし，$x_0 \neq y_0$ とする。直線 $y = x$ に関して点 (x_0, y_0) と対称な点は C 上にあることを示せ。

(3) $t > 2^{\frac{2}{3}}$ を満たす定数 t に対して，$f(x) = x^3 - 3tx + t^3$ $(x \geqq 0)$ とおくとき，すべての $x \geqq 0$ に対して $f(x) > 0$ が成り立つことを示せ。

(4) C は，4 点 $(0, 0)$, $(2^{\frac{2}{3}}, 0)$, $(2^{\frac{2}{3}}, 2^{\frac{2}{3}})$, $(0, 2^{\frac{2}{3}})$ を頂点とする正方形およびその内部に含まれることを示せ。

(5) t を $0 \leqq t \leqq 2^{\frac{2}{3}}$ を満たす定数とする。C の，不等式 $y \leqq x$ の表す領域に含まれる部分と，直線 $y = t$ の共有点の個数を調べよ。

（80 分）

1 次の問題の □□□□ の中に入れるべき正しい答を**解答群**の中から選び，その番号を**解答用マークシート**の指定された欄にマークしなさい。必要なら，同一番号を繰り返し用いてよい。　　　　　　　　　　　　　　　　　　　（25 点）

　宇宙空間でのロケットの運動について考えたい。以下では，宇宙空間は完全な真空とし，ロケットの運動に影響を与える物質は存在しないとする。問題文中で天体について言及している場合のみ万有引力を考慮する。また，ロケット内部における小球，ばねなどの運動においては，空気抵抗や摩擦力，万有引力は無視できるとする。万有引力定数は G〔N·m²/kg²〕とする。

⑴　地球を中心とする円軌道上をロケットに運動させた。ロケットは地球の質量に比べてじゅうぶん小さい一定の質量を持ち，大きさは無視できるとする。また，地球を質量 Z〔kg〕，半径 R〔m〕の球とし，以下では地球の自転・公転や，他の天体からの影響は考えないとする。図 1-1 のように，ロケットが地球を中心に地表から高さ h〔m〕の円軌道を等速円運動するとき，その速度 $\vec{V}$〔m/s〕の大きさは 〔ア〕 〔m/s〕である。円軌道上のある一点でロケットに瞬間的に加速度を与えて，ロケットの速度を $\vec{V}$ から $\vec{V}+\vec{V'}$〔m/s〕に変化させ，地球の重力から脱出して無限遠まで飛び去れるようにしたい。ただし，$\vec{V'}$ は円運動と同じ平面上で与えられ，加速によってロケットと地球の間の距離は変化しないとする。加える速度 $\vec{V'}$ の大きさをできるだけ小さくしたい場合は，$\vec{V'}$ の方向は 〔イ〕 にすればよい。ロケットが無限遠に到達するのに必要な最小限の $\vec{V}+\vec{V'}$ の大きさは 〔ウ〕 〔m/s〕である。

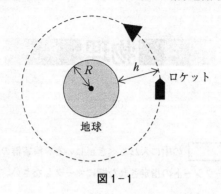

図1-1

(ア), (ウ)の解答群

0 $\sqrt{\dfrac{GZ}{R}}$ 　　　　1 $\sqrt{\dfrac{GZ}{(R+h)}}$ 　　　　2 $\sqrt{\dfrac{GZ}{h}}$

3 $\sqrt{\dfrac{2GZ}{R}}$ 　　　　4 $\sqrt{\dfrac{2GZ}{(R+h)}}$ 　　　　5 $\sqrt{\dfrac{2GZ}{h}}$

6 $2\sqrt{\dfrac{GZ}{R}}$ 　　　　7 $2\sqrt{\dfrac{GZ}{(R+h)}}$ 　　　　8 $2\sqrt{\dfrac{GZ}{h}}$

(イ)の解答群

0　円軌道の接線方向で，$\vec{V}$ と同じ向き

1　$\vec{V}$ に垂直で，地球から離れる向き

2　円軌道の接線方向で，$\vec{V}$ と逆向き

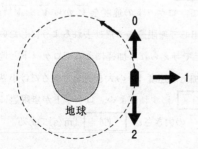

(2)　宇宙空間では，ロケットは積んでいる燃料を燃焼させガスを噴射し続けることで加速する。ここでは，噴射ガスを小球で代用して，ロケットが加速する過

程を考える。**図1-2**のように X 座標をとり，ロケット，小球は X 軸上のみ
を運動するとする。運動に対して天体やロケット，小球の間の万有引力の影響
は考えない。

　燃料を除いたロケット全体の質量を m 〔kg〕，内部に積まれた燃料を M 〔kg〕
とする。ある時刻にロケットは X 軸の原点 O におり，**図1-2(a)**のように速さ
v 〔m/s〕で X 軸の正方向に運動していた。わずかに時間が経過した後，**図1-2(b)**
のように X 軸の負の方向に質量 ΔM 〔kg〕の小球を放出し，ロケットの速さは
X 軸の正の向きに $v + \Delta v$ 〔m/s〕，その質量は $m + M - \Delta M$ 〔kg〕になった。
ここで，Δv, ΔM はともに微小量である。ロケットに対する小球の相対速度
は一定で，その大きさは w 〔m/s〕であった。原点 O に対するロケット，小球
それぞれの X 軸方向の速さを用いて，小球の放出前後で運動量保存則を書き
下し，微小量どうしの積を無視して計算すると，

$$\frac{\Delta M}{m} = \boxed{(エ)} \times \frac{\Delta v}{w} \quad \cdots\cdots (1)$$

となる。このときロケットから小球を放出する装置が仕事をしている。この過
程では摩擦力による仕事，熱の放出などの形でエネルギーが失われることはな
いとする。微小量どうしの積を無視し，(1)式を用いると，装置のした仕事の大
きさは $\boxed{(オ)} \times \Delta M$ 〔J〕となる。

　小球の放出を繰り返すことでロケットは加速する。ロケットの質量 m を基
準として，小球の質量 ΔM を，1 よりじゅうぶん小さい正の定数 p を用いて
$\Delta M = pm$ と表し，最初にロケットに積み込む燃料の質量 M を，p よりじゅう
ぶん大きい正の定数 N を用いて $M = Nm$ と表す。ロケットは最初 $v = 0$ の状
態で，小球を 1 回放出すると，(1)式にしたがって Δv だけ加速する。2 回目も
同様に小球を放出するが，その際の燃料の質量は 1 回目の小球放出分だけ減っ
ている。繰り返し小球を放出したときのロケットの速さは，$\left(\boxed{(カ)} \right) \times w$
と表せる。

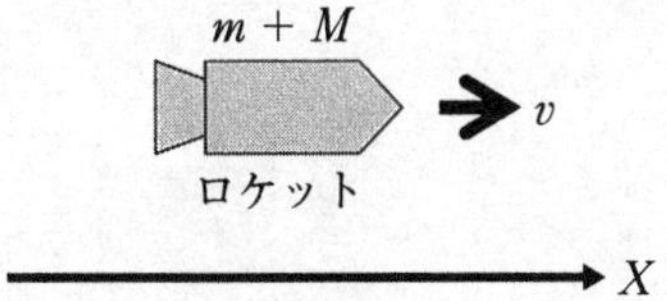

　　　　　図1-2(a) 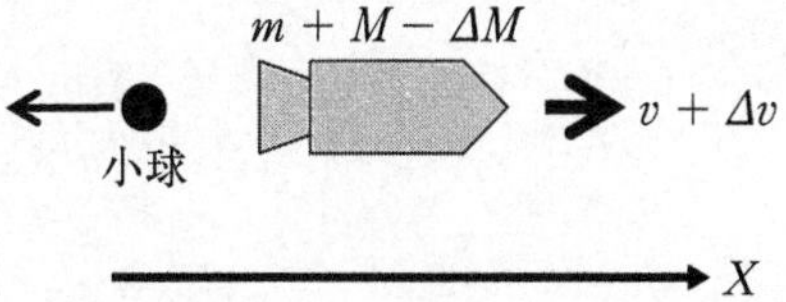　　　　　　　　　　　　　　図1-2(b)

㈘の解答群

0　1

1　2

2　$\left(1 + \dfrac{M}{M + m}\right)$

3　$\left(1 + \dfrac{2M}{M + m}\right)$

4　$\left(1 + \dfrac{M}{M + 2m}\right)$

5　$\left(1 + \dfrac{M}{m}\right)$

6　$\left(1 + \dfrac{2M}{m}\right)$

7　$\left(\dfrac{M^2 + mM}{m^2}\right)$

8　$\left(\dfrac{M^2 + 2mM}{m^2}\right)$

㈖の解答群

0　$\dfrac{1}{2}w^2$

1　$\dfrac{1}{2}(v + w)^2$

2　$\dfrac{1}{2}(v^2 + w^2)$

3　w^2

4　$(v + w)^2$

5　$(v^2 + w^2)$

6　$\dfrac{1}{2}w^2\left(1 + \dfrac{M}{m}\right)$

7　$\dfrac{1}{2}(w + v)^2\left(1 + \dfrac{M}{m}\right)$

8　$\dfrac{1}{2}(w^2 + v^2)\left(1 + \dfrac{M}{m}\right)$

㈗の解答群

0　$pN + p(N - p) + p(N - 2p) + \cdots$

1　$pN\{p(N - p)\}\{p(N - 2p)\}\cdots$

2　$\dfrac{p}{1 + N} + \dfrac{p}{1 + N} + \dfrac{p}{1 + N} + \cdots$

3　$\dfrac{p}{N}\left(\dfrac{p}{N - p}\right)\left(\dfrac{p}{N - 2p}\right)\cdots$

4　$\dfrac{pN}{1 + N} + \dfrac{p(N - p)}{1 + N} + \dfrac{p(N - 2p)}{1 + N} + \cdots$

5　$\dfrac{pN}{1 + N}\left\{\dfrac{p(N - p)}{1 + N}\right\}\left\{\dfrac{p(N - 2p)}{1 + N}\right\}\cdots$

6　$\dfrac{p}{1 + N} + \dfrac{p}{1 + N - p} + \dfrac{p}{1 + N - 2p} + \cdots$

7　$\dfrac{p}{1 + N}\left(\dfrac{p}{1 + N - p}\right)\left(\dfrac{p}{1 + N - 2p}\right)\cdots$

(3) ロケットの進んだ方向や距離をロケットの乗員が知る手段として，加速度を測定する方法が考えられる。**図1-3**に示すように，ばね定数 k〔N/m〕のばねの左端をロケットの内壁に固定し，右端に質量 m_0〔kg〕の小球を付ける。ばねはロケットの進行方向と平行に取り付けられており，ロケットから見た小球の位置を記録するために，進行方向に平行で右向きを正とする x 軸を固定する。小球はこの軸上のみを運動可能で，ばねが自然長のとき小球は $x = 0$ の位置にあり，小球が装置の左右の壁に到達することはないものとする。また，ロケット自身の運動は**図1-3**のように右向きを正とする X 軸で表し，ロケットは X 軸上のみを運動するとする。ロケットの位置は，図中のロケット内のある点 P の X 座標により表す。

　最初，ロケットは静止しており，点 P の位置は X 軸の原点 O に一致していた。また小球もロケットに対して $x = 0$ の位置に静止していた。時刻 $t = 0$ s から $t = t_1$〔s〕の間，ロケットは X 軸の正の向きに原点 O に対して一定の加速度で運動し，$t > t_1$ では等速直線運動を行った。$0 \leqq t \leqq t_1$ での加速度の大きさを α〔m/s²〕とする。その結果，小球は**図1-4**のように周期 T〔s〕の単振動を行った。t_1 は $\dfrac{3}{2}T$ に等しく，$t = t_1$ のとき x は最小値をとり小球はロケットに対して静止した。単振動の振幅を A〔m〕とすると，$A = $ 　(キ)　 〔m〕と表せるので，$t = 0$ から t_1 までに，X 軸にそってロケットの端点 P が移動した長さは 　(ク)　 $\times \pi^2 A$〔m〕である。$t = t_1$ 以降ではロケットの加速度は 0 m/s² なので，$0 \leqq t \leqq 3T$ での小球の位置 x〔m〕を表すグラフは 　(ケ)　 になった。

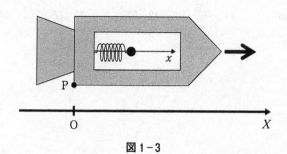

図1-3

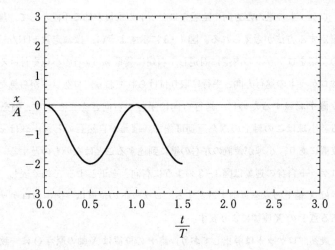

図 1 − 4

(キ)の解答群

| 0 | $m_0 \alpha$ | 1 | $2m_0 \alpha$ | 2 | $\dfrac{k\alpha^2}{m_0}$ | 3 | $\dfrac{2k\alpha^2}{m_0}$ |

| 4 | $\dfrac{m_0^2 \alpha}{k^2}$ | 5 | $\dfrac{2m_0^2 \alpha}{k^2}$ | 6 | $\dfrac{m_0 \alpha}{k}$ | 7 | $\dfrac{2m_0 \alpha}{k}$ |

(ク)の解答群

| 00 | $\dfrac{3}{2}$ | 01 | 2 | 02 | $\dfrac{5}{2}$ | 03 | 6 | 04 | $\dfrac{9}{2}$ |

| 05 | 5 | 06 | 12 | 07 | $\dfrac{45}{2}$ | 08 | 24 | 09 | $\dfrac{75}{2}$ |

| 10 | 48 | 11 | $\dfrac{105}{2}$ | 12 | 57 | 13 | 66 | 14 | 72 |

㈱の**解答群 最も適切なグラフを選びなさい。**

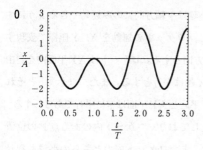

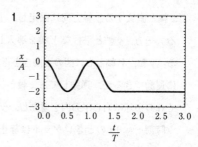

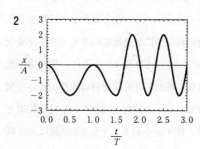

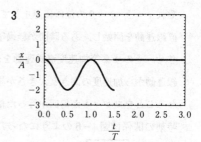

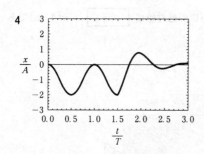

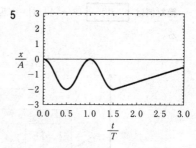

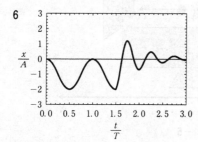

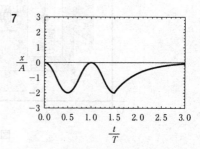

⑷ **図1-3**でロケット内に組み込んだ装置をもう1台用意し，**図1-5**のように x 軸と直交する y 軸方向に固定し，小球は y 軸方向にのみ運動できるようにする。一方，y 軸と平行な Y 軸を導入し，ロケットの運動を X, Y 座標で表現する。y 軸，Y 軸ともに図の上向きを正方向とする。ロケットは XY 平面内を自由に運動できるが，運動しても x 軸と X 軸は平行とする。また，ロケットとそれぞれの小球は同じ平面内を運動し，xy 平面と XY 平面は常に平行であるとする。

時刻 $t = 0\,\mathrm{s}$ のときロケットは静止しており，ロケット内のある点Pの位置は XY 座標の原点Oに一致していた。またロケット内のどちらの小球もそれぞれ $x = 0$, $y = 0$ の位置に静止していた。$t = 0\,\mathrm{s}$ のときロケットは等加速度直線運動を開始し，ある時間が経過後に瞬間的に加速度の向きと大きさを変化させ，そのまま等加速度直線運動を続けた。$0 \leqq t \leqq 4T$ の間に，等加速度直線運動から加速度の向きと大きさが異なる等加速度直線運動に瞬間的に移り変わることをロケットが何回か行った結果，二つの装置それぞれの小球の位置と時刻の関係は**図1-6**のようになった。ロケットは $0 \leqq t \leqq 4T$ の間に加速度の方向を　$\boxed{\text{(コ)}}$　回変えたことがわかる。$t = 4T$ における点Pの X 座標の絶対値は　$\boxed{\text{(サ)}}$　$\times \pi^2 A\,[\mathrm{m}]$, Y 座標の絶対値は　$\boxed{\text{(シ)}}$　$\times \pi^2 A\,[\mathrm{m}]$ である。

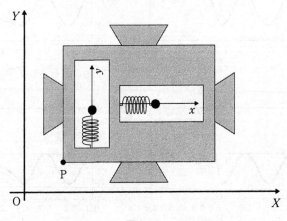

図1-5

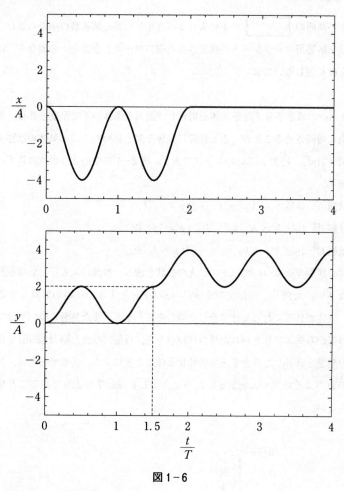

図 1-6

(コ)の解答群

   0 0   **1** 1   **2** 2   **3** 3

(サ), (シ)の解答群

00 $\frac{3}{2}$	**01** 2	**02** $\frac{5}{2}$	**03** 6	**04** $\frac{9}{2}$
05 5	**06** 12	**07** $\frac{45}{2}$	**08** 24	**09** $\frac{75}{2}$
10 48	**11** $\frac{105}{2}$	**12** 57	**13** 66	**14** 72

2 　次の問題の □□□□□ の中に入れるべき正しい答を**解答群**の中から選び，その番号を**解答用マークシート**の指定された欄にマークしなさい。必要なら，同一番号を繰り返し用いてよい。　　　　　　　　　　　　　　　　　　　　(25 点)

1 mol の単原子分子理想気体を用意し，適当な条件の下で温度，体積，圧力を自由に増減させることができる装置に気体を閉じ込めた。この気体の状態変化を体積 V〔m^3〕，圧力 p〔Pa〕のグラフで表す。**図 2-1** の中の 3 つの点は以下の状態を表す。

　　状態 A 　体積 $V = V_0$〔m^3〕，圧力 $p = p_0$〔Pa〕
　　状態 B 　体積 $V = V_0$〔m^3〕，圧力 $p = 7p_0$〔Pa〕
　　状態 C 　体積 $V = 7V_0$〔m^3〕，圧力 $p = p_0$〔Pa〕

気体の状態変化について以下の二人の会話を読み，空欄に入る正しい選択肢を選びなさい。ただし，気体定数を R〔J/(mol·K)〕とする。仕事の計算をする場合は，気体が外部に対して仕事をした場合を正とする。また熱量については，熱量が外部から気体に与えられた場合(吸収)を正，外部に与えた場合(放出)を負として，熱量を合計した場合を正味の熱量と呼ぶことにする。必要であれば，自然対数のおおよその値が $\log_e 2 \fallingdotseq 0.7$，$\log_e 3 \fallingdotseq 1.1$，$\log_e 7 \fallingdotseq 1.9$ であることを用いてもよい。

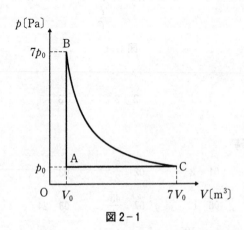

図 2-1

(1)

まなさん：A から B が定積変化，B から C が等温変化，C から A が定圧変化に
なる変化の熱機関の効率を教えて。

りくさん：A から B の変化での仕事は　(ア)　× p_0V_0〔J〕だよね。A，B それ
ぞれでの温度を計算すると，内部エネルギーの増加は
(イ)　× p_0V_0〔J〕とわかる。だから，A から B で外部から気体
に与えられた熱量は　(ウ)　× p_0V_0〔J〕だね。

まなさん：C から A の定圧変化ならすぐわかるよ。C から A で外部から気体に
与えられた熱量は　(エ)　× p_0V_0〔J〕でしょ。

りくさん：そうだね。最後に，B から C の等温変化では，内部エネルギーの変
化は　(オ)　× p_0V_0〔J〕になる。気体がした仕事は図　(カ)　の
灰色部分の面積に等しいので，温度 T〔K〕の気体を体積 V_B〔m³〕から
V_C〔m³〕に等温変化させたときの仕事は，数学の公式から自然対数を
用いて $RT\log_e \dfrac{V_C}{V_B}$〔J〕になることがわかる。

まなさん：そうなると，ABCA のサイクルの熱機関の効率は　(キ)　だね。

(ア)，(イ)，(ウ)，(エ)，(オ)の解答群

00	0	01	-15	02	-12	03	-9	04	-7	05	-6
06	-5	07	-4	08	-3	09	-2	10	-1	11	1
12	2	13	3	14	4	15	5	16	6	17	7
18	9	19	12	20	15						

㈹の解答群　最も適切な図を選びなさい

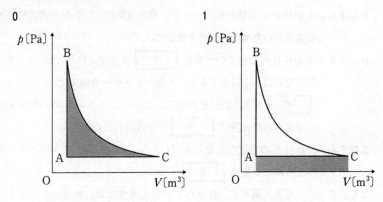

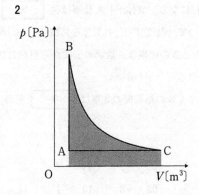

㈭の解答群　最も近い数値を選びなさい

0　0.18	1　0.24	2　0.28	3　0.33
4　0.36	5　0.40	6　0.44	

(2)

まなさん：BからCを直線で結んで**図2-2**の三角形に沿ったサイクルを考える
　　　　　のはどうかしら。これなら仕事の計算は簡単でしょ。

りくさん：もっと大変になってしまうよ。BからCの途中の状態Kを考えて，
　　　　　その体積を $V = kV_0$〔m³〕$(1 \le k \le 7)$ とするよ。Kでの圧力は

　　　　　　㈰　　×p_0〔Pa〕と式で表せるので，BからKまで気体がした仕

事は　$\boxed{(ケ)}$　$\times\, p_0 V_0$〔J〕になる。

まなさん：そこは大丈夫。

りくさん：BからKまでの内部エネルギーの変化を計算すると　$\boxed{(コ)}$　$\times\, p_0 V_0$〔J〕
だね。仕事と内部エネルギーの変化を合計すると，BからKの変化
で気体が得た正味の熱量が計算できて

$$p_0 V_0 \times \left\{ \boxed{(サ)} \times \left(k - \boxed{(シ)}\right)^2 + \boxed{(ス)} \right\} \text{〔J〕}$$

になるよ。熱量を k の関数として表すと二次関数になるんだ。

まなさん：途中で熱量の増減が変わるんだね。

りくさん：BCの途中で k の値が　$\boxed{(シ)}$　に等しい状態を M，k が　$\boxed{(シ)}$
より大きく7より小さい状態をDとするよ。BからDまで変化させ
たときの正味の熱量を Q_{BD} のように添え字を付けて書くとすると，
$Q_{BD} = Q_{BM} + Q_{MD}$ だね。ところが関数の形から，　$\boxed{(セ)}$　なので
Q_{MD} の正負がわかる。これは状態Mを境にして　$\boxed{(ソ)}$　ことを意
味しているんだ。

まなさん：なるほど，そうなるとこの場合の熱機関の効率は　$\boxed{(タ)}$　だね。

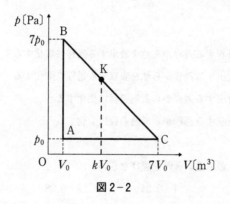

図 2-2

(ク)の解答群

0　$(-k+8)$　　　1　$(-k+4)$　　　2　$(-k+2)$　　　3　$(k-2)$

4　$(k-4)$　　　5　$(k-6)$　　　6　$2(-k+4)$

7　$2(-k+2)$　　　8　$2(k-2)$　　　9　$2(k-4)$

㈎, ㈐の解答群

0　$\frac{1}{2}(-k^2 + 8k - 7)$	1　$\frac{3}{2}(-k^2 + 8k - 7)$
2　$\frac{1}{2}(-k^2 + 8k + 7)$	3　$\frac{3}{2}(-k^2 + 8k + 7)$
4　$\frac{1}{2}(-k^2 + 16k - 15)$	5　$\frac{3}{2}(-k^2 + 16k - 15)$
6　$\frac{1}{2}(-k^2 + 7k - 12)$	7　$\frac{3}{2}(-k^2 + 7k - 12)$
8　$\frac{1}{2}(-k^2 + 4k - 3)$	9　$\frac{3}{2}(-k^2 + 4k - 3)$

㈛, ㈜, ㈝の解答群

00　0	01　1	02　2	03　4	04　5	05　8
06　16	07　18	08　32	09　−1	10　−2	11　−4
12　−5	13　−8	14　−16	15　−18	16　−32	

㈞の解答群

0　$Q_{BD} = Q_{BM}$　　　　1　$Q_{BD} > Q_{BM}$　　　　2　$Q_{BD} < Q_{BM}$

㈟の解答群

0　熱を吸収する過程から熱を放出する過程に変化する

1　熱を放出する過程から熱を吸収する過程に変化する

2　熱を放出する過程から断熱過程に変化する

3　熱を吸収する過程から断熱過程に変化する

㈠の解答群　最も近い数値を選びなさい

0　0.18	1　0.24	2　0.28	3　0.33
4　0.36	5　0.40	6　0.44	

3 次の問題の ［　　　　　］ の中に入れるべき正しい答を**解答群**の中から選び，その
番号を**解答用マークシート**の指定された欄にマークしなさい．必要なら，同一番
号を繰り返し用いてよい．

(25 点)

正の電荷を持った大きさの無視できる点電荷の電場，磁場中での運動を考えた
い．以下で説明する装置全体は常に真空中に置かれているものとする．重力の影
響は無視する．

(1) 図 3-1 のように，質量 m〔kg〕，正の電気量 q〔C〕の点電荷の xy 平面内にお
ける運動を考える．紙面に垂直で裏から表に向かう方向を z 軸とする．一定の
磁束密度の大きさ B〔T〕の一様な磁場が，z 軸負の向きにくわえられている．
点電荷は，xy 平面内において，光速よりもじゅうぶん小さな一定の速さ v〔m/s〕
で，原点 O を中心とした半径 R〔m〕の円運動をしている．点電荷の運動方程
式を考えると，$v =$ ［ (ア) ］ と表せる．点電荷の運動を，円運動の軌道に
そった巻数 1 の円環コイルに流れる電流とみなす．ただし，この円環コイルの
電流が作る磁場は無視できるものとする．円運動の周期よりもじゅうぶん短い
時間 Δt〔s〕で，磁場の向きを変えないまま磁束密度の大きさを ΔB〔T〕だけ増
加させた．時間 Δt の間は点電荷の円運動の半径が変化しないと近似すると，
点電荷の軌道の円環コイル内を貫く全磁束の大きさは $\Delta \Phi = \pi R^2 \Delta B$〔Wb〕だけ
増加することになる．この磁束変化により，円環コイル沿いに誘導起電力が生
じ，それは円環コイルに沿って一定の誘導電場が生じたことに相当する．円環
コイルの円周の長さと一定の誘導電場の大きさの積は，誘導起電力の大きさと
等しい．よって，誘導電場の大きさ E〔V/m〕は ［ (イ) ］ と表せる．生じた
電場によって，点電荷の円運動の接線方向の速さは Δv〔m/s〕だけ増加した．
円運動の接線方向の加速度の大きさを $\dfrac{\Delta v}{\Delta t}$〔m/s²〕とすると，点電荷が加速さ
れているときの円運動の接線方向の運動方程式より，$\Delta v =$ ［ (ウ) ］ と表す
ことができる．加速後，点電荷は速さや円運動の半径が変化して，一定の速さ
$v + \Delta v$，一定の半径 R'〔m〕で円運動したとする．円運動の運動方程式を考え
ると，R' は，B, ΔB, R を用いて表すと ［ (エ) ］ となる．

　次に，z 軸からの距離に応じて磁束密度の大きさが変化する磁場を z 軸負の向きにかけた場合を考える。ただし，z 軸を中心とした半径 R の円周上での磁束密度の大きさは B〔T〕とする。このとき半径 R の円の内側を貫く全磁束の大きさは，円の内側で磁束密度の大きさを平均した値 $\overline{B}$〔T〕を用いて，$\varPhi = \pi R^2 \overline{B}$ と表せるとする。一様な磁場の場合と同様に，xy 平面内で点電荷に半径 R の円運動をさせ，その上で z 軸からの距離が R の円周上での磁束密度の大きさを $\varDelta B$ だけ増加させた。これに伴い，円環コイルの内側を貫く磁場の磁束密度の大きさの平均値と全磁束も，それぞれ $\varDelta \overline{B}$〔T〕，$\varDelta \varPhi = \pi R^2 \varDelta \overline{B}$〔Wb〕だけ増加した。加速後の点電荷が半径 R の円運動を保つためには，$\dfrac{\varDelta \overline{B}}{\varDelta B} = \boxed{\text{(オ)}}$ である必要がある。

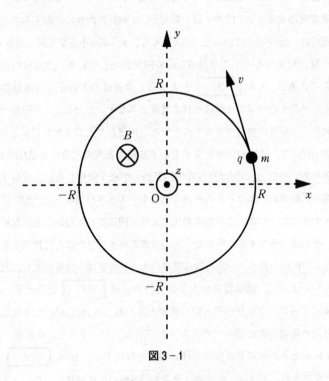

図 3-1

(ア)の解答群

$$0 \quad \frac{qB}{m} \qquad 1 \quad \sqrt{\frac{qB}{m}} \qquad 2 \quad \frac{mR}{qB} \qquad 3 \quad 2\pi\sqrt{\frac{qBR}{m}}$$

$$4 \quad \frac{qBR}{m} \qquad 5 \quad 2\pi\sqrt{\frac{qB}{m}} \qquad 6 \quad 2\pi\frac{qBR}{m}$$

(イ)の解答群

$$0 \quad \frac{R}{4}\frac{\Delta B}{\Delta t} \qquad 1 \quad \sqrt{\frac{R}{2\pi}\frac{\Delta B}{\Delta t}} \qquad 2 \quad \frac{R}{2}\frac{\Delta B}{\Delta t}$$

$$3 \quad \frac{R}{2}\frac{B+\Delta B}{\Delta t} \qquad 4 \quad \sqrt{\frac{R}{2}\frac{B+\Delta B}{\Delta t}} \qquad 5 \quad \frac{R}{4}\frac{B+\Delta B}{\Delta t}$$

$$6 \quad \sqrt{\frac{R}{4}\frac{B+\Delta B}{\Delta t}}$$

(ウ)の解答群

$$0 \quad \frac{qR}{4m}(B+\Delta B) \qquad 1 \quad \frac{qR}{2m}(B+\Delta B) \qquad 2 \quad \frac{qR}{4m}\Delta B$$

$$3 \quad \frac{qR}{2m}\Delta B \qquad 4 \quad \frac{qR}{4\pi m}\Delta B \qquad 5 \quad \frac{qR}{2\pi m}\Delta B$$

(エ)の解答群

$$0 \quad \frac{2B+2\Delta B}{2B+\Delta B}R \qquad 1 \quad \frac{B+2\Delta B}{2B+\Delta B}R \qquad 2 \quad \frac{2B+\Delta B}{2B+2\Delta B}R$$

$$3 \quad \frac{B+2\Delta B}{2B+2\Delta B}R \qquad 4 \quad \frac{2B+\Delta B}{B+2\Delta B}R \qquad 5 \quad \frac{2B+2\Delta B}{B+2\Delta B}R$$

$$6 \quad \frac{\Delta B}{2B}R$$

(オ)の解答群

$$0 \quad 1 \qquad\qquad 1 \quad 2 \qquad\qquad 2 \quad 4 \qquad\qquad 3 \quad \pi$$

$$4 \quad 2\pi \qquad\qquad 5 \quad 4\pi \qquad\qquad 6 \quad \frac{\pi}{2} \qquad\qquad 7 \quad \frac{\pi}{3}$$

以下，必要があれば(式1)，(式2)を用いてよい。任意の実数 h と，1 より
じゅうぶん小さな絶対値をもつ実数 x に対して，

$$(1 + x)^h \fallingdotseq 1 + hx \qquad\qquad (式 1)$$

$$\tan x \fallingdotseq x \qquad\qquad (式 2)$$

が成り立つ。また，1 よりじゅうぶん小さな絶対値をもつ微小な実数どうしの掛け算はゼロとしてよい。

(2) 図 3-2 のように，紙面に平行で直交する x 軸と y 軸がなす平面内における点電荷の運動を考える。図 3-2 に示された角度，長さは実際のものと異なる。紙面に垂直に裏から表に向かう方向を z 軸正の向きとする。イオン源である小箱と，穴を開けた極板の間に電圧 V_0〔V〕をかけ，イオン源中の正の電気量 q〔C〕，質量 m〔kg〕，速さ 0 m/s の点電荷を加速した。小箱と極板の間には x 軸の向きに一様な電場がくわわっているとする。加速された点電荷は x 軸に沿って，光速よりもじゅうぶん小さな速さ v_0〔m/s〕で運動し，y 軸の向きの長さ d〔m〕，x 軸の向きの長さ ℓ〔m〕の灰色の領域 ABCD に入射した。以下，灰色の領域を**領域 1** と呼ぶ。**領域 1** において，y 軸正の向きの大きさ E_0〔V/m〕の電場によって xy 平面内を y 軸正の向きに曲げられた点電荷は，辺 BC 上のある点を通って**領域 1** を通過したあと直進した。直進方向と x 軸とのなす角を θ〔rad〕とする。以下，x 軸に対して，点電荷が y 軸正の向きに曲げられたとき θ は正，y 軸負の向きに曲げられたとき θ は負とする。点電荷は直進したあと，d と ℓ よりもじゅうぶん長い距離，**領域 1** から離れたところに設置された蛍光板に衝突した。**領域 1** に，ある向きに磁束密度の大きさ B_0〔T〕の磁場をくわえたとき，点電荷は辺 BC を通過後に x 軸に沿って直進した。この状態を**状態 1** と呼ぶ。以下，イオン源の小箱と極板の間，および，**領域 1** にのみ電場や磁場が生じているとする。点電荷の運動によって電場や磁場は変化しないとする。

　状態 1 の場合，磁場は**領域 1** において | (カ) | の向きにくわわっており，磁束密度の大きさ B_0 は | (キ) | 〔T〕である。次に，電場，磁場を変えないまま，イオン源の種類をかえ，電気量 q〔C〕のまま，質量を Δm〔kg〕だけ変化させた速さ 0 m/s の点電荷を，大きさ V_0〔V〕の電圧で加速した。これ以降，$|\Delta m|$ は m よりもじゅうぶん小さいとする。このとき，加速された点電荷の速

度の x 成分を $v_0 + \Delta v$〔m/s〕とすると，$\Delta v =$ │ (ク) │〔m/s〕である。

　速度の x 成分が $v_0 + \Delta v$ に加速された点電荷が，x 軸に沿って**領域1**に向かって直進する。ここでは，**領域1**内の電磁場によって生じた速度成分の変化は，$v_0 + \Delta v$ よりもじゅうぶん小さいとする。簡単のため，**領域1**内における点電荷の速度の x 成分は一定で $v_0 + \Delta v$ のままとし，**領域1**内で点電荷がうけるローレンツ力も一定で y 軸の向きのみに働くとする。点電荷が原点 O から辺 BC 上の点に達するまでに要する時間 t_0〔s〕は $t_0 \fallingdotseq \dfrac{\ell}{v_0}$〔s〕とする。$t_0$ の間に y 軸の向きにかかるローレンツ力による点電荷の運動量の y 成分の変化を考えると，辺 BC 上を点電荷が通過するときの速度の y 成分は │ (ケ) │〔m/s〕になる。最終的に，点電荷は xy 平面内を y 軸の向きに曲げられ，辺 BC 上のある点を通って $\theta =$ │ (コ) │〔rad〕の向きに直進して蛍光板に衝突した。

　上記の加速方法によって，速さ 0 m/s の硫黄同位体の1価イオン $^{32}S^{+}$，$^{33}S^{+}$，$^{34}S^{+}$，$^{36}S^{+}$ を，それぞれ大きさ V_0〔V〕の電圧で加速した。すべてのイオンは x 軸に沿って，**領域1**に向かって直進した。ここでは，各硫黄同位体イオンは，単位時間あたりにそれぞれ同数ずつ常にイオン源から供給されているとする。イオンの大きさは無視できる。すべてのイオンは，**領域1**において，電場，磁場によって xy 平面内を y 軸の向きに曲げられ，辺 BC 上を通過して蛍光板に衝突した。しばらくのあいだ蛍光板に衝突するイオンの数を数え，蛍光板上の衝突位置の y 座標に対するイオン数の分布を求めた。この分布として最も適切なグラフは │ (サ) │ である。このとき，$\theta = 0$ の軌道となるイオンは │ (シ) │ である。

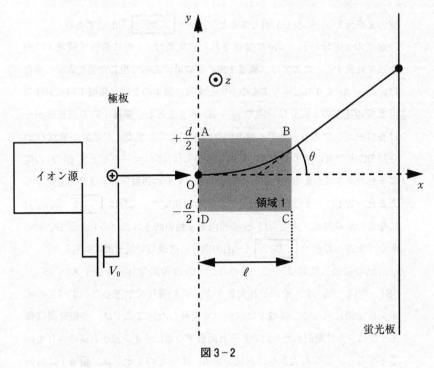

図 3 - 2

㋕の解答群

0　x 軸正	1　x 軸負	2　y 軸正
3　y 軸負	4　z 軸正	5　z 軸負

㋖の解答群

0　$\dfrac{v_0}{E_0}$　　　　1　$\dfrac{E_0}{d}$　　　2　$\dfrac{E_0}{V_0}$　　　3　$\dfrac{E_0}{v_0}$　　　4　$\dfrac{v_0}{V_0}$

㋗の解答群

0　$-\dfrac{\Delta m}{2m}v_0$　　　　　　1　$\dfrac{\Delta m}{2m}v_0$　　　　　　2　$-\dfrac{\Delta m}{m}v_0$

3　$\dfrac{\Delta m}{m}v_0$　　　　　4　$v_0\left(1-\dfrac{\Delta m}{2m}\right)$　　　5　$v_0\left(1-\dfrac{\Delta m}{m}\right)$

6　$v_0\left(1+\dfrac{\Delta m}{2m}\right)$　　　7　$v_0\left(1+\dfrac{\Delta m}{m}\right)$

㈯の解答群

0 $\dfrac{qB_0\ell}{m}\dfrac{\Delta m}{m}$　　　　1 $-\dfrac{qB_0\ell}{m}\dfrac{\Delta m}{m}$　　　　2 $\dfrac{qB_0\ell}{m+\Delta m}$

3 $-\dfrac{qB_0\ell}{m+\Delta m}$　　　4 $\dfrac{qB_0\ell}{2m}\dfrac{\Delta m}{m}$　　　5 $-\dfrac{qB_0\ell}{2m}\dfrac{\Delta m}{m}$

6 $\dfrac{qB_0\ell}{4\pi m}\dfrac{\Delta m}{m}$　　　7 $-\dfrac{qB_0\ell}{4\pi m}\dfrac{\Delta m}{m}$

㈲の解答群

0 $\dfrac{qB_0\ell}{v_0(m+\Delta m)}$　　　1 $-\dfrac{qB_0\ell}{v_0(m+\Delta m)}$　　　2 $\dfrac{qB_0\ell}{2v_0m}\dfrac{\Delta m}{m}$

3 $-\dfrac{qB_0\ell}{2v_0m}\dfrac{\Delta m}{m}$　　4 $\dfrac{qB_0\ell}{4\pi v_0m}\dfrac{\Delta m}{m}$　　5 $-\dfrac{qB_0\ell}{4\pi v_0m}\dfrac{\Delta m}{m}$

6 $\dfrac{qB_0\ell}{v_0m}\dfrac{\Delta m}{m}$　　　7 $-\dfrac{qB_0\ell}{v_0m}\dfrac{\Delta m}{m}$

㈱の解答群　最も適切なグラフを選びなさい

0

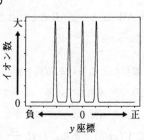

1

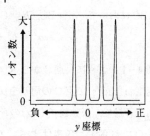

2

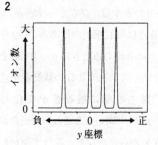

3

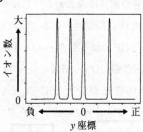

㈲の解答群

  0 $^{32}S^+$ **1** $^{33}S^+$ **2** $^{34}S^+$ **3** $^{36}S^+$

4 次の問題の ☐☐☐☐ の中に入れるべき正しい答を**解答群**の中から選び，その番号を**解答用マークシート**の指定された欄にマークしなさい。必要なら，同一番号を繰り返し用いてよい。   (25点)

    必要があれば，以下の余弦定理を用いてよい。

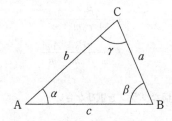

△ABC において，$a = BC$, $b = CA$, $c = AB$, $\alpha = \angle CAB$ としたとき
$$a^2 = b^2 + c^2 - 2bc\cos\alpha$$

(1) 図4-1のように，点CからR〔m〕だけ離れたところにある点Pが，一定の角速度ω〔rad/s〕で点Cの周りを反時計回りで円運動している。すべての向きに同じ音量で，振動数f_0〔Hz〕の音を出す音源を用意し，点Pに設置した。風はふいておらず，音速はすべての場所でV〔m/s〕である。f_0は$\frac{\omega}{2\pi}$よりもじゅうぶん大きい。Vに対して，点Pの円運動の速さはじゅうぶん遅いとし，音の波長はRに対してじゅうぶん小さいとする。点Cから$2R$〔m〕だけ離れた点Oに観測者がいる。C, O, Pの各点は同じ平面内にある。COを基準としたCPの偏角をθ〔rad〕とする。CO上にPがいるときに$\theta = 0$ rad とし，Pの円運動に伴い，θは0から2πの範囲で変化する。点Oの観測者が点Pからでた音を聞いたところ，点Pが一周する間に振動数が変化した。$\theta = $ ☐(ア)☐ rad の点Pからでた音を，点Oで聞いたところ，振動数が最小になった。一方，$\theta = $ ☐(イ)☐ rad の点Pからでた音を，点Oで聞いたところ，振動数が最大になった。点Oで聞こえた音の波長と，その音が点Pから

でたときの θ の関係をグラフで示すと最も適切なものは 　(ウ)　 のように
なる。最大と最小の振動数の差の大きさは 　(エ)　 〔Hz〕である。一方，
$\theta =$ 　(オ)　 , 　(カ)　 〔rad〕の点Pからでた音を，点Oで聞いたところ，
振動数は f_0〔Hz〕であった。 (オ) < (カ) とする。

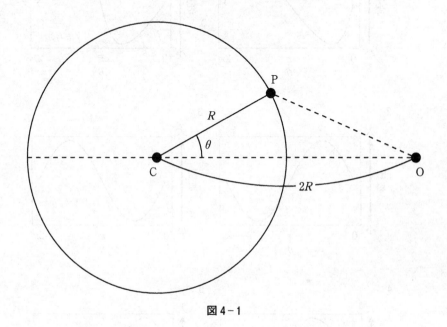

図4-1

(ア), (イ), (オ), (カ)の解答群

0 0 　　　　1 $\dfrac{\pi}{6}$ 　　　　2 $\dfrac{\pi}{4}$ 　　　　3 $\dfrac{\pi}{3}$ 　　　　4 $\dfrac{\pi}{2}$

5 $\dfrac{2\pi}{3}$ 　　　6 π 　　　　7 $\dfrac{3\pi}{2}$ 　　　8 $\dfrac{4\pi}{3}$ 　　　9 $\dfrac{5\pi}{3}$

㈱の解答群　最も適切なグラフを選びなさい

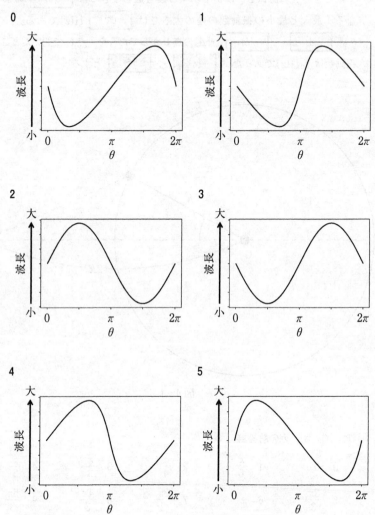

⑴の解答群

0   $\dfrac{VR\omega}{V^2 + R^2\omega^2}f_0$ 1 $\dfrac{VR\omega}{V^2 - R^2\omega^2}f_0$

2   $\dfrac{2VR\omega}{V^2 + R^2\omega^2}f_0$ 3 $\dfrac{2VR\omega}{V^2 - R^2\omega^2}f_0$

4   $\dfrac{1}{2}\dfrac{VR\omega}{V^2 + R^2\omega^2}f_0$ 5 $\dfrac{1}{2}\dfrac{VR\omega}{V^2 - R^2\omega^2}f_0$

6   $\dfrac{2VR\omega}{R^2\omega^2}f_0$ 7 $\dfrac{4VR\omega}{R^2\omega^2}f_0$

⑵ 小問⑴において，点Cに新たに音源をおき，常に点Pの音源と同じ振幅，同じ振動数 f_0〔Hz〕の音を出した。点Pと点Cにおいて，音源の音の位相は常に同じであり，音の振幅はそれぞれ距離によって減衰しないとする。点Pが $\theta =$ ［オ］〔rad〕のところで，点Pの円運動を停止させて，点Pからでた音を点Oで聞いたところ，点Cからでた音と弱めあって聞こえなくなった。このとき，ある自然数を m とすると，$R =$ ［キ］〔m〕と表せる。一方，点Pが $\theta =$ ［カ］ のときに点Pの円運動を停止させて，点Pからでた音を点Oで聞くと，点Cからでた音と ［ク］ 。

 次に，$\theta =$ ［オ］，［カ］〔rad〕以外の円周上のある点で，点Pの円運動を停止させた。ここでは，点Pもしくは点Cの音源と観測者を結ぶ直線上において，音源を原点として観測者に向かう方向を正の向きとする x 軸をとり，任意の時刻 t〔s〕，線上の任意の座標 x〔m〕において，正の向きに伝搬する音波の式が $A = \sin 2\pi f_0\left(t - \dfrac{x}{V}\right)$ で与えられるとする。点Pと点Cにおける音の位相はどちらも $2\pi f_0 t$ であるとすると，点Cから出て点Oに到達した音の位相は ［ケ］ で，点Pから出て点Oに到達した音の位相は ［コ］ である。このとき，点Pと点Cからでた音が点Oにおいて強め合う条件は，ある整数 $n(n \ge 0$ とする)を用いて，

$$\boxed{[サ]} = n$$

と表せる。様々な θ で点Pを停止させて，点Oで音を聞いたところ，点Cからでた音と強めあう θ は，複数個あることがわかった。同様に，弱めあって聞こえなくなる θ も複数個あることがわかった。点Oで観測する音波は ［ケ］

の位相を持つ正弦波の式と，$\boxed{（コ）}$ の位相を持つ正弦波の式の和として表される。ある θ に P を固定したとき，この和は，周期的に時間変化し，その最大値を A_m と定義する。点 P の θ の値を変えたとき，A_m を θ の関数としてグラフに示すと最も適切なものは $\boxed{（シ）}$ のようになる。ただし，このグラフは，f_0，V，R に特定の値を用いて描いた。

㈭の解答群

$$0\quad \left(m + \frac{1}{2}\right)\frac{V}{f_0} \qquad 1\quad m\frac{V}{f_0} \qquad\qquad 2\quad \frac{V}{f_0}$$

$$3\quad 2m\frac{V}{f_0} \qquad\qquad 4\quad (2m + 1)\frac{V}{f_0}$$

㈣の解答群

$$0\quad \text{弱めあって聞こえなくなった} \qquad 1\quad \text{強めあって聞こえた}$$

$$2\quad \text{同じ程度の大きさで聞こえた}$$

㈰, ㈲の解答群

$$0\quad 2\pi f_0\left(t - \frac{2R\sin\theta}{V}\right) \qquad\qquad 1\quad 2\pi f_0\left(t - \frac{2R\cos\theta}{V}\right)$$

$$2\quad 2\pi f_0\left(t - \frac{R}{V}\right) \qquad\qquad\qquad 3\quad 2\pi f_0\left(t - \frac{2R}{V}\right)$$

$$4\quad f_0\left(t - \frac{R}{V}\right) \qquad\qquad\qquad 5\quad f_0\left(t - \frac{2R}{V}\right)$$

$$6\quad 2\pi f_0\left(t - \frac{R\sqrt{5 - 4\cos\theta}}{V}\right) \qquad 7\quad 2\pi f_0\left(t - \frac{R\sqrt{3 - 2\cos\theta}}{V}\right)$$

$$8\quad f_0\left(t - \frac{R\sqrt{5 - 4\cos\theta}}{V}\right) \qquad 9\quad f_0\left(t - \frac{R\sqrt{3 - 2\cos\theta}}{V}\right)$$

㈳の解答群

$$0\quad \frac{Rf_0}{V}\sqrt{3 - 2\cos\theta} \qquad\qquad 1\quad \frac{Rf_0}{V}\sqrt{5 - 4\cos\theta}$$

$$2\quad \frac{2\pi Rf_0}{V}\sqrt{3 - 2\cos\theta} \qquad\qquad 3\quad \frac{2\pi Rf_0}{V}\sqrt{5 - 4\cos\theta}$$

4　$\dfrac{2\pi R f_0}{V}\left|1 - \sqrt{5 - 4\cos\theta}\right|$　　　　5　$\dfrac{2\pi R f_0}{V}\left|2 - \sqrt{5 - 4\cos\theta}\right|$

6　$\dfrac{R f_0}{V}\left|2 - \sqrt{5 - 4\cos\theta}\right|$　　　　7　$\dfrac{R f_0}{V}\left|1 - \sqrt{5 - 4\cos\theta}\right|$

(シ)の解答群　最も適切なグラフを選びなさい

0
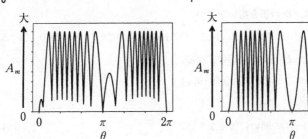

1
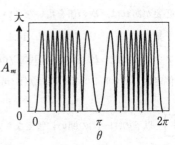

2
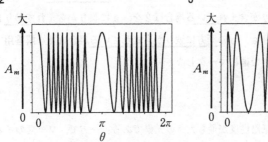

3
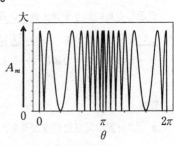

4
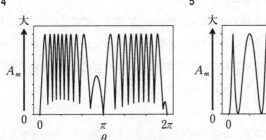

5
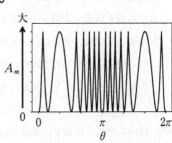

■■■■化学■■■■

（80 分）

必要があれば，次の値を用いなさい。

原子量　H：1.0　C：12.0　N：14.0　O：16.0　Na：23.0　Si：28.0　Cl：35.5

ファラデー定数　$F = 9.65 \times 10^4 \, \text{C/mol}$

気体定数　$R = 8.3 \times 10^3 \, \text{Pa·L/(K·mol)}$

1　以下の(1)〜(7)の問いに答えなさい。　　　　　　　　　　　（24 点）

(1)　元素や化学結合に関する**記述 a，b** について，両方が正しい場合は **1** を，**a** が正しく **b** に誤りが含まれている場合は **2** を，**a** に誤りが含まれており **b** が正しい場合は **3** を，**a，b** の両方に誤りが含まれている場合は **4** を**解答用マーク**シートの指定された欄にマークしなさい。

記述

a　フッ素は電気陰性度が最も大きい元素である。一方で，フッ素のイオン化エネルギーは全元素の中で最大ではなく，最もイオン化エネルギーが大きい元素はヘリウムである。

b　物質を構成する原子やイオン，分子などの粒子の間にはたらく引力として主要なものは，金属結合，イオン結合，共有結合，分子間力であり，それぞれの引力により形成されている典型的な単体または化合物の結晶の例は，この順に，Au，$CaCl_2$，SiO_2，H_2O（氷）である。

(2)　結晶に関する**記述 a，b** について，両方が正しい場合は **1** を，**a** が正しく **b** に誤りが含まれている場合は **2** を，**a** に誤りが含まれており **b** が正しい場合は **3** を，**a，b** の両方に誤りが含まれている場合は **4** を**解答用マーク**シートの指定された欄にマークしなさい。

記述

a　金属結晶の代表的な 3 つの結晶構造は体心立方格子，面心立方格子，六方最密構造であるが，充填率が最大のものは体心立方格子と六方最密構造の 2 つである。体心立方格子と六方最密構造では，平面に球体を最密充填した層の積み重なり方に違いがある。

b　元素 M と元素 X を 1：1 で含むイオン結晶 MX の代表的な 3 つの結晶構造は NaCl 型構造，CsCl 型構造，ZnS 型構造であるが，それぞれ結晶中での各イオンの配位数はこの順に 6 配位，4 配位，8 配位である。

(3)　遷移元素の性質に関する**記述 a，b** について，<u>両方が正しい</u>場合は **1** を，**a**<u>が正しく b に誤りが含まれている</u>場合は **2** を，**a**<u>に誤りが含まれており b が正しい</u>場合は **3** を，**a，b の**<u>両方に誤りが含まれている</u>場合は **4** を**解答用マーク**シートの指定された欄にマークしなさい。

記述

a　典型元素の化学的性質は周期表の同族元素どうしで互いに類似しているが，遷移元素の化学的性質は同一周期の隣り合う元素でも互いに類似していることが多い。これは遷移元素の原子の最外殻電子の数が 1 または 2 で，あまり変化しないためである。

b　単体のニッケルは希硫酸に溶解するが，単体の銅は希硫酸には溶解しない。一方で，単体の銅は濃硝酸には溶解するが，単体のニッケルは濃硝酸には溶解しない。銅(Ⅱ)イオンを含む水溶液に塩基の水溶液を加えると，水酸化銅(Ⅱ)の青白色沈殿を生じる。水酸化銅(Ⅱ)に過剰のアンモニア水を加えると，溶解して深青色の溶液となる。

(4)　無機物質の反応と性質に関する**記述 a，b** について，<u>両方が正しい</u>場合は **1** を，**a** が<u>正しく b に誤りが含まれている</u>場合は **2** を，**a** に<u>誤りが含まれており b が正しい</u>場合は **3** を，**a，b の**<u>両方に誤りが含まれている</u>場合は **4** を**解答用**マークシートの指定された欄にマークしなさい。

記述

a 蛍石 CaF_2 に濃硫酸を加えて加熱すると,フッ化水素が発生する。フッ化水素の水溶液はその他のハロゲン化水素の水溶液とは異なり,弱酸である。フッ化水素の水溶液は,ガラスの主成分である二酸化ケイ素と反応して H_2SiF_6 を生じることにより,ガラスを溶かす性質がある。

b 硫黄の単体には,斜方硫黄,単斜硫黄,ゴム状硫黄などの同素体が存在し,薬品やゴムなどの製造に広く利用されている。硫黄の単体を燃焼すると一酸化硫黄が得られる。一酸化硫黄を酸化バナジウム(V)を触媒として空気中の酸素 O_2 で酸化すると,二酸化硫黄が得られ,これを濃硫酸に吸収させ,水分と反応させることで硫酸が生成する。このような硫酸の工業的製法を接触法と呼ぶ。

(5) 硫酸で酸性にした 0.15 mol/L の二クロム酸カリウム水溶液を,50 mL のシュウ酸水溶液に滴下し続けたところ,最初は二クロム酸イオンに由来する橙赤色がすぐに変化したが,30 mL 滴下したところで二クロム酸カリウム水溶液に由来する橙赤色が変化せず残るようになり,過不足なく反応した。この実験に用いたシュウ酸水溶液の濃度〔mol/L〕について,最も近い値を**解答群**の中から一つ選び,その番号を**解答用マークシート**の指定された欄にマークしなさい。

解答群

0	0.030	1	0.090	2	0.12	3	0.15
4	0.20	5	0.24	6	0.27	7	0.30
8	0.45	9	0.54	10	0.60		

(6) 燃料電池は,燃料と酸素 O_2 を外部から供給し,燃料の燃焼による熱エネルギーを得るかわりに,電気エネルギーを取り出す装置である。水素 H_2 を燃料とする燃料電池を動作させて発電し,1.93×10^4 C の電気量が流れた際,正極上で消費される酸素 O_2 の標準状態での体積〔L〕について,最も近い値を**解答群**の中から一つ選び,その番号を**解答用マークシート**の指定された欄にマー

クしなさい。ただし，電極自身は反応しないものとし，気体は全て理想気体と
してふるまうものとする。

解答群

0 0	1 0.448	2 1.12	3 1.49
4 2.24	5 4.48	6 6.72	7 8.96
8 11.2	9 13.4	10 17.9	

(7) 燃料としてメタノールを用いた燃料電池に，直接メタノール型燃料電池と呼
ばれるものがある。この電池は，メタノールを燃料として，燃焼による熱エネ
ルギーを得るかわりに，電気エネルギーを取り出すことができる。ここで，メ
タノールの燃焼の化学反応式は

$$2CH_3OH + 3O_2 \rightarrow 2CO_2 + 4H_2O$$

と表される。メタノールを含んだ水溶液を，燃料を酸化する電極へ流すこと
で，メタノールが電極上で酸化され，二酸化炭素が生じる。直接メタノール型
燃料電池を動作させて発電し，5.79×10^4 Ｃ の電気量が流れた際，電極上で
起こることとして最も適切なものを**解答群**の中から一つ選び，その番号を**解答
用マークシート**の指定された欄にマークしなさい。ただし，電極自身は反応し
ないものとし，気体は全て理想気体としてふるまうものとする。また，メタ
ノールが酸化される電極上ではメタノールと水が反応して二酸化炭素を発生す
る反応，酸素が還元される電極上では酸素の還元以外の副反応は起こらないも
のとする。

解答群

0 一方の電極では，標準状態で 3.36 L の体積の二酸化炭素が発生した。

1 一方の電極では，標準状態で 4.48 L の体積の二酸化炭素が発生した。

2 一方の電極では，標準状態で 6.72 L の体積の二酸化炭素が発生した。

3 一方の電極では，標準状態で 13.4 L の体積の二酸化炭素が発生した。

4 一方の電極では，標準状態で 26.9 L の体積の二酸化炭素が発生した。

5 一方の電極では，2.40 g のメタノールが消費された。

6　一方の電極では，3.20 g のメタノールが消費された。

7　一方の電極では，6.40 g のメタノールが消費された。

8　一方の電極では，9.60 g のメタノールが消費された。

9　一方の電極では，19.2 g のメタノールが消費された。

2　金属元素に関する次の文章を読み，(1)～(7)の問いに答えなさい。　　　(34点)

　地球に存在する各元素の量は，地球が誕生した際にほぼ確定しており，地球の地表付近に存在する元素の割合を質量パーセント濃度で表したものはクラーク数として知られている。鉄は遷移元素で最も高いクラーク数を持つ元素であり，我々の身近なところで役立っている。鉄の単体は，主に　(ア)　を主成分とする赤鉄鉱や　(イ)　を主成分とする磁鉄鉱などを原料として，これらを溶鉱炉の内部で高温に加熱し，コークスから生じた　(ウ)　で還元することにより，工業的に製造されている。製造された単体の鉄は，不純物として含まれる炭素の量によりその硬さやもろさに違いがある。化合物中の鉄は主に二価または三価の
(i)
酸化数を持ち，水溶液中の鉄イオンは価数により異なる色や性質を示す。二価の鉄イオンは水溶液中で　(エ)　色を示し，三価の鉄イオンは水溶液中で
　(オ)　色を示す。これらの鉄イオンは様々な反応を示す。三価の鉄イオンが
(ii)
溶解した水溶液に $K_4[Fe(CN)_6]$ を含む水溶液を加えると沈殿を生じるが，これ
(iii)
は　(カ)　と呼ばれ，古くから顔料として用いられている化合物である。

　一方で，1族元素で最も高いクラーク数を持つ元素はナトリウムである。単体のナトリウムは反応性が高く，水と反応して　(キ)　を生じる。そのため，単体のナトリウムは，塩化ナトリウムの溶融塩電解により工業的に製造される。ナトリウムを含む化合物で重要なものの1つが炭酸ナトリウムである。炭酸ナトリウムは，ガラスの製造などに用いられており，　(ク)　法により工業的に製造
(iv)　　　　　　　　　　　　　　　　　　(v)
されている。この反応過程の途中で生じる化合物である炭酸水素ナトリウムは，
　(ケ)　と呼ばれ，胃薬や食品添加物として用いられている。

(1) 文中の　(ア)　〜　(ウ)　に入る化学式として，最も適切なものを**解答群**の中から一つずつ選び，その番号を**解答用マークシート**の指定された欄にマークしなさい。

(ア)〜(ウ)の解答群

0　CO_2	1　Fe_3O_4
4　$Fe(SO_4)_2$	5　CH_4
8　FeO	9　Fe_2O_3

2　CaC_2	3　H_2
6　$FeCO_3$	7　CO
10　$FeCl_3$	

(2) 文中の　(エ)　〜　(ケ)　の中に入れる最も適切な語句を**解答群**の中から一つずつ選び，その番号を**解答用マークシート**の指定された欄にマークしなさい。たとえば，番号が06の場合には，十の位に0，一の位に6をマークしなさい。

(エ)〜(ケ)の解答群

01　セッコウ	02　青　紫	03　生石灰	04　ミョウバン
05　インジゴ	06　重　曹	07　アマルガム	08　濃　青
09　さらし粉	10　カーバイド	11　接　触	12　黒
13　無	14　黄　褐	15　しっくい	16　食　塩
17　消石灰	18　赤　紫	19　淡　緑	20　亜鉛華
21　ハーバー・ボッシュ		22　酸化ナトリウム	
23　ベークライト		24　プルシアンブルー	
25　オストワルト		26　ナトリウムエトキシド	
27　水酸化ナトリウム		28　アンモニアソーダ	

(3) 文中の下線部(i)について，炭素の含有量と得られた鉄の性質の違いに関する記述a，bについて，両方が正しい場合は1を，aが正しくbに誤りが含まれている場合は2を，aに誤りが含まれておりbが正しい場合は3を，a，bの両方に誤りが含まれている場合は4を**解答用マークシート**の指定された欄にマークしなさい。

記述

a 溶鉱炉での反応の直後に得られる鉄は炭素を約4％程度含む。硬くてもろいが，融点は低いため，鋳物などに用いられる。

b 溶鉱炉での反応の直後に得られる鉄に酸素を吹き込み，炭素の含有量を2〜0.02％程度に減らしたものは銑鉄と呼ばれる。硬い上に粘り強いため，鉄骨などの建材に用いられる。

(4) 文中の下線部(ⅱ)に関して，(a)〜(d)の中で正しい**記述**はどれか。正しい**記述**の組み合わせを**解答群**の中から一つ選び，その番号を**解答用マークシート**の指定された欄にマークしなさい。たとえば，番号が**06**の場合には，十の位に**0**，一の位に**6**をマークしなさい。すべて誤りの場合は**16**の選択肢を選びなさい。

記述

(a) Fe^{2+} を含む水溶液にチオシアン酸カリウムを含む水溶液を加えると，血赤色に変化する。

(b) Fe^{3+} を含む水溶液に水酸化ナトリウム水溶液を加えると，緑白色沈殿が生じる。ここに過剰量の水酸化ナトリウム水溶液を加えても，沈殿は溶解しない。

(c) Fe^{2+} を含む水溶液にアンモニア水を加えても特に変化しない。

(d) Fe^{2+} を含む塩基性の水溶液に，硫化水素を通じると黒色沈殿が生じる。

解答群

01 a	02 b	03 c	04 d
05 a，b	06 a，c	07 a，d	08 b，c
09 b，d	10 c，d	11 a，b，c	12 a，b，d
13 a，c，d	14 b，c，d	15 a，b，c，d	16 該当なし

(5) 文中の下線部(ⅲ)に関して，(a)〜(d)の中で正しい**記述**はどれか。正しい**記述**の組み合わせを**解答群**の中から一つ選び，その番号を**解答用マークシート**の指定された欄にマークしなさい。たとえば，番号が**06**の場合には，十の位に**0**，

一の位に **6** をマークしなさい。すべて誤りの場合は **16** の選択肢を選びなさい。

記述

(a) $K_4[Fe(CN)_6]$ を溶かした水溶液中には，正八面体形の $[Fe(CN)_6]^{4-}$ が錯イオンとして存在している。

(b) $K_4[Fe(CN)_6]$ を溶かした水溶液を，Fe^{2+} を含む水溶液に滴下すると赤褐色沈殿を生じる。

(c) $K_4[Fe(CN)_6]$ の名称はヘキサシアニド鉄（Ⅱ）酸カリウムである。

(d) $K_4[Fe(CN)_6]$ や $K_3[Fe(CN)_6]$ のような化合物を複塩という。

解答群

01 a	02 b	03 c	04 d
05 a, b	06 a, c	07 a, d	08 b, c
09 b, d	10 c, d	11 a, b, c	12 a, b, d
13 a, c, d	14 b, c, d	15 a, b, c, d	16 該当なし

(6) 文中の下線部(iv)に関して，炭酸ナトリウムは水ガラスの原料となるケイ酸ナトリウムの合成に使用される。二酸化ケイ素と炭酸ナトリウムを原料としてケイ酸ナトリウムを合成する際，732 g のケイ酸ナトリウムを製造するのに必要な炭酸ナトリウムの質量は何 g か。最も近い値を**解答群**の中から一つ選び，その番号を**解答用マークシート**の指定された欄にマークしなさい。ただし，ケイ酸ナトリウムが生成する反応以外の副反応は起こらないものとする。

解答群

1 31.8	2 52.5	3 84.2	4 106
5 159	6 212	7 318	8 424
9 530	10 636		

(7) 文中の下線部(ⅴ)に関して，この製造法において，生成物である炭酸ナトリウムが 212 g 生成した場合，全ての反応過程における物質の質量の増減について最も適切なものを**解答群**から一つ選び，その番号を**解答用マークシート**の指定された欄にマークしなさい。

解答群

1 塩化ナトリウムは 58.5 g 消費され，二酸化炭素は 22.0 g 消費された。

2 塩化ナトリウムは 117 g 消費され，二酸化炭素は 44.0 g 消費された。

3 塩化ナトリウムは 234 g 消費され，二酸化炭素は 88.0 g 消費された。

4 塩化ナトリウムは 58.5 g 消費され，二酸化炭素は増減しなかった。

5 塩化ナトリウムは 117 g 消費され，二酸化炭素は増減しなかった。

6 塩化ナトリウムは 234 g 消費され，二酸化炭素は増減しなかった。

7 塩化ナトリウムは 58.5 g 消費され，二酸化炭素は 22.0 g 生成した。

8 塩化ナトリウムは 117 g 消費され，二酸化炭素は 44.0 g 生成した。

9 塩化ナトリウムは 234 g 消費され，二酸化炭素は 88.0 g 生成した。

3 以下の文章(A)～(C)を読み，(1)～(5)の問いに答えなさい。　　　　(22点)

(A) 二酸化炭素 CO_2(気)は水(aq)に溶解して CO_2 aq になる。この溶解反応

$$CO_2(気) + aq \rightleftarrows CO_2\,aq$$

が平衡であるとき，大気中の二酸化炭素の分圧 p_{CO_2} と水溶液中の二酸化炭素のモル濃度[CO_2 aq]の間には，$K = \dfrac{[CO_2\,aq]}{p_{CO_2}}$ の関係が成り立つ。K は平衡定数である。

(1) 溶液中に溶解する二酸化炭素の濃度は大気中の二酸化炭素の分圧に比例する。この法則または原理の名称を**解答群**の中から一つ選び，その番号を**解答用マークシート**の指定された欄にマークしなさい。

　　解答群

　　　　0　ザイツェフ則　　　　1　質量作用の法則

　　　　2　シャルルの法則　　　3　ファントホッフの法則

　　　　4　ヘスの法則　　　　　5　ヘンリーの法則

　　　　6　ボイルの法則　　　　7　ルシャトリエの原理

(2) 二酸化炭素の水への溶解は発熱反応である。p_{CO_2} が一定であるとき，[CO_2 aq]は温度の上昇とともにどのように変化するか，**解答群**の中から一つ選び，その番号を**解答用マークシート**の指定された欄にマークしなさい。

　　解答群

　　　　0　減少する　　　　　　1　変化しない　　　　　2　増加する

(B) 一酸化窒素 NO は，自動車のエンジン内などで空気中の窒素と酸素が高温で次式のように反応することで生成する。

$$N_2 + O_2 \rightarrow 2NO$$

　　NO は，空気中で速やかに次式のように酸化されて二酸化窒素 NO_2 になる。

$$2NO + O_2 \rightarrow 2NO_2$$

NO_2 は，　（ア）　に濃硝酸を反応させると発生する。NO, NO_2 はそれぞ
れ　（イ）　色，　（ウ）　色の気体である。

(3)　（ア）　に該当する語句を**解答群**の中から一つ選び，その番号を**解答用
マークシート**の指定された欄にマークしなさい。

解答群

　　0　アルミニウム　　　　1　金　　　　　　　　2　銅

　　3　ニッケル　　　　　　4　鉄

(4)　（イ）, 　（ウ）　に該当する語句を**解答群**の中から一つ選び，その番
号を**解答用マークシート**の指定された欄にマークしなさい。

解答群

　　0　無　　　　　　　　　1　淡　青　　　　　　2　黄　緑

　　3　淡　黄　　　　　　　4　紫　　　　　　　　5　赤　褐

(C)　二酸化窒素 NO_2（気）と四酸化二窒素 N_2O_4（気）の間で，次式のような平衡が
成立する。

$$N_2O_4（気） \rightleftarrows 2NO_2（気）$$

モル濃度の代わりに平衡状態のそれぞれの気体の分圧を用いて表した平衡定
数を圧平衡定数 K_p の記号で表す。平衡時の N_2O_4, NO_2 の分圧をそれぞれ
$p_{N_2O_4}$, p_{NO_2} とするとき，$K_p = \dfrac{(p_{NO_2})^2}{p_{N_2O_4}}$ と表すことができる。

(5)　1.0 mol の N_2O_4 をある温度に保ったところ，そのうちの x〔mol〕が分解して
平衡に達した。ここで，$x = 0.30$ mol, $K_p = 4.0 \times 10^4$ Pa としたとき，全圧
P〔Pa〕を求めなさい。解答は，有効数字が 2 桁となるように 3 桁目を四捨五入
し，次の形式で**解答用マークシート**にマークしなさい。指数 c がゼロの場合に
は，符号 p は＋をマークしなさい。

$$a \,.\, b \times 10^{\fbox{p}\,\fbox{c}}$$

　　　　　小数点　　　正負の符号

4　以下の文章(A)，(B)を読み，(1)〜(4)の問いに答えなさい。　　　　(20 点)

(A)　直径 1〜数百 nm 程度の大きさの粒子をコロイド粒子という。コロイド粒子が他の物質中に均一に分散している状態，あるいはその物質をコロイドという。コロイド粒子が液体中に分散した溶液をコロイド溶液という。

　　0.50 mol/L の塩化鉄(Ⅲ)$FeCl_3$ 水溶液 50 mL を沸騰水に加えて 500 mL とし，コロイド溶液を調製した。27 ℃ で浸透圧を測定したところ，2.4×10^2 Pa であった。

(1)　浸透圧 Π〔Pa〕と希薄溶液の体積 V〔L〕，コロイド粒子の物質量 n〔mol〕，温度 T〔K〕との間には次式のような理想気体の状態方程式と同様の関係が成立する。

　　　$\Pi V = nRT$

　　ここで R は気体定数である。以上より，このコロイド粒子 1 個に含まれる鉄原子の個数の平均値を求めなさい。ただし，鉄原子はすべてコロイド粒子の生成に使われるものとする。また，コロイド粒子の生成によって溶液の体積は変わらないものとする。解答は，有効数字が 2 桁となるように 3 桁目を四捨五入し，次の形式で**解答用マークシート**にマークしなさい。指数 c がゼロの場合には，符号 p は＋をマークしなさい。

$$a \,.\, b \times 10^{\fbox{p}\,\fbox{c}}$$

　　　　　小数点　　　正負の符号

(2)　このコロイド溶液に少量の電解質を加えると沈殿が生じる。この現象を
　　　　[(ア)] といい，この現象を示すコロイドを　[(イ)] コロイドと呼ぶ。
　　　[(ア)]，[(イ)] に該当する語句を**解答群**の中から一つ選び，その番
号を**解答用マークシート**の指定された欄にマークしなさい。

解答群

　　0　保　護　　　　1　透　析　　　　2　凝　析　　　　3　疎　水

　　4　親　水　　　　5　塩　析

(3)　このコロイド溶液について電気泳動を行うと陰極の周囲の溶液の色が濃くな
る。このコロイドを最も少ない物質量で沈殿させることのできる物質を**解答群**
の中から一つ選び，その番号を**解答用マークシート**の指定された欄にマークし
なさい。

解答群

　　0　$NaCl$　　　　1　$MgCl_2$　　　　2　KNO_3　　　　3　KI

　　4　$Al(NO_3)_3$　　　5　Na_2SO_4

(B)　水中のコロイド粒子を限外顕微鏡で観察すると，コロイド粒子からの散乱光
による光った点がブラウン運動している様子が見られる。

(4)　ブラウン運動に関して，(a)〜(d)の中で正しい**記述**はどれか。正しい**記述**の組
み合わせを**解答群**の中から一つ選び，その番号を**解答用マークシート**の指定さ
れた欄にマークしなさい。たとえば，番号が 06 の場合には，十の位に 0，一
の位に 6 をマークしなさい。

記述

(a)　ブラウン運動は不規則である。

(b)　ブラウン運動はコロイド粒子に溶媒分子が衝突することによって起こる。

(c)　ブラウン運動は高温ほど激しい。

(d) コロイド溶液の濃度が低いほど，ブラウン運動は激しい。

解答群

01	a	02	b	03	c	04	d
05	a, b	06	a, c	07	a, d	08	b, c
09	b, d	10	c, d	11	a, b, c	12	a, b, d
13	a, c, d	14	b, c, d	15	a, b, c, d	16	該当なし

5 次の反応経路図で示すベンゼン，アニリンおよび関連する**化合物A〜化合物 G**について，以下の(1)〜(4)の問いに答えなさい。 (29 点)

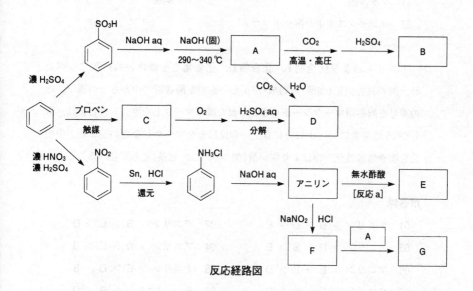

反応経路図

(1) 反応経路図の中の**化合物A〜化合物G**として最も適切なものを**解答群**の中から一つ選び，その番号を**解答用マークシート**の指定された欄にマークしなさい。たとえば，番号が06の場合には，十の位に0，一の位に6をマークしなさい。必要なら，同一番号を繰り返し用いてよい。

解答群

01 アセチルサリチル酸	02 アセトアニリド
03 アセトアルデヒド	04 アデニン
05 アニリンブラック	06 アラニン
07 安息香酸	08 安息香酸ナトリウム
09 塩化ベンゼンジアゾニウム	10 クメン
11 クレゾール	12 サリチル酸
13 サリチル酸メチル	14 チロシン
15 トルエン	16 ナトリウムフェノキシド
17 ニンヒドリン	18 ピクリン酸
19 *p*-ヒドロキシアゾベンゼン	20 フェノール
21 フタル酸	22 フマル酸
23 ベンゼンスルホン酸ナトリウム	

(2) アニリンおよび**化合物B，化合物D，化合物E**を酸性の強い順に並べた時，酸の強弱関係(強酸 > 弱酸)が正しいものを**解答群**の中から一つ選び，その番号を**解答用マークシート**の指定された欄にマークしなさい。たとえば，番号が 06 の場合には，十の位に 0，一の位に 6 をマークしなさい。また，中性化合物や塩基性化合物はより弱い酸(酸 > 中性 > 塩基)として並べること。

解答群

01 アニリン > B > D > E	02 アニリン > B > E > D
03 アニリン > D > B > E	04 アニリン > D > E > B
05 アニリン > E > B > D	06 アニリン > E > D > B
07 B > アニリン > D > E	08 B > アニリン > E > D
09 D > アニリン > B > E	10 D > アニリン > E > B
11 E > アニリン > B > D	12 E > アニリン > D > B
13 B > D > アニリン > E	14 B > E > アニリン > D
15 D > B > アニリン > E	16 D > E > アニリン > B
17 E > B > アニリン > D	18 E > D > アニリン > B

　　19　B ＞ D ＞ E ＞ アニリン　　　　20　B ＞ E ＞ D ＞ アニリン

　　21　D ＞ B ＞ E ＞ アニリン　　　　22　D ＞ E ＞ B ＞ アニリン

　　23　E ＞ B ＞ D ＞ アニリン　　　　24　E ＞ D ＞ B ＞ アニリン

(3)　次のアミンに関する文章を読み, ［(ア)］ にあてはまる数値を**解答用マー
クシート**の指定された欄にマークしなさい。解答が 9 以上になる場合は 9 を
マークしなさい。

　　アンモニアの水素原子を炭化水素基で置き換えた化合物をアミンと呼び, ベ
ンゼン環にアミノ基($-NH_2$)を持つアニリンは芳香族アミンの一つである。
一方, アンモニアの水素原子のいくつかを脂肪族の炭化水素基で置き換えた
化合物を脂肪族アミンという。C_3H_9N の分子式を持つ脂肪族アミンには
［(ア)］ 個の異性体が考えられる。

(4)　次の芳香族アミンに関する文章を読み, ［(イ)］ ～ ［(カ)］ にあてはま
る数値を**解答用マークシート**の指定された欄にマークしなさい。解答が 9 以上
になる場合は 9 をマークしなさい。

　　アニリンのベンゼン環や窒素原子に炭化水素基が結合した芳香族アミンを
考える。たとえば C_7H_9N の分子式を持つ芳香族アミンには, ベンゼン環にメ
チル基($-CH_3$)が結合した 3 種のトルイジン($CH_3C_6H_4NH_2$)および窒素原子に
メチル基が結合した N-メチルアニリン($C_6H_5NHCH_3$)の計 4 個の異性体が存在
する。

　　ここで $C_8H_{11}N$ の分子式を持つ芳香族アミンを考える。芳香族アミン
$C_8H_{11}N$ の異性体は 14 個ある。この芳香族アミンの異性体のうち, ベンゼン
環にエチル基($-CH_2CH_3$)とアミノ基($-NH_2$)が結合した芳香族アミンには 3
個の異性体が考えられる。また, p-(パラ)キシレンのベンゼン環上の水素原子
をアミノ基($-NH_2$)に置き換えてできる芳香族アミンには ［(イ)］ 個の異性
体が考えられる。同様に m-(メタ)キシレンのベンゼン環上の水素原子をアミ

ノ基に置き換えてできる芳香族アミンには　ウ　個，*o*-(オルト)キシレンのベンゼン環上の水素原子をアミノ基に置き換えてできる芳香族アミンには　エ　個の異性体が考えられる。

　一方，窒素原子にベンゼン環以外の炭化水素基が 1 つ結合した芳香族アミン $C_8H_{11}N$ には　オ　個の異性体が考えられる。

　[反応 a]のようなアニリンと無水酢酸の反応は，窒素原子に 1 つでも水素原子が結合した化合物であれば反応して**化合物 E** のようなアミド結合を持つ化合物を生成する。このことを踏まえると無水酢酸との反応でアミド化合物に変化しない芳香族アミン $C_8H_{11}N$ には　カ　個の異性体が考えられる。

6　プラスチック類は現代の生活に欠かせない物質である一方，自然環境への影響を考えるとそのリサイクルや分解特性が重要になってくる。高分子に関する以下の(1)～(5)の問いに答えなさい。　　　　　　　　　　　　　　　　　(21 点)

(1)　飲料に用いるプラスチック製ボトルの多くは，容器，キャップ，ラベルとしてそれぞれ異なる 3 種類の**高分子 A**(容器)，**高分子 B**(キャップ)，**高分子 C**(ラベル)でできている。これらボトルのリサイクルにおける分離法の一例をあげる。

　　工程 1：それぞれの高分子を粉砕して細かくする。

　　工程 2：風力によりラベルを分離する。

　　工程 3：水を加え，浮いてくる成分と沈む成分を分離する。

　　なお，ラベルとキャップは比重が近く(**表 1**)，工程 3 では分離が難しいことから，工程 2 でラベルを分離する手法が用いられることが多い。なお，キャップは最も比重が小さい成分である。

表1　3 種類の高分子 A，B，C は高分子ア，イ，ウのいずれかである。

高分子ア：	比重	0.90〜0.91	炭素成分 約85 %
高分子イ：	比重	1.03〜1.06	炭素成分 約90 %
高分子ウ：	比重	1.38〜1.39	炭素成分 約60 %

※炭素成分は元素分析によって求めた質量%。
　また，比重とは水の密度を1としたときの相対的な密度の比を意味する。

上記の記述および**表1**をもとに飲料ボトルを構成する3種類の**高分子 A，高分子 B，高分子 C** がどのような化合物であるか考え，それらを合成する際の原材料（単量体）として正しいものを**解答群**の中から選び，その番号を**解答用マークシート**の指定された欄にマークしなさい。2成分からなる高分子の場合，2つの選択肢を選ぶこと。単一の成分からなる高分子の場合，2つ目の選択肢として 0 をマークしなさい。

解答群

1

2

3

4

5

6

7

8

(2) 近年，原材料供給や廃棄後の観点からバイオプラスチックに注目が集まっている。バイオプラスチックには，生物由来の材料を用いるバイオマスプラスチックや生分解性プラスチックなどがある。バイオプラスチックの一つである生分解性**高分子 D** は不斉炭素原子やエステル結合を持つポリ(ヒドロキシアルカン酸)であり，**単量体 E**($C_3H_6O_3$)の重合によって合成される。この**高分子 D**の合成工程は以下の通りの順で行われる。

工程 1：出発原料となるデンプンを糖化してグルコースとする。

工程 2：酵素を用いて発酵させることで，**単量体 E** とする。

工程 3：**単量体 E** を縮合重合させることで，ある程度重合した**低分子量体**(オリゴマー)**F** とする。

工程 4：**低分子量体**(オリゴマー)**F** を減圧下で加熱分解することで，エステル結合を 2 つ持つ**環状二量体 G**($C_3H_4O_2$)$_2$ へと変換する。

工程 5：**環状二量体 G** を開環重合することで**高分子 D** へと変換する。

なお，一連の工程 1 ～ 5 で不斉炭素原子に結合している原子や原子団の相対的な配置は変化しないこととする。

この工程に従って合成される**高分子 D** の組成式：

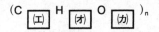

を答えなさい。　(エ) ～ (カ) にあてはまる数値を**解答用マークシート**の指定された欄にマークしなさい。解答が 9 以上になる場合は 9 をマークしなさい。その元素を含まない場合，0 をマークしなさい。例えば C_6H_6 は

C 6 H 6 O 0 と解答しなさい。

(3) 問い(2)における**単量体 E** の構造として正しいものを**解答群**の中から一つ選び，その番号を**解答用マークシート**の指定された欄にマークしなさい。

解答群

1

$$H_2C(OH){-}CH_2{-}C(=O)OH$$

HO–C$_{H_2}$–C$_{H_2}$–C(=O)OH

2

H$_3$C–C$_{H}$(OH)–C(=O)OH

3

HO–C$_{H_2}$–C$_{H}$(OH)–C(=O)H

4

HO–C(=O)–C$_{H_2}$–C$_{H_2}$–... (環状構造)

(4) 問い(2)において，**単量体 E の代わりに単量体 E およびその鏡像異性体 E′ と**の混合物を用いて工程2〜4まで行った場合，生成する環状二量体としては G を含め全部で ┃(キ)┃ 個の立体異性体が考えられる。┃(キ)┃ にあてはまる数値を**解答用マークシートの指定された欄にマークしなさい。**解答が9以上になる場合は9をマークしなさい。

(5) **高分子 H**$(C_4H_6O_2)_n$ は不斉炭素原子をもち，エステル結合で連結されている。この**高分子 H** は糖などを原料とする微生物発酵によって合成可能であることから，生物由来の原料，生分解性という特性を兼ね備えたバイオプラスチックとして注目されている。この**高分子 H** は**単量体 I** の縮合重合でも合成可能である。**単量体 I** はヨードホルム反応により黄色沈殿を生じた。**単量体 I** として正しいものを**解答群**の中から一つ選び，その番号を**解答用マークシート**の指定された欄にマークしなさい。たとえば，番号が 06 の場合には，十の位に 0，一の位に 6 をマークしなさい。

解答群

01

HO–C$_{H_2}$–C$_{H_2}$–C$_{H_2}$–C(=O)OH

02

HO–C$_{H_2}$(C=O)–C$_{H_2}$–C(=O)OH

03

HO–C$_{H}$=C$_{H_2}$–C(=O)OH

04

HO–C$_{H_2}$–C$_{H}$(OH)–C$_{H_2}$–C(=O)H

05

HO–C$_{H_2}$–C$_{H_2}$–C(=O)OCH$_3$

06

HO–C(=O)–C$_{H_2}$–C$_{H_2}$–C(=O)OH

07

$$H_3C-CH_2-O-CH_2-C(=O)-OH$$

08

$$H_2C=CH-O-CH_2-C(=O)-OH$$

09

$$H_3C-CH(OH)-CH-C(=O)-OH$$

10

$$H_3C-CH(OH)-CH_2-C(=O)-OH$$

11

$$H_3C-CH-CH(OH)-CH_2-C(=O)-OH$$

12

$$H_3C-CH(OH)-CH-C(=O)-OH$$

13

$$H_2C=CH-CH(OH)-C(=O)-OH$$

14

$$H_3C-CH(OH)-CH(OH)-CH=O$$

15

$$HO-C(=O)-CH(CH_3)-C(=O)-OH$$

16

$$H_3C-C(=O)-CH(OH)-C(=O)-OH$$

17

$$HO-CH_2-C(=O)-CH(OH)-CH_3$$

18

$$H_3C-CH(OH)-C(=O)-OCH_3$$

解答編

■英語■

（注）　解答は，東京理科大学から提供のあった情報を掲載しています。

1 **解答** (1)— 1　(2)最初の 1 語：seem　最後の 1 語：scientist

(3)— 2　(4)— 4　(5)— 3　(6)— 4　(7)— 2　(8)— 3

(9)— 3　(10)— 2

(11)• 物体の動きを説明するのに初めて数学の言葉を用いた。(25 字以内)

• 実験を通して仮説を検証することの重要性を強調した。(25 字以内)

(12)— 3　(13)— 3　(14)— 2　(15)— 1

━━━━◆全　訳◆━━━━━━━━━━━━━━━━━━━━━

≪科学革命の歴史≫

①　近代科学の源流は，1500 年頃から 1750 年頃にかけてヨーロッパで起こった急速な科学の発展期にあり，現在では科学革命と呼ばれている。もちろん，古代や中世の時代にも科学的な探求は行われており，科学革命がどこからともなく起こったわけではない。このようなより古い時代の世界観として支配的だったのはアリストテレス主義で，古代ギリシアの哲学者アリストテレスにちなんで名づけられており，彼は物理学，生物学，天文学，宇宙学などの詳細な理論を提示した。しかし，アリストテレスの思想は，現代の科学者から見れば非常に奇妙に映るだろうし，その探求方法も同様に奇妙に映るだろう。1 つ例をあげれば，彼は地球上のすべての物体は，土，火，空気，水の 4 つの元素のみで構成されていると考えていた。この考え方は，現代の化学が教えてくれることと明らかに矛盾している。

②　近代の科学的世界観の発展における最初の重要なステップは，コペルニクス的転回であった。1542 年，ポーランドの天文学者ニコラス＝コペルニクス（1473〜1543）は，宇宙の中心に静止した地球があり，その周り

の軌道上を惑星と太陽が回っているという地球を中心とした宇宙のモデルを否定する本を出版した。地球中心説は，古代ギリシアの天文学者プトレマイオスの名をとってプトレマイオスの天文学としても知られ，アリストテレスの世界観の中核をなしており，1800 年間ほとんど疑問を呈されることがなかった。しかしコペルニクスは，太陽が宇宙の固定された中心であり，地球を含む惑星はその周回軌道上にあるという，別の説を提案した。この太陽中心説では，地球は単なる惑星の 1 つと見なされ，したがって伝統的に与えられていた独自の地位を失うことになる。コペルニクスの理論は，当初は多くの抵抗を受け，特にカトリック教会からは聖書に反すると見なされ，1616 年には地球の運動を主張する書物が禁止された。しかし，それから 100 年も経たないうちに，コペルニクス説は科学の正統派として確立されたのである。

③　コペルニクスの新しい考えは，単に天文学の発展につながっただけではない。ヨハネス＝ケプラー（1571〜1630）とガリレオ＝ガリレイ（1564〜1642）の研究によって，間接的に近代物理学の発展につながったのである。ケプラーは，惑星がコペルニクスの考えていたように太陽の周りで円軌道を描いて動いているのではなく，楕円軌道を描いて動いていることを発見した。これが，彼の惑星運動の「第一法則」である。第二法則と第三法則は，惑星が太陽の周りを公転する速度を規定するものである。まとめると，ケプラーの法則はすばらしい惑星理論を生み出し，何世紀にもわたって天文学者を悩ませてきた問題を解決したのである。ガリレオは生涯コペルニクス説を支持し，望遠鏡の初期の先駆者の一人であった。彼は望遠鏡を天空に向け，月の山々，膨大な数の星，太陽の黒点，木星の衛星など，多くの驚くべき発見をしたのだ。これらはすべてアリストテレスの宇宙論と相反するものであり，科学界をコペルニクス主義に転換させる上で極めて重要な役割を果たした。

④　しかし，ガリレオが最も長期にわたって貢献したのは天文学ではなく，力学の分野であった。重い物は軽い物より速く落ちるというアリストテレスの理論の誤りを証明したのである。この理論に代わってガリレオは，自由に落下する物体は，すべて重さに関係なく同じ速度で地球に向かって落ちるという直観に反する提言をしたのである（もちろん実際には，同じ高さから羽毛と砲弾を落とせば砲弾の方が先に着地するが，ガリレオによ

ればこれは単なる空気抵抗によるもので，真空中では一緒に着地すると主張した）。さらに彼は，自由落下する物体は一様に加速する，つまり同時間に同じだけ速度が増すと主張した。これはガリレオの自由落下の法則として知られている。ガリレオはこの法則に対して，決定的ではないものの説得力のある証拠を提示し，これが彼の力学の中心的な部分を形成した。

⑤　ガリレオは，一般的に最初の近代物理学者と見なされている。彼は，落下する物体や投射物といった物質的なものの挙動をあらわすのに，数学という言語が使えることを初めて示したのだ。このことは私たちにとっては当然のことに思える。今日の科学理論はきまって数学的な言葉で定式化されており，物理学だけでなく，生物学や社会科学の分野でも同様である。しかし，ガリレオの時代には，そのことは当然ではなかったのだ。数学は純粋に抽象的なものを扱うものであり，物理的な現実には適用できないと一般的には考えられていたのである。もう1つの革新的な点は，ガリレオが仮説の実験的検証を重視したことである。現代の科学者にとっては，これもまた当たり前のことかもしれない。しかし，ガリレオの時代には，実験が知識を得るための確実な手段であるとは一般には考えられていなかった。ガリレオが実験を重視したことは，今日まで続く自然を研究するための実証的なアプローチの始まりである。

⑥　ガリレオの死後，科学革命の気運が急速に高まった。フランスの哲学者で科学者でもあるルネ＝デカルト（1596〜1650）は，根本的に新しい「機械論哲学」を展開したが，その理論によれば物質界は不活性な物質の粒子が互いに作用し，衝突することによって成り立っているという。これらの粒子つまり「微粒子」の運動を支配する法則が，宇宙の構造を理解する鍵になる，とデカルトは考えた。機械論哲学は，観測可能なすべての現象をこれらの微粒子の運動という観点で説明できそうであることを示しており，瞬く間に 17 世紀末の科学的展望の主流となった。そしてその理論は，ある程度までは今でも私たちと共にある。機械論哲学の見解はホイヘンス，ガッサンディ，フック，ボイルといった人々に支持され，その理論が受け入れられたということはアリストテレス的世界観の最終的な崩壊を意味した。

◀解　説▶

(1)　come from nowhere「どこからともなく現れる」の意味。第1段第

2 文（Of course scientific …）はダッシュ（―）以前の部分を下線部(ア)の部分が補足説明するような形になっているため，文全体の内容を把握するとよい。したがって「古代や中世の時代にも科学的な探求は行われており，科学革命がどこからともなく起こったわけではない」という内容に最も近いものは，1「科学革命は，それより前の時代の科学への探求がなければ起こらなかった」である。

(2)　「〜と同様に」といった〈様態〉の意味の接続詞 as の後ろでは，しばしば as V S の倒置が起こる。これは主語が長く，動詞が代動詞や be 動詞などで短いときに起こる。したがって，下線部(イ)の含まれる文では，Aristotle's ideas と his methods of enquiry が同じような状態にあるということがわかり，設問の空所 I に省略されているのは Aristotle's ideas would 以降の部分であるということがわかる。

(3)　下線部(ウ)を含む文にある関係詞 which に注目すると，直後に「静止した地球を宇宙の中心に置く」とあるので，その先行詞は the geocentric model of the universe となり，which 以降は地球中心説に関する説明が展開されていることがわかる。最後の with the planets and the sun in orbit around it はいわゆる付帯状況の with の形になっており，「周回軌道上にある惑星や太陽がその周りにある状態で」と解釈できる。地球中心説において惑星や太陽が回るその中心にあるものは，2「静止した地球」である。

(4)　go は補語をとることができ，go C で「C になる」という意味になる。ある状態になってしばらくその状態が継続することを意味し，しばしば好ましくないことに使われる。challenge は「〜に異議を唱える」という意味があり，接頭辞 un- で否定された過去分詞になることで「疑問に思われない」という形容詞になる。この意味に最も近いのは，4「大部分において誰にも疑問を呈されることのない状態であった」となる。なお，この主語は文頭の Geocentric astronomy である。

(5)　下線部(オ)を含めた loses the unique status に注目する。loses の主語は the earth であり，文頭に On this heliocentric model とあるので，太陽中心説において失うことになる，地球が地球中心説では有していた独自の地位について考える。答えは，3「宇宙の中心であること」となる。

(6)　not least は「特に，とりわけ」という意味なので，4 の particularly

を選ぶ。not in the least「少しも〜ない」という表現と混同しないように気をつける。

(7)　taken together はしばしば文頭に置かれ,「まとめると, 総合すると」の意味になる。下線部(キ)の前 2 文 (Kepler discovered that … orbit the sun.) の内容を受けており, ここではケプラーの発見した第一法則, 第二法則および第三法則について述べられているので, まとめられている内容として適切なのは, 2「ケプラーの法則が」となる。3「ケプラーの第二法則および第三法則が」では, 第一法則が除かれているので不適。

(8)　play a pivotal role in 〜 で「〜において重要な役割を果たす」の意味。convert *A* to *B* で「*A*(人など)を *B*(宗教・主義・考え方)に転向させる, 改めさせる」の意味になる。最も内容が近いのは, 3「科学者にコペルニクスの理論を信じさせることにおいて多大な貢献をした」となる。persuade *A* of *B* で「*A*(人)に *B*(事)を信じさせる, 納得させる」の意味がある。

(9)　in place of 〜 で「〜の代わりに」の意味。最も近いのは, 3 instead of 〜「〜の代わりに」である。

(10)　2「ガリレオは彼の自由落下の法則をそれ以上証明する余地を全く残さなかった」は, 同段最終文 (Galileo provided persuasive …) でガリレオの証拠が決定的ではないと書かれているため, 第 4 段の内容に一致しない。

(11)　ガリレオが最初の近代物理学者と見なされるようになった理由ということは, つまり, 他の科学者がやっていなかったことでガリレオが特別に行ったことに注目する。その内容は第 5 段に書かれているが, 第 5 文 (Another innovative aspect …) から別の内容が展開されているので, その前後で 1 つずつ内容をまとめる。1 つ目の理由は第 2 文 (He was the first …) を参考にするとよい。2 つ目の理由は前述の第 5 文および第 7 文 (But in Galileo's day …) の内容をまとめる。〔解答〕では「要点」ということで「から」という結びにはしていないが,「理由」なので以下のようにしてもよい。

〈理由 1〉物体の挙動をあらわすのに初めて数学を使ったから。(25 字以内)

〈理由 2〉科学的知識を得るために実験的検証を重視したから。(25 字以

内）

⑿　S is regarded as C（補語）は「S は C（補語）であるとみなされる」の意味。deal with 〜 は「〜を扱う」の意味。hence は副詞で，しばしば which is why 〜 のような働きをすることがあり，またその場合は省略が起こるので，ここでは which is why mathematics was widely regarded as inapplicable … と解釈するとよい。この内容に一致するのは，3「数学は概念的研究であり，物体を調べるのには適していないと一般的には考えられていた」である。

⒀　*A* see *B* には「*A*（時代・場所）で *B*（出来事）が起こる」という用法がある。following は前置詞で「〜の後」の意味がある。この内容に一致するのは，3「科学革命はガリレオの死後急速に進んだ」となる。subsequent to 〜 は「〜の後の」という意味の形容詞で，直前の the time を修飾している。

⒁　2「デカルトは，動き続ける不活性粒子に関する規則を発見したことが，宇宙の仕組みを理解する大きな助けになると考えた」が，第6段第3文（The laws governing …）の内容に一致する。なお，選択肢の英文における of great help であるが，of＋抽象名詞で形容詞的な働きをするため，very helpful と解釈するとよい。

⒂　1「デカルトによって示された機械論哲学は今日においてもある程度受け入れられている」は，第6段第4文（The mechanical philosophy …）のセミコロン以降で「それ（デカルトの機械論哲学）は今でもある程度は我々と共にある」と書かれているため，本文の内容に一致する。3は，コペルニクスは楕円軌道を見つけていないので不適。

2 **解答**　ア—6　イ—7　ウ—3　エ—5　オ—1　カ—2
キ—8　ク—9　ケ—4

━━━━━◆全　訳◆━━━━━

≪SNS 利用時の注意点≫

アリス：今日はトム＝ラッセルさんにお越しいただき，ソーシャルメディアを安全に利用するためのヒントを教えてもらいます。トムさん，ようこそ！

トム　：ありがとうございます，アリスさん，ここに来られて嬉しいで

す！

アリス：さて，トムさん，最近は誰もがFacebookやTwitterなどのソー
　　　　シャルメディアを利用していますね。これらのメディアをどう使
　　　　うか，リスナーに何かアドバイスはありますか？

トム　：そうですね，まずSNSにアップロードするものには注意が必要
　　　　だと私は思います。多くの人が，面白いと思った写真や動画を，
　　　　誰がいつ見るかも考えずにウェブ上にアップしています。ただ，
　　　　あなたがネットにアップしたものは，おそらく何年経っても利用
　　　　可能であることを忘れないでください。18歳のときに友達と警
　　　　察官の制服を着ているところを，将来の雇い主になるかもしれな
　　　　い人に見せたいですか？

アリス：わかります！　私も若いころの恥ずかしい写真がいくつかありま
　　　　すが，今は誰にも見られたくありません。では，他にアドバイス
　　　　はありますか？

トム　：そうですね，あまり自分の個人情報をネットに載せないように気
　　　　をつけたほうがいいと思います。最近は個人情報の窃盗が多いか
　　　　ら，気をつける必要があります。

アリス：「個人情報の窃盗」とはどういう意味か，もう少し説明してもら
　　　　えますか？

トム　：はい。個人情報の窃盗とは，誰かがあなたの名前，住所，電子メ
　　　　ールアドレスなどの個人情報を使って，あなたになりすますこと
　　　　です。犯罪者は，あなたの個人情報を使ってウェブサイトにログ
　　　　インし，商品を購入することもあります。最悪の場合，あなたの
　　　　銀行口座にアクセスし，そこから直接お金を盗むこともあります。

アリス：そうなんですね。そのようなことは起こってほしくないですね。

トム　：もちろん，起こってほしくないですね。だから，犯罪者が利用で
　　　　きるような個人情報をあまり投稿しないようにする必要があるん
　　　　です。

アリス：なるほど。もう1つ，リスナーの皆さんへのアドバイスはありま
　　　　すか？

トム　：はい，最後のアドバイスはオンラインでの発言に気をつけること
　　　　です。インターネットはパブリックドメインであることを，人々

はしばしば忘れています。法律的には，本や新聞のような印刷媒体と何ら変わりはありません。誰かの悪口を印刷するのは気をつけるでしょうが，インターネットに否定的なコメントや事実と異なるコメントを書き込むのは問題ないと考える人がいます。彼らは間違っています！　ネットで誰かについて虚偽のコメントをすると，その人はあなたを訴える可能性があります。だから，気をつけましょう！

アリス：良い話を聞けました。これからはネットに書き込む内容には気をつけます。ありがとうございました，トムさん。

トム　：どういたしまして。そして，良いネット生活を送ってください！

━━━━━◀解　説▶━━━━━

ア．司会者のアリスに紹介されて，トムが最初にする挨拶として最も適当なものは，6「ありがとうございます，アリスさん，ここに来られて嬉しいです」である。口語では主語やbe動詞が省略されることがあるので，この選択肢の英文の後半部分は，I'm glad to be here と解釈するとよい。

イ．アリスから，アドバイスを求められる発言があり，それに応える場面。最初のアドバイスということを考えると，first of all という表現も入っている，7「そうですね，まずSNSにアップロードするものには注意が必要だと私は思います」が適切である。直後に続く「あまり考えずにSNSに写真や動画をアップしてしまう」という内容にもつながる。

ウ．空所の直前には「アップロードしたものは何年も残る」という内容がトムから語られており，また直後にアリスの「昔撮った恥ずかしい写真を見られたくない」という言葉が続くので，「若い頃に撮った恥ずかしい写真で将来困らないようにしたい」といった内容を選びたい。3「18歳のときに友達と警察官の制服を着ているところを，将来の雇い主になるかもしれない人に見せたいですか」は，いわゆる修辞疑問文で，「そんな姿は見られたくないでしょう」ということを暗に示しており，最適な選択肢である。

エ．空所の直前までは，「恥ずかしい情報をアップしないようにしよう」といった話題が展開されているが，直後では「個人情報をアップしないようにしよう」という別の話題に変わっていることに注目する。アリスが話題を変えるために言った言葉として最も適切なのは，5「では，他にアド

バイスはありますか」である。

オ．空所の直前でトムが identity theft「個人情報の窃盗」というフレーズを使っていて，空所の直後ではそれについて詳細な説明を加えている。アリスがこの言葉の説明を求めたと考えれば，最適なのは，1「『個人情報の窃盗』とはどういう意味か，もう少し説明してもらえますか」となる。

カ．トムが個人情報の窃盗について詳細な説明をしている途中の空所である。直後には「最悪の場合，銀行口座からお金を盗まれる」という内容が書かれているので，ここの空所でも個人情報の窃盗によって起こる被害が語られていると考える。最適なものは，2「犯罪者は，あなたの個人情報を使ってウェブサイトにログインし，商品を購入することもあります」となる。

キ．空所の直前でアリスから「もう1つ，リスナーの皆さんへのアドバイスはありますか」と聞かれていて，また直後に「インターネットはパブリックドメインであることを忘れがちである」という新しいアドバイスが展開されていることから，この空所では新たなアドバイスを語る導入になる言葉が入る。したがって最も適切なものは，8「はい，最後のアドバイスはオンラインでの発言に気をつけることです」である。

ク．空所の直前に「法律的には，インターネットは本や新聞のような印刷媒体と同じである」という内容が語られ，直後では「彼らは間違っている」と話が続くため，空所では「インターネットは本や新聞とは違うと考えてしまう人々がいる」という内容が語られていると推測できる。したがって最も適切なものは，9「誰かの悪口を印刷するのは気をつけるでしょうが，インターネットに否定的なコメントや事実と異なるコメントを書き込むのは問題ないと考える人がいます」である。

ケ．空所の直前までは，「インターネットに悪口を書き込むのは問題ないと考える人がいる」という話が展開されており，直後では「だから，気をつけましょう」と話しているので，この空所にはインターネット上で悪口を言った結果生じうるよくないことが話されていると推測できる。したがって最適なものは，4「ネットで誰かについて虚偽のコメントをすると，その人はあなたを訴える可能性があります」である。

3 **解答**
(1) 2→1→4→7→3→5→6
(2) 6→4→5→2→7→3→1
(3) 5→1→7→3→6→8→2→4
(4) 8→1→6→5→3→4→7→2
(5) 8→7→5→2→4→1→3→6

◀解　説▶

(1) (Nothing) could be further from true democracy than that(.)
否定と比較を用いて最上級を表す。further は far の比較級である。

(2) (We) recover from most diseases without doing anything (in particular.)
recover from ～ で「～から回復する」の意味になる。without doing anything で「何もせずに」となり，in particular は「特に」の意味なので，あわせて「特に何もせずに」となる。これが問題文の「自然と」という部分に相当する。

(3) (I find) it difficult to get the work done in (two hours.)
find O C で「O を C だと考える」という意味になり，この英文では O の部分に仮の目的語である it を置き，その指すものが後ろの to 不定詞の部分になっている。get A done で「A を終わらせる」の意味があり，in ＋時間で「～（時間）で」という意味になる。

(4) (Humorous) remarks are not made except in rare cases (in his speech.)
make は特定の名詞を目的語にとると，「～をする」という意味になり，remark(s)「発言」もそのうちの1つである。except は「～を除いて」という意味で，通例前置詞や接続詞として使われるが，この英文のように後ろに副詞句を置くこともある。

(5) (There is a debate over) whether to put limits on freedom of speech(.)
debate over ～ で「～を巡る議論」の意味がある。whether to *do* で「～するかどうか（ということ）」という名詞句になる。limit(s) on ～ で「～への制限」という意味になる。freedom of speech「言論の自由」は頻出表現なので押さえておきたい。

❖講　評

　2023 年度は読解，会話文，文法・語彙が各1題で大問3題の出題となった。

　[1]の読解問題は「科学革命の歴史」という内容で，どちらかというと理系寄りのテーマとなっている。いわゆる地動説や天動説，また自由落下の法則など，内容そのものは身近に感じやすいものであるように思われる。デカルトの「機械論哲学」はあまりなじみがないかもしれないが，深く理解せずとも問題を解くのに支障はない。

　英文量は標準的で，語彙も比較的平易で読みやすい。段落の要旨を把握させる問題や，省略箇所を考えさせる文法問題が出題されるなどしているが，全体的には英文や語句の意味を問う問題を中心に出題されており，一文ずつ丁寧に理解する能力を求められる。(11)は本文の該当箇所をそのまま和訳するのではなく，ある程度自分の言葉で要約する必要があるため，やや難しいが，その他の問題は全体的に易しめである。

　[2]の会話文問題は「SNS利用時の注意点」ということで，英文の内容としては身近なものであり，量もさほど多くはない。すべて欠文を意味が通るように挿入する問題であり，全体的には流れをつかみやすく，選択肢の英文も口語特有の表現は多くないため，問題の難易度は比較的易しい。

　[3]の語句整序は標準的なレベルである。日本文が与えられている分，読解問題や会話文問題の中で出題されるものより取り組みやすいだろう。ただ，やはり表現を知らなければ解けないため，普段からさまざまな英語の表現に触れることで，多様な言い回しを身につけられるとよい。

■ 数学 ■

◀学部共通問題▶

（注）　解答は，東京理科大学から提供のあった情報を掲載しています。

1 解答

(1)(a)ア. 9　イ. 2　ウエ. 25　オ. 2
カ. 1　キ. 9　ク. 7　ケコ. 15
(b)サ. 9　シ. 2　スセ. 25　ソ. 2　タチ. 11　ツ. 9
テト. 13　ナニ. 15
(2)(a)ヌ. 3　ネ. 8　ノ. 4　ハ. 6　ヒフ. 12
(b)ヘ. 5　ホ. 3　マミ. 12　ムメ. 10　モ. 5
(3)(a)ヤ. 4　(b)ユヨ. 12　(c)ラ. 2　リ. 2　(d)ル. 1　レ. 2

◀解　説▶

≪小問 3 問≫

(1) 辺 AB，AC の中点をそれぞれ M，N とすると，内積の図形的意味より

$$\overrightarrow{AB} \cdot \overrightarrow{AO} = AB \cdot AM = 3 \cdot \frac{3}{2}$$

$$= \frac{9}{2} \quad \cdots\cdots① \quad \to (a)ア，イ \quad (b)サ，シ$$

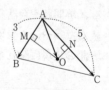

$$\overrightarrow{AC} \cdot \overrightarrow{AO} = AC \cdot AN = 5 \cdot \frac{5}{2}$$

$$= \frac{25}{2} \quad \cdots\cdots② \quad \to (a)ウ〜オ \quad (b)ス〜ソ$$

$\overrightarrow{AB} \cdot \overrightarrow{AC} = k$，$\overrightarrow{AO} = s\overrightarrow{AB} + t\overrightarrow{AC} \quad \cdots\cdots③$ とおく。

③を①へ代入すると

$$\overrightarrow{AB} \cdot (s\overrightarrow{AB} + t\overrightarrow{AC}) = \frac{9}{2}$$

$$s|\overrightarrow{\mathrm{AB}}|^2 + t\overrightarrow{\mathrm{AB}}\cdot\overrightarrow{\mathrm{AC}} = \frac{9}{2}$$

$$\therefore \quad 9s + kt = \frac{9}{2} \quad \cdots\cdots④$$

③を②へ代入すると

$$\overrightarrow{\mathrm{AC}}\cdot(s\overrightarrow{\mathrm{AB}} + t\overrightarrow{\mathrm{AC}}) = \frac{25}{2}$$

$$s\overrightarrow{\mathrm{AB}}\cdot\overrightarrow{\mathrm{AC}} + t|\overrightarrow{\mathrm{AC}}|^2 = \frac{25}{2}$$

$$\therefore \quad ks + 25t = \frac{25}{2} \quad \cdots\cdots⑤$$

(a) $\angle\mathrm{BAC} = \dfrac{\pi}{3}$ のとき $\quad k = \overrightarrow{\mathrm{AB}}\cdot\overrightarrow{\mathrm{AC}} = 3\cdot5\cdot\dfrac{1}{2} = \dfrac{15}{2}$

④より $\quad 9s + \dfrac{15}{2}t = \dfrac{9}{2} \quad \therefore \quad 6s + 5t = 3 \quad \cdots\cdots⑥$

⑤より $\quad \dfrac{15}{2}s + 25t = \dfrac{25}{2} \quad \therefore \quad 3s + 10t = 5 \quad \cdots\cdots⑦$

⑥, ⑦より $\quad s = \dfrac{1}{9}, \quad t = \dfrac{7}{15}$

よって $\quad \overrightarrow{\mathrm{AO}} = \dfrac{1}{9}\overrightarrow{\mathrm{AB}} + \dfrac{7}{15}\overrightarrow{\mathrm{AC}} \quad \rightarrow$カ〜コ

(b) BC の長さが 7 のとき, $|\overrightarrow{\mathrm{AB}} - \overrightarrow{\mathrm{AC}}|^2 = 7^2$ より

$$|\overrightarrow{\mathrm{AB}}|^2 - 2\overrightarrow{\mathrm{AB}}\cdot\overrightarrow{\mathrm{AC}} + |\overrightarrow{\mathrm{AC}}|^2 = 49$$

$$9 - 2\overrightarrow{\mathrm{AB}}\cdot\overrightarrow{\mathrm{AC}} + 25 = 49$$

$$\therefore \quad k = \overrightarrow{\mathrm{AB}}\cdot\overrightarrow{\mathrm{AC}} = -\frac{15}{2}$$

④より $\quad 9s - \dfrac{15}{2}t = \dfrac{9}{2} \quad \therefore \quad 6s - 5t = 3 \quad \cdots\cdots⑧$

⑤より $\quad -\dfrac{15}{2}s + 25t = \dfrac{25}{2} \quad \therefore \quad -3s + 10t = 5 \quad \cdots\cdots⑨$

⑧, ⑨より $\quad s = \dfrac{11}{9}, \quad t = \dfrac{13}{15}$

よって $\quad \overrightarrow{\mathrm{AO}} = \dfrac{11}{9}\overrightarrow{\mathrm{AB}} + \dfrac{13}{15}\overrightarrow{\mathrm{AC}} \quad \rightarrow$タ〜ニ

(2)(a)　$\dfrac{x^2}{25}+\dfrac{y^2}{100}=1$ を y について解くと

$$y=\pm 2\sqrt{25-x^2}$$

であるから

$x=0$ のとき　　$y=\pm 10$

$x=\pm 1$ のとき　　$y=\pm 4\sqrt{6}$

$x=\pm 2$ のとき　　$y=\pm 2\sqrt{21}$

$x=\pm 3$ のとき　　$y=\pm 8$

$x=\pm 4$ のとき　　$y=\pm 6$

$x=\pm 5$ のとき　　$y=0$

よって，楕円 $\dfrac{x^2}{25}+\dfrac{y^2}{100}=1$ 上の格子点 $(x,\ y)$ のうち x と y が共に正であるものは

　　$(3,\ 8),\ (4,\ 6)$　→ヌ～ハ

これら以外の格子点は

　　$(0,\ \pm 10),\ (3,\ -8),\ (-3,\ \pm 8),$

　　$(4,\ -6),\ (-4,\ \pm 6),\ (\pm 5,\ 0)$

の 10 個あるから，この楕円上にある格子点は全部で　　12 個　→ヒフ

(b)　楕円の焦点の公式より　　$s=\sqrt{100-25}=5\sqrt{3}$　→ヘ，ホ

また，$|iz-s|+|iz+s|=20$ ……① を変形すると

　　$|i(z+si)|+|i(z-si)|=20$

$\therefore\ |z-(-si)|+|z-si|=20$

よって，①を満たす複素数 z は，複素数平面において 2 点 $\pm si$ を焦点とし，長軸の長さが 20 の楕円を描く。この楕円は，座標平面では(a)の楕円であるから，①を満たす複素整数 z も全部で 12 個ある（右図の黒丸）。　　→マミ

そして，$|z|$ は複素数平面において原点と z の距離を表すから，$|z|$ は

$\begin{cases} z=\pm 10i \text{ のとき，最大値 } 10 \\ z=\pm 5 \text{ のとき，最小値 } 5 \end{cases}$

をとる。→ム～モ

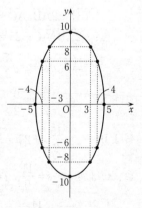

(3)(a)　$B_2 = \{(0, 0), (0, 1), (1, 0), (1, 1)\}$

である。これらのうち，隣接する2つは

　　　　$(0, 0)$ と $(0, 1)$，$(0, 0)$ と $(1, 0)$，

　　　　$(0, 1)$ と $(1, 1)$，$(1, 0)$ と $(1, 1)$

だけであるから　　$M_2 = 4$　→ヤ

(b)　(a)と同様に隣接する2つを書き出してもよいが，先に(d)まで解いてからその結果を用いると

　　　　$M_3 = 3 \cdot 2^2 = 12$　→ユヨ

(c)　$n \geq 2$ とする。

B_{n+1} の中の隣接する2つのバイナリーベクトルは

　　　$(a_1, a_2, \cdots, a_n, 0)$ と $(b_1, b_2, \cdots, b_n, 0)$　……①

　　　$(a_1, a_2, \cdots, a_n, 1)$ と $(b_1, b_2, \cdots, b_n, 1)$　……②

　　　$(a_1, a_2, \cdots, a_n, 0)$ と $(b_1, b_2, \cdots, b_n, 1)$　……③

のいずれかの形である。

①の形のとき，$(a_1, a_2, \cdots, a_n)$ と $(b_1, b_2, \cdots, b_n)$ は B_n の中の隣接するバイナリーベクトルである。よって，①の形のものは M_n 個ある。

同様に，②の形のものも M_n 個ある。

③の形のとき，すべての $i(i=1, \cdots, n)$ に対して $a_i = b_i$ である。各 $i(i=1, \cdots, n)$ に対して $a_i(= b_i)$ の値は0か1の2通りあるから，③の形のものは 2^n 個ある。

以上より

　　　　$M_{n+1} = M_n + M_n + 2^n = 2M_n + 2^n$　→ラ，リ

(d)　$M_{n+1} = 2M_n + 2^n$ の両辺を 2^{n+1} で割ると

　　　　$\dfrac{M_{n+1}}{2^{n+1}} = \dfrac{M_n}{2^n} + \dfrac{1}{2}$

となるから，$n \geq 2$ に対して

　　　　$\dfrac{M_n}{2^n} = \dfrac{M_2}{2^2} + \dfrac{1}{2}(n-2) = \dfrac{n}{2}$　　$\therefore$　$M_n = n \cdot 2^{n-1}$

よって，$n \geq 1$ に対して

　　　　$M_{n+1} = (n+1) \cdot 2^n$　→ル，レ

2 解答 （答を導く過程は省略）

(1) 前半：$-\sqrt{2} \leqq x+y \leqq \sqrt{2}$　　後半：$1 < x+y \leqq \sqrt{2}$

(2) 前半：$x^3+y^3 = t^3 - 3tu$　　後半：$x^3+y^3 = -\dfrac{1}{2}t^3 + \dfrac{3}{2}t$

(3) $-1 \leqq a \leqq 1$

(4) $\dfrac{\sqrt{2}}{2} \leqq a < 1$

(5) $a = \dfrac{\sqrt{2}}{2}$,　$(x, y) = \left(\dfrac{\sqrt{2}}{2}, \dfrac{\sqrt{2}}{2} \right)$

◀解　説▶

≪特殊な連立方程式の実数解の存在条件≫

(1) $g(x, y) = 0$ を満たす実数 x, y に対して $x+y=t$ とおくと

$$(x+y)^2 - 2xy - 1 = 0 \quad \therefore \quad xy = \frac{t^2-1}{2}$$

よって，x, y は X の 2 次方程式

$$X^2 - tX + \frac{t^2-1}{2} = 0 \quad \cdots\cdots①$$

の実数解であるから，判別式を考えて

$$t^2 - 4\cdot\frac{t^2-1}{2} \geqq 0$$

$$t^2 \leqq 2$$

$$\therefore \quad -\sqrt{2} \leqq t \leqq \sqrt{2} \quad \cdots\cdots②$$

したがって，前半の答えは　　$-\sqrt{2} \leqq x+y \leqq \sqrt{2}$

また，②のとき x, y が共に正となる条件は，$x+y>0$ かつ $xy>0$ であるから

$$t>0 \quad \text{かつ} \quad \frac{t^2-1}{2}>0$$

これらと②の共通部分は　　$1 < t \leqq \sqrt{2}$ 　$\cdots\cdots③$

よって，後半の答えは　　$1 < x+y \leqq \sqrt{2}$

(2) $x+y=t$, $xy=u$ とおくと

$$x^3+y^3 = (x+y)^3 - 3xy(x+y) = t^3 - 3tu$$

さらに $x,\ y$ が $g(x,\ y)=0$ を満たすとき $u=\dfrac{t^2-1}{2}$ であるから

$$x^3+y^3=t^3-3t\cdot\dfrac{t^2-1}{2}=-\dfrac{1}{2}t^3+\dfrac{3}{2}t$$

(3) (2)の後半の結果より，$f(x,\ y)=0$ を t で表すと

$$-\dfrac{1}{2}t^3+\dfrac{3}{2}t=a \quad\cdots\cdots④$$

よって，(1)の前半の過程より，④が②の範囲に実数解をもつような a の値の範囲が求めるものである。

そこで $h(t)=-\dfrac{1}{2}t^3+\dfrac{3}{2}t$ とおくと

$$h'(t)=-\dfrac{3}{2}t^2+\dfrac{3}{2}=-\dfrac{3}{2}(t+1)(t-1)$$

より，②の範囲における増減表は次のようになる。

t	$-\sqrt{2}$	$\cdots$	-1	$\cdots$	1	$\cdots$	$\sqrt{2}$
$h'(t)$		$-$	0	$+$	0	$-$	
$h(t)$	$-\dfrac{\sqrt{2}}{2}$	$\searrow$	-1	$\nearrow$	1	$\searrow$	$\dfrac{\sqrt{2}}{2}$

曲線 $v=h(t)$ の②の範囲の部分と直線 $v=a$ が共有点をもつような a の値の範囲を求めて

$$-1\leqq a\leqq 1$$

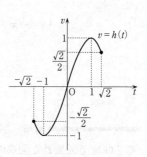

(4) (1)の後半の過程より，④が③の範囲に実数解をもつような a の値の範囲が求めるものである。曲線 $v=h(t)$ の③の範囲の部分と直線 $v=a$ が共有点をもつような a の値の範囲を求めて

$$\dfrac{\sqrt{2}}{2}\leqq a<1$$

(5) ①が正の重解をもつとき，$g(x,\ y)=0$ を満たす正の実数 $x,\ y$ がただ１組だけ存在し，その条件は

$$t=\sqrt{2}$$

このとき，$a=\dfrac{\sqrt{2}}{2}$ であり，(4)より $f(x,\ y)=0$ も成立する。

また，①の重解は $X = \dfrac{t}{2} = \dfrac{\sqrt{2}}{2}$ であるから

$$(x,\ y) = \left(\dfrac{\sqrt{2}}{2},\ \dfrac{\sqrt{2}}{2} \right)$$

3　**解答**　（答を導く過程は省略）

(1)　$\displaystyle \int f(x)\,dx = \log(2 + \cos x) + C$,　$\displaystyle \int g(x)\,dx = \log(2 + \sin x) + C$

（C は積分定数）

(2)　$s = \dfrac{\pi}{2}$

(3)　$f(x)$ について
$$\begin{cases} x = \dfrac{4}{3}\pi\ \text{のとき，最大値}\ \dfrac{\sqrt{3}}{3} \\[2mm] x = \dfrac{2}{3}\pi\ \text{のとき，最小値}\ -\dfrac{\sqrt{3}}{3} \end{cases}$$

$g(x)$ について
$$\begin{cases} x = \dfrac{11}{6}\pi\ \text{のとき，最大値}\ \dfrac{\sqrt{3}}{3} \\[2mm] x = \dfrac{7}{6}\pi\ \text{のとき，最小値}\ -\dfrac{\sqrt{3}}{3} \end{cases}$$

(4)　$\alpha_1 + \alpha_2 = \dfrac{5}{2}\pi$

(5)　$2\log\dfrac{4 + \sqrt{7}}{3}$

◀解　説▶

≪2曲線で囲まれた図形の面積≫

(1)　C を積分定数として

$$\int f(x)\,dx = \int \frac{(2 + \cos x)'}{2 + \cos x}\,dx = \log(2 + \cos x) + C$$

$$\int g(x)\,dx = \int \frac{(2 + \sin x)'}{2 + \sin x}\,dx = \log(2 + \sin x) + C$$

(2)　すべての実数 x に対して $f(x) = g(x + s)$ が成り立つとき，$x = 0,\ \dfrac{\pi}{2}$

としても成り立つから

$f(0) = g(s)$ より

$$0 = \frac{\cos s}{2 + \sin s} \qquad \therefore \quad \cos s = 0 \quad \cdots\cdots ①$$

$f\left(\dfrac{\pi}{2}\right) = g\left(\dfrac{\pi}{2} + s\right)$ より

$$-\frac{1}{2} = \frac{-\sin s}{2 + \cos s} \qquad \therefore \quad 2 + \cos s = 2\sin s \quad \cdots\cdots ②$$

①, ②より　　$\cos s = 0, \ \sin s = 1$

$0 < s < 2\pi$ より　　$s = \dfrac{\pi}{2}$

逆に, $s = \dfrac{\pi}{2}$ のとき, すべての実数 x に対して

$$g(x+s) = g\left(x + \frac{\pi}{2}\right) = \frac{-\sin x}{2 + \cos x} = f(x)$$

が成り立つ。

よって, 求める s の値は　　$s = \dfrac{\pi}{2}$

(3)　　$f'(x) = -\dfrac{\cos x \cdot (2 + \cos x) - \sin x \cdot (-\sin x)}{(2 + \cos x)^2} = \dfrac{-2\cos x - 1}{(2 + \cos x)^2}$

$(2 + \cos x)^2 > 0$ であるから, $f'(x)$ の符号は $\cos x$ と $-\dfrac{1}{2}$ の大小によって決まることに注意すると, 増減表は次のようになる。

x	0	$\cdots$	$\dfrac{2}{3}\pi$	$\cdots$	$\dfrac{4}{3}\pi$	$\cdots$	2π
$f'(x)$		$-$	0	$+$	0	$-$	
$f(x)$	0	$\searrow$	$-\dfrac{\sqrt{3}}{3}$	$\nearrow$	$\dfrac{\sqrt{3}}{3}$	$\searrow$	0

よって, $f(x) \ (0 \leqq x \leqq 2\pi)$ は

$$\begin{cases} x = \dfrac{4}{3}\pi \text{ のとき, 最大値 } \dfrac{\sqrt{3}}{3} \\[2mm] x = \dfrac{2}{3}\pi \text{ のとき, 最小値 } -\dfrac{\sqrt{3}}{3} \end{cases}$$

をとる。

また, (2)より $g(x)$ のグラフは $f(x)$ のグラフを x 軸方向に $\dfrac{\pi}{2}$ 平行移動し

たものであり

$$\frac{4}{3}\pi+\frac{\pi}{2}=\frac{11}{6}\pi, \quad \frac{2}{3}\pi+\frac{\pi}{2}=\frac{7}{6}\pi$$

はともに $0\leqq x\leqq 2\pi$ の範囲に含まれる。

よって，$g(x)$ $(0\leqq x\leqq 2\pi)$ は

$$\begin{cases} x=\dfrac{11}{6}\pi \text{ のとき，最大値 } \dfrac{\sqrt{3}}{3} \\[2ex] x=\dfrac{7}{6}\pi \text{ のとき，最小値 } -\dfrac{\sqrt{3}}{3} \end{cases}$$

をとる。

(4)　$f(x)=g(x)$ を変形すると

$$-\sin x(2+\sin x)=\cos x(2+\cos x)$$
$$-2\sin x-\sin^2 x=2\cos x+\cos^2 x$$
$$2(\sin x+\cos x)=-1$$

$$\therefore \quad \sin\left(x+\frac{\pi}{4}\right)=-\frac{1}{2\sqrt{2}}$$

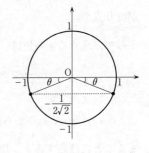

$x>0$ のとき，$x+\dfrac{\pi}{4}>\dfrac{\pi}{4}$ であるから

$$\alpha_1+\frac{\pi}{4}=\pi+\theta, \quad \alpha_2+\frac{\pi}{4}=2\pi-\theta$$

$$\therefore \quad \alpha_1=\frac{3}{4}\pi+\theta, \quad \alpha_2=\frac{7}{4}\pi-\theta$$

ただし，θ は $\sin\theta=\dfrac{1}{2\sqrt{2}}$，$0<\theta<\dfrac{\pi}{2}$ を満たすものである。

よって　$\alpha_1+\alpha_2=\left(\dfrac{3}{4}\pi+\theta\right)+\left(\dfrac{7}{4}\pi-\theta\right)=\dfrac{5}{2}\pi$

(5)　(3)の過程より，$0\leqq x\leqq 2\pi$ において 2 曲線 $y=f(x)$ と $y=g(x)$ は右図のようになり，網かけ部分の面積を求めればよい。また，(4)の結果より

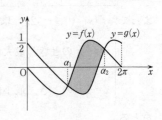

$$\sin\alpha_2=\sin\left(\frac{5}{2}\pi-\alpha_1\right)=\cos\alpha_1$$

$$\cos\alpha_2=\cos\left(\frac{5}{2}\pi-\alpha_1\right)=\sin\alpha_1$$

さらに，(4)の過程より

$$\cos\theta = \sqrt{1-\frac{1}{8}} = \frac{\sqrt{7}}{2\sqrt{2}}$$

$$\sin\alpha_1 = \sin\left(\frac{3}{4}\pi+\theta\right) = \frac{1}{\sqrt{2}}\cdot\frac{\sqrt{7}}{2\sqrt{2}} + \left(-\frac{1}{\sqrt{2}}\right)\cdot\frac{1}{2\sqrt{2}}$$

$$= \frac{-1+\sqrt{7}}{4}$$

$$\cos\alpha_1 = \cos\left(\frac{3}{4}\pi+\theta\right) = \left(-\frac{1}{\sqrt{2}}\right)\cdot\frac{\sqrt{7}}{2\sqrt{2}} - \frac{1}{\sqrt{2}}\cdot\frac{1}{2\sqrt{2}}$$

$$= \frac{-1-\sqrt{7}}{4}$$

よって，求める面積 S は，(1)の結果より

$$S = \int_{\alpha_1}^{\alpha_2}\{f(x)-g(x)\}\,dx = \Big[\log(2+\cos x)-\log(2+\sin x)\Big]_{\alpha_1}^{\alpha_2}$$

$$= \log(2+\cos\alpha_2) - \log(2+\sin\alpha_2) - \log(2+\cos\alpha_1) + \log(2+\sin\alpha_1)$$

$$= 2\log(2+\sin\alpha_1) - 2\log(2+\cos\alpha_1) = 2\log\frac{2+\sin\alpha_1}{2+\cos\alpha_1}$$

$$= 2\log\frac{2+\dfrac{-1+\sqrt{7}}{4}}{2+\dfrac{-1-\sqrt{7}}{4}} = 2\log\frac{\sqrt{7}+1}{\sqrt{7}-1} = 2\log\frac{(\sqrt{7}+1)^2}{7-1}$$

$$= 2\log\frac{4+\sqrt{7}}{3}$$

❖講　評

　大問 3 題の出題で，1 が空所補充形式，2，3 が記述式であった。証明問題・図示問題は出題されなかった。

　1　(1)は三角形の外心のベクトル表示を求める問題である。基本問題であるが，同じことを 2 度やらなくてすむように計算を工夫して時間を短縮したい。(2)(a)は楕円上の格子点の個数を求める問題で易しい。(b)は楕円の定義から(a)の結果が使えることに気付きたい。(3)は隣接する 2 つのバイナリーベクトルの取り出し方の組み合わせの総数を求める問題である。バイナリーベクトルという言葉に惑わされないようにしたい。考え方は基本的である。

　2　特殊な連立方程式の実数解の存在条件を考える問題である。x^2+y^2 や x^3+y^3 を $x+y$ と xy で表すことは経験があるはずなので，誘導に従って確実に解きたい。誘導の解法以外では，$x=\cos\theta$，$y=\sin\theta$ $(0\leqq\theta<2\pi)$ とおくのも自然である。

　3　2 曲線で囲まれた図形の面積を求める問題である。不定積分の計算や増減を調べるという微分積分の処理は簡単であるが，共有点の x 座標 α_1，α_2 を具体的に求めることができないことからくる三角関数の処理に少し手間がかかる。

　全体的に標準的なレベルの出題であった。

◆数・応用数学科：学科別問題▶

（注） 解答は，東京理科大学から提供のあった情報を掲載しています。

1 解答

(1)アイウ． 334 (2)エオカ． 267 (3)キク． 36
(4)ケ． 4 (5)コサシ． 988 (6)スセソ． 468

◀解 説▶

≪集合の要素の個数≫

(1) $\{x \mid x \in S \text{ かつ } h_1(x) = 1\} = A_1$ である。

3で割って1余る自然数 x は，自然数 l を用いて $x = 3l - 2$ と表せる。

$1 \leq 3l - 2 \leq 1000$ を解いて $1 \leq l \leq 334$

よって，A_1 の要素の個数は 334 個 →アイウ

(2) $\{x \mid x \in S \text{ かつ } h_2(x) = 1\} = A_2$ である。

30 との最大公約数が2である自然数 x は，3，5の倍数でない自然数 m を用いて $x = 2m$ と表せる。

1以上 1000 以下の自然数のうち

2の倍数は $\left[\dfrac{1000}{2}\right] = 500$ 個

2・3の倍数は $\left[\dfrac{1000}{2 \cdot 3}\right] = 166$ 個

2・5の倍数は $\left[\dfrac{1000}{2 \cdot 5}\right] = 100$ 個

2・3・5の倍数は $\left[\dfrac{1000}{2 \cdot 3 \cdot 5}\right] = 33$ 個

であるから，A_2 の要素の個数は

$500 - (166 + 100 - 33) = 267$ 個 →エオカ

(3) $\{x \mid x \in S \text{ かつ } h_3(x) = 1\} = A_3$ である。

$1000 \notin A_3$ であるから，$x \in A_3$ は，$a + b + c = 7$ を満たす0以上7以下の整数 a, b, c を用いて $x = a \times 10^2 + b \times 10 + c$ と表せる。

このような整数の組 (a, b, c) は，7つの「○」と2つの「｜（しきり）」を横一列に並べ，「｜（しきり）」で区切られた3つの部分にある「○」の

個数を左から順に a, b, c とすることで得られるから, A_3 の要素の個数
は

$$\frac{9!}{7!2!} = \frac{9 \cdot 8}{2 \cdot 1} = 36 \text{ 個} \quad \rightarrow キク$$

(4) $\{x \mid x \in S \text{ かつ } h_1(x) h_2(x) = 1\} = A_1 \cap A_2$ である。

$x \in A_1 \cap A_2$ とすると, $x \in A_1$ より, 自然数 l を用いて $x = 3l - 2$ と表せる。
また, $x \in A_2$ より x は偶数であるから, l は偶数である。

よって $x = 3 \cdot 2n - 2 = 6n - 2$ (n は自然数)

となるから, x を 6 で割ったときの余りは 4 →ケ

(5) $\{x \mid x \in S \text{ かつ } h_1(x) h_2(x) h_3(x) = 0\} = \overline{A_1} \cup \overline{A_2} \cup \overline{A_3} = \overline{A_1 \cap A_2 \cap A_3}$ である。
まず, $A_1 \cap A_2 \cap A_3$ の要素の個数を求める。そのために, A_3 の要素のうち,
A_1 と A_2 のどちらの要素にもなるものの個数を求めることにする。

$x \in A_3$ は, $a + b + c = 7$ を満たす 0 以上 7 以下の整数 a, b, c を用いて
$x = a \times 10^2 + b \times 10 + c$ と表せることは(3)の〔解説〕で述べた。このとき

$$x = 100a + 10b + c = 3(33a + 3b) + (a + b + c)$$
$$= 3(33a + 3b) + 7 = 3(33a + 3b + 2) + 1$$

で, $33a + 3b + 2$ は整数であるから, $x \in A_1$ である。さらに x は 3 の倍数
にならないから, x が 5 の倍数でない偶数となることが, $x \in A_2$ となる条
件である。このような x は

$c = 2$ のとき, $a + b = 5$ より 6 個

$c = 4$ のとき, $a + b = 3$ より 4 個

$c = 6$ のとき, $a + b = 1$ より 2 個

の合計 12 個あり, これが $A_1 \cap A_2 \cap A_3$ の要素の個数である。

よって, $\overline{A_1 \cap A_2 \cap A_3}$ の要素の個数は

$$1000 - 12 = 988 \text{ 個} \quad \rightarrow コサシ$$

(6) $\{x \mid x \in S \text{ かつ } h_1(x) + h_2(x) - h_1(x) h_2(x) = 1\} = A_1 \cup A_2$ である。

A_1 と A_2 の要素の個数は求めてあるから, $A_1 \cap A_2$ の要素の個数を求める
ことにする。

$x \in A_1 \cap A_2$ とすると, 自然数 n を用いて $x = 6n - 2 = 2(3n - 1)$ と表せるこ
とは(4)の〔解説〕で述べた。

$1 \leq 6n - 2 \leq 1000$ を解くと $\dfrac{1}{2} \leq n \leq 167$

であるから，自然数 n を用いて $2(3n-1)$ と表せる S の要素は，167個ある。これらのうち，$3n-1$ が5の倍数となるものは A_2 の要素とならないから，このようなものを除く必要がある。

そこで，$3n-1$ $(1 \leqq n \leqq 167)$ のうち5の倍数となるものの個数を求める。$3n-1=5o$ （o は整数）と $3 \cdot 2-1=5 \cdot 1$ の辺々を引くと

$$3(n-2)=5(o-1)$$

となるが，3と5は互いに素であるから　　　$n-2=5p$ （p は整数）

ただし，$1 \leqq n \leqq 167$ であるから

$$1 \leqq 5p+2 \leqq 167 \quad \therefore \quad -\frac{1}{5} \leqq p \leqq 33$$

よって，$3n-1$ $(1 \leqq n \leqq 167)$ のうち5の倍数となるものの個数は，$n=5p+2$ $(0 \leqq p \leqq 33)$ のときの34個である。

したがって，$A_1 \cap A_2$ の要素の個数は

$$167-34=133 \text{個}$$

以上より，$A_1 \cup A_2$ の要素の個数は

$$334+267-133=468 \text{個} \quad \rightarrow \text{スセソ}$$

2　解答　〈答を導く過程は省略〉

(1)　$(0, 0)$, $\left(\dfrac{3}{2}, \dfrac{3}{2}\right)$

(2)　(x_0, y_0) を C 上の点とすると

$$x_0{}^3+y_0{}^3=3x_0y_0, \ x_0 \geqq 0, \ y_0 \geqq 0$$

これを書き換えると

$$y_0{}^3+x_0{}^3=3y_0x_0, \ y_0 \geqq 0, \ x_0 \geqq 0$$

よって，直線 $y=x$ に関して点 (x_0, y_0) と対称な点 (y_0, x_0) は C 上の点である。　　　　　　　　　　　　　　　　　　　　（証明終）

(3)　$t>2^{\frac{2}{3}}$ とする。

$f(x)=x^3-3tx+t^3$ $(x \geqq 0)$ を微分すると

$$f'(x)=3x^2-3t=3(x+\sqrt{t})(x-\sqrt{t})$$

f の増減を調べると，次のようになる。

x	0	$\cdots$	$\sqrt{t}$	$\cdots$
$f'(x)$		$-$	0	$+$
$f(x)$	t^3	$\searrow$	極小	$\nearrow$

よって，$f(x)$（$x \geqq 0$）の最小値は

$$f(\sqrt{t}) = t^{\frac{3}{2}} - 3t^{\frac{3}{2}} + t^3 = t^{\frac{3}{2}}(t^{\frac{3}{2}} - 2)$$

であり，$t > 2^{\frac{2}{3}}$ より $t^{\frac{3}{2}} > 0$ であるから，最小値は正である。

ゆえに，すべての $x \geqq 0$ に対して $f(x) > 0$ である。　　　　　（証明終）

(4)　$x \geqq 0$，$y \geqq 0$ とする。(3)より

$$y > 2^{\frac{2}{3}} \Longrightarrow x^3 - 3xy + y^3 \neq 0$$

(2)で示した対称性により

$$x > 2^{\frac{2}{3}} \Longrightarrow x^3 - 3xy + y^3 \neq 0$$

したがって，上記 2 つの対偶を考えれば

$$x^3 - 3xy + y^3 = 0 \Longrightarrow x \leqq 2^{\frac{2}{3}}，y \leqq 2^{\frac{2}{3}}$$

よって，C は 4 点 $(0,\ 0)$，$(2^{\frac{2}{3}},\ 0)$，$(2^{\frac{2}{3}},\ 2^{\frac{2}{3}})$，$(0,\ 2^{\frac{2}{3}})$ を頂点とする正方形およびその内部に含まれる。　　　　　　　　　　　　　（証明終）

(5)　$0 \leqq t \leqq \dfrac{3}{2}$ のとき 1 個，$\dfrac{3}{2} < t \leqq 2^{\frac{2}{3}}$ のとき 0 個

━━━━━━◀解　説▶━━━━━━

≪デカルトの正葉線のいくつかの性質≫

(1)　$x^3 + y^3 = 3xy$ において，$y = x$ とすると

$$x^3 + x^3 = 3x^2$$
$$x^2(2x - 3) = 0$$

$$\therefore\quad x = 0,\ \frac{3}{2}\quad （ともに $x \geqq 0$ を満たす）$$

よって，C と直線 $y = x$ の共有点の座標は　　$(0,\ 0)$，$\left(\dfrac{3}{2},\ \dfrac{3}{2}\right)$

(2)　直線 $y = x$ に関して点 $(x_0,\ y_0)$ と対称な点の座標は $(y_0,\ x_0)$ である。これを C の式に代入したものが成り立つことを示せばよい。

(3)　$f(x)$ を x で微分して増減を調べ，最小値が正であることを示す。

(4)　(3)で示した不等式を利用すれば，C 上の点が $y > 2^{\frac{2}{3}}$ を満たす範囲（下

左図の網かけ部分）には存在しないことが示せる。また，(2)で示した対称性より，$x>2\frac{2}{3}$を満たす範囲（下右図の網かけ部分）にも C 上の点は存在しない。

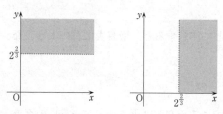

したがって，C は右図の網かけ部分（境界を含む）に含まれることになる。

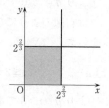

(5)　t を $0 \leqq t \leqq 2\frac{2}{3}$ を満たす定数とする。

$$x^3+y^3=3xy \quad かつ \quad x\geqq 0 \quad かつ \quad y\geqq 0 \quad かつ$$
$$y\leqq x$$

において，$y=t$ とすると

$$x^3+t^3=3xt \quad かつ \quad x\geqq 0 \quad かつ \quad t\geqq 0 \quad かつ \quad t\leqq x$$

$\therefore \quad x^3-3tx+t^3=0 \quad かつ \quad x\geqq t \quad (\geqq 0)$

よって，x の方程式 $x^3-3tx+t^3=0$ の異なる実数解のうち，$x\geqq t$ の範囲にあるものの個数 N が求めるものである。

$t=0$ のときは，明らかに $N=1$ である。

以降 $0<t\leqq 2\frac{2}{3}$ とし，$g(x)=x^3-3tx+t^3 \ (x\geqq t)$ とおく。

$$g'(x)=3(x+\sqrt{t})(x-\sqrt{t})$$
$$g(t)=t^2(2t-3) \quad \cdots\cdots①$$
$$\lim_{x\to\infty}g(x)=\infty \quad \cdots\cdots②$$

である。

(i)　$0<t<1$ のとき

$0<t<\sqrt{t}$ であることに注意すると，増減表は次のようになる。

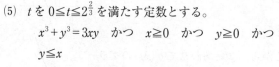

x	t	$\cdots$	$\sqrt{t}$	$\cdots$
$g'(x)$		$-$	0	$+$
$g(x)$		$\searrow$		$\nearrow$

そして，①より $g(t)<0$ であるから，②とあわせて $g(x)$ のグラフは右図のようになる。

よって　　$N=1$

(ii)　$1\leqq t\leqq 2^{\frac{2}{3}}$ のとき

$\sqrt{t}\leqq t$ であることに注意すると，増減表は右のようになる。

x	t	$\cdots$
$g'(x)$		$+$
$g(x)$		$\nearrow$

（ii-1）　$1\leqq t\leqq\dfrac{3}{2}$ のとき

①より $g(t)\leqq 0$ であるから，②とあわせて $g(x)$ のグラフは右図のようになる。

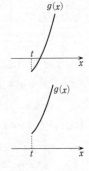

よって　　$N=1$

（ii-2）　$\dfrac{3}{2}<t\leqq 2^{\frac{2}{3}}$ のとき

①より $g(t)>0$ であるから，②とあわせて $g(x)$ のグラフは右図のようになる。

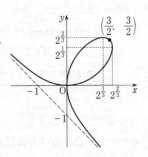

よって　　$N=0$

以上(i)，(ii)より，求める個数は

$$\begin{cases} 0\leqq t\leqq\dfrac{3}{2}\text{ のとき，1個} \\ \dfrac{3}{2}<t\leqq 2^{\frac{2}{3}}\text{ のとき，0個} \end{cases}$$

参考　$x^3+y^3=3xy$ を満たす点 (x, y) の全体で表される図形を「デカルトの正葉線」という。概形は右図のようになり，直線 $x+y=-1$ が漸近線である。

❖講　評

　大問2題の出題で，1が空所補充形式，2が記述式であった。2で証明問題が出題されたが，図示問題は出題されなかった。

　1　集合の要素の個数を求める問題である。$h_i(x)$ を用いて集合が表されているから，各小問における集合がどういう集合になるのかを考える必要がある。現れる集合は，A_1, A_2, A_3, $A_1 \cap A_2$, $A_1 \cup A_2$, $A_1 \cap A_2 \cap A_3$ であり，実質的には整数問題である。設問の順に手間がかかるようになっていて，受験生の実力を測れる問題であったと思われる。

　2　デカルトの正葉線のいくつかの性質を調べる問題である。デカルトの正葉線の概形は〔参考〕で紹介してあるが，概形を知らなくても解答できるように誘導されている。(1)〜(3)は簡単である。(4)は(3)の結果を用いて示せる。(5)は $g(x)$ の増減と $g(t)$ の符号を考えれば，場合分けは自然である。

　簡単な問題から手間のかかる問題まであり，学科別問題の試験として適度な難易度であった。

■物理■

（注）　解答は，東京理科大学から提供のあった情報を掲載しています。

1 解答

(1)(ア)— 1　(イ)— 0　(ウ)— 4
(2)(エ)— 5　(オ)— 0　(カ)— 6
(3)(キ)— 6　(ク)—04　(ケ)— 0　(4)(コ)—2　(サ)—10　(シ)—12

◀解　説▶

≪分裂をしたロケットの中で慣性力をうけた小球の単振動≫

(1)(ア)　ロケットの質量を m'〔kg〕とおくと，向心方向の運動方程式より

$$m'\frac{|\vec{V}|^2}{R+h} = G\frac{Zm'}{(R+h)^2} \qquad \therefore \quad |\vec{V}| = \sqrt{\frac{GZ}{(R+h)}} \text{〔m/s〕}$$

(イ)　ベクトルの三角不等式より

$$|\vec{V}+\vec{V'}| \le |\vec{V}| + |\vec{V'}|$$

が成り立つ。上式において $|\vec{V}|$ は定数であり，$|\vec{V}+\vec{V'}|$ を一定に保って $|\vec{V'}|$ を変化させたとき，$|\vec{V'}|$ が最小となるのは等号が成立するときであり，これは $\vec{V'}$ が $\vec{V}$ と同じ向きになるときである。

(ウ)　ロケットが最小の速さで無限遠に到達するとき，無限遠での運動エネルギーはほぼゼロとして，力学的エネルギー保存則より

$$\frac{1}{2}m'|\vec{V}+\vec{V'}|^2 - G\frac{Zm'}{R+h} = 0 \qquad \therefore \quad |\vec{V}+\vec{V'}| = \sqrt{\frac{2GZ}{(R+h)}} \text{〔m/s〕}$$

(2)(エ)　静止座標系の観測者から見ると，分裂後（小球の放出後）の小球の速度は $v+\Delta v-w$ であるから，運動量保存則より

$$(m+M-\Delta M)(v+\Delta v) + \Delta M(v+\Delta v-w) = (m+M)v$$

$$\therefore \quad \frac{\Delta M}{m} = \left(1+\frac{M}{m}\right) \times \frac{\Delta v}{w} \quad \cdots\cdots(1)$$

(オ)　運動エネルギーの和の変化は，微少量どうしの積を無視し，(1)式を用いると

$$\frac{1}{2}(m+M-\Delta M)(v+\Delta v)^2 + \frac{1}{2}\Delta M(v+\Delta v-w)^2 - \frac{1}{2}(m+M)v^2$$

$$\fallingdotseq (m+M)\,v\Delta v - \Delta Mvw + \frac{1}{2}\Delta Mw^2$$

$$= \frac{1}{2}\Delta Mw^2\,(\mathrm{J})$$

㋒　(1)式より，1回目の分裂後の速度変化は

$$\Delta v = \frac{\Delta M}{m+M}w = \frac{pm}{m+Nm}w = \frac{p}{1+N}w$$

燃料の質量が pm ずつ少なくなることに注意すると，速度変化は

$$\frac{p}{1+N}w + \frac{p}{1+N-p}w + \frac{p}{1+N-2p}w + \cdots\,(\mathrm{m/s})$$

(3)㋖　小球の座標が x のとき，ロケットから見た加速度を b とすると，運動方程式より，大きさ $m_0\alpha$ の慣性力が x 軸負の向きにはたらくから

$$m_0 b = -kx - m_0\alpha \quad \therefore \quad b = -\frac{k}{m_0}\!\left(x + \frac{m_0\alpha}{k}\right)$$

これは，角振動数が $\sqrt{\dfrac{k}{m_0}}$，$b=0$ となる振動中心が $x = -\dfrac{m_0\alpha}{k}$ の単振動である。振動の端が静かに静止していた $x=0$ であるから，振幅は

$$A = \frac{m_0\alpha}{k}\,(\mathrm{m})$$

㋗　単振動の周期の式より，$T = 2\pi\sqrt{\dfrac{m_0}{k}} = 2\pi\sqrt{\dfrac{A}{\alpha}}$ だから

$$t_1 = \frac{3}{2}T = 3\pi\sqrt{\frac{A}{\alpha}}$$

ロケットは初速度 0，加速度 α で等加速度運動をするので，ロケットの端点Ｐが移動した長さは

$$\frac{1}{2}\alpha\!\left(3\pi\sqrt{\frac{A}{\alpha}}\right)^2 = \frac{9}{2}\times\pi^2 A\,(\mathrm{m})$$

㋘　$t=t_1$ で小球の速度は 0 であり，振動の端である。$t=t_1$ 以降，小球の座標が x のとき，ロケットから見た加速度を b とすると，運動方程式より

$$m_0 b = -kx \quad \therefore \quad b = -\frac{k}{m_0}x$$

となるから，小球は角振動数 $\sqrt{\dfrac{k}{m_0}}$ の単振動をして周期は変化しないが，$b=0$ となる振動中心が $x=0$ となる。また，$t=t_1$ のときロケットから見た

小球の速さはゼロなので振動の端であり，このとき $x=-2A$ なので，振幅は $2A$ とわかり，グラフは 0 となる。

(4)(コ) 小球は，$\dfrac{t}{T}=1.5$ で y 方向の運動が変わり，$\dfrac{t}{T}=2$ で x 方向の運動が変化しているので，ロケットの加速度の方向が変化したのは 2 回となる。

(サ) 小球は時刻 $0\leqq t\leqq 2T$ では，中心位置が $x=-2A=-\dfrac{m_0\cdot 2\alpha}{k}$ の単振動をしているから，この間の X 方向のロケットの加速度は 2α である。また，小球は $2T\leqq t\leqq 4T$ では静止しているので，このとき，ロケットは速度 $2\alpha\times 2T$ で等速直線運動をしている。等加速度運動の式と等速運動の式より

$$X=\frac{1}{2}\cdot 2\alpha(2T)^2+2\alpha\times 2T\times(4T-2T)=12\alpha T^2$$

$$=12\alpha\left(2\pi\sqrt{\frac{A}{\alpha}}\right)^2=48\times\pi^2 A\,\text{〔m〕}$$

(シ) 小球は時刻 $0\leqq t\leqq 1.5T$ では，中心位置が $x=A=\dfrac{m_0\alpha}{k}$ の単振動をしているから，この間の Y 方向のロケットの加速度は $-\alpha$ である。

また，小球は $1.5T\leqq t\leqq 4T$ では中心位置が $x=3A=\dfrac{m_0\cdot 3\alpha}{k}$ の単振動をしているから，この間の Y 方向のロケットは，初速度 $-\alpha\times\dfrac{3}{2}T$，加速度 -3α の等加速度運動をしている。等加速度運動の式より

$$|Y|=\left|-\frac{1}{2}\alpha\left(\frac{3}{2}T\right)^2-\alpha\times\frac{3}{2}T\left(4T-\frac{3}{2}T\right)-\frac{1}{2}\cdot 3\alpha\left(4T-\frac{3}{2}T\right)^2\right|$$

$$=\frac{57}{4}\alpha T^2=\frac{57}{4}\alpha\left(2\pi\sqrt{\frac{A}{\alpha}}\right)^2=57\times\pi^2 A\,\text{〔m〕}$$

2 解答 (1)(ア)—00 (イ)—18 (ウ)—18 (エ)—01 (オ)—00
(カ)—2 (キ)—3
(2)(ク)—0 (ケ)—4 (コ)—1 (サ)—10 (シ)—04 (ス)—08 (セ)—2 (ソ)—0
(タ)—6

━━━◀解　説▶━━━

≪等温変化，吸熱から放熱となる変化を含むサイクルの熱効率≫

(1)(ア)　AからBは定積変化なので仕事は　　0J

(イ)　A，Bの温度をそれぞれ $T_A〔K〕$，$T_B〔K〕$ とすると，理想気体の状態方程式より

$$p_0V_0 = RT_A$$
$$7p_0V_0 = RT_B$$

単原子分子理想気体の定積モル比熱は $\frac{3}{2}R$ なので，内部エネルギーの増加を $\Delta U_{AB}〔J〕$ とすると

$$\Delta U_{AB} = \frac{3}{2}R(T_B - T_A) = \frac{3}{2}(7p_0V_0 - p_0V_0) = 9p_0V_0〔J〕$$

(ウ)　AからBで気体に与えられた熱量を $Q_{AB}〔J〕$ とすると，熱力学第一法則より

$$Q_{AB} = \Delta U_{AB} = 9p_0V_0〔J〕$$

(エ)　単原子分子理想気体の定積モル比熱は $\frac{5}{2}R$ なので，CからAで外部から気体に与えられた熱量を $Q_{CA}〔J〕$ とすると，状態Cでの温度が $T_B〔K〕$ であるから

$$Q_{CA} = \frac{5}{2}R(T_A - T_B) = \frac{5}{2}(p_0V_0 - 7p_0V_0) = -15p_0V_0〔J〕$$

(オ)　BからCでは，温度が変化しないので，内部エネルギーの変化は　　0J

(カ)　p-V グラフと V 軸と $V=V_0$ と $V=7V_0$ で囲まれた面積が気体がした仕事の大きさを表すので，グラフは2となる。

(キ)　BからCへの変化で気体がした仕事を $W_{BC}〔J〕$ とすると，題意より

$$W_{BC} = RT_B\log_e\frac{7V_0}{V_0} \fallingdotseq 7p_0V_0 \times 1.9 = 13.3p_0V_0〔J〕$$

よって，BからCで気体に与えられた熱量を $Q_{BC}〔J〕$ とすると，熱力学第一法則より

$$Q_{BC} = W_{BC} = 13.3p_0V_0〔J〕$$

熱効率を e とすると，1サイクルで気体が吸収した熱量が $Q_{AB} + Q_{BC}〔J〕$ なので

$$e = \frac{Q_{AB} + Q_{BC} + Q_{CA}}{Q_{AB} + Q_{BC}} = 1 + \frac{Q_{CA}}{Q_{AB} + Q_{BC}} = 1 - \frac{15p_0V_0}{9p_0V_0 + 13.3p_0V_0}$$

$$= 0.327 \fallingdotseq 0.33$$

(2)(ク)　線分 BC 上での気体の圧力を p〔Pa〕，体積を V〔m^3〕とすると，直線 BC の式より

$$p - 7p_0 = \frac{p_0 - 7p_0}{7V_0 - V_0}(V - V_0) \qquad \therefore \quad p = -\frac{p_0}{V_0}V + 8p_0$$

よって，$V = kV_0$では　$p = (-k + 8) \times p_0$〔Pa〕

(ケ)　B から K まで気体がした仕事を W_{BK}〔J〕とすると，p-V グラフと V 軸と $V = V_0$ と $V = kV_0$ で囲まれた面積より

$$W_{BK} = \frac{7p_0 + (-k+8)p_0}{2}(kV_0 - V_0) = \frac{1}{2}(-k^2 + 16k - 15) \times p_0V_0 \text{〔J〕}$$

(コ)　K での気体の温度を T_K〔K〕とすると，理想気体の状態方程式より

$$(-k + 8)p_0kV_0 = RT_K$$

B から K での内部エネルギー変化を ΔU_{BK}〔J〕とすると

$$\Delta U_{BK} = \frac{3}{2}R(T_K - T_B) = \frac{3}{2}\{(-k+8)p_0kV_0 - 7p_0V_0\}$$

$$= \frac{3}{2}(-k^2 + 8k - 7) \times p_0V_0 \text{〔J〕}$$

(サ)～(ス)　よって，気体が吸収した熱量を Q_{BK}〔J〕とすると，熱力学第一法則より

$$Q_{BK} = \Delta U_{BK} + W_{BK} = (-2k^2 + 20k - 18)p_0V_0$$

$$= \{-2(k-5)^2 + 32\} \times p_0V_0 \text{〔J〕}$$

(セ)　$k = 5$ の場合に Q_{BK} は，最大値 $Q_{BM} = 32 \times p_0V_0$〔J〕となるので

$$Q_{BD} < Q_{BM}$$

(ソ)　$5 < k \leqq 7$ では，k が増加すると B から D までの熱量が減少していくので，気体は，B から M までの過程では熱を吸収するが，M から C までの過程では，熱を放出している。

(タ)　1 サイクルで気体が外部にした仕事を W_{cycle}〔J〕とすると，p-V グラフの中の面積なので

$$W_{cycle} = \frac{1}{2}(7p_0 - p_0) \times (7V_0 - V_0) = 18p_0V_0 \text{〔J〕}$$

熱効率を e とすると，1 サイクルで気体が吸収した熱量は $Q_{AB} + Q_{BM}$〔J〕

なので

$$e = \frac{W_{\text{cycle}}}{Q_{AB} + Q_{BM}} = \frac{18p_0 V_0}{9p_0 V_0 + 32 \times p_0 V_0} = 0.439 \fallingdotseq 0.44$$

3 **解答**　(1)(ア)— 4　(イ)— 2　(ウ)— 3　(エ)— 2　(オ)— 1
(2)(カ)— 4　(キ)— 3　(ク)— 0　(ケ)— 4　(コ)— 2　(サ)— 3
(シ)— 2

◀解　説▶

≪ベータトロン，磁場と電場の中の荷電粒子の運動≫

(1)(ア)　ローレンツ力が向心力となって円運動をするから，向心方向の運動方程式より

$$m\frac{v^2}{R} = qvB \qquad \therefore \quad v = \frac{qBR}{m} \,[\text{m/s}]$$

(イ)　円周に生じる起電力の大きさは $2\pi RE$ であるので，ファラデーの電磁誘導の法則より

$$2\pi RE = \pi R^2 \frac{\Delta B}{\Delta t} \qquad \therefore \quad E = \frac{R}{2}\frac{\Delta B}{\Delta t} \,[\text{V/m}]$$

(ウ)　点電荷は誘導電場から大きさ qE の力を受けて加速するので，運動方程式は

$$m\frac{\Delta v}{\Delta t} = qE$$

この式に(イ)の結果を代入して

$$\Delta v = \frac{qR}{2m}\Delta B \,[\text{m/s}]$$

(エ)　向心方向の運動方程式は

$$m\frac{(v+\Delta v)^2}{R'} = q(v+\Delta v)(B+\Delta B) \qquad \therefore \quad R' = \frac{m}{q}\frac{(v+\Delta v)}{(B+\Delta B)} \,[\text{m}]$$

この式に(ア)と(ウ)の結果を代入して

$$R' = \frac{m}{q}\frac{\left(\dfrac{qBR}{m} + \dfrac{qR}{2m}\Delta B\right)}{(B+\Delta B)} = \frac{2B+\Delta B}{2B+2\Delta B}R \,[\text{m}]$$

(オ)　ファラデーの電磁誘導の法則より，$2\pi RE = \pi R^2 \dfrac{\Delta \overline{B}}{\Delta t}$ となるので，(エ)

の結果の式で分子の ΔB を $\Delta \overline{B}$, $R' = R$ として

$$R = \frac{2B + \Delta \overline{B}}{2B + 2\Delta B} R \qquad \therefore \quad \frac{\Delta \overline{B}}{\Delta B} = 2$$

(2)(カ)　電場による力が y 軸正の向きであるから，y 軸方向の力のつり合いより，ローレンツ力の向きは y 軸負の向きである。フレミングの左手の法則より，磁場は z 軸正の向きである。

(キ)　ローレンツ力と磁場からの力のつり合いより

$$qE_0 = qv_0 B_0 \qquad \therefore \quad B_0 = \frac{E_0}{v_0} \,\text{〔T〕}$$

(ク)　変化前と変化後の力学的エネルギー保存則より

$$\frac{1}{2} m v_0{}^2 = q V_0$$

$$\frac{1}{2} (m + \Delta m)(v_0 + \Delta v)^2 = q V_0$$

辺々をそれぞれ割って

$$\left(1 + \frac{\Delta m}{m}\right)\left(1 + \frac{\Delta v}{v_0}\right)^2 = 1 \qquad \therefore \quad 1 + \frac{\Delta m}{m} = \left(1 + \frac{\Delta v}{v_0}\right)^{-2}$$

与えられた近似を用いて

$$1 + \frac{\Delta m}{m} \fallingdotseq 1 - 2\frac{\Delta v}{v_0} \qquad \therefore \quad \Delta v = -\frac{\Delta m}{2m} v_0 \,\text{〔m/s〕}$$

(ケ)　求める速度の y 成分を v_y 〔m/s〕とすると，運動量と力積の式より

$$(m + \Delta m) v_y = \{qE_0 - q(v_0 + \Delta v)B_0\}\frac{l}{v_0}$$

この式に(キ)と(ク)の結果を代入して

$$(m + \Delta m) v_y = \left\{qv_0 B_0 - q\left(v_0 - \frac{\Delta m}{2m} v_0\right)B_0\right\}\frac{l}{v_0}$$

$$\therefore \quad v_y = \frac{qB_0 l}{2(m + \Delta m)} \frac{\Delta m}{m} \fallingdotseq \frac{qB_0 l}{2m} \frac{\Delta m}{m} \,\text{〔m/s〕}$$

(コ)　与えられた近似より

$$\theta \fallingdotseq \tan\theta = \frac{v_y}{v_0 + \Delta v} \fallingdotseq \frac{v_y}{v_0} = \frac{qB_0 l}{2v_0 m} \frac{\Delta m}{m} \,\text{〔rad〕}$$

(サ)・(シ)　(コ)の結果より，θ は質量の変化 Δm に比例し，比例定数は正である。また，y 座標は，$\tan\theta \fallingdotseq \theta$ に比例する。よって，質量数の軽い順に並べると，${}^{32}\text{S}^+$，${}^{33}\text{S}^+$，${}^{34}\text{S}^+$，${}^{36}\text{S}^+$ となるので，グラフのピークは y 座標の

小さい方から順にこれと同じ順となる。また，隣り合うピークの y 座標の間隔は Δm に比例するので，$^{34}S^+$ と $^{36}S^+$ のピーク間隔は他のピーク間隔の2倍となる。以上より，グラフは3となり，$\theta=0$ の軌道となるイオンは，2番目に重い $^{34}S^+$ である。

4 解答

(1)(ア)— 3 (イ)— 9 (ウ)— 5 (エ)— 3 (オ)— 0 (カ)— 6
(2)(キ)— 0 (ク)— 0 (ケ)— 3 (コ)— 6 (サ)— 6 (シ)— 1

◀解 説▶

≪ドップラー効果，音波の干渉≫

(1)(ア) 振動数が最小となる音を出した位置は，OP と音源の速度が平行で OP が円の接線となり，P が O から遠ざかるときである。このとき CP⊥OP なので

$$\cos\theta = \frac{R}{2R} = \frac{1}{2} \qquad \therefore \quad \theta = \frac{\pi}{3}\,(\text{rad})$$

(イ) 振動数が最大となる音を出した位置は，OP と音源の速度が平行で OP が円の接線となり，P が O に近づくときであるから

$$\theta = 2\pi - \frac{\pi}{3} = \frac{5}{3}\pi\,(\text{rad})$$

(ウ) 振動数は，$\theta = \frac{\pi}{3}$ で最小，$\theta = \frac{5}{3}\pi$ で最大となる。波の基本式より振動数と波長は反比例するので，波長は $\theta = \frac{\pi}{3}$ で最大，$\theta = \frac{5}{3}\pi$ で最小となる。よって，グラフは5。

(エ) 振動数が最大のときは音源が観測者に近づく速さが $R\omega$，振動数が最小のときは音源が観測者から遠ざかる速さが $R\omega$ となるので，振動数の差は

$$\frac{V}{V-R\omega}f_0 - \frac{V}{V+R\omega}f_0 = \frac{2VR\omega}{V^2 - R^2\omega^2}f_0\,(\text{Hz})$$

(オ)・(カ) 直線 OP と P の速度が垂直になるとき，音源が観測者に近づく速度成分の大きさが0となるので $\theta = 0,\ \pi\,(\text{rad})$

(2)(キ) 波の基本式より，音波の波長は $\dfrac{V}{f_0}$ となる。$\theta=0$ での経路差 $\overline{OC} - \overline{OP} = 2R - R = R$ より，弱め合う条件は

$$R = \left(m + \frac{1}{2}\right)\frac{V}{f_0}\,\text{[m]}$$

(ク)　$\theta = \pi$ での経路差 $\overline{OP} - \overline{OC} = 3R - 2R = R$ より，弱め合って聞こえなくなった。

(ケ)　$\overline{OC} = 2R$ より，位相は $x = 2R$ として　　$2\pi f_0\left(t - \dfrac{2R}{V}\right)$

(コ)　$\overline{OP} = x$ とすると，余弦定理より

$$x^2 = R^2 + (2R)^2 - 2R \cdot 2R\cos\theta \quad \therefore \quad x = R\sqrt{5 - 4\cos\theta}$$

位相は　　$2\pi f_0\left(t - \dfrac{R\sqrt{5 - 4\cos\theta}}{V}\right)$

(サ)　位相の差が 2π の整数倍になるとき強め合うので

$$\left|2\pi f_0\left(t - \frac{2R}{V}\right) - 2\pi f_0\left(t - \frac{R\sqrt{5 - 4\cos\theta}}{V}\right)\right| = 2n\pi$$

$$\therefore \quad \frac{Rf_0}{V}\left|2 - \sqrt{5 - 4\cos\theta}\right| = n$$

(シ)　$\theta = 0,\ \pi,\ 2\pi$ で弱め合うので，$A_m = 0$ であり，$\cos\theta = \cos(2\pi - \theta)$ より，グラフは $\theta = \pi$ について対称となる。

また，(キ)と(サ)の結果より，強め合う条件は

$$\left(m + \frac{1}{2}\right)\left|2 - \sqrt{5 - 4\cos\theta}\right| = n$$

$\cos\theta = \dfrac{1}{4}$ のとき，$\left|2 - \sqrt{5 - 4\cos\theta}\right| = 0$ となり，$\cos\dfrac{\pi}{3} = \dfrac{1}{2}$ であるので，強め合いの条件を満たす2点が $\dfrac{\pi}{3} < \theta < \dfrac{\pi}{2},\ \dfrac{3\pi}{2} < \theta < \dfrac{5\pi}{3}$ の範囲に存在する。

また，$\theta = \dfrac{\pi}{3}$ を代入すると，$\left(m + \dfrac{1}{2}\right)\left|2 - \sqrt{3}\right| = n$ となり，弱め合う条件 $m\left|2 - \sqrt{3}\right| = n + \dfrac{1}{2}$ は左辺が無理数でこれを満たす整数 n は存在しないので，グラフは3や5にならない。以上より，適切なグラフは1である。

参考　強め合いの条件は，$\left|2 - \sqrt{5 - 4\cos\theta}\right| = \dfrac{2n}{2m + 1}$ と変形できる。

$0 \leqq \left|2 - \sqrt{5 - 4\cos\theta}\right| \leqq 1$ より，$f(\theta) = \left|2 - \sqrt{5 - 4\cos\theta}\right|$ とすると，$\theta = 0,\ \pi,\ 2\pi$ のとき $f(\theta) = 1$ で最大，$\cos\theta = \dfrac{1}{4}$ のとき $f(\theta) = 0$ で最小となる。ちな

みに，$m=4$ のとき，強め合いの条件は，$|2-\sqrt{5-4\cos\theta}|=\dfrac{2n}{9}$ である。

したがって，$n=0$ つまり $f(\theta)=0$ との交点が 2 個，$n=1$，2，3，4 つま

り $f(\theta)=\dfrac{2}{9}$，$\dfrac{4}{9}$，$\dfrac{6}{9}$，$\dfrac{8}{9}$ との交点がそれぞれ 4 個あり，振幅が極大をとる

角は合計 18 個あるので 1 のグラフに合致する。また，$\cos\theta=\dfrac{1}{4}$ を解くと，

$\theta=0.41\pi$ となり，$f(\theta)=|2-\sqrt{5-4\cos\theta}|$ のグラフは $\theta=\pi$ について対称

で，$0<\theta<0.41\pi$ と $0.41\pi<\theta<\pi$ に存在する強め合いの点の個数は等し

くなければならないので，3 や 5 のグラフにはならない。

❖講　評

　2022 年度は原子からも出題されていたが，2023 年度は，大問 4 題が力学，熱力学，電磁気，波動の 4 分野からとなった。問題量は例年並み，難度は 2022 年度と同程度である。しかし，計算量が多く，時間的な余裕はあまりないかもしれないので，手際よく解いていきたい。

　1　分裂をしたロケットの中で慣性力をうけた小球の単振動の問題。(1)は万有引力の基本的な問題であるので，得点したい。(2)は計算量が多く，近似の用い方に慣れていなければ，多くの時間をとられてしまったであろう。また，速度変化は，燃料の質量が減少していくことを見落とさないように注意して考えることが大切である。(3)は，慣性力を受けた小球の単振動の問題である。非慣性系の位置座標 x での加速度を仮定し，運動方程式をたて，単振動の公式と比較して角振動数や振動中心を求める類題をこなしていれば，速く解けたであろう。頻出のテーマであるので得点したい。(4)は視点をロケットに移し，慣性力から考えたロケットの等加速度運動を考える。運動が切り替わるときの初速度に注目しないと，距離の計算で失点してしまうので注意したい。

　2　前半は等温変化を含む熱サイクルの熱効率の問題であり，基本的である。等温変化での気体がした仕事を，与えられた式を使って計算できたかどうかがポイントとなる。後半はBからCへの変化の途中で吸熱から放熱に変化するので，熱効率を求める際には，吸熱のみを考えて解答する。難しいテーマであるが，誘導にしたがって答えていけば初見で

も得点できたであろう。

　③　前半はベータトロンに関する問題。類題をこなしていないと得点は難しいであろう。また，中の磁束密度が円周上の磁束密度の 2 倍であることを知っていれば，得点率が上がったであろう。後半は電場，磁場中の荷電粒子の運動の問題。誘導にしたがって丁寧に計算していくことと，近似の計算に慣れていることが得点を分けたであろう。

　④　前半は回転する音源によるドップラー効果の問題。2023 年度の共通テストにも出題された頻出のテーマであるので必ず得点したい。後半は音波の干渉の問題。余弦定理で距離を求め，位相で強め合う条件をつくるなど，やや難しい。また，最後のグラフの選択には高度な数学的な知識が必要である。

　全体としてみると，難しい問題もあったが，標準的な内容が多くを占めている。各大問は，前半に基本的な問題が配置され，後半になるとやや発展的な問題が登場するという形で難易度に傾斜がつけられていることが多い。後半の問題も誘導にしたがえば最後まで解けるものも多い。前半を着実に得点し，後半にどれだけ上積みできるかが合否を分ける。物理的な思考力や状況把握力をしっかりと身につけて臨みたい。

■ 化学 ■

（注） 解答は，東京理科大学から提供のあった情報を掲載しています。

1 解答

(1)—1 (2)—4 (3)—1 (4)—2 (5)—6 (6)—2
(7)—6

◀解 説▶

≪小問7問≫

(2) a．誤り。結晶格子のうち，面心立方格子と六方最密構造の充塡率は 74％で最密構造であるが，体心立方格子の充塡率は68％である。

b．誤り。NaCl型，CsCl型，ZnS型の配位数は，順に6配位，8配位， 4配位である。

(4) b．誤り。硫黄の単体を燃焼すると，次のような反応で二酸化硫黄が 生じる。

$$S + O_2 \longrightarrow SO_2$$

酸化バナジウム（V）を触媒にしてSO_2を接触室で酸化すると，三酸化硫 黄となり，これを濃硫酸に吸収させて発煙硫酸とし，希硫酸でうすめると 濃硫酸が得られる。

(5) 硫酸酸性条件で，二クロム酸カリウム（$K_2Cr_2O_7$）とシュウ酸 （$H_2C_2O_4$）は，次のように反応する。

$$K_2Cr_2O_7 + 3H_2C_2O_4 + 4H_2SO_4$$
$$\longrightarrow Cr_2(SO_4)_3 + K_2SO_4 + 6CO_2 + 7H_2O$$

上式より，濃度 0.15 mol/L，体積 30 mL の $K_2Cr_2O_7$ と濃度 x〔mol/L〕， 体積 50 mL の $H_2C_2O_4$ は物質量比1：3で反応することがわかるので，次 の式が成り立つ。

$$1 : 3 = \left(0.15 \times \frac{30}{1000}\right) : \left(x \times \frac{50}{1000}\right)$$

∴ $x = 0.27$〔mol/L〕

(6) リン酸型燃料電池や水酸化カリウム型燃料電池は，次のような反応で O_2 1 mol が消費されるとき，電子4 mol が流れる。

〔H_3PO_4 型〕正極：$O_2+4H^++4e^- \longrightarrow 2H_2O$

　　　　　負極：$H_2 \longrightarrow 2H^++2e^-$

〔KOH 型〕正極：$O_2+2H_2O+4e^- \longrightarrow 4OH^-$

　　　　　負極：$H_2+2OH^- \longrightarrow 2H_2O+2e^-$

よって，1.93×10^4C の電気量が流れたときに，正極上で消費される O_2 の標準状態での体積は次のようになる。

$$\frac{1.93\times10^4}{9.65\times10^4}\times\frac{1}{4}\times22.4=1.12〔L〕$$

(7)　メタノール CH_3OH が酸化されて二酸化炭素 CO_2 に変化するとき，メタノールの炭素原子の酸化数は -2 から $+4$ に 6 増加するので，CH_3OH が 1mol 酸化されて CO_2 が 1mol 生じるときに，電子が 6mol 流れることがわかる。

　　　　C：$-2\rightarrow+4$（酸化数が 6 増加）

よって，5.79×10^4C の電気量が流れたときに消費される CH_3OH（分子量：32.0）の質量および，生じる CO_2 の標準状態での体積は，それぞれ次のようになる。

$$CH_3OH：\frac{5.79\times10^4}{9.65\times10^4}\times\frac{1}{6}\times32.0=3.20〔g〕$$

$$CO_2：\frac{5.79\times10^4}{9.65\times10^4}\times\frac{1}{6}\times22.4=2.24〔L〕$$

流れる電気量に関しては，正極側の変化として，次のように O_2 1mol あたり電子 4mol と考えてもよい。

　　　　正極：$O_2+4H^++4e^- \longrightarrow 2H_2O$

O 原子の酸化数の変化は　　$0\rightarrow-2$（2 減少）

2　解答　(1)(ア)— 9　(イ)— 1　(ウ)— 7

(2)(エ)—19　(オ)—14　(カ)—24　(キ)—27　(ク)—28　(ケ)—06

(3)— 2　(4)—04　(5)—06　(6)—10　(7)—6

◀解　説▶

≪鉄鉱石，鉄イオンの色，鉄の錯塩，アンモニアソーダ法≫

(1)(ア)　赤鉄鉱の主成分は Fe_2O_3 である。

(イ)　磁鉄鉱の主成分は Fe_3O_4 である。

(ウ)　製鉄において, 鉄鉱石はコークスから生じた CO で還元する。

(2)(エ)　Fe^{2+} は水溶液中で淡緑色を示す。

(オ)　Fe^{3+} は水溶液中で黄褐色を示す。

(カ)　Fe^{3+} を含む水溶液に, $K_4[Fe(CN)_6]$ の水溶液を加えると, プルシアンブルーと呼ばれる濃青色沈殿を生じる。

(キ)　ナトリウムは次のように水と反応して, 水酸化ナトリウムと水素を生じる。

$$2Na + 2H_2O \longrightarrow 2NaOH + H_2$$

(ク)　炭酸ナトリウムの工業的製法をアンモニアソーダ法という。

(ケ)　炭酸水素ナトリウムは重曹とも呼ばれる。

(3)　b. 誤り。炭素含有量を 2〜0.02% 程度に減らしたものは鋼と呼ばれる。

(4)　(a)誤り。チオシアン酸カリウムを加えると血赤色溶液に変化するのは, Fe^{3+} を含む水溶液である。

(b)誤り。水酸化ナトリウム水溶液を加えると $Fe(OH)_2$ の緑白色沈殿を生じるのは, Fe^{2+} の水溶液である。

(c)誤り。Fe^{2+} を含む水溶液にアンモニア水を加えると, $Fe(OH)_2$ の緑白色沈殿を生じる。

(5)　(b)誤り。赤褐色ではなく, 青白色の沈殿を生じる。

(d)誤り。$K_4[Fe(CN)_6]$ や $K_3[Fe(CN)_6]$ のような化合物は錯塩という。

(6)　二酸化ケイ素と炭酸ナトリウムは, 次のように反応してケイ酸ナトリウムと二酸化炭素を生じる。

$$SiO_2 + Na_2CO_3 \longrightarrow Na_2SiO_3 + CO_2$$

よって, 732g の Na_2SiO_3 (式量：122) を製造するのに必要な Na_2CO_3 (式量：106) の質量は次のようになる。

$$\frac{732}{122} \times 106 = 636 〔g〕$$

(7)　アンモニアソーダ法の化学反応式は, 以下の5つからなる。

$$CaCO_3 \longrightarrow CaO + CO_2 \quad \cdots\cdots①$$

$$NaCl + H_2O + NH_3 + CO_2 \longrightarrow NaHCO_3 + NH_4Cl \quad \cdots\cdots②$$

$$2NaHCO_3 \longrightarrow Na_2CO_3 + CO_2 + H_2O \quad \cdots\cdots③$$

$$CaO + H_2O \longrightarrow Ca(OH)_2 \quad \cdots\cdots④$$

$$Ca(OH)_2 + 2NH_4Cl \longrightarrow CaCl_2 + 2NH_3 + 2H_2O \quad \cdots\cdots ⑤$$

①～⑤の5つの化学反応式を1つにまとめると，①＋②×2＋③＋④＋⑤より，次の化学反応が得られる。

$$CaCO_3 + 2NaCl \longrightarrow Na_2CO_3 + CaCl_2$$

よって，Na_2CO_3（式量：106）212g を得るために必要な NaCl（式量：58.5）の質量は次のようになる。

$$\frac{212}{106} \times 2 \times 58.5 = 234 〔g〕$$

また，二酸化炭素の量に増減はない。

3 解答

(1)—5   (2)—0   (3)—2   (4)(イ)—0   (ウ)—5

(5)$a.$ 1 $b.$ 0   p. ＋ $c.$ 5

◀解 説▶

≪ヘンリーの法則，ルシャトリエの原理，圧平衡定数≫

(A)(1) 温度が一定のとき，水に溶ける気体の質量や物質量は，その気体の分圧に比例する。この法則をヘンリーの法則という。

(2) 温度を上げると，ルシャトリエの原理より，吸熱反応の向きに平衡移動するので，二酸化炭素の溶解度が減少し，$[CO_2 \, aq]$ も減少する。

(B)(3) 銅に濃硝酸を加えると，次のような反応で NO_2 が発生する。

$$Cu + 4HNO_3 \longrightarrow Cu(NO_3)_2 + 2H_2O + 2NO_2$$

(4) NO は無色，NO_2 は赤褐色の気体である。

(C)(5) N_2O_4 の解離度を x とすると，各気体の物質量は x を用いて次のようになる。

$$
\begin{array}{ccc}
N_2O_4 & \rightleftharpoons 2NO_2 & 合計 \\
1.0-x & 2x & 1.0+x \;〔mol〕
\end{array}
$$

ここで，全圧を $P〔Pa〕$ とすると，圧平衡定数 K_p は P と x を用いて次のようになる。

$$K_p = \frac{(p_{NO_2})^2}{p_{N_2O_4}} = \frac{\left(P \times \dfrac{2x}{1.0+x}\right)^2}{P \times \dfrac{1.0-x}{1.0+x}} = P \times \frac{4x^2}{(1.0-x)(1.0+x)}$$

前式に $K_p=4.0\times10^4$〔Pa〕, $x=0.30$〔mol〕を代入して全圧 P を求めると, P は次のようになる。

$$K_p=P\times\frac{4(0.30)^2}{(1.0-0.30)(1.0+0.30)}=4.0\times10^4$$

$$\therefore\quad P=1.011\times10^5\fallingdotseq1.0\times10^5\text{〔Pa〕}$$

4 **解答** (1)*a*. 5　*b*. 2　p. +　*c*. 2
(2)(ア)— 2　(イ)— 3　(3)— 5　(4)—11

◀解　説▶

≪水酸化鉄(Ⅲ)のコロイド, 浸透圧, コロイドの凝析, ブラウン運動≫

(A)(1)　濃度 0.50 mol/L の $FeCl_3$ 水溶液 50 mL 中に含まれる Fe^{3+} の物質量は, 次のようになる。

$$0.50\times\frac{50}{1000}=2.5\times10^{-2}\text{〔mol〕}$$

一方, 浸透圧から求められるコロイド粒子の物質量 n〔mol〕は, ファントホッフの法則より, 次のようになる。

$$2.4\times10^2\times\frac{500}{1000}=n\times8.3\times10^3\times(27+273)$$

$$\therefore\quad n=4.81\times10^{-5}\text{〔mol〕}$$

よって, コロイド粒子1個あたりに含まれる鉄原子の個数は次のようになる。

$$\frac{2.5\times10^{-2}}{4.81\times10^{-5}}=5.19\times10^2\fallingdotseq5.2\times10^2\text{ 個}$$

(2)(ア)　水酸化鉄(Ⅲ)のコロイド溶液に少量の電解質を加えると, コロイド粒子の電荷が中和されて反発力を失い沈殿が生じる。この現象を凝析という。

(イ)　水酸化鉄(Ⅲ)のコロイドは疎水コロイドである。

(3)　陰極に向かって電気泳動していることから, このコロイド粒子は正に帯電していることがわかる。よって, 価数の大きい陰イオン $SO_4{}^{2-}$ の電解質 Na_2SO_4 を選べばよい。

(B)(4)　(d)誤り。コロイド溶液の濃度には関係しない。

5 **解答** (1)A―16　B―12　C―10　D―20　E―02　F―09
G―19

(2)―19　(3)(ア)4　(4)(イ)1　(ウ)3　(エ)2　(オ)4　(カ)1

◀ 解　説 ▶

≪ベンゼンの誘導体，芳香族化合物の酸性度，アミンの異性体≫

(1)　化合物A～Gはそれぞれ次のようになる。

A: ベンゼン環-ONa
B: ベンゼン環-OH, COOH
C: ベンゼン環-CH-CH₃, CH₃
D: ベンゼン環-OH
E: ベンゼン環-N(H)-C(=O)-CH₃
F: ベンゼン環-N⁺≡NCl⁻
G: ベンゼン環-N=N-ベンゼン環-OH

(2)　アニリンは塩基性，化合物B（サリチル酸）は酸性のカルボキシ基を
有し，化合物D（フェノール）は非常に弱い酸性を示すフェノール性ヒド
ロキシ基を有する。また，化合物E（アセトアニリド）は中性である。
よって，各化合物の酸性の強弱関係は次のようになる。

$$\text{B}(\text{OH, COOH}) > \text{D}(\text{OH}) > \text{E}(\text{N(H)-C(=O)-CH}_3) > \text{アニリン}(\text{NH}_2)$$

(3)　分子式 C_3H_9N の脂肪族アミンには，次の4個の異性体がある。

$CH_3-N(CH_3)-CH_3$　　$CH_3-CH_2-N(H)-CH_3$

$CH_3-CH_2-CH_2-NH_2$　　$CH_3-CH(NH_2)-CH_3$

(4)(イ)　p-キシレンのベンゼン環上の水素原子をアミノ基に置き換えた化
合物は，（CH₃, NH₂, CH₃構造）のみである。

(ウ)　m-キシレンのベンゼン環上の水素原子をアミノ基に置き換えた化合
物には，次の3個の異性体が存在する。

（構造式：CH₃, NH₂ を有するベンゼン環の3つの異性体）

(エ)　*o*-キシレンのベンゼン環上の水素原子をアミノ基に置き換えた化合物には，次の2個の異性体が存在する。

（構造式：NH₂, CH₃ を有する2つの異性体）

(オ)　窒素原子にベンゼン環以外の炭化水素基が1つ結合した，分子式 $C_8H_{11}N$ で表される芳香族アミン（ベンゼン環にアミノ基が直接結合している化合物）には，次の4個の異性体が存在する。

（構造式：-NH-CH₃, CH₃ を有する化合物など4個）

(カ)　分子式 $C_8H_{11}N$ で表される第三級の芳香族アミン（窒素原子にアルキル基またはベンゼン環が3個結合しているアミン）は，（構造式：ベンゼン環に N-CH₃ と CH₃ が結合）のみである。

$\boxed{6}$ **解答**　(1)A—1，4（順不同）　B—7，0　C—3，0
(2)(エ)3　(オ)4　(カ)2　(3)—2　(4)(キ)3　(5)—09

◀**解　説**▶

≪飲料ボトルの構成プラスチックの推定, ポリ乳酸, ポリヒドロキシ酪酸≫

(1)　飲料ボトルに用いられるプラスチックは，主にボトル本体のポリエチレンテレフタラート（炭素成分 62.5%），キャップのポリプロピレン（炭素成分 85.7%），ラベルのポリスチレン（炭素成分 92.3%）からなる。

(2)・(3)　分子式 $C_3H_6O_3$ で表される単量体Eがエステル結合して，高分子Dが生じることから，単量体Eの示性式は $C_2H_4(OH)COOH$ と表されるので，次の2つの構造が考えられる。

$$\underset{\underset{CH_3}{|}}{HO-\overset{*}{C}H-COOH} \qquad HO-CH_2-CH_2-COOH \qquad (\text{*は不斉炭素原子})$$

これらのうち，E から生じる高分子 D が，不斉炭素原子を有することより，単量体 E（乳酸）と高分子 D（ポリ乳酸）の構造は次のように決まる。

$$\underset{\underset{CH_3\ O}{|\ \ |\!|}}{HO-\overset{*}{C}H-C-OH} \qquad \underset{\underset{CH_3\ O}{|\ \ |\!|}}{\left[O-\overset{*}{C}H-C\right]_n}$$

単量体 E　　　　　　　　高分子 D

また，高分子 D の組成式は $(C_3H_4O_2)_n$ となる。

⑷　単量体 E およびその鏡像異性体 E' からなる環状二量体の構造は次のようになる。

上記の二量体は環状なので，モノマーの組み合わせは，E 2 分子，E と E'，E' 2 分子の 3 個の立体異性体が存在する。不斉炭素原子は 2 つあるが分子内に対称点をもつため，$2^2 = 4$ 個とならないことに注意してほしい。

⑸　エステル結合によって脱水縮合した高分子 H の分子式が $(C_4H_6O_2)_n$ であることより，単量体 I の分子式は $C_4H_6O_2 + H_2O = C_4H_8O_3$ とわかり，示性式は $C_3H_6(OH)COOH$ と決まる。また，単量体 I がヨードホルム反応陽性であることから，単量体 I は $CH_3-\overset{*}{C}H(OH)-$ の構造を有する。ヨードホルムが同じく陽性となる $CH_3-\overset{\overset{\displaystyle O}{|\!|}}{C}-$ の構造は，単量体 I の不飽和度が 2 となってしまうので不適当である。

よって，単量体 I の構造は次のようになり，ヒドロキシ酪酸と確定する。

$$\underset{\underset{OH}{|}}{CH_3-\overset{*}{C}H-CH_2-\overset{\overset{\displaystyle O}{|\!|}}{C}-OH}$$

❖講　評

　2023 年度も 2022 年度と同様に，特に解答に時間を要する問題もなく，解答しやすい設問が中心であったが，環状二量体の立体異性体の数など，部分的に丁寧な考察を要する設問が含まれていた。

　①　文章の正誤の組み合わせの判定や，計算問題からの出題で，内容的には電気陰性度やイオン化エネルギー，結晶格子の充填率と配位数，遷移元素の性質，硫黄の化合物，酸化還元滴定や燃料電池の計算問題などからの出題であった。難易度は標準。

　②　鉄鉱石の組成や製鉄，鉄イオンの色，鉄の錯塩，アンモニアソーダ法など，主に無機化学工業からの出題であった。Fe^{3+} にヘキサシアニド鉄(Ⅱ)酸カリウム水溶液を加えたときに生じる沈殿の色など，一部に細かい知識を要する設問も含まれていた。難易度は標準。

　③　二酸化炭素の溶解（低圧ではヘンリーの法則が成り立つ）や，ルシャトリエの原理，窒素酸化物の色，圧平衡定数などからの出題であった。難易度は標準。

　④　水酸化鉄(Ⅲ)のコロイド，浸透圧を用いたコロイド粒子に含まれる鉄原子の個数，疎水コロイドの凝析，ブラウン運動などからの出題であった。ほとんどの設問は平易な内容であったが，ブラウン運動に関しては，化学的な思考力を必要とする設問になっていた。難易度は標準。

　⑤　ベンゼンの誘導体で教科書に掲載されている化合物のほぼ全てを網羅するような内容であった。異性体の数を答える設問は数え漏れのないように注意が必要である。ベンゼン環にアミノ基が直接結合している化合物のみを芳香族アミンというが，この定義を知らない受験生には異性体が多数となり，難しかったかもしれない。難易度は標準～やや難。

　⑥　飲料ボトルを構成するプラスチックの推定やバイオマスプラスチック，生分解性高分子（ポリ乳酸，ポリヒドロキシ酪酸）など，時代に合ったテーマを題材にした良問であった。環状二量体の立体異性体の数など，丁寧な考察が必要な設問も含まれていた。難易度は標準～やや難。

　2023 年度は 2022 年度と異なり，合成高分子化合物に関する設問が復活し，全分野からバランスよく出題されていた。

2022
年度

問題と解答

■第一部Ｂ方式２月５日実施分：応用数・応用物理・応用化学科

問題編

▶試験科目・配点

学科	教科	科　　　　目	配　点
応用数	外国語	コミュニケーション英語Ⅰ・Ⅱ・Ⅲ，英語表現Ⅰ・Ⅱ	100点
	数　学	数学Ⅰ・Ⅱ・Ⅲ・Ａ・Ｂ（共通問題）	100点
		数学Ⅰ・Ⅱ・Ⅲ・Ａ・Ｂ（学科別問題）	100点
応用物理	外国語	コミュニケーション英語Ⅰ・Ⅱ・Ⅲ，英語表現Ⅰ・Ⅱ	100点
	数　学	数学Ⅰ・Ⅱ・Ⅲ・Ａ・Ｂ	100点
	理　科	物理基礎・物理	100点
応用化	外国語	コミュニケーション英語Ⅰ・Ⅱ・Ⅲ，英語表現Ⅰ・Ⅱ	100点
	数　学	数学Ⅰ・Ⅱ・Ⅲ・Ａ・Ｂ	100点
	理　科	化学基礎・化学	150点

▶備　考

- 英語はリスニングおよびスピーキングを課さない。
- 数学Ｂは「数列」「ベクトル」から出題。

■英語■

（60 分）

1 利他主義(altruism)をテーマにした，次の①〜⑩の段落に分けられた英文を読み，あとの設問に答えなさい。なお，＊印のついた語句には本文末で注が与えられている。
(62 点)

① Who could doubt the existence of altruism?　All around us we see evidence of human beings sacrificing themselves and doing good for others. Remember Wesley Autrey?　On January 2, 2007, Mr. Autrey jumped down onto the tracks of a New York City subway platform as a train was approaching to save a man who had suffered a seizure* and fallen.　A few months later the Virginia Tech professor Liviu Librescu blocked the door to his classroom so his students could escape the bullets of an attacker, who was on a rampage* that would leave 32 students and faculty members dead. <u>In so doing</u>, Mr. Librescu gave his life.
(ア)

② Still, doubting altruism is easy, <u>even when it seems at first glance to be apparent</u>.　It's undeniable that people sometimes act in a way that benefits
(イ)
others, but it may seem that they always get something in return — at the very least, the satisfaction of having their desire to help fulfilled.　Students torture their professors with this (　ウ　).　And its logic can seem inexorable*.

③ Contemporary discussions of altruism quickly turn to evolutionary explanations.　<u>Reciprocal* altruism and kin* selection</u> are the two main
(エ)
theories.　According to reciprocal altruism, evolution favors organisms that sacrifice their good for others in order to gain a favor in return.　Kin selection — the famous "selfish gene" theory — says that an individual who behaves altruistically toward others who share its genes will tend to reproduce those

genes. Organisms may be altruistic; genes are selfish. The feeling that loving your children more than yourself is hardwired* lends plausibility* to the theory of kin selection.

④ But neither theory fully accounts for our ordinary understanding of (A) altruism. The defect of reciprocal altruism is clear. If a person acts to benefit another in the expectation that the favor will be returned, the natural response is, "That's not altruism!" Pure altruism, we think, requires a person to sacrifice for another without consideration of personal gain. Doing good for another person because something's in it for the doer is the very opposite of (オ) what we have in mind. Kin selection does better by allowing that organisms may genuinely sacrifice their interests for another, but it fails to explain why they sometimes do so for those with whom they share no genes, as Professor Librescu and Mr. Autrey did.

⑤ When we ask whether human beings are altruistic, we want to know about their motives or intentions. Biological altruism explains how unselfish behavior might have evolved, but it implies nothing about the motives or intentions of the agent: after all, birds and bats and bees can act altruistically. This fact helps to explain why, despite these evolutionary theories, the view that people never intentionally act to benefit others except to obtain some good for themselves still possesses a powerful lure* over our thinking.

⑥ The lure of this view — egoism — has two sources, one psychological, (カ) the other logical. Consider first the psychological. One reason people deny that altruism exists is that, looking inward, they doubt the purity of their own motives. We know that even when we appear to act unselfishly, other reasons for our behavior often rear their heads: the prospect of a future favor, the (キ) boost to reputation, or simply the good feeling that comes from appearing to act unselfishly. Even if we think we're acting solely to further another person's good, that might not be the real reason.

⑦ The logical lure of egoism is different: the view seems impossible to disprove. No matter how altruistic a person appears to be, it's possible to

conceive of her motive in egoistic terms. On this way of looking at it, <u>the guilt</u>
_(ク)
<u>Mr. Autrey would have suffered had he ignored the man on the tracks made</u>
<u>risking his life worth the gamble.</u> The doctor who gives up a comfortable life
to care for AIDS patients in a remote place does what she wants to do and
therefore gets satisfaction from what only appears to be self-sacrifice. So, it
seems, altruism is simply self-interest of a subtle kind.

⑧ The impossibility of disproving egoism may sound like a virtue of the
theory, but, as philosophers of science know, <u>it</u> is really a fatal drawback*. A
_(ケ)
theory that purports* to tell us something about the world, as egoism does,
should be falsifiable*. Not false, of course, but capable of being tested and
thus proved false. If every state of affairs is compatible with* egoism, then
egoism doesn't tell us anything distinctive about how things are.

⑨ A related reason for the lure of egoism concerns ambiguity in the
concepts of desire and the satisfaction of desire. If people possess altruistic
motives, then they sometimes act to benefit others without the prospect of
gain to themselves. In other words, they desire the good of others for its own
sake, not simply as a (　コ　) to their own satisfaction. It's obvious that
Professor Librescu desired that his students not die and acted accordingly to
save their lives. He succeeded, so his desire was satisfied. But *he* was not
satisfied — since he died in the attempt to save the students. From the fact
that a person's desire is satisfied we can draw no conclusions about effects on
his mental state.

⑩ Still, when our desires are satisfied, we normally experience satisfaction;
we feel good when we do good. But that doesn't mean we do good only in
order to get that "warm glow" — that our true incentives are self-interested
(as economists tend to claim). Indeed, if we didn't desire the good of others
for its own sake, then attaining it wouldn't produce the warm glow.

（注）　seizure　発作；　rampage　狂暴な行動；
　　　　inexorable　曲げられない；　Reciprocal　相互的な；　kin　血縁の；

　　　hardwired　本来備わっている；　plausibility　もっともに思える理由；

　　　lure　強く引きつけるもの；　drawback　欠点；

　　　purport　〜のように思われる；　falsifiable　反証可能な；

　　　compatible with　〜とつながる

(1)　2つの theory について筆者が下線部(A)のように述べる理由を，本文にそく
　　して以下のように説明します。その説明文を，空所ⅠとⅡにそれぞれ5〜10
　　字程度の日本語を補って完成し，解答用紙に記しなさい。なお，句読点を使用
　　する場合は，それも文字数に含めることとする。

　　「（　　Ⅰ　　）ような善行では利他主義にはならないし，また，（　　Ⅱ　　）
　　に対しても，自己犠牲的行為をすることがあるから。」

(2)　本文中で用いられた次の各単語のもっとも強く発音する母音と，下線部の発
　　音が同じ語を，右の1〜4から1つずつ選び，その番号を**解答用マークシート**
　　にマークしなさい。

　　(A)　fulfill　　　1　b<u>u</u>ry　　　2　p<u>u</u>ll　　　3　sh<u>i</u>ne　　　4　s<u>y</u>mbolize

　　(B)　motive　　　1　gl<u>o</u>ve　　　2　p<u>o</u>verty　　　3　str<u>ea</u>m　　　4　t<u>oa</u>st

　　(C)　organism　　1　c<u>our</u>t　　　2　<u>i</u>mage　　　3　pl<u>o</u>t　　　4　r<u>oa</u>d

　　(D)　patient　　　1　<u>e</u>lement　　2　f<u>ear</u>　　　3　fr<u>ei</u>ght　　4　p<u>a</u>ttern

　　(E)　survive　　　1　conv<u>i</u>nce　　2　c<u>u</u>re　　　3　g<u>a</u>ther　　　4　h<u>ei</u>ghten

(3)　下線部(ア)の内容としてもっとも適切なものを1つ選び，その番号を**解答用
　　マークシート**にマークしなさい。

　　1　In being on a rampage

　　2　In blocking the door to his classroom

　　3　In escaping the bullets

　　4　In leaving 32 students and faculty members dead

(4)　下線部(イ)の意味にもっとも近いものを1つ選び，その番号を**解答用マーク
　　シート**にマークしなさい。

1　even when altruism seems doubtful in the first place

2　even when altruism does not seem to be easily done at first

3　even when, first of all, it seems obvious that no altruism exists

4　even when there seems no doubt about altruism at first sight

(5)　空所（　ウ　）を補うのにもっとも適切な単語を 1 つ選び，その番号を**解答用マークシート**にマークしなさい。

1　device　　　　2　preference　　　3　reasoning　　　4　solution

(6)　第 2 段落の主旨としてもっとも適切なものを 1 つ選び，その番号を**解答用マークシート**にマークしなさい。

1　Altruism is difficult to doubt because people apparently do good for others without expecting a favor in return.

2　Gaining benefits after doing good deeds is fully recognized as unreasonable.

3　It is easy to doubt unselfishness when life seems to be full of troubles.

4　There is some reason to doubt altruism because it seems unselfish behavior is followed by its reward.

(7)　第 3 段落の記述から，以下の **A**）〜**D**）の文について，下線部(エ)の Reciprocal altruism にあてはまるものには 1 を，kin selection にあてはまるものには 2 を，どちらにもあてはまらないものには 3 を，**解答用マークシート**にマークしなさい。

A）　Altruism is genetically determined because altruists improve their genes by marrying those who have superior genes.

B）　An organism is willing to be altruistic in order to help others with the same genes survive.

C）　One organism provides a benefit to another without expecting return in future.

D）　Self-sacrificing acts are done because they increase the likelihood of future repayment.

(8) 下線部(オ)の意味にもっとも近いものを次の 1 〜 4 から 1 つ選び，その番号を**解答用マークシート**にマークしなさい。

1　because something is wrong with his or her action

2　because there is some truth in his or her behavior

3　for some advantage to the performer

4　for the purpose of gaining some benefit to the person in trouble

(9) 下線部(カ)の内容の説明としてもっとも適切なものを次の 1 〜 4 から 1 つ選び，その番号を**解答用マークシート**にマークしなさい。

1　It is hard to resist the idea that no one can understand the real motives of the doer.

2　One is tempted to think that some selfish reasons are hidden in people's altruistic acts.

3　The idea that animals can act altruistically would attract wide attention.

4　We cannot help thinking that people's conduct is based on their good intentions.

(10) 下線部(キ)の意味にもっとも近いものを次の 1 〜 4 から 1 つ選び，その番号を**解答用マークシート**にマークしなさい。

1　become apparent　　　　　2　come to nothing

3　are worthy of attention　　4　turn out false

(11) 下線部(ク)で，文の(主要部をなす)主語(S)と動詞(V)を，それぞれの語(句)群から 1 つずつ選び，その番号を**解答用マークシート**にマークしなさい。

(S)：1　he　　　　　　　　　2　Mr. Autrey

　　　3　the guilt　　　　　　4　the man

(V)：1　had　　　　　　　　2　ignored

　　　3　made　　　　　　　4　would have suffered

⑿　下線部(ケ)の指示するものとしてもっとも適切なものを次の１〜４から１つ選
　び，その番号を**解答用マークシート**にマークしなさい。

　　1　a virtue of the theory

　　2　egoism

　　3　The impossibility of disproving egoism

　　4　the theory

⒀　第８段落の主旨としてもっとも適切なものを１つ選び，その番号を**解答用
　マークシート**にマークしなさい。

　　1　Any theory should be tested so that we can adopt it for practical use.

　　2　Egoism is of no theoretical value because it can account for everything.

　　3　If it is possible to disprove egoism, it is safe to say that every action
　　derives from it.

　　4　Proving or disproving a theory of egoism has nothing to do with the
　　establishment of a fact.

⒁　空所（　コ　）を補うのにもっとも適切な単語を１つ選び，その番号を**解答用
　マークシート**にマークしなさい。

　　1　means　　　　　**2**　price　　　　　**3**　result　　　　　**4**　subject

⒂　本文の結末部分の記述からみて，筆者が提示する可能性がもっとも高いと思
　われるものを次の１〜４から１つ選び，その番号を**解答用マークシート**にマー
　クしなさい。

　　1　Altruism can be possible and real even if it is involved with the
　　well-being of the agent who does good.

　　2　Altruists are equal to those who automatically sacrifice their own
　　interests for other people.

　　3　It is important to realize that altruists suffer more greatly than
　　self-interested people because they do good at the risk of their lives.

　　4　There is no denying that self-interest is at the root of our altruistic actions without exception.

2 次の会話の空所(**ア**)～(**ケ**)を補うのにもっとも適当なものを 1 ～ 9 から選び，その番号を**解答用マークシート**にマークしなさい。同じものを 2 度以上用いないこと。 (18 点)

Gary: Mike, it's me, Gary.

Mike: Gary! (**ア**) How are you doing?

Gary: Good, thanks. Listen, I'm coming up to town next weekend and I was wondering if we could meet?

Mike: Oh, dear, I'd love to, but this weekend of all weekends I am *so* busy.

Gary: Look, you must have some free time.

Mike: Yeah, I'll just get my diary. (**イ**)

Gary: Right. What are you doing Friday evening?

Mike: Friday evening? (**ウ**) Our company's going to do a lot of work in Spain, so we're all learning Spanish. But I finish work early on Friday. I could meet you in the afternoon.

Gary: No, I'm afraid that's not good, my train doesn't get in until 7 o'clock. (**エ**)

Mike: Er ... let me see. What about Saturday afternoon? I'm having my hair cut in the morning and then I'm meeting my sister for lunch, but (**オ**)

Gary: Oh, no, sorry, Saturday afternoon, I can't. (**カ**) I'm going to look round one of those amazing new apartments by the river. Didn't I tell you? I'm changing jobs and moving back to the big city.

Mike: Hey, great news, Gary. (**キ**)

Gary: So, what about Saturday evening? Is Saturday evening any good?

Mike: Sorry, the evening's out for me. I'm going to the theater with friends.

We've had it booked for ages. （　ク　）

Gary:　Late morning. I'm getting the 11. 55 train.

Mike:　Hey, I've got an idea. Why don't we meet at the station?

Gary:　Good idea! We could have coffee together.

Mike:　I've got an even better idea. They do a great full English breakfast at the cafe. Let's meet there for breakfast. （　ケ　）

Gary:　Sounds good to me. But can you make it 10. 30? It *is* Sunday.

Mike:　Fine. 10. 30 it is. I'll see you then. Bye, Gary! Hope you like the apartment.

Gary:　Fingers crossed. Bye, Mike. See you Sunday.

1　But hang on ... what time are you leaving on Sunday?

2　Er ... that's my Spanish class.

3　Hang on ... OK ... shoot!

4　I've got an appointment with an estate agent.

5　I knew the small town life wasn't your thing!

6　I'm free in the afternoon.

7　Long time no see.

8　Shall we say about 10 o'clock?

9　Uh ... have you got any free time on Saturday?

出典追記：New Headway Intermediate Fourth edition Liz and John Soars, Oxford University Press

3　与えられた語群から，指示された語数の単語を選び，和文に相当するのにもっ
とも自然な英文を完成して，その番号を上から順に**解答用マークシート**にマーク
しなさい。ただし，同じものは2度以上使わないこと。固有名詞を除いては，文
頭の語も小文字にしてある。　　　　　　　　　　　　　　　　　　（20点）

(1)　もう一度それをやらせてくれ。

_____. （7語）

1	another	2	at	3	have
4	it	5	let	6	me
7	once	8	try		

(2)　この川はここの所が最も深いと思われている。

_____ here. （7語）

1	be	2	believed	3	deepest
4	is	5	place	6	river
7	this	8	to		

(3)　物事は理屈どおりには行かない。

_____. （7語）

1	according	2	don't	3	get
4	out	5	theory	6	things
7	to	8	work		

(4)　デイヴィッドはどうしてサムがボブに勝てると思ったんだい？

_____? （8語）

1	Bob	2	could	3	David
4	defeat	5	made	6	Sam
7	think	8	what	9	why

(5) 近頃では，大切なことを話し合える友が少ない。

There are so few friends these days with _____ . （8 語）

1　about　　　　　2　can　　　　　3　I

4　matter　　　　5　talk　　　　　6　that

7　things　　　　8　whom

数学

◀応用数・応用物理・応用化学科　共通問題▶

（100 分）

問題 $\boxed{1}$ の解答は**解答用マークシート**にマークせよ。

$\boxed{1}$　次の (**1**) から (**3**) において，$\boxed{}$ 内のカタカナにあてはまる 0 から 9 までの数字を求め，その数字を**解答用マークシート**にマークせよ。ただし，$\boxed{}$ は 2 桁の数を表すものとする。また，分数は既約分数 (それ以上約分できない分数) の形に表すものとする。

（30 点）

(**1**)　座標空間内に 4 点 A$(1,0,1)$, B$(-1,0,1)$, C$(0,1,-1)$, D$(0,-1,-1)$ をとる。点 P が線分 AB 上を動き，点 Q が線分 CD 上を動くとき，線分 PQ 上の点が通過し得る領域を S とする。このとき以下が成り立つ。

(**a**)　S の体積は $\dfrac{\boxed{ア}}{\boxed{イ}}$ である。

(**b**)　z 軸の周りに S を 1 回転させてできる立体の体積は $\dfrac{\boxed{ウ}}{\boxed{エ}}\pi$ である。

(**2**)

(**a**)　座標平面上の点 B$_1(-4,0)$, B$_2(4,0)$ と円 $C : x^2 + y^2 = 9$ に対して，点 P が C 上を動くとき，線分 PB$_1$ と線分 PB$_2$ の長さの和 M がとり得る値の範囲は

$$\boxed{オ} \leq M \leq \boxed{カ}\ \boxed{キ}$$ である。

(b) 平面上のベクトル $\vec{a}, \vec{b}$ が $|\vec{a} + \vec{b}| = 4, |\vec{a} - \vec{b}| = 3$ を満たすとき，

$|\vec{a}| + |\vec{b}|$ のとり得る値の範囲は

$$\boxed{\text{ク}} \leqq |\vec{a}| + |\vec{b}| \leqq \boxed{\text{ケ}} \text{ である。}$$

(3) 数列 $\{a_n\}$ と $\{b_n\}$ が以下の条件を満たしているとする。

$$a_1 = 3, \ b_1 = -1,$$
$$2a_{n+1} = 5a_n + b_n \ (n = 1, 2, 3, \cdots\cdots),$$
$$2b_{n+1} = a_n + 5b_n \ (n = 1, 2, 3, \cdots\cdots).$$

このとき以下が成り立つ。

(a) $\displaystyle \lim_{n \to \infty} \sum_{k=1}^{n} \frac{1}{a_k + b_k} = \frac{\boxed{\text{コ}}}{\boxed{\text{サ}}}$ である。

(b) $\displaystyle \lim_{n \to \infty} \sum_{k=1}^{n} \frac{1}{a_k^2 - b_k^2} = \frac{\boxed{\text{シ}}}{\boxed{\text{ス}} \mid \boxed{\text{セ}}}$ である。

(c) $\displaystyle \lim_{n \to \infty} \left\{ \frac{(a_1 - b_1)(a_2 - b_2) \cdots\cdots (a_n - b_n)}{(a_1 + b_1)(a_2 + b_2) \cdots\cdots (a_n + b_n)} \right\}^{\frac{1}{n^2}} = \sqrt{\frac{\boxed{\text{ソ}}}{\boxed{\text{タ}}}}$ である。

問題 $\boxed{2}$ の解答は**解答用紙**に記入せよ。答だけでなく答を導く過程も記入せよ。

$\boxed{2}$ 座標平面上に双曲線 $B : x^2 - y^2 = 1$ と $C : \dfrac{x^2}{2} - \dfrac{y^2}{3} = 1$ をとり，連立不等式

$$x^2 - y^2 \geqq 1, \quad \frac{x^2}{2} - \frac{y^2}{3} \leqq 1$$

が表す領域を S とする。また，B の焦点を $\mathrm{B}_1(b_1, 0), \mathrm{B}_2(b_2, 0)\ (b_1 < b_2)$，$C$ の焦点を $\mathrm{C}_1(c_1, 0), \mathrm{C}_2(c_2, 0)\ (c_1 < c_2)$ とおく。以下の問いに答えよ。   (30 点)

(1) S を x 軸の周りに 1 回転させてできる立体の体積を求めよ。

(2) S を y 軸の周りに 1 回転させてできる立体の体積を求めよ。

(3) b_1, b_2, c_1, c_2 の値を求めよ。

(4)   点 P が S 上を動くとき，$\dfrac{|\mathrm{PC}_1 - \mathrm{PC}_2|}{|\mathrm{PB}_1 - \mathrm{PB}_2|}$ がとり得る値の最大値を求めよ。また，最大値を与える P の座標も求めよ。ここで，$\mathrm{PB}_1, \mathrm{PB}_2, \mathrm{PC}_1, \mathrm{PC}_2$ はそれぞれの線分の長さを表す。

問題 $\boxed{3}$ の解答は**解答用紙**に記入せよ。答だけでなく答を導く過程も記入せよ。

$\boxed{3}$ 　$f(x) = e^{-\sin^2 x}\sin 2x$ に対して以下の問いに答えよ。 　　　　　(40 点)

(1) 　$-\pi \leqq x \leqq \pi$ の範囲で $f(x) = 0$ を満たす x の値をすべて求めよ。

(2) 　$f(x)$ の導関数を $f'(x)$ とする。$t = \sin x$ として $e^{\sin^2 x}f'(x)$ を t の多項式で表せ。

(3) 　座標平面において，連立不等式

$$-\pi \leqq x \leqq \pi, \quad f(x) \leqq y \leqq 0$$

の表す領域の面積を求めよ。

(4) 　座標平面において，連立不等式

$$-\pi \leqq x \leqq \pi, \quad 0 \leqq y \leqq f(x)$$

の表す領域の面積を求めよ。

(5) 　x が $-\pi \leqq x \leqq \pi$ の範囲を動くときの $f(x)$ の最大値を α，最小値を β とおく。

　(a) 　β を，α を用いて表せ。

　(b) 　座標平面の $-\pi \leqq x \leqq \pi$ の範囲において，直線 $y = \alpha$ と曲線 $y = f(x)$ で囲まれた領域の面積を α を用いて表せ。

　(c) 　座標平面の $-\pi \leqq x \leqq \pi$ の範囲において，直線 $y = \beta$ と曲線 $y = f(x)$ で囲まれた領域の面積を β を用いて表せ。

◀応用数学科 学科別問題▶

(80 分)

問題 $\boxed{1}$ の解答は**解答用マークシート**にマークせよ。

$\boxed{1}$ $\boxed{}$ 内のカタカナおよび平仮名にあてはまる0から9までの数字を求め，その数字を**解答用マークシート**にマークせよ。ただし，$\boxed{}$ は2桁の数，$\boxed{}$ は3桁の数，$\boxed{}$ は4桁の数を表すものとする。 (50 点)

自然数からなる数列 $\{a_n\}$ がすべての自然数 n に対して以下の関係式を満たしているとする。

$$a_{n+2} = b_n a_{n+1} + a_n,$$

ただし，数列 $\{b_n\}$ は n が奇数のとき1で，n が偶数のとき2である数列とする。

(1)

(a) $a_1 = 3$, $a_2 = 7$ のとき，a_7 と a_8 の最大公約数は $\boxed{\text{ア}}$ である。

(b) $a_1 = 3$, $a_2 = 6$ のとき，a_7 と a_8 の最大公約数は $\boxed{\text{イ}}$ である。

(2)

$$a_7 = \boxed{\text{ウ}\ \text{エ}}\, a_2 + \boxed{\text{オ}\ \text{カ}}\, a_1$$

であり，

$$a_8 = \boxed{\text{キ}\ \text{ク}}\, a_2 + \boxed{\text{ケ}\ \text{コ}}\, a_1$$

と表すことができる。この2つの式から a_2 を消去することで

$$\boxed{\text{サ}\ \text{シ}}\, a_7 - \boxed{\text{ス}\ \text{セ}}\, a_8 = a_1$$

を得る。

また

$$a_{14} = \boxed{\text{ソ}\,\text{タ}\,\text{チ}\,\text{ツ}}\, a_2 + \boxed{\text{テ}\,\text{ト}\,\text{ナ}\,\text{ニ}}\, a_1$$

と表すことができる。

(3)

(a) k を自然数とし，$a_2 = ka_1$ とする。このとき，

$$a_7 x + a_8 y = a_1$$

を満たす，すべての整数解 (x, y) は，整数 l を用いて，

$$x = \boxed{\text{ヌ}\,\text{ネ}}\, kl + \boxed{\text{ノ}\,\text{ハ}}\, l + \boxed{\text{ヒ}\,\text{フ}},$$

$$y = -\boxed{\text{ヘ}\,\text{ホ}}\, kl - \boxed{\text{マ}\,\text{ミ}}\, l - \boxed{\text{ム}\,\text{メ}}$$

と表すことができる。

(b) $a_2 = 2a_1 + 1$ とする。このとき，

$$a_7 x + a_8 y = 1$$

を満たす，すべての整数解 (x, y) は，整数 l を用いて，

$$x = \boxed{\text{モ}\,\text{ヤ}\,\text{ユ}}\, a_1 l + \boxed{\text{ヨ}\,\text{ラ}}\, l - \boxed{\text{リ}\,\text{ル}\,\text{レ}},$$

$$y = -\boxed{\text{ロ}\,\text{ワ}}\, a_1 l - \boxed{\text{ヲ}\,\text{ン}}\, l + \boxed{\text{あ}\,\text{い}}$$

と表すことができる。

問題 $\boxed{2}$ の解答は**解答用紙**に記入せよ。答だけでなく答を導く過程も記入せよ。

$\boxed{2}$ 実数 c に対して，x の整式 $f(x)$ を $f(x) = x^3 - cx + c$ とおく。以下の問いに答えよ。   (50点)

(1) $f(x) = 0$ の実数解 α に対して，$f(x) = (x - \alpha)(x^2 + Ax + B)$ となる A と B を α の式で表せ。

(2) $f(x) = 0$ を満たす実数 x がただ1つであるような c の値の範囲を求めよ。

(3) c が **(2)** で求めた範囲を動くとき，さらに $f(x) = 0$ の実数解が -1 以下となるような c の値の範囲を求めよ。

(4) c が **(3)** で求めた範囲を動くとき，$f(x) = 0$ の実数解 α がとり得る値の範囲を求めよ。

(5) c が **(3)** で求めた範囲を動くとき，$f(x) = 0$ の実数でない解 β に対して，その絶対値 $|\beta|$ がとり得る値の範囲を求めよ。

物理

（80分）

1 次の問題の ☐ の中に入れるべき正しい答を**解答群**の中から選び，その番号を**解答用マークシート**の指定された欄にマークしなさい。必要なら，同一番号を繰り返し用いてよい。

(25点)

　台の上に鉛直に立てられたばね定数 k〔N/m〕の軽いばねに，厚さの無視できる質量 $2m$〔kg〕の板が固定されている。**図1**のように，この板の上に，質量 m〔kg〕の小球を静かに置いたところ，ばねの自然長より d〔m〕だけ縮んで静止した。この板の位置をつりあいの位置（$x = 0$）とし，鉛直上向きを x 軸の正の向きとする。ここから，**図2**のように，αd〔m〕（$\alpha > 0$）だけ板を押し下げ，静かに離したところ，板と小球は鉛直方向に動き出した。ここで，小球の大きさおよび空気抵抗は無視でき，ばね，板および小球の運動は鉛直方向のみで起きるものとする。重力加速度の大きさを g〔m/s²〕として，以下の**問い**に答えなさい。

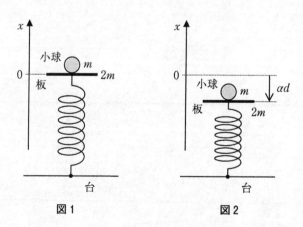

図1　　　　　　図2

(1) **図1**から，ばね定数は m, d, g を用いて ☐ **(ア)** ☐ 〔N/m〕と表すことができる。

(2) 図2のように，板を ad〔m〕だけ押し下げて手を離すと，小球は板に乗った
ままばねの復元力により鉛直方向に上昇した。このとき，一体となって運動し
ている板と小球の位置座標 x〔m〕での加速度は　　(イ)　　〔m/s²〕，小球が板か
ら受ける垂直抗力 N〔N〕の大きさは $N =$ 　　(ウ)　　である。

　このあと，ある位置で小球は板から離れて上昇した。小球が板から離れて
上昇するための a の条件は　　(エ)　　であり，板から離れる瞬間の位置座標
x_1〔m〕は $x_1 =$ 　　(オ)　　 $\times d$ である。これより，垂直抗力 N〔N〕の大きさと
位置座標 x〔m〕との関係を図示すると　　(カ)　　であり，最初に板を押し下げ
た位置座標 $-ad$〔m〕から x_1〔m〕までの間で垂直抗力 N〔N〕のする仕事は a，
m, d, g などを用いて表すと　　(キ)　　〔J〕となる。また，板から離れる瞬
間の小球の速さは a, d, g などを用いて表すと　　(ク)　　〔m/s〕，板から
離れた後の小球の最高到達点の位置座標は a, d などを用いて表すと
　　(ケ)　　 $\times d$〔m〕である。

(3) (2)で小球が板から離れた後，小球が最高到達点から落下して，板との1回目
の弾性衝突が起きるまでの間，板は単振動をした。このとき，板の単振動の中
心の位置座標は　　(コ)　　 $\times d$〔m〕，周期は d, g などを用いて表すと
　　(サ)　　〔s〕，振幅は a, d などを用いて表すと　　(シ)　　 $\times d$〔m〕である。

(4) 小球が板から離れた位置から板がちょうど1周期だけ単振動したときに，上
昇してきた板と下降してきた小球は，板から離れる瞬間の位置 x_1〔m〕で初め
て衝突した。この結果から，a の値は　　(ス)　　である。

(ア)の解答群

0 $\dfrac{d}{3mg}$ 　　　　　　1 $\dfrac{d}{2mg}$ 　　　　　　2 $\dfrac{2mg}{d}$

3 $\dfrac{3mg}{d}$ 　　　　　　4 $2mgd$ 　　　　　　5 $3mgd$

㈠の解答群

0　$-\dfrac{dx}{g}$　　　　　　　1　$\dfrac{dx}{g}$　　　　　　　2　$-\dfrac{gx}{d}$

3　$\dfrac{gx}{d}$　　　　　　　4　$\dfrac{gx}{2d}$　　　　　　5　$\dfrac{2gx}{d}$

㈡の解答群

0　$\dfrac{mgx}{d}$　　　　　　1　$\dfrac{2mgx}{d}$　　　　　2　$mg\left(1-\dfrac{x}{d}\right)$

3　$2mg\left(1-\dfrac{x}{d}\right)$　　　4　$-\dfrac{mgx}{d}$　　　　　5　$mg\left(1-\dfrac{x}{2d}\right)$

㈢の解答群

0　$0<\alpha<1$　　　　　　1　$\alpha>1$　　　　　2　$\alpha=1$

㈣, ㈩の解答群

0　0　　　1　$-\dfrac{1}{2}$　　　2　-1　　　3　$-\dfrac{3}{2}$　　　4　-2

5　$\dfrac{1}{3}$　　　6　1　　　7　$\dfrac{3}{2}$　　　8　2　　　9　$\dfrac{5}{2}$

㈤の解答群

0　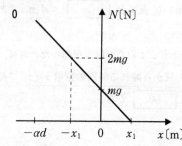　　　　1　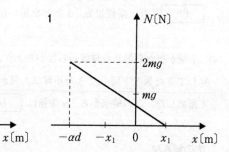

2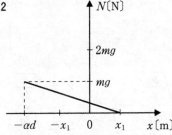

3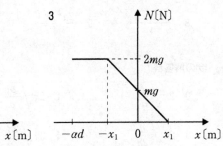

4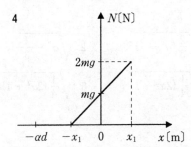

5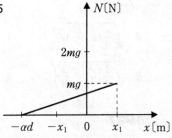

㈔の解答群

0　αmgd　　　　1　$\dfrac{3\alpha + 1}{4}mgd$　　　　2　$\dfrac{2\alpha + 1}{6}mgd$　　　　3　$\alpha^2 mgd$

4　$\dfrac{\alpha^2 - 1}{2}mgd$　　　　5　$\dfrac{\alpha^2 + 1}{2}mgd$　　　　6　$\dfrac{(\alpha - 1)^2}{2}mgd$　　　　7　$\dfrac{(\alpha + 1)^2}{2}mgd$

㈗の解答群

0　$\sqrt{gd\alpha}$　　　　　　　　　　1　$\sqrt{2gd\alpha}$　　　　　　　　　　2　$\sqrt{gd(\alpha - 1)}$

3　$\sqrt{2gd(\alpha - 1)}$　　　　　　4　$\sqrt{gd\alpha^2}$　　　　　　　　　5　$\sqrt{gd(\alpha^2 - 1)}$

6　$\sqrt{2gd(\alpha^2 - 1)}$　　　　　7　$\sqrt{\dfrac{g\alpha^2}{d}}$　　　　　　　　8　$\sqrt{\dfrac{g(\alpha^2 - 1)}{d}}$

㈘の解答群

0　$\dfrac{\alpha - 1}{2}$　　　　1　$\dfrac{\alpha + 1}{2}$　　　　2　$\dfrac{2\alpha - 1}{2}$　　　　3　$\dfrac{\alpha^2 - 1}{2}$

4　$\dfrac{\alpha^2 + 1}{2}$　　　　5　$\dfrac{2\alpha^2 - 1}{2}$　　　　6　$\dfrac{2\alpha^2 + 1}{2}$　　　　7　$\dfrac{\alpha^2 + 1}{4}$

8 $\dfrac{2\alpha^2 - 1}{4}$ 　　 9 $\dfrac{2\alpha^2 + 1}{4}$

㈹の解答群

0 $2\pi\sqrt{\dfrac{d}{g}}$ 　　　 1 $2\pi\sqrt{\dfrac{2d}{g}}$ 　　　 2 $2\pi\sqrt{\dfrac{d}{3g}}$

3 $2\pi\sqrt{\dfrac{d}{2g}}$ 　　　 4 $2\pi\sqrt{\dfrac{2d}{3g}}$ 　　　 5 $2\pi\sqrt{\dfrac{3g}{2d}}$

㈺の解答群

0 $\sqrt{\dfrac{1}{3}(\alpha^2 - 1)}$ 　　 1 $\sqrt{\dfrac{2}{3}(\alpha^2 - 1)}$ 　　 2 $\sqrt{\alpha^2 - \dfrac{1}{3}}$

3 $\sqrt{\dfrac{2}{3}\left(\alpha^2 - \dfrac{1}{3}\right)}$ 　　 4 $\sqrt{\dfrac{1}{4}(2\alpha^2 - 1)}$ 　　 5 $\sqrt{\dfrac{1}{4}(2\alpha^2 + 1)}$

㈻の解答群

0 1 　　　　　 1 2 　　　　　 2 $\sqrt{\dfrac{\pi^2}{2}}$

3 $\sqrt{\dfrac{\pi^2 - 1}{2}}$ 　　 4 $\sqrt{\dfrac{\pi^2}{2} + 1}$ 　　 5 $\sqrt{\dfrac{2\pi^2}{3}}$

6 $\sqrt{\dfrac{2\pi^2 + 1}{3}}$ 　　 7 $\sqrt{\dfrac{2\pi^2}{3} + 1}$ 　　 8 $\sqrt{\dfrac{\pi^2 + 1}{2}}$

2 次の問題の □ の中に入れるべき正しい答を**解答群**の中から選び，その
番号を**解答用マークシート**の指定された欄にマークしなさい。必要なら，同一番
号を繰り返し用いてよい。

(20点)

図1のように，地上に静止しているP点の観測者の頭上 ℓ〔m〕の高さを，2機
の飛行機1，2が地面と平行に同じ直線上を同じ一定速度 v〔m/s〕で飛行してい
る。それぞれの飛行機には，振動数 f_0〔Hz〕の音を発生する装置が備えつけられ
ている。時刻 $t = 0$ s で，飛行機1はP点の観測者の鉛直上方 ℓ〔m〕のD点から
2ℓ〔m〕だけ離れたA点，飛行機2はD点から ℓ〔m〕だけ離れたB点の位置にあ
り，D点に向かって飛行している。音速を V〔m/s〕とし，飛行機の速度 v〔m/s〕
は音速を超えないものとする。飛行機や観測者の大きさ，および風の影響は無視
できるものとして，以下の問いに答えなさい。必要であれば，以下の近似式をつ
かってもよい。

$$|\Delta x| \text{ が 1 よりじゅうぶん小さいとき，} \sqrt{1 \pm \Delta x} \fallingdotseq 1 \pm \frac{1}{2}\Delta x$$

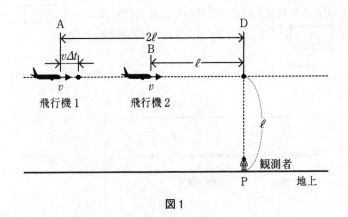

図1

(1) 時刻 $t = 0$ s から微小時間 Δt〔s〕の間，飛行機1が，振動数 f_0〔Hz〕の音を発
し続けたところ，この音はP点の観測者に届いた。この Δt〔s〕の間に，飛行機1
から □(ア) 個の波長分の波が発せられた。A点で発した音がP点の観測

者に届いた時刻は ℓ, V などを用いて表すと　(イ)　〔s〕である。Δt〔s〕がきわめて短く，Δt の2乗の項を無視できるとすれば，A 点から $v\Delta t$〔m〕だけ離れた点で発した音が P 点の観測者に届いた時刻は ℓ, V, v, Δt などを用いて　(イ)　＋　(ウ)　〔s〕と表せる。また，単位時間あたりに観測する波の個数，つまり P 点の観測者が観測する振動数 f_P〔Hz〕は V, v などを用いて表すと $f_P =$　(エ)　×f_0 となる。これより，飛行機1が A 点で発した音をP 点の観測者が観測する音の高さの説明として，もっとも適しているものは，　(オ)　である。

(2)　図2のように，時刻 $t = 0$ s で A 点に位置する飛行機1が振動数 f_0〔Hz〕の音を短い時間発した。その後，飛行機2が B 点から $\dfrac{\ell}{2}$〔m〕だけ進んだ C 点に到達した時，振動数 f_0〔Hz〕の音を短い時間発したところ，2機の飛行機から発した音が，時刻　(カ)　〔s〕で同時に P 点の観測者に到達し，うなりを生じた。これより，2機の飛行機の速度 v〔m/s〕は V を用いて表すと $v =$　(キ)　×V である。また，P 点で観測する飛行機1が発した音の振動数 f_1〔Hz〕と飛行機2が発した音の振動数 f_2〔Hz〕は $f_1 =$　(ク)　×f_0，$f_2 =$　(ケ)　×f_0 となることから，うなりの振動数 f'〔Hz〕は $f' =$　(コ)　×f_0 である。

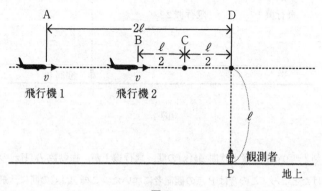

図2

㋐の解答群

0　f_0　　　1　$\dfrac{1}{f_0}$　　　2　$f_0\Delta t$　　　3　$\dfrac{1}{f_0\Delta t}$　　　4　$\dfrac{f_0}{\Delta t}$

㋑の解答群

0　$\dfrac{2\ell}{V}$　　　1　$\dfrac{\sqrt{5}\ell}{V}$　　　2　$\dfrac{2\sqrt{5}\ell}{V}$　　　3　$\dfrac{\sqrt{5}\ell}{5V}$

4　$\dfrac{2\sqrt{5}\ell}{5V}$　　　5　$\dfrac{\sqrt{5}\ell}{2V}$　　　6　$\dfrac{\sqrt{5}\ell}{10V}$

㋒の解答群

0　$\left(1-\dfrac{2v}{V}\right)\Delta t$　　　1　$\left(\dfrac{\sqrt{5}}{5}-\dfrac{2\sqrt{5}v}{5V}\right)\Delta t$　　　2　$\left(1-\dfrac{v}{V}\right)\Delta t$

3　$\left(\dfrac{\sqrt{5}}{5}-\dfrac{\sqrt{5}v}{5V}\right)\Delta t$　　　4　$\left(\sqrt{5}-\dfrac{v}{V}\right)\Delta t$　　　5　$\left(\sqrt{5}-\dfrac{2v}{V}\right)\Delta t$

6　$\left(1-\dfrac{2\sqrt{5}v}{5V}\right)\Delta t$　　　7　$\left(1-\dfrac{\sqrt{5}v}{V}\right)\Delta t$　　　8　$\left(\dfrac{\sqrt{5}}{5}-\dfrac{v}{V}\right)\Delta t$

9　$\left(\dfrac{2\sqrt{5}}{5}-\dfrac{v}{V}\right)\Delta t$

㋓の解答群

0　$\dfrac{V}{V-\sqrt{5}v}$　　　1　$\dfrac{2V}{V-\sqrt{5}v}$　　　2　$\dfrac{\sqrt{5}V}{V-\sqrt{5}v}$　　　3　$\dfrac{V}{2V-\sqrt{5}v}$

4　$\dfrac{2V}{2V-\sqrt{5}v}$　　　5　$\dfrac{\sqrt{5}V}{2V-\sqrt{5}v}$　　　6　$\dfrac{V}{\sqrt{5}V-v}$　　　7　$\dfrac{V}{\sqrt{5}V-2v}$

8　$\dfrac{\sqrt{5}V}{\sqrt{5}V-2v}$　　　9　$\dfrac{2V}{\sqrt{5}V-2v}$

㋔の解答群

0　「飛行機1の発した音の振動数はP点で大きくなるため，P点の観測者には飛行機2で観測される音よりも低い音として観測される。」

1　「飛行機1の発した音の振動数はP点で大きくなるため，P点の観測者には飛行機2で観測される音よりも高い音として観測される。」

2　「飛行機1の発した音の振動数はP点で小さくなるため，P点の観測者

には飛行機2で観測される音よりも低い音として観測される。」

3 「飛行機1の発した音の振動数はP点で小さくなるため，P点の観測者には飛行機2で観測される音よりも高い音として観測される。」

㈹の解答群

0 $\dfrac{2\ell}{V}$　　1 $\dfrac{\sqrt{5}\ell}{V}$　　2 $\dfrac{2\sqrt{5}\ell}{V}$　　3 $\dfrac{3\sqrt{5}\ell}{V}$　　4 $\dfrac{2\sqrt{5}\ell}{5V}$

5 $\dfrac{\ell}{2V}$　　6 $\dfrac{\sqrt{5}\ell}{2V}$　　7 $\dfrac{3\sqrt{5}\ell}{2V}$　　8 $\dfrac{\sqrt{5}\ell}{3V}$　　9 $\dfrac{2\sqrt{5}\ell}{3V}$

㈱の解答群

0 $\dfrac{1}{5}$　　1 $\dfrac{1}{3}$　　2 $\dfrac{\sqrt{3}}{5}$　　3 $\dfrac{2}{5}$　　4 $\dfrac{\sqrt{5}}{5}$

5 $\dfrac{1}{2}$　　6 $\dfrac{\sqrt{3}}{3}$　　7 $\dfrac{\sqrt{3}}{2}$　　8 $\dfrac{2\sqrt{5}}{5}$　　9 $\dfrac{\sqrt{5}}{2}$

㈲, ㈹, ㈺の解答群

00 $\dfrac{1}{20}$　　01 $\dfrac{1}{15}$　　02 $\dfrac{1}{12}$　　03 $\dfrac{1}{10}$　　04 $\dfrac{\sqrt{5}}{15}$

05 $\dfrac{1}{6}$　　06 $\dfrac{\sqrt{5}}{12}$　　07 $\dfrac{\sqrt{5}}{10}$　　08 $\dfrac{1}{4}$　　09 $\dfrac{1}{3}$

10 $\dfrac{7}{20}$　　11 $\dfrac{5}{12}$　　12 $\dfrac{7}{12}$　　13 $\dfrac{3}{4}$　　14 $\dfrac{5}{6}$

15 1　　16 $\dfrac{7}{6}$　　17 $\dfrac{5}{4}$　　18 $\dfrac{5}{3}$　　19 $\dfrac{7}{3}$

(3) (2)でうなりが観測されてじゅうぶんに時間が経ったあと，**図3**のように，飛行機1，2は地上に着陸し，飛行機1が速度 v_1〔m/s〕，飛行機2が速度 v_2〔m/s〕で同じ直線上を走行している。また，2機の飛行機の遠方には反射板が地面に対して垂直に固定されている。ここで，飛行機1は飛行機2を追い越さないとし，飛行機2は飛行機1の発する音に影響を与えないとする。飛行機1が振動数 f_0〔Hz〕の音を発したところ，飛行機1から発した音（直接音）と反射板で反射された音（反射音）が，飛行機2の観測者に届き，うなりを生じた。こ

のとき，飛行機2の観測者が観測する飛行機1からの直接音の振動数 f_D〔Hz〕は $f_D =$ ┃ (サ) ┃ $\times f_0$，反射板からの反射音の振動数 f_R〔Hz〕は $f_R =$ ┃ (シ) ┃ $\times f_0$ となることから，飛行機2の観測者が観測するうなりの 振動数 $f_2{}'$〔Hz〕は $f_2{}' =$ ┃ (ス) ┃ $\times f_0$ である。

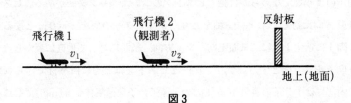

図3

(サ)，(シ)の解答群

$$0 \quad \frac{V - v_2}{V - v_1} \qquad 1 \quad \frac{V - v_1}{V - v_2} \qquad 2 \quad \frac{V + v_2}{V + v_1} \qquad 3 \quad \frac{V + v_1}{V + v_2}$$

$$4 \quad \frac{V - v_2}{V + v_1} \qquad 5 \quad \frac{V + v_2}{V - v_1} \qquad 6 \quad \frac{V + v_1}{V - v_2} \qquad 7 \quad \frac{V}{V - v_1}$$

$$8 \quad \frac{V}{V - v_2} \qquad 9 \quad \frac{V - v_1}{V}$$

(ス)の解答群

$$0 \quad \frac{v_2}{V - v_1} \qquad 1 \quad \frac{v_2}{V + v_1} \qquad 2 \quad \frac{v_1}{V - v_2} \qquad 3 \quad \frac{v_1}{V + v_2}$$

$$4 \quad \frac{2v_2}{V - v_1} \qquad 5 \quad \frac{2v_1}{V - v_2} \qquad 6 \quad \frac{2v_2}{V + v_1} \qquad 7 \quad \frac{2v_1}{V + v_2}$$

$$8 \quad \frac{V - v_2}{2v_1} \qquad 9 \quad \frac{V - v_1}{2v_2}$$

3 　次の問題の 　　　　　 の中に入れるべき正しい答を**解答群**の中から選び，その番号を**解答用マークシート**の指定された欄にマークしなさい。必要なら，同一番号を繰り返し用いてよい。

（25点）

　図1のような，なめらかに動くピストンのついたシリンダーがある。ピストンの可動方向に対して水平にx軸をとり，シリンダーの底を$x = 0 \,\text{m}$とする。また，図1に示すように，紙面上向きをy方向，紙面に対して垂直に裏から表へ向かう向きをz方向とする。シリンダーとピストンはともに断熱材で作られており，内部には1分子の質量が$m \,\text{[kg]}$の単原子分子理想気体が$n \,\text{[mol]}$閉じこめられている。シリンダーおよびピストンの内壁はなめらかであり，気体分子と弾性衝突する。また，重力の影響は無視できるものとし，気体分子はピストンおよびシリンダーの内壁と衝突するまでは等速直線運動をすると仮定する。アボガドロ定数を$N_A \,\text{[/mol]}$，気体定数を$R \,\text{[J/(mol·K)]}$とし，必要であれば，αを任意の実数として，δの絶対値が1よりじゅうぶんに小さい時に成り立つ近似式$(1 + \delta)^\alpha \fallingdotseq 1 + \alpha\delta$を用いよ。

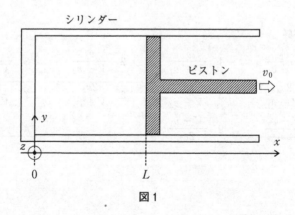

図1

　はじめ，ピストンは$x = L \,\text{[m]}$の位置に固定されている。この状態からピストンを速さ$v_0 \,\text{[m/s]}$でx軸の正方向へゆっくり引き抜く場合を考える。

(1) ある１個の気体分子が速度 $\vec{v} = (v_x,\ v_y,\ v_z)$〔m/s〕でピストンに衝突しはね
返されるとき，衝突直前の気体分子のピストンに対する相対速度の x 成分は
$\boxed{\quad(ア)\quad}$〔m/s〕と表される。ただし，$|v_x|, |v_y|, |v_z|$ は v_0 に比べてじゅうぶ
ん大きいとする。一方，ピストンに対する気体分子の相対速度の x 成分の絶
対値が衝突の前後で変化しないことを考慮すれば，衝突後の気体分子のシリン
ダーに対する速度の x 成分は $\boxed{\quad(イ)\quad}$〔m/s〕となる。

(2) 気体分子が速度 $\vec{v} = (v_x,\ v_y,\ v_z)$ でピストンと衝突した。この時刻を
$t = 0$ s とし，これ以降の微小時間 Δt〔s〕間について考える。ここで，Δt は
$v_x\Delta t$〔m〕が L よりもじゅうぶんに大きく，かつ $v_0\Delta t$〔m〕が L よりもじゅう
ぶんに小さいとする。つまり，気体分子がピストンに衝突する周期は常に一定
値 $\dfrac{2L}{v_x}$〔s〕と近似できるものとする。気体分子がピストンに１回衝突する度
に，速度の x 成分の大きさは $\boxed{\quad(ウ)\quad}$〔m/s〕だけ減少するので，Δt〔s〕が経
過した直後の気体分子の速度の x 成分の大きさは $\boxed{\quad(エ)\quad}$〔m/s〕と表すこと
ができる。以上より，ある１個の気体分子は Δt〔s〕の間にピストンに対して
$\boxed{\quad(オ)\quad} \times \boxed{\quad(カ)\quad}$〔J〕の仕事をしていると解釈できる。

(3) (1)で着目した気体分子がシリンダー内の全気体分子の平均的な状態を表して
いると仮定する。つまり，この気体分子の速度の２乗は全気体分子についての
速度の２乗の平均値 $\overline{v^2}$〔m/s〕に等しいとする。さらに，実際には気体分子同
士の衝突が起こるため気体分子の運動はあらゆる方向で一様になり，２乗平均速
度の $x,\ y,\ z$ 成分の間に $\overline{v_x^2} = \overline{v_y^2} = \overline{v_z^2}$ の関係が成り立つと仮定すれば，気体
分子の温度 T〔K〕は $T = \boxed{\quad(キ)\quad} \times \dfrac{mN_A \overline{v_x^2}}{R}$ と表せる。$t = 0$ s から Δt〔s〕
の間に全気体分子がピストンに対してした仕事は $\boxed{\quad(ク)\quad} \times \boxed{\quad(ケ)\quad}$〔J〕
であり，これは Δt〔s〕あたりの内部エネルギーの減少量に等しい。Δt〔s〕の間
の温度変化を ΔT〔K〕とすれば，$\Delta T = \boxed{\quad(コ)\quad} \times \boxed{\quad(サ)\quad}$ と表すことが
できる。$t = 0$ s にピストンとシリンダーで囲まれた領域の体積を V〔m³〕と
し，Δt〔s〕あたりのピストンの変位によって生じる V の変化を ΔV〔m³〕とすれ
ば，ΔV と ΔT の間には $\dfrac{\Delta T}{T} = \boxed{\quad(シ)\quad} \times \boxed{\quad(ス)\quad}$ が成り立つ。この式

から断熱変化において圧力と体積の間に成り立つ関係を表すポアソンの法則が導かれる。

(ア), (イ), (ウ)の解答群

00　$2v_x + 2v_0$	01　$2v_x + v_0$	02　$2v_x$	03　$v_x + v_0$
04　$v_x - v_0$	05　$v_x - 2v_0$	06　$2v_0$	07　v_0
08　$-v_0$	09　$-2v_0$	10　$-v_x + 2v_0$	11　$-v_x + v_0$
12　$-v_x - v_0$	13　$-2v_x$	14　$-2v_x - v_0$	
15　$-2v_x - 2v_0$			

(エ)の解答群

0　$v_x\left(1 - \dfrac{v_0\Delta t}{2L}\right)$	1　$v_x\left(1 - \dfrac{v_0^2\Delta t}{2Lv_x}\right)$	2　$v_x\left(1 - \dfrac{2L}{v_0\Delta t}\right)$
3　$v_x\left(1 - \dfrac{v_0\Delta t}{L}\right)$	4　$v_x\left(1 - \dfrac{v_0^2\Delta t}{Lv_x}\right)$	5　$v_x\left(1 - \dfrac{L}{v_0\Delta t}\right)$
6　$v_x\left(1 - \dfrac{2v_0\Delta t}{L}\right)$	7　$v_x\left(1 - \dfrac{2v_0^2\Delta t}{Lv_x}\right)$	8　$v_x\left(1 - \dfrac{L}{2v_0\Delta t}\right)$

(オ), (キ)の解答群

00　3	01　$\dfrac{5}{2}$	02　2	03　$\sqrt{3}$	04　$\dfrac{5}{3}$
05　$\dfrac{3}{2}$	06　$\dfrac{4}{3}$	07　1	08　$\dfrac{3}{4}$	09　$\dfrac{2}{3}$
10　$\dfrac{3}{5}$	11　$\dfrac{1}{\sqrt{3}}$	12　$\dfrac{1}{2}$	13　$\dfrac{1}{3}$	14　$\dfrac{1}{6}$
15　$-\dfrac{1}{6}$	16　$-\dfrac{1}{3}$	17　$-\dfrac{1}{2}$	18　$-\dfrac{1}{\sqrt{3}}$	19　$-\dfrac{3}{5}$
20　$-\dfrac{2}{3}$	21　$-\dfrac{3}{4}$	22　-1	23　$-\dfrac{4}{3}$	24　$-\dfrac{3}{2}$
25　$-\dfrac{5}{3}$	26　$-\sqrt{3}$	27　-2	28　$-\dfrac{5}{2}$	29　-3

(カ)の解答群

0　$\dfrac{mv_x^2 L}{v_0\Delta t}$	1　$\dfrac{mv_x\Delta t v_0^2}{L}$	2　$\dfrac{mv_0\Delta t v_x^2}{L}$

3　$\dfrac{mv_0^2 L}{v_x \Delta t}$　　　　　4　$\dfrac{v_x \Delta t v_0^2}{mL}$　　　　　5　$\dfrac{\Delta t v_x^2}{mv_0 L}$

(ク), (コ), (シ)の解答群

00　3　　01　$\dfrac{5}{2}$　　02　2　　03　$\sqrt{3}$　　04　$\dfrac{5}{3}$

05　$\dfrac{3}{2}$　　06　$\dfrac{4}{3}$　　07　1　　08　$\dfrac{3}{4}$　　09　$\dfrac{2}{3}$

10　$\dfrac{3}{5}$　　11　$\dfrac{1}{\sqrt{3}}$　　12　$\dfrac{1}{2}$　　13　$\dfrac{1}{3}$　　14　$\dfrac{1}{6}$

15　$-\dfrac{1}{6}$　　16　$-\dfrac{1}{3}$　　17　$-\dfrac{1}{2}$　　18　$-\dfrac{1}{\sqrt{3}}$　　19　$-\dfrac{3}{5}$

20　$-\dfrac{2}{3}$　　21　$-\dfrac{3}{4}$　　22　-1　　23　$-\dfrac{4}{3}$　　24　$-\dfrac{3}{2}$

25　$-\dfrac{5}{3}$　　26　$-\sqrt{3}$　　27　-2　　28　$-\dfrac{5}{2}$　　29　-3

(ケ)の解答群

00　$\dfrac{m\overline{v^2}v_0\Delta t}{L}nN_A$　　01　$\dfrac{mv_0^2 L}{\sqrt{\overline{v^2}}\,\Delta t}nN_A$　　02　$\dfrac{m\overline{v^2}L}{v_0\Delta t}nN_A$

03　$\dfrac{\overline{v^2}v_0\Delta t}{mL}nN_A$　　04　$\dfrac{m\overline{v^2}v_0\Delta t}{L}n$　　05　$\dfrac{mv_0^2 L}{\sqrt{\overline{v^2}}\,\Delta t}n$

06　$\dfrac{m\overline{v^2}L}{v_0\Delta t}n$　　07　$\dfrac{\overline{v^2}v_0\Delta t}{mL}n$　　08　$\dfrac{m\overline{v^2}v_0\Delta t}{L}\dfrac{N_A}{n}$

09　$\dfrac{mv_0^2 L}{\sqrt{\overline{v^2}}\,\Delta t}\dfrac{N_A}{n}$　　10　$\dfrac{m\overline{v^2}L}{v_0\Delta t}\dfrac{N_A}{n}$　　11　$\dfrac{\overline{v^2}v_0\Delta t}{mL}\dfrac{N_A}{n}$

(サ)の解答群

0　$\dfrac{nN_A Tv_0\Delta t}{L}$　　1　$\dfrac{nN_A TL}{v_0\Delta t}$　　2　$\dfrac{nTv_0\Delta t}{L}$　　3　$\dfrac{nTL}{v_0\Delta t}$

4　$\dfrac{RTv_0\Delta t}{L}$　　5　$\dfrac{RTL}{v_0\Delta t}$　　6　$\dfrac{Tv_0\Delta t}{L}$　　7　$\dfrac{TL}{v_0\Delta t}$

(ス)の解答群

0　$\dfrac{N_A V}{\Delta V}$　　1　$\dfrac{R\Delta V}{V}$　　2　$\dfrac{nV}{\Delta V}$　　3　$\dfrac{N_A \Delta V}{V}$

4　$\dfrac{V}{\Delta V}$　　5　$\dfrac{n\Delta V}{V}$　　6　$\dfrac{\Delta V}{V}$　　7　$V\Delta V$

8 　$nV\Delta V$ 　　　　　　9 　$N_A V\Delta V$

4 　次の問題の 　　　　　 の中に入れるべき正しい答を**解答群**の中から選び，その番号を**解答用マークシート**の指定された欄にマークしなさい．必要なら，同一番号を繰り返し用いてよい． 　　　　　　　　　　　　　　　　　　　　(30点)

　真空中における荷電粒子の運動について考える．荷電粒子の大きさや重力の影響は無視できるものとする．

(1) 　図1のように，領域Ⅰ $(x < 0, \; 0 \geqq y \geqq -d)$ には強さ E〔N/C〕の一様な電場を y 軸に平行で正の向きにかけた．また，表面が $x \geqq 0, \; y = 0$ となるように，$x \geqq 0, \; y \leqq 0$ の領域に xy 平面に対して垂直に板を固定した．領域Ⅰを除く全領域には磁束密度の大きさ B〔T〕の一様な磁場を紙面に対して垂直に裏から表向きにかけた．いま，質量 m〔kg〕，電荷 q〔C〕$(q > 0)$ の荷電粒子が座標 $(-L, \; -d)$ の点Aから初速度0で運動を開始した．ここで，$L > 0, \; d > 0$ とする．板の表面はなめらかであり，粒子は板と反発係数 $e(0 < e < 1)$ の非弾性衝突をする．また，荷電粒子の運動は xy 平面内に限られるとする．

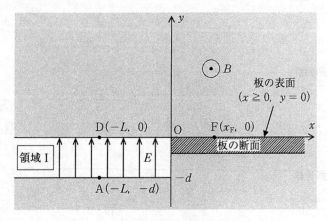

図1

荷電粒子が座標$(-L, 0)$の点 D を通過する瞬間の速さ v_1〔m/s〕は

$v_1 = $ ⬚(ア) と表せる。領域 I を飛び出した荷電粒子が板の表面まで達するには，B が ⬚(イ) 〔T〕以下でなければならない。

以降，磁束密度の大きさ B_0 を ▨(イ) $\times \dfrac{1}{2}$〔T〕と定義し，$B = B_0$ とする。このとき，荷電粒子は点 F において，板と1回目の衝突をする。点 F の x 座標を x_F〔m〕とすれば，$x_F = $ ⬚(ウ) $\times L$ である。

荷電粒子は板の表面上のある点において，板の表面と2回目の衝突をする。この点の x 座標は ⬚(エ) $\times L$〔m〕である。また，荷電粒子が点 D を通過してから板の表面との1回目の衝突までにかかる時間を t_1〔s〕，$p-1$ 回目 $(p > 2)$ の衝突から p 回目の衝突までにかかる時間を t_p〔s〕とすれば，$\dfrac{t_p}{t_1} = $ ⬚(オ) である。荷電粒子はその後も板の表面と衝突を繰り返しながら減速した。$e = 0.9$ として，じゅうぶん長い時間が経過すると荷電粒子の x 座標は ⬚(カ) $\times L$ に収束する。

(ア)の解答群

0　$\sqrt{\dfrac{2qd}{mE}}$　　1　$\sqrt{\dfrac{2qEd}{m}}$　　2　$\sqrt{\dfrac{m}{2qEd}}$　　3　$\sqrt{\dfrac{2Ed}{qm}}$　　4　$\sqrt{\dfrac{qEd}{2m}}$

(イ)の解答群

0　$\dfrac{1}{L}\sqrt{\dfrac{2mEd}{q}}$　　　1　$\dfrac{1}{L}\sqrt{\dfrac{mEd}{2q}}$　　　2　$\dfrac{2}{L}\sqrt{\dfrac{2mEd}{q}}$

3　$\dfrac{2}{L}\sqrt{\dfrac{2md}{Eq}}$　　　4　$\dfrac{2}{L}\sqrt{\dfrac{2Ed}{mq}}$　　　5　$\dfrac{2}{d}\sqrt{\dfrac{2mEL}{q}}$

(ウ), (カ)の解答群

00　0	01　$\dfrac{1}{4}$	02　$\dfrac{1}{3}$	03　$\dfrac{1}{2}$
04　1	05　$\dfrac{3}{2}$	06　2	07　$\dfrac{5}{2}$
08　5	09　7	10　9	11　12
12　13	13　17	14　19	15　21

16　27

㈎の解答群

0　1　　　　　1　$1+e$　　　　2　$2+e$　　　　3　$1+2e$

4　$2e-1$　　　5　e　　　　　6　$2e$　　　　　7　$2+2e$

㈦の解答群

0　$\dfrac{1}{p}$　　　　1　p　　　　2　1　　　　3　$\dfrac{1}{2p}$

4　$\dfrac{2}{p}$　　　　5　$2p$　　　　6　$p-1$　　　7　$\dfrac{1}{p-1}$

8　$p+1$　　　9　p^p

(2)　(1)の電場と磁場の設定を保ったまま板と荷電粒子を取り除き，**図2**のように，板が置かれていた空間に平行平板コンデンサー C_1 と C_2 を配置した。ただし，C_1 と C_2 の極板はどちらも1辺の長さ L の正方形で，x 軸に垂直に置かれ，極板間の距離を $\dfrac{L}{10}$〔m〕とする。C_1 と C_2 の極板は**図2**中の実線で示された導線で接続されており，真空の誘電率を ε_0〔F/m〕とする。C_2 の極板間には極板間の空間と同一形状で比誘電率9の誘電体を，y 軸の正の向きへゆっくりと挿入できるようになっている。C_1 と C_2 の極板を接続する2本の導線の間には電池とスイッチが**図2**のように接続されており，接続点をG，Hとする。スイッチを閉じることで C_1 と C_2 を充電することができ，自己インダクタンスの影響は無視できる。また，誘電体と極板の間に摩擦はなく，極板間に生じる電場は一様で，極板端部の影響は無視できるものとする。必要であれば，α を任意の実数として，δ の絶対値が1よりじゅうぶんに小さい時に成り立つ近似式 $(1+\delta)^\alpha \doteqdot 1+\alpha\delta$ を用いよ。

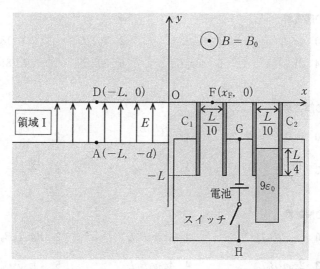

図2

　はじめ荷電粒子は存在せず，スイッチは開かれ，C_1とC_2は充電されていないとする。**図2**のように，誘電体をC_2の極板間に長さ$\dfrac{L}{4}$〔m〕だけ挿入して固定したとき，GH間におけるC_1とC_2の合成容量は，　(キ)　〔F〕である。

　ここで，スイッチを閉じてC_1とC_2に合計Q〔C〕の電荷を充電した後，再びスイッチを開いた。点Aから初速度0で運動を開始した荷電粒子は，点Fから速さv_1でC_1の極板間に入射し，そのままy軸に平行に極板間を直進した。ここで，C_1にかかる電圧はL，v_1，B_0などを用いて　(ク)　〔V〕，Qは，L，v_1，B_0，ε_0などを用いて　(ケ)　と表せる。

　つづいて，極板間を通過した荷電粒子を取り除いた後，固定をはずして誘電体に大きさF〔N〕の外力を加えて，**図2**に示された位置から更に長さΔy〔m〕だけゆっくりと挿入した。ここで，ΔyはLに比べてじゅうぶんに微小であるとする。このとき，C_1とC_2で構成される回路に蓄えられるエネルギーの変化量と外力がした仕事が等しいことから，L，v_1，B_0，ε_0などを用いて$F=$　(コ)　と求められる。また，外力を加えなければ，誘電体は「　(サ)　」。

㈔の解答群

0　$4\varepsilon_0 L$　　　　1　$9\varepsilon_0 L$　　　　2　$10\varepsilon_0 L$　　　　3　$18\varepsilon_0 L$

4　$21\varepsilon_0 L$　　　5　$40\varepsilon_0 L$　　　6　$80\varepsilon_0 L$　　　7　$81\varepsilon_0 L$

㈋の解答群

0　$v_1 B_0 L$　　　　1　$\dfrac{v_1 B_0 L}{4}$　　　　2　$\dfrac{v_1 B_0 L}{10}$

3　$\dfrac{v_1 B_0}{L}$　　　　4　$\dfrac{4 v_1 B_0}{L}$　　　　5　$\dfrac{10 v_1 B_0}{L}$

㈌の解答群

0　$2\varepsilon_0 v_1 B_0 L$　　　　1　$4\varepsilon_0 v_1 B_0 L$　　　　2　$10\varepsilon_0 v_1 B_0 L$

3　$2\varepsilon_0 v_1 B_0 L^2$　　　4　$4\varepsilon_0 v_1 B_0 L^2$　　　5　$10\varepsilon_0 v_1 B_0 L^2$

6　$\dfrac{\varepsilon_0 v_1 B_0}{2L^2}$　　　　7　$\dfrac{\varepsilon_0 v_1 B_0}{4L^2}$　　　　8　$\dfrac{\varepsilon_0 v_1 B_0}{10L^2}$

㈍の解答群

0　$\dfrac{1}{5}\dfrac{B_0^2 L^2}{\varepsilon_0 v_1^2}$　　　1　$\dfrac{2}{5}\dfrac{B_0^2 L^2}{\varepsilon_0 v_1^2}$　　　2　$\dfrac{1}{5}\varepsilon_0 v_1 B_0 L^2$

3　$\dfrac{2}{5}\varepsilon_0 v_1 B_0 L^2$　　4　$\dfrac{2}{5}\varepsilon_0 v_1^2 B_0 L^2$　　5　$\dfrac{1}{10}\varepsilon_0 v_1^2 B_0^2 L^2$

6　$\dfrac{2}{5}\varepsilon_0 v_1^2 B_0^2 L^2$　　7　$\dfrac{1}{5}\varepsilon_0 v_1 B_0^2 L^2$　　8　$\dfrac{2}{5}\varepsilon_0 v_1 B_0^2 L^2$

9　$\dfrac{1}{10}\dfrac{v_1^2 B_0^2 L^2}{\varepsilon_0}$

㈎の解答群

0　C_2 に引き込まれる向きに運動しはじめる

1　C_2 から押し出される向きに運動しはじめる

2　静止したままの状態を保つ

化学

(80分)

必要があれば，次の数値を用いなさい。

原子量　H：1.0　Li：6.9　C：12.0　O：16.0　Na：23.0　Cl：35.5　Co：58.9

ファラデー定数　$F = 9.65 \times 10^4 \, C/mol$

---

1 以下の(1)〜(10)の問いに答えなさい。　　　　　　　　　　　　　　(25点)

(1) 原子の性質などを述べた以下の記述(a)〜(d)の中で**正しい記述**はどれか。**正しい記述の組み合わせを解答群**の中から一つ選び，その番号を**解答用マークシート**の指定された欄にマークしなさい。たとえば，番号が **06** の場合には，十の位に **0**，一の位に **6** をマークしなさい。すべて誤りの場合は **16** の選択肢を選びなさい。

記述

(a) 原子を原子番号や質量数を含めて表す場合，元素記号の左下に原子番号を，左上に質量数を書く。

(b) Ar の最外殻電子の数は8個で，価電子の数は0個である。

(c) 第2周期の元素で，電子親和力が最大なのは Ne である。

(d) ニホニウム Nh は，日本の研究グループが人工的につくった元素である。

解答群

01　a	02　b	03　c	04　d
05　a, b	06　a, c	07　a, d	08　b, c
09　b, d	10　c, d	11　a, b, c	12　a, b, d
13　a, c, d	14　b, c, d	15　a, b, c, d	16　すべて誤り

(2)　酸の性質などを述べた以下の**記述**(a)〜(d)の中で**正しい記述**はどれか。**正しい記述**の組み合わせを**解答群**の中から一つ選び，その番号を**解答用マークシート**の指定された欄にマークしなさい。たとえば，番号が **06** の場合には，十の位に **0**，一の位に **6** をマークしなさい。すべて誤りの場合は **16** の選択肢を選びなさい。

記述

(a)　硝酸には強い酸化力がある。

(b)　濃硫酸は乾燥剤に用いられる。

(c)　塩酸は混合物である。

(d)　リン酸は強酸である。

解答群

01　a	02　b	03　c	04　d
05　a, b	06　a, c	07　a, d	08　b, c
09　b, d	10　c, d	11　a, b, c	12　a, b, d
13　a, c, d	14　b, c, d	15　a, b, c, d	16　すべて誤り

(3)　物質の量に関する以下の**記述**(a)〜(d)の中で**正しい記述**はどれか。**正しい記述**の組み合わせを**解答群**の中から一つ選び，その番号を**解答用マークシート**の指定された欄にマークしなさい。たとえば，番号が **06** の場合には，十の位に **0**，一の位に **6** をマークしなさい。すべて誤りの場合は **16** の選択肢を選びなさい。

記述

(a)　NaCl の式量は 58.5 である。

(b)　NaCl の分子量は 58.5 g/mol である。

(c)　NaCl のモル質量は 58.5 である。

(d)　ダイヤモンドの平均分子量は 12.0 である。

解答群

01 a	02 b	03 c	04 d
05 a, b	06 a, c	07 a, d	08 b, c
09 b, d	10 c, d	11 a, b, c	12 a, b, d
13 a, c, d	14 b, c, d	15 a, b, c, d	16 すべて誤り

(4) 以下の**物質**(a)〜(d)の中で，**電気伝導性を示す物質**はどれか。**電気伝導性を示す物質**の組み合わせを**解答群**の中から一つ選び，その番号を**解答用マークシート**の指定された欄にマークしなさい。たとえば，番号が**06**の場合には，十の位に**0**，一の位に**6**をマークしなさい。すべての物質が電気伝導性を示さない場合は**16**の選択肢を選びなさい。

物質

(a) 固体の塩化亜鉛

(b) 固体のナフタレン

(c) 単体のカルシウム

(d) 単体の水銀

解答群

01 a	02 b	03 c	04 d
05 a, b	06 a, c	07 a, d	08 b, c
09 b, d	10 c, d	11 a, b, c	12 a, b, d
13 a, c, d	14 b, c, d	15 a, b, c, d	16 なし

(5) 炭素とケイ素に関する以下の**記述**(a)〜(d)の中で**正しい記述**はどれか。**正しい記述**の組み合わせを**解答群**の中から一つ選び，その番号を**解答用マークシート**の指定された欄にマークしなさい。たとえば，番号が**06**の場合には，十の位に**0**，一の位に**6**をマークしなさい。すべて誤りの場合は**16**の選択肢を選びなさい。

記述

(a) 黒鉛は, 炭素どうしの共有結合と分子間力でできている。

(b) ケイ素の単体は自然界には存在しない。

(c) CO_2 は酸性酸化物であり, CO は人体に有毒である。

(d) 二酸化ケイ素をフッ化水素酸に溶かすと水ガラスが生じる。

解答群

01 a	02 b	03 c	04 d
05 a, b	06 a, c	07 a, d	08 b, c
09 b, d	10 c, d	11 a, b, c	12 a, b, d
13 a, c, d	14 b, c, d	15 a, b, c, d	16 すべて誤り

(6) 電池に関する以下の**記述**(a)〜(d)の中で**正しい記述**はどれか。**正しい記述**の組み合わせを**解答群**の中から一つ選び, その番号を**解答用マークシート**の指定された欄にマークしなさい。たとえば, 番号が **06** の場合には, 十の位に **0**, 一の位に **6** をマークしなさい。すべて誤りの場合は **16** の選択肢を選びなさい。

記述

(a) マンガン乾電池の正極活物質は酸化マンガン(Ⅱ)である。

(b) リチウムイオン電池の開発に貢献した日本の研究者に対してノーベル化学賞が授与された。

(c) 燃料電池は二次電池である。

(d) ニッケル水素電池の負極活物質は水素である。

解答群

01 a	02 b	03 c	04 d
05 a, b	06 a, c	07 a, d	08 b, c
09 b, d	10 c, d	11 a, b, c	12 a, b, d
13 a, c, d	14 b, c, d	15 a, b, c, d	16 すべて誤り

(7)　金属や無機物質の利用に関する以下の**記述**(a)〜(d)の中で**正しい記述**はどれ
か。**正しい記述**の組み合わせを**解答群**の中から一つ選び，その番号を**解答用
マークシート**の指定された欄にマークしなさい。たとえば，番号が**06**の場合
には，十の位に**0**，一の位に**6**をマークしなさい。すべて誤りの場合は**16**の
選択肢を選びなさい。

記述

(a)　ステンレス鋼は Fe, Ni, Cr の化合物である。

(b)　ジュラルミンはアルミニウム合金である。

(c)　TiO_2 は光触媒の代表的な物質である。

(d)　白金は自動車排ガス浄化用の触媒として使われている。

解答群

01 a	02 b	03 c	04 d
05 a, b	06 a, c	07 a, d	08 b, c
09 b, d	10 c, d	11 a, b, c	12 a, b, d
13 a, c, d	14 b, c, d	15 a, b, c, d	16 すべて誤り

(8)　化学物質の工業的製法に関する以下の**記述**(a)〜(d)の中で**正しい記述**はどれ
か。**正しい記述**の組み合わせを**解答群**の中から一つ選び，その番号を**解答用
マークシート**の指定された欄にマークしなさい。たとえば，番号が**06**の場合
には，十の位に**0**，一の位に**6**をマークしなさい。すべて誤りの場合は**16**の
選択肢を選びなさい。

記述

(a)　ハーバー・ボッシュ法では，触媒に V_2O_5 を利用してアンモニアを合成す
る。

(b)　オストワルト法では，触媒に白金を利用して硝酸を得る。

(c)　銅の電解精錬では，塩化銅(II)水溶液を用いる。

(d)　イオン交換膜法によって，NaOH と Cl_2 が製造できる。

解答群

01 a	02 b	03 c	04 d
05 a, b	06 a, c	07 a, d	08 b, c
09 b, d	10 c, d	11 a, b, c	12 a, b, d
13 a, c, d	14 b, c, d	15 a, b, c, d	16 すべて誤り

(9) 食品や医療分野で応用されている化合物に関する以下の**記述**(a)～(d)の中で下線部が**正しい記述**の組み合わせを**解答群**の中から一つ選び，その番号を**解答用マークシート**の指定された欄にマークしなさい。たとえば，番号が**06**の場合には，十の位に**0**，一の位に**6**をマークしなさい。すべて誤りの場合は**16**の選択肢を選びなさい。なお，下線が付されていない部分に誤った記述は含まれないものとする。

記述

(a) デキストリンは，デンプンより分子量の小さい糖類の混合物であり，デンプンの加水分解を途中でやめると生成する。グルコースが環状につながったシクロデキストリンやデキストリンは，食品や医薬品などに応用されている。

(b) 昆布だしに含まれるグルタミン酸(グルタミン酸ナトリウム)は「うま味」の成分であり，調味料として利用されている。

(c) ポリ乳酸やポリグリコール酸は，生体内で分解・吸収されるため，抜糸の必要がない縫合糸として外科手術などで利用されている。このような生分解性高分子は，環境負荷を低減する点からも注目されている。

(d) 副作用が少ない解熱鎮痛剤であるアセチルサリチル酸は，サリチル酸に無水酢酸を作用させて得られ，塩化鉄(Ⅲ)水溶液で呈色する。

解答群

01 a	02 b	03 c	04 d
05 a, b	06 a, c	07 a, d	08 b, c
09 b, d	10 c, d	11 a, b, c	12 a, b, d

13　a, c, d　　　　14　b, c, d　　　　15　a, b, c, d　　　16　すべて誤り

⑽　約 0.1 mol/L の NaOH 水溶液の濃度を正確に求めるために，中和滴定を行いたい。この滴定に使う 0.0500 mol/L シュウ酸標準溶液は，調製済みであるとする。この滴定実験で必要なガラス器具のうち，<u>溶液の体積を正確に量ることができるガラス器具</u>としてもっとも適切なものを**解答群**の中から一つ選び，その番号を**解答用マークシート**の指定された欄にマークしなさい。たとえば，番号が 06 の場合には，十の位に 0，一の位に 6 をマークしなさい。

解答群

01　ホールピペット　　　　　　02　コニカルビーカー

03　メスフラスコ　　　　　　　04　ビュレット

05　ホールピペットとコニカルビーカー

06　ホールピペットとメスフラスコ

07　ホールピペットとビュレット

08　コニカルビーカーとメスフラスコ

09　コニカルビーカーとビュレット

10　メスフラスコとビュレット

11　ホールピペットとコニカルビーカーとメスフラスコ

12　ホールピペットとコニカルビーカーとビュレット

13　ホールピペットとメスフラスコとビュレット

14　コニカルビーカーとメスフラスコとビュレット

15　ホールピペットとコニカルビーカーとメスフラスコとビュレット

2　リチウム電池およびリチウムイオン電池に関する次の文章を読み，(1)～(7)の問
いに答えなさい。　　　　　　　　　　　　　　　　　　　　　　　　　(25点)

　リチウムは，電池への応用に適した性質を示すため，リチウム電池およびリチ
　　　　　　　　　(i)
ウムイオン電池などの実用電池で利用されている。一般に，リチウム電池は一次
電池で，正極活物質に　(ア)　，負極活物質に　(イ)　が使われており，そ
の起電力は約　(ウ)　Vである。この電池では活物質と水の反応を避けるた
めに，水を含まない有機溶媒にリチウム塩を溶解した電解質溶液が用いられる。
　リチウムイオン電池は，リチウム電池よりも安全性を高めた電池で，スマート
フォンやノートパソコン，電気自動車などの電源として広く使われており，応用
分野は拡大し続けている。リチウムイオン電池は二次電池であり，充電が進行す
ると正極で　(エ)　反応，負極で　(オ)　反応が進行して，起電力が回復し
てくり返し使用できる。

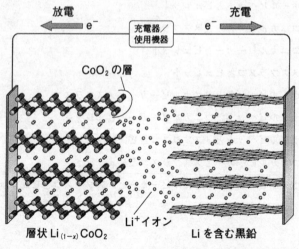

図1. リチウムイオン電池の構成と作動原理

　図1は，リチウムイオン電池の構成および充電と放電の作動原理を模式図で示
している。この電池の正極活物質は層状構造の酸化物 $LiCoO_2$ であり，CoO_2 の

層と層の間に入っている Li^+ イオンが出たり入ったりする反応が進行して，電池として作動する。この反応は可逆反応で，式(A)のような反応式で表される。

$$LiCoO_2 \rightleftarrows Li_{(1-x)}CoO_2 + xLi^+ + xe^- \qquad (A)$$

この反応式(A)中の x は，$LiCoO_2$ から Li が抜けた割合を示し，0 〜 1 の実数となる。電池の充電・放電時には，Li の組成が連続的に変化するため，もとの組成 $LiCoO_2$ に対して Li の量を小数を用いて $Li_{(1-x)}CoO_2$ のように表現する。リチウムの量が変化するとき，<u>遷移金属であるコバルトの酸化数も変化する。</u>

⁽ⁱⁱ⁾

負極活物質には黒鉛 C が用いられており，充電によって層状構造をもつ黒鉛のグラフェン層間に炭素原子 6 個あたり 1 個のリチウムが入って LiC_6 が生成する。この反応も可逆反応で，式(B)のような反応式で表される。

$$6C(黒鉛) + Li^+ + e^- \rightleftarrows LiC_6 \qquad (B)$$

充電と放電が進むとき，正極および負極中のリチウムの量が変化するが，電解質溶液中のリチウムイオン Li^+ の量は変化しないため，電解質溶液の量を十分に少なくすることができる。そのため，リチウムイオン電池をより小さく，軽くするには，電極活物質の量が重要であり，新しい電極活物質を開発することでさらなる小型軽量化が可能になる。

(1) 文中の空欄 　(ア)　 〜 　(オ)　 に入るもっとも適切な語句や化学式などを**解答群**の中から一つずつ選び，その番号を**解答用マークシート**の指定された欄にマークしなさい。たとえば，番号が **06** の場合には，十の位に **0**，一の位に **6** をマークしなさい。

解答群

01 Li	02 Li_2O	03 LiOH
04 Zn	05 MnO	06 MnO_2
07 $KMnO_4$	08 Mn	09 1.5
10 2.0	11 2.5	12 3.0
13 3.5	14 4.0	15 4.5
16 5.0	17 析　出	18 還　元
19 溶　解	20 酸　化	

(2)　文中の下線部(i)について，リチウムのどのような性質が電池への応用に適した性質といえるか。以下の**記述(a)～(d)**の中で，電池への応用に適した性質として**正しい記述**はどれか。**正しい記述**の組み合わせを**解答群**の中から一つ選び，その番号を**解答用マークシート**の指定された欄にマークしなさい。たとえば，番号が06の場合には，十の位に0，一の位に6をマークしなさい。すべて誤りの場合は16の選択肢を選びなさい。

記述

(a)　小さい原子量

(b)　小さいイオン化傾向

(c)　炎色反応で見られる特有の色

(d)　大きいイオン化エネルギー

解答群

01 a	02 b	03 c	04 d
05 a, b	06 a, c	07 a, d	08 b, c
09 b, d	10 c, d	11 a, b, c	12 a, b, d
13 a, c, d	14 b, c, d	15 a, b, c, d	16 すべて誤り

(3)　文中の下線部(ii)について，正極活物質である$LiCoO_2$のコバルトの酸化数および充電時の酸化数の変化として，もっとも適切なものを**解答群**の中から一つ選び，その番号を**解答用マークシート**の指定された欄にマークしなさい。

解答群

	コバルトの酸化数	酸化数の変化
1	+1	増　加
2	+1	減　少
3	+2	増　加
4	+2	減　少
5	+3	増　加
6	+3	減　少
7	+4	増　加
8	+4	減　少
9	+5	増　加
10	+5	減　少

(4)　スマートフォン用の電源として，193 mA の電流が 10.0 時間流れたときの電気量(実用電池では 1930 mA·h と表記されることがある)を蓄えることができるリチウムイオン電池を設計したい。式(A)において $LiCoO_2$ の Li がすべて抜けて，層状構造の CoO_2 が生じる反応が完全に進行し，充電・放電反応が可逆的に起こると仮定する。この電池に最低限必要な正極活物質 $LiCoO_2$ の質量は何 g か。もっとも近い数値を**解答群**の中から一つ選び，その番号を**解答用マークシート**の指定された欄にマークしなさい。

解答群

1　0.1	2　0.5	3　1	4　3
5　5	6　7	7　9	8　11
9　13	10　20		

(5)　問(4)と同様に，スマートフォン用の電源として，193 mA の電流が 10.0 時間流れたときの電気量(実用電池では 1930 mA·h と表記されることがある)を蓄えることができるリチウムイオン電池を設計したい。式(B)に示したように，

黒鉛に Li が入って LiC_6 が生じる反応が完全に進行し，充電・放電反応が可逆的に起こると仮定する。この電池に最低限必要な負極活物質である黒鉛の質量は何 g か。もっとも近い数値を**解答群**の中から一つ選び，その番号を**解答用マークシート**の指定された欄にマークしなさい。

解答群

1	0.1	2	0.5	3	1	4	3
5	5	6	7	7	9	8	11
9	13	10	20				

(6)　リチウムイオン電池を充電する電圧を低く制御することで，正極活物質の $LiCoO_2$ に含まれる Li の半分しか抜けない制限をかけることができ，この制限によってリチウムイオン電池の寿命を大幅に伸ばすことができる。このとき，正極での充電・放電による反応は，式(A)に $x = 0.5$ を代入した次式(C)の可逆反応で表すことができる。

$$LiCoO_2 \rightleftarrows Li_{0.5}CoO_2 + 0.5Li^+ + 0.5e^-　　　　(C)$$

　　負極では，式(B)に示したように黒鉛に Li が入って LiC_6 が生じる反応が完全に進行し，正極および負極ともに充電・放電反応が可逆的に起こると仮定する。式(B)と式(C)を基に，193 mA の電流が 10.0 時間流れたときの電気量を蓄えることができるリチウムイオン電池を設計するとき，最低限必要となる正極活物質 $LiCoO_2$ と負極活物質黒鉛の質量を合計すると何 g か。もっとも近い数値を**解答群**の中から一つ選び，その番号を**解答用マークシート**の指定された欄にマークしなさい。ただし，負極活物質の質量は問(5)と同じとなることに注意せよ。

解答群

1	1	2	5	3	10	4	15
5	20	6	25	7	30	8	35
9	40	10	100				

(7) リチウムやコバルトはレアメタルに分類され，地殻中の存在量が少なく，日本ではリチウム原料やコバルト原料の多くを輸入に頼っている。応用化学分野では，資源やコスト，地球環境に配慮した研究開発も重要であり，レアメタルを必要としない新型電池の研究が世界中で進んでいる。その候補の一つに，資源の豊富なナトリウムを用いたナトリウム電池が知られている。ナトリウム電池は，リチウム電池のリチウムを同族元素であるナトリウムで置き換えた電池である。一般に，ナトリウム電池の起電力はリチウム電池に比べて0.3V低下することが知られており，これはナトリウムという元素に特有の性質に起因する。以下の**記述(a)〜(d)**の中で，起電力が低下する理由として**正しい記述**はどれか。**正しい記述**の組み合わせを下の**解答群**から一つ選び，その番号を**解答用マークシート**の指定された欄にマークしなさい。たとえば，番号が**06**の場合には，十の位に**0**，一の位に**6**をマークしなさい。すべて誤りの場合は**16**の選択肢を選びなさい。

記述

(a) リチウムに比べ原子量が大きいこと。

(b) リチウムに比べイオン化傾向が小さいこと。

(c) リチウムに比べL殻の電子の数が多いこと。

(d) リチウムに比べ融点が低いこと。

解答群

01 a	02 b	03 c	04 d
05 a, b	06 a, c	07 a, d	08 b, c
09 b, d	10 c, d	11 a, b, c	12 a, b, d
13 a, c, d	14 b, c, d	15 a, b, c, d	16 すべて誤り

3　化学結合に関する(1)〜(3)の問いに答えなさい。　　　　　　　(25 点)

(1)　一般に分子は，原子どうしの化学結合により形づくられている。この化学結合の形成には，原子の最外殻電子が重要な役割をはたしている。たとえば，メタンでは，炭素原子と水素原子が互いに最外殻電子を 1 個ずつ出しあって一つの化学結合をつくっている。この化学結合は，　(ア)　とよばれている。その他，塩化ナトリウムなどの電気的な引力で結びついている化学結合は，　(イ)　とよばれている。銅などは自由電子により原子が結びつけられており，この化学結合は，　(ウ)　とよばれている。一方，アンモニウムイオンのように，アンモニア分子がもっている非共有電子対を水素イオンに与えて形成される　(ア)　は，　(エ)　とよばれている。

　　(ア)　〜　(エ)　にあてはまるもっとも適切な語句を**解答群**の中から一つ選び，その番号を**解答用マークシート**の指定された欄にマークしなさい。

解答群

　　1　イオン結合　　　2　配位結合　　　3　水素結合

　　4　ファンデルワールス力　　　　　5　分子間力

　　6　金属結合　　　7　三重結合　　　8　共有結合

(2)　H-H および H-Br の結合エネルギーはそれぞれ，436 kJ/mol および 366 kJ/mol である。気体の H_2 と気体の Br_2 から 1 mol の HBr が生成するときの熱量(生成熱)は，52.0 kJ/mol である。これらのデータより，Br-Br の結合エネルギー(kJ/mol)を計算し，もっとも近い値を**解答群**の中から一つ選び，その番号を**解答用マークシート**の指定された欄にマークしなさい。

解答群

　　1　154　　　　　2　192　　　　　3　242　　　　　4　283

　　5　383　　　　　6　451　　　　　7　522　　　　　8　633

(3) 各分子における分子中の結合をすべて切
断して，個々の原子に分解するために要す
るエネルギー E を右表に記した値とす
る。このエネルギー E は一般に解離エネ
ルギーとよばれ，分子内の結合エネルギー
の和に相当する。

分子(気体)	E(kJ/mol)
CO	1.07×10^3
CO_2	1.61×10^3
N_2	9.46×10^2
NH_3	1.17×10^3
H_2O	9.28×10^2

(a) 右上の表と次の熱化学方程式を用いて，黒鉛 12.0 g をすべて個々の原子
に分解するために要するエネルギー(kJ)を計算し，もっとも近い値を**解答
群**の中から一つ選び，その番号を**解答用マークシート**の指定された欄にマー
クしなさい。

$$C(黒鉛) + \frac{1}{2}O_2(気) = CO(気) + 109\,kJ$$

$$N_2(気) + 3H_2(気) = 2NH_3(気) + 92.0\,kJ$$

$$H_2(気) + \frac{1}{2}O_2(気) = H_2O(気) + 242\,kJ$$

解答群

1	164	2	222	3	320	4	388
5	432	6	563	7	634	8	709

(b) 黒鉛 12.0 g が完全燃焼したときの発熱量(kJ)を計算し，もっとも近い値
を**解答群**の中から一つ選び，その番号を**解答用マークシート**の指定された欄
にマークしなさい。

解答群

1	210	2	256	3	298	4	306
5	358	6	397	7	455	8	506

4　電離平衡に関する(1)〜(4)の問いに答えなさい。なお，計算を行う場合，必要があれば，次の数値を用いなさい。$\log_{10}2 = 0.301$，$\log_{10}3 = 0.477$，$\sqrt{10} = 3.16$

(25 点)

(1)　酢酸の水溶液中での電離平衡は以下のように表される。

$$CH_3COOH \rightleftarrows CH_3COO^- + H^+$$

酢酸は弱酸であり，水溶液中ではわずかしか電離しないため，25 ℃ の水溶液中における酢酸の電離度 α は 1 よりも十分に小さい。

(a)　酢酸の 25 ℃ での電離定数 K_a を 1.80×10^{-5} mol/L とする。この時，25 ℃ の 0.200 mol/L 酢酸水溶液の電離度 α を計算し，もっとも近い値を**解答群**の中から一つ選び，その番号を**解答用マークシート**の指定された欄にマークしなさい。

解答群

1	2.37×10^{-3}	2	3.16×10^{-3}	3	4.74×10^{-3}
4	9.48×10^{-3}	5	2.37×10^{-2}	6	3.16×10^{-2}
7	4.74×10^{-2}	8	9.48×10^{-2}		

(b)　25 ℃ の 0.200 mol/L 酢酸水溶液の pH を計算し，もっとも近い値を**解答群**の中から一つ選び，その番号を**解答用マークシート**の指定された欄にマークしなさい。

解答群

1	2.50	2	2.63	3	2.72	4	2.88
5	2.98	6	3.03	7	3.10	8	3.16

(2)　(1)の 25 ℃ の 0.200 mol/L の酢酸水溶液 20.0 mL に，0.200 mol/L 水酸化ナトリウム水溶液を 10.0 mL 滴下した。こうして得られた水溶液は，少量の酸

や塩基を加えても pH が変化しにくい。このような溶液の名称としてもっとも適切な語句を**解答群**の中から一つ選び，その番号を**解答用マークシート**の指定された欄にマークしなさい。

解答群

1 飽和溶液　　　　2 コロイド溶液

3 緩衝液　　　　　4 弱塩基性溶液

(3) (2)の滴下を継続し，溶液が中和点に到達すると，ほとんど全ての酢酸が電離するが，ここで生じた酢酸イオンの一部は水と反応して，以下のような平衡が成り立っている。

$$CH_3COO^- + H_2O \rightleftarrows CH_3COOH + OH^-$$

この反応の平衡定数を K_h とすると，K_h は次のように定義される。

$$K_h = \frac{[CH_3COOH][OH^-]}{[CH_3COO^-]}$$

(a) K_a と水のイオン積 K_w を用いると，K_h はどのように表されるか。適切な式を**解答群**の中から一つ選び，その番号を**解答用マークシート**の指定された欄にマークしなさい。

解答群

1 $K_a \times K_w$　　　2 $\sqrt{K_a \times K_w}$　　　3 $(K_a \times K_w)^2$　　　4 $\dfrac{K_w}{K_a}$

5 $\left(\dfrac{K_w}{K_a}\right)^2$　　　6 $\dfrac{K_a}{K_w}$　　　7 $\left(\dfrac{K_a}{K_w}\right)^2$　　　8 $\dfrac{K_w}{(K_a)^2}$

(b) 中和点では，酢酸イオン CH_3COO^- の濃度は，酢酸 CH_3COOH の濃度よりも十分に大きい。水のイオン積 K_w を $1.00 \times 10^{-14}\,(mol/L)^2$ とした時，中和点まで混合した後の水溶液の pH を計算し，もっとも近い値を**解答群**の中から一つ選び，その番号を**解答用マークシート**の指定された欄にマークしなさい。なお，溶液を混合した後の体積は，混合した各々の体積の和であ

る。

解答群

　　1　7.96　　　　　2　8.03　　　　　3　8.12　　　　　4　8.24

　　5　8.33　　　　　6　8.43　　　　　7　8.65　　　　　8　8.87

(4)　(2)や(3)の滴定において，中和点の決定に適切な指示薬を**解答群**の中から一つ
　　選び，その番号を**解答用マークシート**の指定された欄にマークしなさい。

解答群

　　1　メチルオレンジ　　　　　　　　2　ヨウ素

　　3　フェノールフタレイン　　　　　4　ニンヒドリン

5　　セルロースから，下の過程によりエタノールを製造することができる。このこ
とに関する(1)～(6)の問いに答えなさい。(5)と(6)の問いで解答は，有効数字 3 ケタ
となるよう 4 ケタ目を四捨五入し，指定された形式で**解答用マークシート**の指定
された欄にマークしなさい。指数がゼロの場合には，符号は＋をマークしなさ
い。

　　　　　　　　　　　　　　　　　　　　　　　　　　　　　　　　　(25 点)

セルロース　$\xrightarrow[\text{（加水分解）}]{\text{酵素 A}}$　化合物 B　$\xrightarrow[\text{（加水分解）}]{\text{酵素 C}}$　グルコース

　　　　　　　　　　　　　　　　　　　　　　　　　　　　$\downarrow$ 酵母
　　　　　　　　　　　　　　　　　　　　　　　　　　　　（アルコール発酵）

　　　　　　　　　　　　　　　　エタノール　＋　気体 D

(1)　セルロースに関する**説明文 a**，**b** が二つとも正しい場合は 1 を，**a** が正しく
　　b が正しくない場合は 2 を，**a** が正しくなく **b** が正しい場合は 3 を，**a**，**b** が
　　二つとも正しくない場合は 4 を**解答用マークシート**の指定された欄にマークし
　　なさい。

説明文

   a グルコースが縮合重合した直線状構造をした高分子化合物であり，分子内および分子間に多くの水素結合を形成している。

   b 希硫酸を加えて長時間加熱すると加水分解されてグルコースを生成する。

(2) 酵素**A**の名称は (ア) であり，酵素**C**の名称は (イ) である。 (ア) ， (イ) にあてはまるもっとも適切なものを**解答群**の中から一つ選び，その番号を**解答用マークシート**の指定された欄にマークしなさい。同じものを選んでもよい。

解答群

    1　セロビアーゼ   2　ラクターゼ

    3　アミラーゼ   4　インベルターゼ

    5　マルターゼ   6　スクラーゼ

    7　リパーゼ   8　セルラーゼ

    9　ペプシン   10　トリプシン

(3) 化合物**B**の構造としてもっとも適切なものを**解答群**の中から一つ選び，その番号を**解答用マークシート**の指定された欄にマークしなさい。なお，環の炭素原子とこれに結合する水素原子の表記は省略した。

たとえば，同一化合物を表す
は，すなわち
を表すものとする。

解答群

1

2

3

4

5

(4) 反応の進行や化合物の検出に関する**記述(a)～(e)**の中で**正しい記述**はどれか。**正しい記述**の組み合わせを下の**解答群**から一つ選び，その番号を**解答用マーク**シートの指定された欄にマークしなさい。該当する組み合わせがない場合には0をマークしなさい。

記述

(a) 酵素**A**によってセルロースから化合物**B**が生成したことは，ヨウ素ヨウ化カリウム水溶液による呈色反応によって確認することができる。

(b) 酵素**A**によって化合物**B**が生成したことは，フェーリング反応によって確認することができる。

(c) 酵素**C**によって化合物**B**からグルコースが生成したことは，銀鏡反応によって確認することができる。

(d) エタノールは，塩基性の条件でヨウ素を反応させると黄色沈殿を生じる。

⒠　石灰水に気体 D を通じると水酸化カルシウムの白色沈殿を生じる。

解答群

1　a, b　　　　　　2　a, c　　　　　　3　a, d　　　　　　4　a, b, d, e

5　b, c　　　　　　6　b, d　　　　　　7　b, c, e　　　　　8　c, d

9　c, d, e　　　　　10　d

⑸　セルロース 72.0 g が化合物 B を経てすべてグルコースに変換されたと仮定
する。生成したグルコースの質量(g)を次の形式で答えなさい。

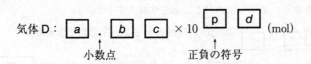

$$\boxed{a}.\boxed{b}\boxed{c} \times 10^{\boxed{p}\,\boxed{d}}\ (g)$$

小数点　　　　　　　　正負の符号

⑹　⑸で得られたグルコースの 72.0 ％ がアルコール発酵し，残りは未反応で
あったと仮定する。発生した気体 D の物質量(mol)とエタノールの質量(g)を
次の形式で答えなさい。なお，アルコール発酵では 1 分子のグルコースから 2
分子のエタノールと 2 分子の気体 D が生成する。

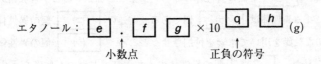

$$気体 D：\boxed{a}.\boxed{b}\boxed{c} \times 10^{\boxed{p}\,\boxed{d}}\ (mol)$$

小数点　　　　　　　　正負の符号

$$エタノール：\boxed{e}.\boxed{f}\boxed{g} \times 10^{\boxed{q}\,\boxed{h}}\ (g)$$

小数点　　　　　　　　正負の符号

6 次の文章を読んで ⎡(ア)⎤ ～ ⎡(ト)⎤ にあてはまるもっとも適切な1～10の整数を**解答用マークシート**の指定された欄にマークしなさい。1～10の整数に適切な数がない場合には0をマークしなさい。分子式を問う部分では，分子中の原子の数が1であった場合に省略せず，指定された欄に1をマークしなさい。

(25点)

炭素，水素，酸素原子のみから構成される化合物のうち，43.0 mg を完全燃焼させると，二酸化炭素 110 mg と水 45.0 mg が生成する分子量100以下の化合物は，分子式C⎡(ア)⎤H⎡(イ)⎤O⎡(ウ)⎤で表される。この分子式をもち，<u>環状に結合している部分をもたない</u>異性体について考える。立体異性体については考慮しないことにする。

ヒドロキシ基が結合している炭素原子に，ほかの炭素原子が1つ結合した異性体（第一級アルコールの異性体）のうち，不斉炭素原子をもつものは ⎡(エ)⎤ 個である。不斉炭素原子をもつ異性体に適切な触媒を用いて水素を付加させたのち，二クロム酸カリウムの硫酸酸性溶液で酸化したところ，
分子式C⎡(オ)⎤H⎡(カ)⎤O⎡(キ)⎤の化合物が生成した。この化合物は水溶液中で弱い酸性を示し，適切な脱水剤と反応させ縮合すると，
示性式(C⎡(ク)⎤H⎡(ケ)⎤CO)₂Oの酸性を示さない化合物を与えた。

第二級アルコールの異性体のうち，不斉炭素原子をもつものは ⎡(コ)⎤ 個である。この ⎡(コ)⎤ 個の異性体のうち，臭素を付加させると不斉炭素原子の数が2個になる異性体は ⎡(サ)⎤ 個である。前述の ⎡(コ)⎤ 個の異性体の混合物に適切な触媒を用いて水素を付加させたところ，⎡(シ)⎤ 個の異性体の混合物が得られた。⎡(シ)⎤ 個の異性体のうち，ヨードホルム反応を示すものは ⎡(ス)⎤ 個であり，不斉炭素原子をもたないものは ⎡(セ)⎤ 個である。

第三級アルコールの異性体は ⎡(ソ)⎤ 個である。

カルボニル基をもつ異性体は ⎡(タ)⎤ 個であり，そのうち不斉炭素原子をもつ異性体は ⎡(チ)⎤ 個である。前述の ⎡(タ)⎤ 個の異性体のうち銀鏡反応を

示すものは　(ツ)　個であり，ヨードホルム反応を示す異性体は　(テ)　個である。

　エーテル結合をもち，不斉炭素原子をもつ異性体は　(ト)　個である。

解答編

■英語■

（注）　解答は，東京理科大学から提供のあった情報を掲載しています。

---

1 **解答** (1) I ．見返りを期待する

Ⅱ．遺伝子を共有しない人

(2)(A)— 4　(B)— 4　(C)— 1　(D)— 3　(E)— 4

(3)— 2　(4)— 4　(5)— 3　(6)— 4

(7)A)— 3　B)— 2　C)— 3　D)— 1　(8)— 3　(9)— 2　(10)— 1

(11)(S)— 3　(V)— 3　(12)— 3　(13)— 2　(14)— 1　(15)— 1

━━━━━━━◆全　訳◆━━━━━━━━━━━━━━━━━

≪純粋な利他主義は存在しうるか≫

①　利他主義の存在を誰が疑うことができるだろうか。身の回りのあらゆるところで，人間が自分を犠牲にし，他者のために善行を施している証拠を見かける。ウェスリー＝オートリーを覚えているだろうか。2007 年 1 月 2 日，オートリー氏はニューヨークの地下鉄のホームで，電車が接近している最中に，発作を起こして線路に落ちた人を助けようと線路に飛び降りた。その数カ月後，バージニア工科大学のリビウ＝リブレスク教授は，学生たちがある襲撃者の銃撃から逃れられるように教室のドアをふさいだ。襲撃者は暴れ回り，それによって学生と教職員を含む 32 名が亡くなった。その際，リブレスク氏は自分の命を捧げたのだ。

②　それでも，一見利他主義であることが明らかなときでさえ，それに疑念を抱くことはたやすい。人は時に，他者のためになるような行動をとることは否定できないが，いつも見返りを——少なくとも，助けたいという欲求が満たされることへの満足感を——得ているように見えるかもしれない。学生はこの理屈で教授を苦しめる。そして，その論理は曲げられないように見えることもある。

③　利他主義に関する現代の議論は，すぐに進化論的な説明に行き着く。互恵的利他主義と血縁選択説が２つの主な理論である。互恵的利他主義によれば，進化は，見返りとして気に入られようとして他者のために自分の利益を犠牲にする生物を好むとされる。「利己的な遺伝子」説で知られる血縁選択説では，自分と同じ遺伝子をもつ他者に対して利他的に振る舞う個体は，その遺伝子を繁殖させる傾向があるとされる。生物は利他的であるかもしれないが，遺伝子は利己的なのだ。自分の子供を自分よりも愛することが遺伝的に備わっているという感覚は，血縁選択説に信憑性を与えている。

④　しかし，どちらの理論も，私たちが利他主義について一般的に理解していることを完全に説明することはできない。互恵的利他主義の欠陥は明らかである。もし，人が恩返しされることを期待して，他人のために行動したら，「それは利他主義ではない！」というのが自然な反応である。純粋な利他主義では，人は個人的な利益を考えず，相手のために犠牲を払う必要があると私たちは考えている。自分にとって何かいいことがあるという理由で，他人のために良いことをするのは，私たちが考えていることとは正反対である。血縁選択説は，生物が他の生物のために自分の利益を純粋に犠牲にする可能性を認めるため，より良い説明であるが，リブレスク教授やオートリー氏のように，遺伝子を共有していない相手のために犠牲を払うことがあるのはなぜなのかを説明することはできない。

⑤　人間が利他的かどうかを問うとき，私たちはその動機や意図を知りたいと思う。生物学的な利他主義は，利他的な行動がどのように進化してきたかを説明するが，行為者の動機や意図については何も示唆しない。何しろ鳥やコウモリやハチも利他的な行動をとることができるのだ。この事実は，このような進化論にもかかわらず，人は自分の利益を得るため以外には決して意図的に他人のために行動しないという考え方が，なぜいまだに私たちの思考を強く引きつけているのかを説明するのに役立つ。

⑥　この考え，つまり利己主義が私たちの思考を引きつける原因には，心理的なものと論理的なものの２つがある。まず心理学的な面から考えてみよう。人々が利他主義の存在を否定する理由の一つは，内面的に見ると，自分の動機の純粋さを疑うからである。私たちは，利他的な行動をとっているように見えても，その行動に対して別の理由が頭に浮かんでしまうこ

とが多いことを知っている。それは将来的な利益の展望や評判の向上，あるいは単に利他的な行動をとっているように見えることによる快感などである。私たちは，他人の利益のためだけに行動していると思っていても，それは本当の理由ではないかもしれないのである。

⑦　利己主義が私たちの思考を引きつける論理的な原因は，それとは異なる。つまり，その考えを反証することが不可能に思われるということだ。どんなに利他的に見える人でも，その人の動機を利己主義的な観点から考えることができてしまうのだ。この見方をすると，オートリー氏が線路上の男性を無視していたら罪悪感を感じていたであろうから，命を危険にさらすことが一か八かやってみる価値のあるものになった，ということになる。快適な生活を捨てて，人里離れた場所でエイズ患者の世話をする医師は，自分のやりたいことをやっており，したがって自己犠牲にしか見えないものからでも満足感を得られるのだ。つまり，どうやら利他主義とは，ある種の利己主義にすぎないということだ。

⑧　利己主義の反証が不可能であることは，利己主義の美点のように聞こえるかもしれない。しかし，科学哲学者が知っているように，実際それには致命的な欠点がある。利己主義のように，世界について何かを語ろうとする理論は，反証可能であるべきだ。もちろん，偽りではないが，検証され，その結果偽りであることが証明される余地があるべきなのだ。もしすべての物事の状態が利己主義に適合するならば，利己主義は物事のあり方について何も特徴的なことを教えてはくれないということになる。

⑨　利己主義の魅力に関連する理由は，欲望と欲望の充足という概念における曖昧さと関係している。もし人が利他的な動機をもっているならば，自分が得をする可能性がなくても他人のためになるような行動をとることがある。つまり，他人の利益そのものを望むのであり，それは単に自分が満足する手段ではないのだ。リブレスク教授は，自分の学生が死なないようにと願い，彼らの命を救うために行動したことは明らかである。それに成功したことで，彼の欲望は満たされた。しかし，＜彼自身＞が満足したわけではなかった——学生を救おうとして死んだのだから。欲望が満たされたという事実からは，その人の精神状態への影響について結論を出すことはできない。

⑩　それでも，欲望が満たされたとき，私たちは通常，満足感を味わう。

良いことをすれば，良い気分になる。しかし，だからといって，その「暖かい輝き」を得るためだけに私たちが善を行うというわけではなく，また（経済学者が主張しがちなことだが）私たちの真の動機が利己的であるというわけでもない。実際，もし私たちが他人の利益そのものを望まなければ，それを達成しても，暖かい輝きは生まれないだろう。

■■■■■■◀解　説▶■■■■■■

⑴ neither「どちらも〜ない」，account for 〜「〜を説明する」の意味。設問の説明文は第4段を要約したような内容になっている。空所Ⅰは第4段第3文（If a person …）を，空所Ⅱは同段最終文（Kin selection …）の中でも後半の部分（but 以下）を参考にするとよい。「遺伝子を共有しない」は「同じ遺伝子ではない」ということなので，「遺伝子が異なる人（たち）」という解答も可。

⑶ 直前の文でリブレスク教授がとった行動を考えると，2の「教室の扉をふさいだ際に」が正解となる。他の選択肢はすべてリブレスク教授が行ったことではないので不適。

⑷ even when は譲歩を表す表現なので，下線部直前の主節（doubting altruism is easy）とは反対の内容を表していることになり，利他主義を肯定的に捉えている英文は4の「一見利他主義は疑いようがないように思われるときでさえ」を選ぶ。it は altruism を指す。at first glance は「一見」の意味で，1の in the first place「そもそも」や3の first of all「まず初めに」とは意味が異なる。

⑸ this（　ウ　）は，前文である第2段第2文（It's undeniable …）の，利他主義に反論する内容を指す。学生がこの考えを用いて教授に反論すると考え，3の reasoning「論拠」を選ぶ。with はこの場合，手段を表す。

⑹ 第2段第1文（Still, doubting altruism …）より，同段では利他主義は反証の余地があるという記述がなされているので，それに一致する英文としては，4の「利他的な行動のあとには報酬がついてまわるので，利他主義を疑う理由はある」を選ぶ。3は後半の「人生が困難であふれているとき」の部分が本文に記述がないため不適。

⑺ 第3段第3文（According to reciprocal …）より，reciprocal altruism は見返りを求めて行う自己犠牲のことを指すことがわかる。また，同段第4文（Kin selection …）より，kin selection は自身と同じ遺伝子

を共有するものに対して利他的な行動をとることを意味することがわかる。したがって，A）～D）がそれぞれの条件にあてはまるかどうかを考える。

A）後半部分の「より優れた遺伝子をもつものと結婚することで」がどちらにもあてはまらない。

B）「同じ遺伝子をもつ他者が生き残るのを助けるために生物は利他的になることを厭わない」は kin selection にあてはまる。

C）後半部分の「将来の見返りを期待しないで」がどちらにもあてはまらない。

D）「将来的に報酬が返ってくる可能性が高まるため，自己犠牲的な行動がなされる」は reciprocal altruism にあてはまる。

⑻　doer は「～する人」の意味で，この場合は文頭の Doing good for another person の内容を受け，「他者に対して良いことをする人」を表す。it は文頭の Doing good for another person を指す。something には「大したもの，重要なこと」という意味がある。したがって，この下線部は「他者に対して良いことをする行動には，その行為者にとって大切なことがあるという理由で」という意味になる。「その行為者にとって大切なことがある」ということは「その行為者にとって利益になる」という意味であるから，3の「その行為者にとっての利益のために」を選ぶ。4は後半の「その困っている人にとっての利益」の部分が不適。

⑼　下線部㈎は直前の第5段最終文（This fact helps …）における後半部分（the view that … over our thinking）の内容を指す。「人は自分の利益を得るため以外には決して意図的に他人のために行動しないという考え方が，いまだに私たちの思考を強く引きつけている」こと，つまり人はどうしても利己的な動機で行動してしまうと我々は考えてしまうということである。したがって，2の「人々の利他的な行動の中には，利己的な動機が隠れていると考えたくなってしまう」を選ぶ。

⑽　rear *one's* head は「（主に不愉快なものなどが）頭をもたげる，現れる」の意味なので，1の「明らかになる」を選ぶ。2．come to nothing「無駄になる」

⑾　the guilt の後ろに the guilt を先行詞とする目的格の関係代名詞が省略されており，先行詞 the guilt は suffered の目的語になる。(that) Mr. Autrey would have … on the tracks が関係詞節となっており，その節の

中に had he ignored the man on the tracks という条件を表す副詞節がある。これは if のない仮定法の倒置で，if he had ignored the man on the tracks と書き換えることができる。関係詞節全体としては仮定法過去完了の時制になっており，実際はオートリー氏が線路に落ちた人を助けたのだが，もし助けていなかったらという反実仮想が展開されている。この the guilt が主語であり，関係詞節の後は make O C の SVOC 構文になっている。この場合 risking his life が O で，worth the gamble が C である。

⑿　it は直前に出てきている第8段第1文の主語 The impossibility of disproving egoism を指している。may sound like a virtue「美点に思えるかもしれない」と is really a fatal drawback「実際は欠点」という対比に着目するとよい。なお，下線部㈱を含む it is really a fatal drawback について，それが欠点であるといえる根拠が第8段第2文（A theory that …）から同段最終文（If every state …）にかけて説明されている。これが3の「利己主義の反証が不可能であること」の内容を表している。

⒀　第8段では，理論というのは反証できてこそのものであり，反証不可能に聞こえる利己主義は理論としては致命的な欠点を抱えているとある。それを踏まえ，同段最終文（If every state …）で「もしすべての物事の状態が利己主義に適合するならば，利己主義は物事のあり方について何も特徴的なことを教えてはくれない」と，しめくくっている。「何も教えてはくれない」利己主義は「理論の上では価値がない」ということになろう。よって，2の内容が同段の主旨として適切。1が紛らわしいが，ここは「利己主義」と「理論」の両方の関わりを含んだ2の方が適切である。

⒁　means to ～ で「～を達成するための手段」の意味があるので，1を選ぶ。4は subject to ～「～を条件として」や，be subject to ～「～に従わなければならない」もあるが，この用法の subject は形容詞であり，空所直前に冠詞があるため，ここでは不適。

⒂　第10段においては，第2文（But that doesn't …）から第3文（Indeed, if we …）にかけて，私たちが利己的な理由のみで利他的な行動をしているわけではないだろうという内容が書かれている。その内容に沿う1の「利他主義は，たとえ善行を施す人自身の幸福に関係しているとしても，現実に存在しうる」が，筆者が提示する意見として最も可能性が高いと考えられる。

2 解答　アー7　イー3　ウー2　エー9　オー6　カー4
　　　　キー5　クー1　ケー8

◆全　訳◆

≪次に会う約束をする2人≫

ゲイリー：マイク，僕だよ，ゲイリーだよ。

マイク　：ゲイリーか！　久しぶりだね。調子はどう？

ゲイリー：元気だよ，ありがとう。あのさ，来週末にこの街に来るんだけ
　　　　　ど，会えないかな？

マイク　：そうなんだ，そうしたいんだけど，よりによってこの週末はと
　　　　　ても忙しいんだ。

ゲイリー：なあ，少しくらい暇な時間はあるはずだろう。

マイク　：そうだね，ちょっと予定帳を見てみるよ。ちょっと待って
　　　　　…OK…話していいよ！

ゲイリー：そうだね。金曜日の夜は何をしてるの？

マイク　：金曜日の夜？　ええと…スペイン語の授業があるね。僕らの会
　　　　　社はスペインでたくさん活動をする予定だから，みんなスペイ
　　　　　ン語を勉強しているんだ。でも，金曜日は仕事が早く終わるん
　　　　　だ。午後なら会えるよ。

ゲイリー：いや，それは無理かな，電車が7時になってやっと着くからね。
　　　　　ええと…土曜日は空いてるかな？

マイク　：えーと…そうだね。土曜の午後はどうかな？　午前中に髪を切
　　　　　って，それから妹とランチに行くんだけど，午後は空いてるよ。

ゲイリー：あ，いや，ごめんね，土曜の午後は無理かな。不動産屋と約束
　　　　　があるんだ。川沿いの素晴らしい新築アパートを見に行く予定
　　　　　なんだよ。言ってなかったっけ？　転職して大都会に戻るんだ。

マイク　：おお，素晴らしいニュースだね，ゲイリー。小さな町での生活
　　　　　は君には向いてないと思ってたよ！

ゲイリー：じゃあ，土曜日の夜はどうかな？　土曜の夜はよさそう？

マイク　：悪いけど，夜は無理だよ。友人と劇場に行くんだ。ずっと前か
　　　　　ら予約してあってね。でも，ちょっと待って…日曜日は何時に
　　　　　出発するの？

ゲイリー：朝，遅めだよ。11時55分発の電車に乗るつもり。

マイク　：そうだ，いい考えがあるんだ。駅で会わないか？

ゲイリー：いい考えだね！　一緒にコーヒーを飲んでもいいかもね。

マイク　：もっといいアイデアがあるよ。そこのカフェでおいしいフル・イングリッシュ・ブレックファストを食べられるんだ。そこで朝食をとろうよ。10時頃はどう？

ゲイリー：いいね。でも，10時30分にできるかな？　日曜日だしね。

マイク　：いいね，10時30分で。その時間に会おう。じゃあね，ゲイリー！　アパート気に入るといいね。

ゲイリー：そうなるよう祈ってるよ。じゃあね，マイク。また日曜日ね。

━━━━━◀解　説▶━━━━━

ア．最初に会ったときにする挨拶としてふさわしいものとして，7．「久しぶりだね」を選ぶ。

イ．予定を合わせている最中で，1つ前の文から，手帳を手に取り，ページを開こうとしている内容を表すものとして，3．「ちょっと待って…OK…話していいよ！」を選ぶ。shoot には口語で「言いたいことを言う」の意味がある。

ウ．直前に金曜日の夜の予定を聞かれ，直後でスペイン語の勉強をしているという内容があるので，2．「ええと…スペイン語の授業があるね」を選ぶ。

エ．直前にマイクが提案した金曜日の午後という日程をゲイリーは断っているため，別の日程を提案する内容を選ぶ。直後のマイクの発言から，土曜日を提案していることがわかるので，9．「ええと…土曜日は空いてるかな？」を選ぶ。

オ．マイクは土曜日の午後を提案しており，空所直前の発言では朝と昼が忙しいという旨を伝えているので，改めて土曜日の午後が都合が良いことを主張している6．「午後は空いてるよ」を選ぶ。

カ．直前で土曜日の午後は都合が悪いという話をしているので，その予定になりうるものを選ぶ。直後では新しいアパートを見に行くという話をしているので，4．「不動産屋と約束があるんだ」を選ぶ。

キ．直前にゲイリーが転職で大都市に移るという話をしているので，それに対する肯定的な反応として，5．「小さな町での生活は君には向いてないと思ってたよ！」を選ぶ。*one's* thing には「～の好きなもの，好み」

という意味がある。

ク．直前でマイクが土曜の夜は都合が悪いと話しており，別の日程に関する内容を選ぶ。直後でゲイリーが，朝の遅い時間の電車に乗るという話をしているので，1．「でも，ちょっと待って…日曜日は何時に出発するの？」を選ぶ。

ケ．直後でゲイリーから待ち合わせの時間に関する相談がなされているので，マイクがここで時間の提案をしたと考え，8．「10 時頃はどう？」を選ぶ。Shall we say ～?「～はどうですか？」

$\boxed{3}$　**解答**　(1) 5 → 6 → 3 → 1 → 8 → 2 → 4
(2) 7 → 6 → 4 → 2 → 8 → 1 → 3
(3) 6 → 2 → 8 → 4 → 1 → 7 → 5
(4) 8 → 5 → 3 → 7 → 6 → 2 → 4 → 1
(5) 8 → 3 → 2 → 5 → 1 → 7 → 6 → 4

◀解　説▶

(1)　Let me have another try at it(.)
「～させてくれ」は Let me *do* で表せる。Let me try としてしまうと，have が使えなくなってしまうので，try を名詞として使い，have a try at ～「～をやってみる」の形を作る。once を使って「もう一度」の意味をもたせたい場合は，once more といった形にする必要があるので，ここでは once は使えない。

(2)　This river is believed to be deepest (here.)
be believed to *do*「～すると思われている」の形を作る。選択肢の deepest は，他のものと比べているのではなく，同一のものを異なる条件で比較しているので，the はつかない。

(3)　Things don't work out according to theory(.)
work out「うまくいく」の形を作る。according to を文頭にもってくると，according to theory の副詞句が主節全体を修飾してしまい，「理屈によれば，物事はうまくいかない」という別の意味になってしまうので気をつける。この文においては according to theory の副詞句は work out を修飾している。

(4)　What made David think Sam could defeat Bob(?)

理由を尋ねているので選択肢の why を使おうとすると，Why did David think ～？という形にする必要があるが，選択肢に did がないため，別の形を考えなければならない。したがって make の使役の用法を用いて，What makes *A do*? という形を作ることで，「何が *A* に～させるのか？」つまり「どうして *A* は～するのか？」という意味を表す文を作ることができる。

⑸　(There are so few friends these days with) whom I can talk about things that matter(.)

matter は動詞で「重要である」の意味があるので，関係代名詞の that を用いて things that matter「大切なこと」という形を作ることができる。talk with ～「～と話す」なので，「話し合える友」は friends (who / whom) I can talk with と書くことができる。設問ではこの with を関係代名詞とくっつけた形で並べかえる必要があり，前置詞の後ろに人を先行詞とする関係代名詞を置く場合は目的格の形である whom を用いる。talk about ～「～について話す」

❖講　評

　2022年度は，読解問題，会話文問題，文法・語彙問題が各1題の大問3題の出題となった。

　①の読解問題は「純粋な利他主義は存在しうるか」という内容で，どちらかというと文系寄りのテーマとなっている。利他主義と利己主義という概念的な抽象度は高いが，内容そのものは身近に感じやすいものであったように思われる。英文量は少し多いが，語彙は比較的平易で読みやすい。各段落の要旨を把握したり，抽象的な語句の本文における具体的な意味を理解したりする問題や，発音・アクセント問題まで出題されるなど，設問の種類は多岐にわたるが，全体的には本文全体を正しく読解する力が求められている。また，⑾では，文構造をきちんと丁寧に把握する精読力も求められている。

　②の会話文問題は，英文の内容も長さも平易であった。すべて文の空所補充問題であり，全体的には流れをつかみやすく簡単な問題が多かったが，会話特有の表現を知らないと難しい問題もあった。

　③の語句整序は標準的なレベルである。日本文が与えられている分，

読解問題や会話文問題の中で出題されるものより取り組みやすいだろう。
⑴や⑷では，ダミーの選択肢にとらわれると正しい答えにたどり着くの
に時間がかかる。普段からさまざまな英語の表現に触れることで，通り
一遍でない言い回しを身につけられるとよい。

■ 数学 ■

◀応用数・応用物理・応用化学科　共通問題▶

（注）　解答は，東京理科大学から提供のあった情報を掲載しています。

①　解答

(1)(a)ア. 4　イ. 3　(b)ウ. 4　エ. 3
(2)(a)オ. 8　カキ. 10　(b)ク. 4　ケ. 5
(3)(a)コ. 3　サ. 4　(b)シ. 3　スセ. 20　(c)ソ. 2　タ. 3

◀解　説▶

≪小問3問≫

(1)　点Pを線分 AB 上で固定し，点Qを線分 CD 上で動かすと，線分 PQ の通過する部分は三角形 PCD の周および内部になる。次に，点Pを線分 AB 上で動かすと，三角形 PCD の周および内部の通過する部分は四面体 ABCD の周および内部になる。よって，領域 S は四面体 ABCD の周および内部である。

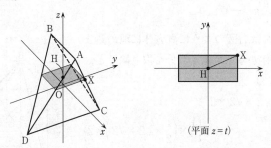

（平面 $z=t$）

$-1 \leqq t \leqq 1$ とする。点 $H(0, 0, t)$ を通り z 軸に垂直な平面による S の断面は上図の網かけ部分（境界を含む）になる。そこで，この平面と線分 AC の交点をXとすると

$$\text{AX} : \text{XC} = (1-t) : \{t-(-1)\} = (1-t) : (1+t)$$

であるから

$$\overrightarrow{\mathrm{OX}} = \frac{(1+t)\,\overrightarrow{\mathrm{OA}} + (1-t)\,\overrightarrow{\mathrm{OC}}}{(1-t)+(1+t)}$$

$$= \frac{(1+t)\,(1,\ 0,\ 1) + (1-t)\,(0,\ 1,\ -1)}{2}$$

$$= \left(\frac{1+t}{2},\ \frac{1-t}{2},\ t\right)$$

より　　$\mathrm{X}\!\left(\dfrac{1+t}{2},\ \dfrac{1-t}{2},\ t\right)$

(a)　求める体積 V_1 は

$$V_1 = \int_{-1}^{1} 4 \times \frac{1+t}{2} \times \frac{1-t}{2}\, dt = \int_{-1}^{1}(1+t)\,(1-t)\, dt$$

$$= \frac{1}{6}\{1-(-1)\}^3 = \frac{4}{3}\quad \rightarrow \text{ア, イ}$$

(b)　S を z 軸の周りに 1 回転させてできる立体の平面 $z=t$ による断面は,
前頁の図の網かけ部分（境界を含む）を z 軸の周りに 1 回転させてできる
円（半径は HX）の周および内部になるから, 求める体積 V_2 は

$$V_2 = \int_{-1}^{1}\pi \mathrm{HX}^2 dt = \pi\int_{-1}^{1}\left\{\left(\frac{1+t}{2}\right)^2 + \left(\frac{1-t}{2}\right)^2\right\} dt$$

$$= \pi\left[\frac{2}{3}\left(\frac{1+t}{2}\right)^3 - \frac{2}{3}\left(\frac{1-t}{2}\right)^3\right]_{-1}^{1} = \pi\left\{\frac{2}{3} - \left(-\frac{2}{3}\right)\right\}$$

$$= \frac{4}{3}\pi \quad \rightarrow \text{ウ, エ}$$

別解　(a)　S は右図のように直方体に埋め込まれる。直方体から三角錐 4 個分を取り除くと,
S の体積 V_1 は

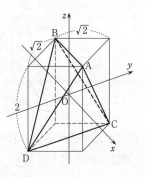

$$V_1 = \sqrt{2} \times \sqrt{2} \times 2$$

$$-4 \times \left\{\frac{1}{3} \times \left(\frac{1}{2} \times \sqrt{2} \times \sqrt{2}\right) \times 2\right\}$$

$$= \frac{4}{3}$$

(2)(a)　$\mathrm{P}\,(3\cos\theta,\ 3\sin\theta)\ (0 \leqq \theta < 2\pi)$ とおけるから

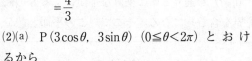

$$M = \mathrm{PB}_1 + \mathrm{PB}_2$$

$$= \sqrt{(3\cos\theta+4)^2 + (3\sin\theta)^2} + \sqrt{(3\cos\theta-4)^2 + (3\sin\theta)^2}$$

$$= \sqrt{9\cos^2\theta + 24\cos\theta + 16 + 9\sin^2\theta}$$
$$+ \sqrt{9\cos^2\theta - 24\cos\theta + 16 + 9\sin^2\theta}$$
$$= \sqrt{25 + 24\cos\theta} + \sqrt{25 - 24\cos\theta}$$

よって

$$M^2 = (\sqrt{25 + 24\cos\theta} + \sqrt{25 - 24\cos\theta})^2$$
$$= (25 + 24\cos\theta) + 2\sqrt{(25 + 24\cos\theta)(25 - 24\cos\theta)}$$
$$+ (25 - 24\cos\theta)$$
$$= 50 + 2\sqrt{25^2 - 24^2\cos^2\theta}$$

$0 \leq \theta < 2\pi$ のとき $0 \leq \cos^2\theta \leq 1$ であるから

$$50 + 2\sqrt{25^2 - 24^2} \leq M^2 \leq 50 + 2\sqrt{25^2 - 0}$$

$\therefore \quad 64 \leq M^2 \leq 100$

$M > 0$ より　　$8 \leq M \leq 10$　→オ〜キ

(b)　$\vec{a} + \vec{b} = \vec{u},\ \vec{a} - \vec{b} = \vec{v}$ とおくと

$$|\vec{u}| = 4,\ |\vec{v}| = 3,\ \vec{a} = \frac{\vec{u} + \vec{v}}{2},\ \vec{b} = \frac{\vec{u} - \vec{v}}{2}$$

である。

ここで，$\vec{u},\ \vec{v}$ は独立に動けるから，$\vec{u}$ は固定し $\vec{v}$ を動かして考えてよい。
$|\vec{u}| = 4,\ |\vec{v}| = 3$ より

$$\overrightarrow{OB_1} = -\vec{u},\ \overrightarrow{OB_2} = \vec{u},\ \overrightarrow{OP} = \vec{v}$$

としてよく，このとき

$$|\vec{a}| + |\vec{b}| = \frac{|\vec{u} + \vec{v}| + |\vec{u} - \vec{v}|}{2} = \frac{PB_1 + PB_2}{2} = \frac{M}{2}$$

となる。よって，(a)の結果より

$$4 \leq |\vec{a}| + |\vec{b}| \leq 5$$　→ク，ケ

(3)　　$2a_{n+1} = 5a_n + b_n$ ……①
　　　$2b_{n+1} = a_n + 5b_n$ ……②

とおく。

①＋② より

$$2(a_{n+1} + b_{n+1}) = 6(a_n + b_n)$$

$\therefore\ a_{n+1} + b_{n+1} = 3(a_n + b_n)$

よって　　$a_n + b_n = (a_1 + b_1) \cdot 3^{n-1} = 2 \cdot 3^{n-1}$

また，①－② より

$$2(a_{n+1} - b_{n+1}) = 4(a_n - b_n)$$

$$\therefore \quad a_{n+1} - b_{n+1} = 2(a_n - b_n)$$

よって　　$a_n - b_n = (a_1 - b_1) \cdot 2^{n-1} = 4 \cdot 2^{n-1}$

(a)　　$\dfrac{1}{a_k + b_k} = \dfrac{1}{2 \cdot 3^{k-1}} = \dfrac{1}{2}\left(\dfrac{1}{3}\right)^{k-1}$

であるから

$$\lim_{n \to \infty} \sum_{k=1}^{n} \frac{1}{a_k + b_k} = \sum_{n=1}^{\infty} \frac{1}{2}\left(\frac{1}{3}\right)^{n-1} = \frac{\dfrac{1}{2}}{1 - \dfrac{1}{3}} = \frac{3}{4} \quad \to \text{コ，サ}$$

(b)　　$\dfrac{1}{a_k{}^2 - b_k{}^2} = \dfrac{1}{(a_k + b_k)(a_k - b_k)} = \dfrac{1}{(2 \cdot 3^{k-1}) \cdot (4 \cdot 2^{k-1})}$

$$= \frac{1}{8}\left(\frac{1}{6}\right)^{k-1}$$

であるから

$$\lim_{n \to \infty} \sum_{k=1}^{n} \frac{1}{a_k{}^2 - b_k{}^2} = \sum_{n=1}^{\infty} \frac{1}{8}\left(\frac{1}{6}\right)^{n-1} = \frac{\dfrac{1}{8}}{1 - \dfrac{1}{6}} = \frac{3}{20} \quad \to \text{シ～セ}$$

(c)　　$c_n = \dfrac{(a_1 - b_1)(a_2 - b_2)\cdots(a_n - b_n)}{(a_1 + b_1)(a_2 + b_2)\cdots(a_n + b_n)}$

とおく。

$$\frac{a_k - b_k}{a_k + b_k} = \frac{4 \cdot 2^{k-1}}{2 \cdot 3^{k-1}} = 2\left(\frac{2}{3}\right)^{k-1} = 3\left(\frac{2}{3}\right)^{k}$$

であるから，$k = 1, \cdots, n$ についてかけると

$$c_n = 3\left(\frac{2}{3}\right)^{1} \cdot 3\left(\frac{2}{3}\right)^{2} \cdots 3\left(\frac{2}{3}\right)^{n} = 3^{n}\left(\frac{2}{3}\right)^{\frac{1}{2}n(n+1)}$$

よって

$$\lim_{n \to \infty} (c_n)^{\frac{1}{n^2}} = \lim_{n \to \infty} 3^{\frac{1}{n}}\left(\frac{2}{3}\right)^{\frac{1}{2}\left(1 + \frac{1}{n}\right)} = 3^{0}\left(\frac{2}{3}\right)^{\frac{1}{2}} = \sqrt{\frac{2}{3}} \quad \to \text{ソ，タ}$$

2 **解答** (答を導く過程は省略)

(1) $\left(\dfrac{20}{3}-4\sqrt{2}\right)\pi$ (2) $\dfrac{4\sqrt{3}}{3}\pi$

(3) $b_1=-\sqrt{2}$, $b_2=\sqrt{2}$, $c_1=-\sqrt{5}$, $c_2=\sqrt{5}$

(4) $\mathrm{P}(\pm 2,\ \pm\sqrt{3})$（複号任意）のとき，最大値 $\sqrt{2}$ をとる。

◀解 説▶

≪双曲線に関する問題≫

双曲線 B と C は右図のようになり，領域
S は図の網かけ部分（境界を含む）になる。

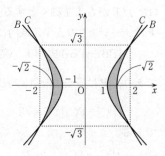

(1) B と C の方程式を y について解くと，
それぞれ

$$y=\pm\sqrt{x^2-1}$$

$$y=\pm\sqrt{\dfrac{3}{2}x^2-3}$$

である。対称性より，求める体積 V_1 は

$$V_1=2\times\left\{\pi\int_1^2\left(\sqrt{x^2-1}\right)^2dx-\pi\int_{\sqrt{2}}^2\left(\sqrt{\dfrac{3}{2}x^2-3}\right)^2dx\right\}$$

$$=2\pi\left\{\int_1^2(x^2-1)\,dx-\int_{\sqrt{2}}^2\left(\dfrac{3}{2}x^2-3\right)dx\right\}$$

$$=2\pi\left(\left[\dfrac{1}{3}x^3-x\right]_1^2-\left[\dfrac{1}{2}x^3-3x\right]_{\sqrt{2}}^2\right)$$

$$=2\pi\left\{\left(\dfrac{8}{3}-2\right)-\left(\dfrac{1}{3}-1\right)-(4-6)+(\sqrt{2}-3\sqrt{2})\right\}$$

$$=\left(\dfrac{20}{3}-4\sqrt{2}\right)\pi$$

(2) B と C の方程式を x について解くと，それぞれ

$$x=\pm\sqrt{y^2+1},\ x=\pm\sqrt{\dfrac{2}{3}y^2+2}$$

である。対称性より，求める体積 V_2 は

$$V_2=2\times\left\{\pi\int_0^{\sqrt{3}}\left(\sqrt{\dfrac{2}{3}y^2+2}\right)^2dy-\pi\int_0^{\sqrt{3}}\left(\sqrt{y^2+1}\right)^2dy\right\}$$

$$=2\pi\int_0^{\sqrt{3}}\left\{\left(\dfrac{2}{3}y^2+2\right)-(y^2+1)\right\}dy$$

$$= 2\pi \int_0^{\sqrt{3}} \left(-\frac{1}{3}y^2 + 1\right) dy = 2\pi \left[-\frac{1}{9}y^3 + y\right]_0^{\sqrt{3}}$$

$$= 2\pi \left(-\frac{\sqrt{3}}{3} + \sqrt{3}\right) = \frac{4\sqrt{3}}{3}\pi$$

(3) B の焦点の x 座標は　　$x = \pm\sqrt{1+1} = \pm\sqrt{2}$

$b_1 < b_2$ より　　$b_1 = -\sqrt{2}$, $b_2 = \sqrt{2}$

C の焦点の x 座標は　　$x = \pm\sqrt{2+3} = \pm\sqrt{5}$

$c_1 < c_2$ より　　$c_1 = -\sqrt{5}$, $c_2 = \sqrt{5}$

(4) 点 P が S 上を動くとする。

P は $x^2 - y^2 \geqq 1$ の表す領域内にあるから

　　$|PB_1 - PB_2| \geqq 2 \times 1$　（等号は P が B 上にあるとき）

であり，P は $\dfrac{x^2}{2} - \dfrac{y^2}{3} \leqq 1$ の表す領域内にあるから

　　$|PC_1 - PC_2| \leqq 2 \times \sqrt{2}$　（等号は P が C 上にあるとき）

である。よって

　　$\dfrac{|PC_1 - PC_2|}{|PB_1 - PB_2|} \leqq \dfrac{2\sqrt{2}}{2} = \sqrt{2}$　（等号は P が B 上かつ C 上にあるとき）

となるから，求める最大値は $\sqrt{2}$ であり，最大値を与える P は B と C の交点 $(\pm 2, \pm\sqrt{3})$（複号任意）である。

参考　$c > a > 0$, $F(c, 0)$, $F'(-c, 0)$, $P(x, y)$ のとき，$|PF - PF'| = 2a$ を変形すると

　　$\dfrac{x^2}{a^2} - \dfrac{y^2}{c^2 - a^2} = 1$

となることは教科書に書かれている。「等号」を「不等号」に変えて同様の変形をすると，$|PF - PF'| \leqq 2a$, $|PF - PF'| \geqq 2a$ はそれぞれ

　　$\dfrac{x^2}{a^2} - \dfrac{y^2}{c^2 - a^2} \leqq 1$, $\dfrac{x^2}{a^2} - \dfrac{y^2}{c^2 - a^2} \geqq 1$

となる。

3 解答 （答を導く過程は省略）

(1) $x = -\pi,\ -\dfrac{\pi}{2},\ 0,\ \dfrac{\pi}{2},\ \pi$　(2) $4t^4 - 8t^2 + 2$　(3) $2\left(1 - \dfrac{1}{e}\right)$

(4) $2\left(1 - \dfrac{1}{e}\right)$　(5)(a) $\beta = -\alpha$　(b) $\pi\alpha$　(c) $-\pi\beta$

━━━━━◀解　説▶━━━━━

≪曲線と直線で囲まれた領域の面積≫

(1) $f(x) = 0$ とすると，$e^{-\sin^2 x} > 0$ より　　$\sin 2x = 0$

$-\pi \le x \le \pi$ のとき　　$-2\pi \le 2x \le 2\pi$　……①

であるから

$$2x = 0,\ \pm\pi,\ \pm 2\pi$$

$$\therefore\quad x = 0,\ \pm\dfrac{\pi}{2},\ \pm\pi$$

(2)　$f'(x) = \{e^{-\sin^2 x} \cdot (-2\sin x \cdot \cos x)\} \cdot \sin 2x + e^{-\sin^2 x} \cdot 2\cos 2x$

$\qquad\quad = e^{-\sin^2 x}(-\sin^2 2x + 2\cos 2x)$

$\qquad\quad = e^{-\sin^2 x}(\cos^2 2x + 2\cos 2x - 1)$

であるから

$e^{\sin^2 x} f'(x) = \cos^2 2x + 2\cos 2x - 1$

$\qquad\qquad\quad = (1 - 2\sin^2 x)^2 + 2(1 - 2\sin^2 x) - 1$

$\qquad\qquad\quad = 4\sin^4 x - 8\sin^2 x + 2$

よって，$t = \sin x$ とおくと

$e^{\sin^2 x} f'(x) = 4t^4 - 8t^2 + 2$

(3) $f(x) \le 0$ とすると，$e^{-\sin^2 x} > 0$ より　　$\sin 2x \le 0$

①より

$$-\pi \le 2x \le 0,\ \pi \le 2x \le 2\pi$$

$$\therefore\quad -\dfrac{\pi}{2} \le x \le 0,\ \dfrac{\pi}{2} \le x \le \pi$$

そして

$f(x + \pi) = e^{-\sin^2(x+\pi)} \sin(2x + 2\pi) = e^{-\sin^2 x} \sin 2x = f(x)$

より，$f(x)$ の周期は π であるから，$-\dfrac{\pi}{2} \le x \le 0$ の部分の面積と $\dfrac{\pi}{2} \le x \le \pi$

の部分の面積は等しい（グラフは(5)参照）。また，(2)の過程より

$$(e^{-\sin^2 x})' = -e^{-\sin^2 x}\sin 2x = -f(x)$$

であるから

$$\int f(x)\,dx = -e^{-\sin^2 x} + C \quad (C は積分定数)$$

である。よって，求める面積 S_1 は

$$S_1 = 2 \times \int_{-\frac{\pi}{2}}^{0}\{-f(x)\}\,dx = 2\left[e^{-\sin^2 x}\right]_{-\frac{\pi}{2}}^{0} = 2\left(1-\frac{1}{e}\right)$$

(4)　$f(-x) = e^{-\sin^2(-x)}\sin(-2x) = -e^{-\sin^2 x}\sin 2x = -f(x)$

より，$f(x)$ は奇関数（グラフは原点対称）であるから，求める面積 S_2 は
S_1 と等しい（グラフは(5)参照）。よって

$$S_2 = 2\left(1-\frac{1}{e}\right)$$

(5)　(2)において，$4t^4 - 8t^2 + 2 = 0$ の実数解は

$$t^2 = \frac{2\pm\sqrt{2}}{2} \quad (>0)$$

$$\therefore\quad t = \pm\sqrt{\frac{2-\sqrt{2}}{2}},\ \pm\sqrt{\frac{2+\sqrt{2}}{2}}$$

簡単にするため

$$p = \sqrt{\frac{2-\sqrt{2}}{2}},\ q = \sqrt{\frac{2+\sqrt{2}}{2}}$$

とおくと，$0<p<1<q$ であり，(2)の過程より

$$f'(x) = e^{-\sin^2 x}(4\sin^4 x - 8\sin^2 x + 2)$$
$$= 4e^{-\sin^2 x}(\sin^2 x - p^2)(\sin^2 x - q^2)$$

$e^{-\sin^2 x}(\sin^2 x - q^2) < 0$ であるから，$f'(x)$ の符号
は $\sin^2 x - p^2$ の符号と異符号になることに注意
すると，$-\pi \leqq x \leqq \pi$ における $f(x)$ の増減表は
次のようになる。ただし，θ は $\sin\theta = p$，
$0 < \theta < \dfrac{\pi}{2}$ を満たすものである。

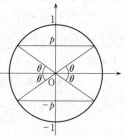

x	$-\pi$	$\cdots$	$\theta-\pi$	$\cdots$	$-\theta$	$\cdots$	θ	$\cdots$	$\pi-\theta$	$\cdots$	π
$f'(x)$		$+$	0	$-$	0	$+$	0	$-$	0	$+$	
$f(x)$	0	$\nearrow$	α	$\searrow$	β	$\nearrow$	α	$\searrow$	β	$\nearrow$	0

よって，グラフは下図のようになる。

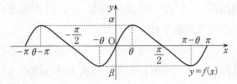

(a) $f(x)$ は奇関数であるから　　$\beta = -\alpha$

(b) 求める面積 S_3 は下図の網かけ部分の面積であるが，矢印の順に等積変形することができる。

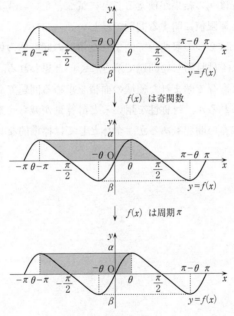

よって　　$S_3 = \pi\alpha$

参考 積分して求めると次のようになる。

$$S_3 = \int_{\theta-\pi}^{\theta} \{\alpha - f(x)\}\,dx = \left[\alpha x + e^{-\sin^2 x}\right]_{\theta-\pi}^{\theta}$$
$$= (\alpha\theta + e^{-\sin^2\theta}) - \{\alpha(\theta - \pi) + e^{-\sin^2(\theta-\pi)}\}$$
$$= \alpha\theta + e^{-\sin^2\theta} - \alpha\theta + \alpha\pi - e^{-\sin^2\theta} = \alpha\pi$$

(c) $f(x)$ は奇関数であるから，求める面積 S_4 は S_3 と等しい。よって

$$S_4 = \pi\alpha = -\pi\beta$$

❖講　評

　大問 3 題の出題で，1が空所補充形式，2，3が記述式であった。証明問題・図示問題は出題されなかった。

　1　(1)は四面体の体積，四面体の回転体の体積を求める問題である。四面体の体積だけなら〔別解〕のように直方体へ埋め込む方法もあるが，回転体の体積まで求めるから，回転軸に垂直な平面による断面を考える方がいいだろう。(2)(a)は円周上を動く点から 2 定点までの距離の和のとり得る値の範囲を求める問題である。動点を三角関数で表すのが標準的だろう。(b)は(a)の結果が使えることに気づきたい。(3)は連立漸化式で定まる数列と極限値に関する問題で易しい。

　2　(1)と(2)は 2 つの双曲線で囲まれた領域の回転体の体積を求める問題で易しい。(4)は目新しい問題で解きにくいと思われる。

　3　曲線と直線で囲まれた領域の面積を求める問題である。積分でも簡単に求められるが，対称性を用いると計算量が減らせる。

　一部解きにくい問題もあるが，全体としては標準的なレベルの出題であった。

◀応用数学科 学科別問題▶

（注）　解答は，東京理科大学から提供のあった情報を掲載しています。

1 解答

(1)(a)ア. 1　(b)イ. 3

(2)ウエ. 15　オカ. 11　キク. 41　ケコ. 30　サシ. 41

スセ. 15　ソタチツ. 2131　テトナニ. 1560

(3)(a)ヌネ. 41　ノハ. 30　ヒフ. 41　ヘホ. 15　マミ. 11　ムメ. 15

(b)モヤユ. 112　ヨラ. 41　リルレ. 112　ロワ. 41　ヲン. 15　あい. 41

━━━━◀解　説▶━━━━

≪不定方程式の整数解≫

(1)　自然数 p, q の最大公約数を $\gcd(p, q)$ と表すことにする。

$a_{n+2} = b_n a_{n+1} + a_n$ であるから，ユークリッドの互除法より

$$\gcd(a_{n+2}, a_{n+1}) = \gcd(a_{n+1}, a_n)$$

よって　　　$\gcd(a_{n+1}, a_n) = \gcd(a_2, a_1)$　……①

(a)　$a_1 = 3$, $a_2 = 7$ のとき，①より

$$\gcd(a_8, a_7) = \gcd(a_2, a_1) = \gcd(7, 3) = 1 \quad \to \text{ア}$$

(b)　$a_1 = 3$, $a_2 = 6$ のとき，①より

$$\gcd(a_8, a_7) = \gcd(a_2, a_1) = \gcd(6, 3) = 3 \quad \to \text{イ}$$

(2)　自然数 n に対して

$$a_{2n+1} = b_{2n-1} a_{2n} + a_{2n-1} = a_{2n} + a_{2n-1}$$
$$a_{2n+2} = b_{2n} a_{2n+1} + a_{2n} = 2a_{2n+1} + a_{2n}$$

であるから，順に求めると

$$a_3 = a_2 + a_1$$
$$a_4 = 2a_3 + a_2 = 2(a_2 + a_1) + a_2 = 3a_2 + 2a_1$$
$$a_5 = a_4 + a_3 = (3a_2 + 2a_1) + (a_2 + a_1) = 4a_2 + 3a_1$$
$$a_6 = 2a_5 + a_4 = 2(4a_2 + 3a_1) + (3a_2 + 2a_1) = 11a_2 + 8a_1$$
$$a_7 = a_6 + a_5 = (11a_2 + 8a_1) + (4a_2 + 3a_1)$$
$$\quad = 15a_2 + 11a_1 \quad ……② \quad \to \text{ウ}〜\text{カ}$$
$$a_8 = 2a_7 + a_6 = 2(15a_2 + 11a_1) + (11a_2 + 8a_1)$$
$$\quad = 41a_2 + 30a_1 \quad ……③ \quad \to \text{キ}〜\text{コ}$$

($②\times41$)－($③\times15$)　より

$$41a_7 - 15a_8 = (11\times41 - 30\times15)\,a_1 = a_1 \quad \rightarrow サ～セ$$

さらに続けて求めると

$$a_9 = a_8 + a_7 = (41a_2 + 30a_1) + (15a_2 + 11a_1) = 56a_2 + 41a_1$$

$$a_{10} = 2a_9 + a_8 = 2\,(56a_2 + 41a_1) + (41a_2 + 30a_1) = 153a_2 + 112a_1$$

$$a_{11} = a_{10} + a_9 = (153a_2 + 112a_1) + (56a_2 + 41a_1) = 209a_2 + 153a_1$$

$$a_{12} = 2a_{11} + a_{10} = 2\,(209a_2 + 153a_1) + (153a_2 + 112a_1)$$
$$\qquad = 571a_2 + 418a_1$$

$$a_{13} = a_{12} + a_{11} = (571a_2 + 418a_1) + (209a_2 + 153a_1)$$
$$\qquad = 780a_2 + 571a_1$$

$$a_{14} = 2a_{13} + a_{12} = 2\,(780a_2 + 571a_1) + (571a_2 + 418a_1)$$
$$\qquad = 2131a_2 + 1560a_1 \quad \rightarrow ソ～ニ$$

(3)(a)　$a_2 = ka_1$　（k は自然数）のとき

②より　　　$a_7 = 15a_2 + 11a_1 = (15k + 11)\,a_1$

③より　　　$a_8 = 41a_2 + 30a_1 = (41k + 30)\,a_1$

①より　　　$\gcd(a_8,\ a_7) = \gcd(a_2,\ a_1) = \gcd(ka_1,\ a_1) = a_1$

よって　　　$\gcd(41k + 30,\ 15k + 11) = 1$

ここで，$a_7 x + a_8 y = a_1$ は　　　$(15k + 11)\,x + (41k + 30)\,y = 1$　……④

また　　$(15k + 11)\times41 + (41k + 30)\times(-15) = 1$　……⑤

④－⑤ より

$$(15k + 11)\,(x - 41) + (41k + 30)\,(y + 15) = 0$$

$$\therefore\quad (15k + 11)\,(x - 41) = (41k + 30)\,(-y - 15)$$

$15k + 11$ と $41k + 30$ は互いに素であるから，④を満たす整数解 $(x,\ y)$ は，整数 l を用いて

$$x - 41 = (41k + 30)\,l$$

$$-y - 15 = (15k + 11)\,l$$

すなわち

$$x = 41kl + 30l + 41 \quad \rightarrow ヌ～フ$$

$$y = -15kl - 11l - 15 \quad \rightarrow ヘ～メ$$

と表せる。

(b)　$a_2 = 2a_1 + 1$ のとき

②より　　　$a_7 = 15a_2 + 11a_1 = 15\,(2a_1 + 1) + 11a_1 = 41a_1 + 15$

③より　　　$a_8 = 41a_2 + 30a_1 = 41(2a_1 + 1) + 30a_1 = 112a_1 + 41$

①とユークリッドの互除法より

　　　$\gcd(a_8,\ a_7) = \gcd(a_2,\ a_1) = \gcd(a_1,\ 1) = 1$

よって　　　$\gcd(112a_1 + 41,\ 41a_1 + 15) = 1$

ここで，$a_7 x + a_8 y = 1$ は　　　$(41a_1 + 15)x + (112a_1 + 41)y = 1$　……⑥

また　　　$(41a_1 + 15) \times 112 + (112a_1 + 41) \times (-41) = -1$　……⑦

⑥＋⑦ より

　　　$(41a_1 + 15)(x + 112) + (112a_1 + 41)(y - 41) = 0$

　$\therefore$　$(41a_1 + 15)(x + 112) = (112a_1 + 41)(-y + 41)$

$41a_1 + 15$ と $112a_1 + 41$ は互いに素であるから，⑥を満たす整数解 $(x,\ y)$ は，整数 l を用いて

　　　$x + 112 = (112a_1 + 41)l$

　　　$-y + 41 = (41a_1 + 15)l$

すなわち

　　　$x = 112a_1 l + 41l - 112$　　→モ〜レ

　　　$y = -41a_1 l - 15l + 41$　　→ロ〜い

と表せる。

2 解答 （答を導く過程は省略）

(1)　$A = \alpha,\ B = \dfrac{\alpha^2}{1 - \alpha}$　(2)　$c < \dfrac{27}{4}$　(3)　$\dfrac{1}{2} \leqq c < \dfrac{27}{4}$

(4)　$-3 < \alpha \leqq -1$　(5)　$\dfrac{1}{\sqrt{2}} \leqq |\beta| < \dfrac{3}{2}$

━━━━━◀解　説▶━━━━━

≪3次方程式の実数解や虚数解の絶対値のとり得る値の範囲≫

(1)　$x = 1$ は $f(x) = 0$ の解でないから

　　　$f(x) = 0 \Longleftrightarrow \dfrac{x^3}{x - 1} = c$　……①

である。よって，$f(x) = 0$ の実数解 α は $\dfrac{\alpha^3}{\alpha - 1} = c$ を満たすから

　　　$f(x) = x^3 - \dfrac{\alpha^3}{\alpha - 1}x + \dfrac{\alpha^3}{\alpha - 1}$

このとき，$f(x) \div (x-\alpha)$ を実行すると

$$
\begin{array}{r}
x^2+\alpha x \ -\dfrac{\alpha^2}{\alpha-1} \\[2mm]
x-\alpha \overline{)\; x^3 \qquad -\dfrac{\alpha^3}{\alpha-1}x+\dfrac{\alpha^3}{\alpha-1}} \\[2mm]
\underline{x^3-\alpha x^2} \qquad\qquad\quad \\[2mm]
\alpha x^2 -\dfrac{\alpha^3}{\alpha-1}x+\dfrac{\alpha^3}{\alpha-1} \\[2mm]
\underline{\alpha x^2 - \ \alpha^2 x \qquad\qquad} \\[2mm]
-\dfrac{\alpha^2}{\alpha-1}x+\dfrac{\alpha^3}{\alpha-1} \\[2mm]
\underline{-\dfrac{\alpha^2}{\alpha-1}x+\dfrac{\alpha^3}{\alpha-1}} \\[2mm]
0
\end{array}
$$

より

$$
f(x) = (x-\alpha)\left(x^2+\alpha x-\frac{\alpha^2}{\alpha-1}\right)
$$

となるから

$$
A=\alpha, \ \ B=\frac{\alpha^2}{1-\alpha}
$$

(2)　①を満たす実数 x がただ１つであるような c の値の範囲が求めるものである。

そこで，$g(x)=\dfrac{x^3}{x-1}$ とおくと

$$
g'(x)=\frac{3x^2\cdot(x-1)-x^3\cdot 1}{(x-1)^2}=\frac{x^2(2x-3)}{(x-1)^2}
$$

$(x-1)^2>0$ であるから，$g'(x)$ の符号は $x^2(2x-3)$ が決めることに注意すると，増減表は次のようになる。

x	$\cdots$	0	$\cdots$	1	$\cdots$	$\dfrac{3}{2}$	$\cdots$
$g'(x)$	$-$	0	$-$	$\times$	$-$	0	$+$
$g(x)$	$\searrow$	0	$\searrow$	$\times$	$\searrow$	$\dfrac{27}{4}$	$\nearrow$

また

$$
\lim_{x\to\pm\infty} g(x)=\infty
$$

$$
\lim_{x\to 1\pm 0} g(x)=\pm\infty \quad \text{（複号同順）}
$$

であるから，グラフは右図のようになる。

このグラフと直線 $y=c$ がただ１つの共有点をも
つような c の値の範囲が求めるものであるから

$$c < \frac{27}{4}$$

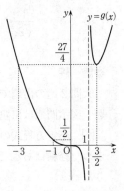

(3) (2)で描いたグラフと直線 $y=c$ がただ１つの
共有点をもち，かつ，共有点の x 座標が -1 以下
となるような c の値の範囲が求めるものであるか
ら

$$\frac{1}{2} \leqq c < \frac{27}{4}$$

(4) c を $\frac{1}{2} \leqq c < \frac{27}{4}$ の範囲で動かすとき，(2)で描いたグラフと直線 $y=c$

の共有点の x 座標が α であるから

$$-3 < \alpha \leqq -1$$

(5) c を $\frac{1}{2} \leqq c < \frac{27}{4}$ の範囲で動かすとき，(4)の結果より，α は $-3 < \alpha \leqq -1$

の範囲を動く。このとき，(1)の結果より，$f(x)=0$ の虚数解 β は

$$x^2 + \alpha x - \frac{\alpha^2}{\alpha-1} = 0$$

の解であり，この方程式は実数係数であるから，もう１つの解は $\overline{\beta}$ であ
る。よって，解と係数の関係より

$$\beta\overline{\beta} = -\frac{\alpha^2}{\alpha-1} \qquad \therefore \quad |\beta|^2 = \frac{\alpha^2}{1-\alpha}$$

ここで，$h(\alpha) = \dfrac{\alpha^2}{1-\alpha}$ $(-3 < \alpha \leqq -1)$ とおくと

$$h'(\alpha) = \frac{2\alpha \cdot (1-\alpha) - \alpha^2 \cdot (-1)}{(1-\alpha)^2}$$

$$= \frac{\alpha(2-\alpha)}{(1-\alpha)^2}$$

であるから，増減表は右のようになる。

よって　$\dfrac{1}{2} \leqq |\beta|^2 < \dfrac{9}{4}$

α	(-3)	$\cdots$	-1
$h'(\alpha)$		$-$	
$h(\alpha)$	$\left(\dfrac{9}{4}\right)$	$\searrow$	$\dfrac{1}{2}$

$|\beta| > 0$ より　　$\dfrac{1}{\sqrt{2}} \leqq |\beta| < \dfrac{3}{2}$

❖講　評

　大問 2 題の出題で，[1]が空所補充形式，[2]が記述式であった。証明問題・図示問題は出題されなかった。

　[1]　不定方程式の整数解を求める問題である。不定方程式の整数解を求めた経験はあるだろうから，手間がかかったとしても最後まで解き切りたい。

　[2]　3 次方程式の実数解や虚数解の絶対値のとり得る値の範囲を求める問題である。(2)〜(4)は $f(x) = 0$ を①の形に定数分離すれば容易である。(5)も，(1)の結果と，虚数 β に対して $|\beta|^2 = \beta\overline{\beta}$ が成り立つことを考えれば容易である。

　定型的処理で求められる問題のセットであり，学科別問題の試験としては全体的に易しめの問題であった。

物理

1 解答

(1)(ア)— 3　(2)(イ)— 2　(ウ)— 2　(エ)— 1　(オ)— 6
(カ)— 0　(キ)— 7　(ク)— 5　(ケ)— 4

(3)(コ)— 5　(サ)— 4　(シ)— 3　(4)(ス)— 7

◀解　説▶

≪板の上で単振動する小球の鉛直投射≫

(1)(ア)　ばね定数を k〔N/m〕として，板と小球の運動系の力のつり合いの式をたてると

$$0 = kd - 3mg \quad \therefore \quad k = \frac{3mg}{d} \text{〔N/m〕} \quad \cdots\cdots①$$

(2)(イ)　加速度を b〔m/s²〕として，板と小球の運動系の運動方程式をたてると

$$3mb = k(d-x) - 3mg$$

この式に①を代入して

$$b = -\frac{gx}{d} \text{〔m/s²〕} \quad \cdots\cdots②$$

(ウ)　小球の運動方程式をたてると

$$mb = N - mg$$

この式に②を代入して

$$N = mg\left(1 - \frac{x}{d}\right) \text{〔N〕} \quad \cdots\cdots③$$

(エ)　小球が板から離れずに単振動すると仮定すると，振動の中心は $x=0$，また振幅は αd なので，x の範囲は

$$-\alpha d \leqq x \leqq \alpha d$$

小球が板から離れないときは，x が最大値 $x=\alpha d$ において $N \geqq 0$ だから，離れる条件は，$x=\alpha d$ において，$N<0$ より

$$N = mg\left(1 - \frac{\alpha d}{d}\right) < 0 \quad \therefore \quad \alpha > 1$$

(オ) $N = mg\left(1 - \dfrac{x_1}{d}\right) = 0$ より

$\qquad x_1 = 1 \times d \,(\mathrm{m})$

(カ) ③の式より，N は負の係数をもつ x の 1 次関数であり，$x = x_1 = d$ において $N = 0$，$x = -x_1 = -d$ において $N = 2mg$ を考慮して，グラフは 0 となる。

(キ) 求める仕事 $W\,(\mathrm{J})$ は(カ)で求めたグラフと x 軸と $x = -\alpha d$ で囲まれた面積に等しく，$x = -\alpha d$ において，$N = (1+\alpha)\,mg$ であり

$$W = \dfrac{1}{2}(1+\alpha)\,mg \times (d + \alpha d) = \dfrac{(\alpha+1)^2}{2}\,mgd\,(\mathrm{J})$$

(ク) 求める速さを $v\,(\mathrm{m/s})$ とすると，単振動のエネルギー保存則より

$$\dfrac{1}{2} \cdot 3mv^2 + \dfrac{1}{2} \cdot \dfrac{3mg}{d}d^2 = \dfrac{1}{2} \cdot \dfrac{3mg}{d}(\alpha d)^2$$

$$\therefore \quad v = \sqrt{gd\,(\alpha^2 - 1)}\,\,(\mathrm{m/s})$$

(ケ) 小球の最高点の座標を $x_2\,(\mathrm{m})$ とすると，等加速度運動の式より

$$0^2 - \{\sqrt{gd\,(\alpha^2 - 1)}\,\}^2 = -2g\,(x_2 - d)$$

$$\therefore \quad x_2 = \dfrac{\alpha^2 + 1}{2} \times d\,(\mathrm{m})$$

(3)(コ) 板の単振動の中心の座標を $x_3\,(\mathrm{m})$ とすると，中心では加速度が 0 になることより

$$0 = k\,(d - x_3) - 2mg$$

この式に①を代入して

$$x_3 = \dfrac{1}{3} \times d\,(\mathrm{m})$$

(サ) 板の単振動の周期 $T\,(\mathrm{s})$ は，単振動の周期の式に①を代入して

$$T = 2\pi\sqrt{\dfrac{2m}{k}} = 2\pi\sqrt{\dfrac{2d}{3g}}\,\,(\mathrm{s})$$

(シ) 振幅を $A\,(\mathrm{m})$ とすると，単振動のエネルギー保存則より

$$\dfrac{1}{2} \cdot 2mg\{\sqrt{gd\,(\alpha^2 - 1)}\,\}^2 + \dfrac{1}{2} \cdot \dfrac{3mg}{d}\left(d - \dfrac{1}{3}d\right)^2 = \dfrac{1}{2} \cdot \dfrac{3mg}{d}A^2$$

$$\therefore \quad A = \sqrt{\dfrac{2}{3}\left(\alpha^2 - \dfrac{1}{3}\right)} \times d\,(\mathrm{m})$$

(4)(ス) 小球が離れてから，再び板と衝突するまでの時間を $t\,(\mathrm{s})$ とする

と，等加速度運動の式より

$$\sqrt{gd(\alpha^2-1)}-g\cdot\frac{t}{2}=0 \qquad \therefore \quad t=2\sqrt{\frac{d(\alpha^2-1)}{g}}$$

$T=t$ より

$$\alpha=\sqrt{\frac{2\pi^2}{3}+1}$$

② 解答

(1)(ア)— 2　(イ)— 1　(ウ)— 6　(エ)— 8　(オ)— 1

(2)(カ)— 1　(キ)— 4　(ク)—18　(ケ)—17　(コ)—11

(3)(サ)— 0　(シ)— 5　(ス)— 4

◀解　説▶

≪平面のドップラー効果とうなり≫

(1)(ア)　振動数と時間の積より　　$f_0\Delta t$ 個

(イ)　求める時刻を t_1〔s〕とすると，AP 間の距離が $\sqrt{5}l$ より

$$t_1=\frac{\sqrt{5}l}{V}\text{〔s〕}$$

(ウ)　(イ)+(ウ)の時刻を t_2〔s〕とすると，A点から $v\Delta t$ 離れた位置とP点の距離は $\sqrt{(2l-v\Delta t)^2+l^2}$ より，与えられた近似を用いて

$$t_2=\Delta t+\frac{\sqrt{(2l-v\Delta t)^2+l^2}}{V}\fallingdotseq\Delta t+\frac{\sqrt{5}l\sqrt{1-\dfrac{4v\Delta t}{5l}}}{V}$$

$$\fallingdotseq\Delta t+\frac{\sqrt{5}l\left(1-\dfrac{2v\Delta t}{5l}\right)}{V}$$

$$=\frac{\sqrt{5}l}{V}+\left(1-\frac{2\sqrt{5}v}{5V}\right)\Delta t\text{〔s〕}$$

(エ)　音源が時間 Δt〔s〕に発した音波の数と，観測者が時間 t_2-t_1〔s〕に観測する音波の数は等しいので

$$f_0\Delta t=f_P(t_2-t_1) \qquad \therefore \quad f_P=\frac{\sqrt{5}V}{\sqrt{5}V-2v}\times f_0\text{〔Hz〕}$$

(オ)　飛行機1と飛行機2の相対的な距離は一定なので，飛行機2で観測される音の振動数は f_0 である。また，$f_P>f_0$ より，答えは1である。

(2)(カ)　(イ)と等しいから，音波がP点に届く時刻は　　$\dfrac{\sqrt{5}l}{V}$〔s〕

㈔　飛行機2がB点からC点まで進む時間は $\dfrac{l}{2v}$〔s〕で，$CP=\dfrac{\sqrt{5}}{2}l$ より，

C点からP点に音が伝わる時間は $\dfrac{\sqrt{5}}{2V}l$〔s〕であり，2つの飛行機から音が同時刻に届くから

$$\frac{\sqrt{5}\,l}{V}=\frac{l}{2v}+\frac{\sqrt{5}}{2V}l \qquad \therefore \quad v=\frac{\sqrt{5}}{5}\times V\text{〔m/s〕}$$

㈗　㈎の結果に㈔の結果を代入して

$$f_1=\frac{\sqrt{5}\,V}{\sqrt{5}\,V-2\times\dfrac{\sqrt{5}}{5}V}\times f_0=\frac{5}{3}\times f_0\text{〔Hz〕}$$

㈘　飛行機2のC点からP点に向かう速度成分は $\dfrac{\sqrt{5}}{5}v$ だから，ドップラー効果の式より

$$f_2=\frac{V}{V-\dfrac{\sqrt{5}}{5}v}\times f_0=\frac{V}{V-\dfrac{\sqrt{5}}{5}\cdot\dfrac{\sqrt{5}}{5}V}\times f_0=\frac{5}{4}\times f_0\text{〔Hz〕}$$

㈙　$f'=f_1-f_2=\dfrac{5}{12}\times f_0$〔Hz〕

(3)㈚　ドップラー効果の式より

$$f_D=\frac{V-v_2}{V-v_1}\times f_0\text{〔Hz〕}$$

㈛　飛行機2に速さ v_1 で近づく音源である飛行機1の鏡像を考えて，ドップラー効果の式より

$$f_R=\frac{V+v_2}{V-v_1}\times f_0\text{〔Hz〕}$$

㈜　$f_2'=f_R-f_D=\dfrac{2v_2}{V-v_1}\times f_0$〔Hz〕

$\boxed{3}$ **解答**　　(1)㈠—04　㈡—10

　　　　　　(2)㈢—06　㈣—3　㈤—07　㈥—2

(3)㈔—07　㈗—13　㈘—00　㈙—20　㈚—6　㈛—20　㈜—6

◀解　説▶

≪気体分子運動論によるポアソンの法則の証明≫

(1)(ア)　ピストンに対する気体分子の相対速度は，気体分子の速度からピストンの速度を引いて　　$v_x - v_0$〔m/s〕

(イ)　求める速度成分を v_x'〔m/s〕とすると，はね返り係数の式より

$$1 = -\frac{v_x' - v_0}{v_x - v_0} \quad \therefore \quad v_x' = -v_x + 2v_0 \text{〔m/s〕}$$

(2)(ウ)　(イ)の結果より

$$|v_x'| - v_x = 2v_0 \text{〔m/s〕}$$

(エ)　気体分子がピストンに衝突してから再び衝突するまでの時間は $\dfrac{2L}{v_x}$

〔s〕なので，Δt〔s〕の衝突回数は $\dfrac{v_x \Delta t}{2L}$ となるから，求める速度は

$$v_x - 2v_0 \times \frac{v_x \Delta t}{2L} = v_x\left(1 - \frac{v_0 \Delta t}{L}\right) \text{〔m/s〕}$$

(オ)・(カ)　気体分子のした仕事は運動エネルギーの減少に等しいから

$$\frac{1}{2}mv_x^2 - \frac{1}{2}m\left\{v_x\left(1 - \frac{v_0\Delta t}{L}\right)\right\}^2 \fallingdotseq \frac{1}{2}mv_x^2 - \frac{1}{2}mv_x^2\left(1 - \frac{2v_0\Delta t}{L}\right)$$

$$= 1 \times \frac{mv_0 \Delta t v_x^2}{L} \text{〔J〕}$$

(3)(キ)　単原子分子理想気体の内部エネルギーは，気体分子の運動エネルギーの総和より

$$\frac{3}{2}nRT = nN_A \times \frac{1}{2}m\left(\overline{v_x^2} + \overline{v_y^2} + \overline{v_z^2}\right) = nN_A \times \frac{3}{2}m\overline{v_x^2}$$

$$\therefore \quad T = 1 \times \frac{mN_A\overline{v_x^2}}{R} \text{〔K〕}$$

(ク)・(ケ)　気体分子全体がした仕事は，(オ)・(カ)の結果と $\overline{v_x^2} = \dfrac{1}{3}\overline{v^2}$ を用いて

$$nN_A \times \frac{mv_0\Delta t \overline{v_x^2}}{L} = \frac{1}{3} \times \frac{m\overline{v^2}v_0\Delta t}{L}nN_A \text{〔J〕}$$

(コ)・(サ)　(キ)の結果より

$$T = 1 \times \frac{mN_A\overline{v^2}}{3R} \quad \therefore \quad \overline{v^2} = \frac{3RT}{mN_A}$$

よって，気体の内部エネルギー変化は，気体分子の運動エネルギーの変化の総和より，(ク)・(ケ)の結果を用いて

$$\frac{3}{2}nR\Delta T = -\frac{1}{3}\times\frac{m\overline{v^2}v_0\Delta t}{L}nN_A = -\frac{1}{3}\times\frac{mv_0\Delta t}{L}nN_A\times\frac{3RT}{mN_A}$$

$$\therefore \quad \Delta t = -\frac{2}{3}\times\frac{Tv_0\Delta t}{L}\,\text{〔K〕}$$

(シ)・(ス)　ピストンの断面積 S〔m^2〕は，$S=\dfrac{V}{L}$ より

$$\Delta V = Sv_0\Delta t = \frac{Vv_0\Delta t}{L}$$

よって，この式と(コ)・(サ)の結果より

$$\frac{\Delta T}{T} = -\frac{2}{3}\times\frac{\Delta V}{V}$$

$\boxed{4}$ **解答** (1)(ア)—1　(イ)—2　(ウ)—04　(エ)—3　(オ)—2　(カ)—14
　　　　　(2)(キ)—5　(ク)—2　(ケ)—4　(コ)—6　(サ)—0

◀**解　説**▶

≪磁場中を運動する荷電粒子の繰り返し衝突≫

(1)(ア)　荷電粒子は電場から qEd の仕事をされるから，力学的エネルギー保存則より

$$\frac{1}{2}mv_1{}^2 = qEd \quad \therefore \quad v_1 = \sqrt{\frac{2qEd}{m}}\,\text{〔m/s〕}$$

(イ)　ローレンツ力が向心力となり円運動するので，円運動の半径を r〔m〕とすると，運動方程式より

$$m\frac{v_1{}^2}{r} = qv_1B$$

$$\therefore \quad r = \frac{mv_1}{qB} = \frac{1}{B}\sqrt{\frac{2mEd}{q}} \quad \cdots\cdots\text{①}$$

よって，荷電粒子が板の表面まで達する条件は

$$-L+2r = -L+\frac{2}{B}\sqrt{\frac{2mEd}{q}} \geqq 0$$

$$\therefore \quad B \leqq \frac{2}{L}\sqrt{\frac{2mEd}{q}}\,\text{〔T〕}$$

(ウ)　$B = 2B_0$ のとき，1回目に衝突する x 座標は $x = 0$ より，円運動の半径は $\dfrac{L}{2}$ である。また，①より，円運動の半径は磁束密度に反比例するから，磁束密度を $\dfrac{1}{2}$ 倍にすると，半径は2倍の L となる。よって

$$x_{\mathrm{F}} = -L + 2L = 1 \times L \,[\mathrm{m}]$$

(エ)　1回目の衝突後に荷電粒子の速さは ev_1 となるので，①より，円運動の半径も e 倍の eL となるから，求める x 座標は

$$x_{\mathrm{F}} + 2eL = (1 + 2e) \times L \,[\mathrm{m}]$$

(オ)　$$t_1 = \frac{\pi r}{v_1} = \frac{\pi m}{qB}$$

となり，衝突から衝突までの時間は速さによらず一定となるから

$$\frac{t_p}{t_1} = 1$$

(カ)　衝突するたびに，速さは e 倍となり，円運動の直径も e 倍となっていくから，求める x 座標 $X\,[\mathrm{m}]$ は，無限等比級数を用いて

$$X = L + 2eL + 2e^2L + 2e^3L + \cdots = 2L(1 + e + e^2 + e^3 + \cdots) - L$$

$$= \frac{2L}{1 - e} - L = \frac{1 + e}{1 - e}L = \frac{1 + 0.9}{1 - 0.9} \times L = 19 \times L \,[\mathrm{m}]$$

(2)(キ)　コンデンサー C_1，C_2 の電気容量をそれぞれ $C_1\,[\mathrm{F}]$，$C_2\,[\mathrm{F}]$ とすると

$$C_1 = \varepsilon_0 \frac{L^2}{\dfrac{L}{10}} = 10\varepsilon_0 L$$

$$C_2 = \varepsilon_0 \frac{\dfrac{3}{4}L^2}{\dfrac{L}{10}} + 9\varepsilon_0 \frac{\dfrac{1}{4}L^2}{\dfrac{L}{10}} = 30\varepsilon_0 L$$

合成容量 $C\,[\mathrm{F}]$ は，並列接続より

$$C = C_1 + C_2 = 40\varepsilon_0 L \,[\mathrm{F}]$$

(ク)　求める電圧を $V\,[\mathrm{V}]$ とすると，電場からの力とローレンツ力のつり合いより

$$q\frac{V}{\dfrac{L}{10}} = qv_1B_0 \quad \therefore \quad V = \frac{v_1B_0L}{10} \,[\mathrm{V}]$$

(ケ)　　　$Q = C_1 V + C_2 V = 40\varepsilon_0 L \times \dfrac{v_1 B_0 L}{10} = 4\varepsilon_0 v_1 B_0 L^2 \,\text{〔C〕}$

(コ)　コンデンサー C_2 の電気容量が $C_2{}'\,\text{〔F〕}$ に変化したとすると

$$C_2{}' = \varepsilon_0 \dfrac{\left(\dfrac{3}{4}L - \varDelta y\right)L}{\dfrac{L}{10}} + 9\varepsilon_0 \dfrac{\left(\dfrac{1}{4}L + \varDelta y\right)L}{\dfrac{L}{10}} = 30\varepsilon_0 L + 80\varepsilon_0 \varDelta y$$

$$C_1 + C_2{}' = 40\varepsilon_0 L + 80\varepsilon_0 \varDelta y = C\left(1 + \dfrac{2\varDelta y}{L}\right)$$

コンデンサー C_1 および C_2 の電圧が $V'\,\text{〔V〕}$ に変化したとすると，点 H の側の極板について電気量保存則より

$$Q = C_1 V' + C_2{}' V' \qquad \therefore \quad V' = \dfrac{Q}{C_1 + C_2{}'}$$

よって，エネルギーの変化量は

$$\dfrac{1}{2}\left(C_1 + C_2{}'\right) V'^2 - \dfrac{1}{2}\left(C_1 + C_2\right) V^2$$

$$= \dfrac{Q^2}{2C\left(1 + \dfrac{2\varDelta y}{L}\right)} - \dfrac{Q^2}{2C}$$

$$\fallingdotseq \dfrac{Q^2}{2C}\left(1 - \dfrac{2\varDelta y}{L}\right) - \dfrac{Q^2}{2C}$$

$$= -\dfrac{2\varDelta y}{L} \cdot \dfrac{Q^2}{2C}$$

$$= -\dfrac{2\varDelta y}{L} \cdot \dfrac{(4\varepsilon_0 v_1 B_0 L^2)^2}{2 \cdot 40\varepsilon_0 L}$$

$$= -\dfrac{2}{5}\varepsilon_0 v_1{}^2 B_0{}^2 L^2 \varDelta y$$

エネルギーの変化量の大きさと外力がした仕事の大きさが等しいから

$$F\varDelta y = \dfrac{2}{5}\varepsilon_0 v_1{}^2 B_0{}^2 L^2 \varDelta y$$

$$\therefore \quad F = \dfrac{2}{5}\varepsilon_0 v_1{}^2 B_0{}^2 L^2 \,\text{〔N〕}$$

(サ)　エネルギーが減少しているので，外力のした仕事は負であり，外力の向きは引き込む向きと逆である。よって，外力を加えなければ，誘電体はコンデンサー C_2 に引き込まれる向きに運動しはじめる。

❖講　評

　2022 年度は，大問 4 題が力学，波動，熱力学，電磁気の 4 分野からの出題となり，原子の分野からは出題されなかった。問題量は 2021 年度より少し減った。難度は 2021 年度と同程度である。しかし，時間的な余裕はあまりないかもしれないので，手際よく解いていきたい。

　1　板の上で単振動する小球の鉛直投射の問題。前半は，小球が板から離れないで単振動する。力のつり合いの式を用いて，ばね定数を求め，位置座標 x〔m〕での小球と板の運動系の運動方程式をたてて，加速度を求め，次は小球の運動に注目して，垂直抗力を求めていく。位置座標 x〔m〕でばねの伸びが $x+d$〔m〕であることに注意しよう。小球が板から離れた後は，小球は鉛直投射となり，板は単振動をする。板の質量やばねの自然長の位置に注意すれば，周期の式や力学的エネルギー保存則も解答できたであろう。頻出のテーマであるので，確実に得点したい。

　2　平面のドップラー効果とうなりに関する問題。音源の速度が音源と観測者を結ぶ直線に平行でないときのドップラー効果の式を，音源が発する波数と観測者に届く波数が変わらないことを用いて導いていく。誘導通りに考えて式をたてていくが，近似の使い方に慣れているかどうかが得点を分けたであろう。結果を見据えて式を変形することが重要である。

　3　気体分子運動論によるポアソンの法則の証明の問題。はね返り係数や気体分子の運動エネルギーの減少がピストンにする仕事になるなど，力学の知識が必要である。また，気体分子の運動エネルギーの総和が内部エネルギーであり，前半で求めた運動エネルギーの減少が内部エネルギーの減少に等しいことの理解が必要である。標準的だが，前半でミスをすれば，後半の失点につながるので注意したい。最終的にポアソンの式 $TV^{\gamma-1}=$一定 が導かれる。

　4　磁場中を運動する荷電粒子の繰り返し衝突の問題。磁場の強さが $\dfrac{1}{2}$ になると，半径が 2 倍になる。板に衝突して荷電粒子の速さが e 倍になっていくと，周期は速さによらず一定であるが，半径が e 倍になっていく。円の運動方程式や周期の式から半径や周期を求める基礎だけでなく，その答えから考察することが大切である。無限等比級数など数学の

力も必要であった。後半はコンデンサーの合成容量の変化による静電エネルギーの変化から，外力の仕事の大きさを求める。計算は大変だが，頻出のテーマであった。

　全体としてみると，標準的な内容が多くを占めている。各大問は，前半に基本的な問題が配置され，後半になるとやや発展的な問題が登場するという形で難易度に傾斜がつけられていることが多い。後半の問題も誘導に従えば最後まで解けるものも多い。前半を着実に得点し，後半でどれだけ上積みできるかがポイントである。物理的な思考力や状況把握力をしっかりと身につけて臨みたい。

■化学■

1 解答　(1)—12　(2)—11　(3)—01　(4)—10　(5)—11　(6)—02
　　　　　(7)—14　(8)—09　(9)—11　(10)—07

◀解　説▶

≪小問 10 問≫

(1)　(a)・(b)・(d)正しい。

(c)誤り。第 2 周期の元素で，電子親和力が最大の元素は F である。

(2)　(a)・(b)・(c)正しい。

(d)誤り。リン酸は弱酸である。

(3)　(a)正しい。

(b)・(c)誤り。58.5 g/mol は NaCl の分子量ではなく，モル質量である。

(d)誤り。ダイヤモンドは共有結合の結晶なので，分子量ではなく，式量である。

(4)　(a)固体の $ZnCl_2$ はイオン結晶なので，電気伝導性がない。

(b)固体のナフタレンは分子結晶なので，電気伝導性がない。

(c)単体のカルシウムは金属結晶なので自由電子をもち，電気伝導性がある。

(d)単体の水銀は自由電子をもち，電気伝導性がある。

(5)　(a)・(b)・(c)正しい。

(d)誤り。二酸化ケイ素をフッ化水素酸に溶かすと，次のような反応で，ヘキサフルオロケイ酸 H_2SiF_6 が生じる。

$$SiO_2 + 6HF \longrightarrow H_2SiF_6 + 2H_2O$$

(6)　(a)誤り。マンガン乾電池の正極活物質は酸化マンガン(Ⅳ)である。

(b)正しい。

(c)誤り。燃料電池は一次電池である。

(d)誤り。ニッケル水素電池の負極活物質は水素吸蔵合金である。

(7)　(a)誤り。ステンレス鋼などの合金は，化合物ではなく混合物である。

(b)・(c)・(d)正しい。

(8)　(a)誤り。ハーバー・ボッシュ法の触媒は Fe_3O_4 である。

(b)・(d)正しい。

(c)誤り。塩化銅(Ⅱ)水溶液ではなく，硫酸銅(Ⅱ)水溶液を用いる。

(9)　(a)・(b)・(c)正しい。

(d)誤り。アセチルサリチル酸 〔構造式：ベンゼン環に COOH と OCOCH₃〕 はフェノール性ヒドロキシ基がないため，塩化鉄(Ⅲ)水溶液で呈色しない。

(10)　約 $0.1\,mol/L$ の NaOH 水溶液は必ずしもメスフラスコを用いて作る必要はないので，必要な器具はホールピペットとビュレットである。

2　解答

(1)(ア)—06　(イ)—01　(ウ)—12　(エ)—20　(オ)—18
(2)—01　(3)—5　(4)—6　(5)—5　(6)—5　(7)—02

◀解　説▶

≪リチウム電池，リチウムイオン電池≫

(1)(ア)・(イ)　リチウム電池の正極活物質は MnO_2，負極活物質は Li である。

(ウ)　リチウム電池の起電力は約 $3.0\,V$ である。

(エ)・(オ)　充電では正極で酸化反応，負極で還元反応が起こる。

(2)　(a)正しい。リチウムは原子量が小さいので，電池の軽量化や小型化に適している。

(b)誤り。リチウムはイオン化傾向が大きい。

(c)誤り。炎色反応の色は電池の性質と無関係である。

(d)誤り。リチウムはイオン化エネルギーが小さい。

(3)　$LiCoO_2$ において，Co の酸化数を y とおくと，Li^+ は $+1$，O^{2-} は -2 なので

$$+1+y+(-2)\times 2=0\qquad \therefore\quad y=+3$$

また，正極での反応式(A)$LiCoO_2 \rightleftharpoons Li_{(1-x)}CoO_2+xLi^++xe^-$ において，e^- が反応式の右辺にあるので，右向きが充電であることがわかり，e^- を与えた分だけ，この酸化数は増加する。

(4)　$x=1$ のとき，充電時に正極では次の反応が起こる。

$$LiCoO_2 \rightleftharpoons CoO_2+Li^++e^-$$

よって，$193\,mA$ で 10.0 時間充電するのに必要な $LiCoO_2$ （式量：97.8）

の質量は次のようになる。

$$\frac{0.193 \times 10.0 \times 60 \times 60}{9.65 \times 10^4} \times 97.8 = 7.04 \fallingdotseq 7 〔g〕$$

(5) リチウムイオン電池の負極では，充電時に次のような反応が起こる。

$$6C（黒鉛）+ Li^+ + e^- \underset{}{\overset{充電}{\rightleftharpoons}} LiC_6$$

上の反応式より，充電には電子の 6 倍の炭素（原子量：12.0）が必要なので，その質量は次のようになる。

$$\frac{0.193 \times 10.0 \times 60 \times 60}{9.65 \times 10^4} \times 6 \times 12.0 = 5.18 \fallingdotseq 5 〔g〕$$

(6) 正極活物質は(4)で求めた値の 2 倍が必要になるが，負極活物質は(5)で求めた値でよいので，その合計は次のようになる。

$$7.04 \times 2 + 5.18 = 19.26 \fallingdotseq 19 〔g〕$$

(7) ナトリウムはリチウムに比べてイオン化傾向が小さいため，ナトリウム電池の起電力は，リチウム電池の起電力よりも小さくなる。よって，(a)〜(d)の正誤は次のようになる。

(a)誤り。原子量は起電力に無関係である。

(b)正しい。

(c)誤り。L 殻の電子数と起電力は無関係である。

(d)誤り。融点と起電力は無関係である。

3 解答 (1)(ア)— 8 (イ)— 1 (ウ)— 6 (エ)— 2
(2)— 2 (3)(a)— 8 (b)— 6

◀解 説▶

≪化学結合，結合エネルギー，解離エネルギー≫

(2) HBr（気）の生成熱が 52.0kJ/mol であることから，次の熱化学方程式が成り立つ。

$$\frac{1}{2}H_2（気）+ \frac{1}{2}Br_2（気）= HBr（気）+ 52.0kJ$$

上式において，反応熱 =（生成物の結合エネルギー）−（反応物の結合エネルギー）なので，Br−Br の結合エネルギーを x〔kJ/mol〕とすると，次の式が成り立つ。

$$52.0 = 366 - \frac{436}{2} - \frac{x}{2} \qquad \therefore \quad x = 192 \, [\text{kJ/mol}]$$

(3)(a) 黒鉛の昇華熱を $a\,[\text{kJ/mol}]$，水素の結合エネルギーを $b\,[\text{kJ/mol}]$，酸素の結合エネルギーを $c\,[\text{kJ/mol}]$ とおくと，表に与えられた各物質の解離エネルギー，および以下の①～③の3つの熱化学方程式より，①′～③′の連立方程式が成り立つ。

$$\text{C (黒鉛)} + \frac{1}{2}O_2 \text{(気)} = \text{CO (気)} + 109\,\text{kJ} \qquad \cdots\cdots ①$$

$$N_2 \text{(気)} + 3H_2 \text{(気)} = 2NH_3 \text{(気)} + 92.0\,\text{kJ} \qquad \cdots\cdots ②$$

$$H_2 \text{(気)} + \frac{1}{2}O_2 \text{(気)} = H_2O \text{(気)} + 242\,\text{kJ} \qquad \cdots\cdots ③$$

式①より $\qquad -a - \dfrac{c}{2} + 1.07 \times 10^3 = 109 \quad \cdots\cdots ①'$

式②より $\qquad -9.46 \times 10^2 - 3b + 1.17 \times 10^3 \times 2 = 92.0 \quad \cdots\cdots ②'$

式③より $\qquad -b - \dfrac{c}{2} + 9.28 \times 10^2 = 242 \quad \cdots\cdots ③'$

①′～③′を連立させて解くと

$$a = 709\,[\text{kJ/mol}], \quad b = 434\,[\text{kJ/mol}], \quad c = 504\,[\text{kJ/mol}]$$

よって，黒鉛 12.0 g を気体状態の原子に分解するのに必要なエネルギー（昇華熱）は 709 kJ/mol となる。

(b) 黒鉛 12.0 g が完全燃焼したときの発熱量（黒鉛の燃焼熱）を $Q\,[\text{kJ/mol}]$ とすると，黒鉛の燃焼は次の熱化学方程式で表せる。

$$\text{C (黒鉛)} + O_2 \text{(気)} = CO_2 \text{(気)} + Q\,\text{kJ}$$

上の熱化学方程式より，(a)で求めた黒鉛の昇華熱 709 kJ/mol，酸素の結合エネルギー 504 kJ/mol，表に与えられている CO_2 の解離エネルギー 1.61×10^3 kJ/mol を用いて，次の式が成り立つ。

$$-709 - 504 + 1.61 \times 10^3 = Q \qquad \therefore \quad Q = 397\,[\text{kJ}]$$

4 解答

(1)(a)— 4　(b)— 3　(2)— 3
(3)(a)— 4　(b)— 8　(4)— 3

◀解　説▶

≪酢酸の電離定数，加水分解定数，緩衝液≫

(1)(a) 酢酸の濃度を $c\,[\text{mol/L}]$，電離度を α とすると，平衡時の各物質の

濃度はそれぞれ次のようになる。

$$CH_3COOH \rightleftharpoons CH_3COO^- + H^+$$

平衡時　　$c(1-\alpha)$　　　　　$c\alpha$　　　　$c\alpha$　〔mol/L〕

ここで，電離定数 K_a を c と α で表すと次のようになる。

$$K_a = \frac{[CH_3COO^-][H^+]}{[CH_3COOH]} = \frac{c\alpha \times c\alpha}{c(1-\alpha)} = \frac{c\alpha^2}{1-\alpha} \fallingdotseq c\alpha^2 \quad (\because \quad 1-\alpha \fallingdotseq 1)$$

$$\therefore \quad \alpha = \sqrt{\frac{K_a}{c}} = \sqrt{\frac{1.80 \times 10^{-5}}{0.200}} = \sqrt{9 \times 10^{-6}} = 3 \times 3.16 \times 10^{-3}$$

$$= 9.48 \times 10^{-3}$$

(b)　　$[H^+] = c\alpha = c \times \sqrt{\frac{K_a}{c}} = \sqrt{cK_a}$

上式に $c = 0.200$〔mol/L〕，$K_a = 1.80 \times 10^{-5}$〔mol/L〕を代入して $[H^+]$ を求めると次のようになる。

$$[H^+] = \sqrt{0.200 \times 1.80 \times 10^{-5}} = \sqrt{36 \times 10^{-7}} = 6.0 \times 10^{-\frac{7}{2}} \text{〔mol/L〕}$$

よって

$$pH = -\log_{10}[H^+] = -\log_{10}(6.0 \times 10^{-\frac{7}{2}})$$

$$= -\log_{10}2 - \log_{10}3 + \frac{7}{2}$$

$$= 2.722 \fallingdotseq 2.72$$

(2)　弱酸とその塩や弱塩基とその塩からなる水溶液に，少量の酸や塩基を加えても pH はほとんど変化しない。このような性質をもつ溶液を緩衝液という。

(3)(a)　加水分解定数 K_h は，$K_a = \dfrac{[CH_3COO^-][H^+]}{[CH_3COOH]}$ と $K_w = [H^+][OH^-]$ を用いて次のように表せる。

$$K_h = \frac{[CH_3COOH][OH^-]}{[CH_3COO^-]} = \frac{[CH_3COOH]}{[CH_3COO^-][H^+]} \times [H^+][OH^-] = \frac{K_w}{K_a}$$

(b)　水の電離によって生じる $[OH^-]$ を無視すると，中和点では加水分解によって生じる $[CH_3COOH]$ と $[OH^-]$ の間に $[CH_3COOH] \fallingdotseq [OH^-]$ が成り立つ。

$$CH_3COO^- + H_2O \rightleftharpoons CH_3COOH + OH^-$$

したがって

$$K_h = \frac{[CH_3COOH][OH^-]}{[CH_3COO^-]} \fallingdotseq \frac{[OH^-]^2}{[CH_3COO^-]}$$

$$\therefore \quad [OH^-] = \sqrt{K_h[CH_3COO^-]} = \sqrt{\frac{K_w}{K_a}[CH_3COO^-]}$$

水のイオン積より

$$[H^+] = \frac{K_w}{[OH^-]} = \frac{K_w}{\sqrt{\dfrac{K_w}{K_a}[CH_3COO^-]}} = \sqrt{\frac{K_a K_w}{[CH_3COO^-]}}$$

上式に $K_a = 1.80 \times 10^{-5}$〔mol/L〕, $K_w = 1.00 \times 10^{-14}$〔(mol/L)^2〕,

$[CH_3COO^-] = 0.200 \times \dfrac{20}{20+20} = 0.100$〔mol/L〕を代入して〔$H^+$〕を求め

ると, 次のようになる。

$$[H^+] = \sqrt{\frac{1.80 \times 10^{-5} \times 1.00 \times 10^{-14}}{0.100}} = 3\sqrt{2} \times 10^{-\frac{19}{2}}$$〔mol/L〕

よって, 中和点での pH は次のようになる。

$$\begin{aligned}
pH &= -\log_{10}[H^+] = -\log_{10}(3\sqrt{2} \times 10^{-\frac{19}{2}}) \\
&= -\log_{10}3 - \frac{1}{2}\log_{10}2 + \frac{19}{2} \\
&= -0.477 - \frac{1}{2} \times 0.301 + \frac{19}{2} \\
&= 8.8725 \fallingdotseq 8.87
\end{aligned}$$

(4)　中和点では弱塩基性なので, 塩基性側に変色域をもつフェノールフタ
レインを指示薬に用いる。

5 解答

(1)—1　(2)(ア)—8　(イ)—1　(3)—5　(4)—6
(5)*a.* 8　*b.* 0　*c.* 0　p. +　*d.* 1
(6)*a.* 6　*b.* 4　*c.* 0　p. −　*d.* 1　*e.* 2　*f.* 9　*g.* 4　q. +
h. 1

━━━━━◀解　説▶━━━━━

≪セルロースの加水分解≫

(1)　a・b. 正しい。

(2)(ア)　セルロースに作用して, 二糖類のセロビオースに分解する酵素は
セルラーゼである。

(イ)　セロビオースに作用して，単糖類のグルコースに分解する酵素はセロビアーゼである。

(3)　セロビオースは β-グルコース 2 分子が，1 位と 4 位のヒドロキシ基で縮合している。β-グルコースでは隣り合う炭素原子に結合する $-OH$ は常に異なる向きをしている。そのため，1 位と 4 位の $-OH$ の向きは逆向きであるが，選択肢 2 の左側のグルコース単位の 4 位の $-OH$ の向きは，1 位と同じ向きであり，不適である。

(4)　(a)誤り。セルロースもセロビオース（化合物B）も，ヨウ素デンプン反応を示さないので確認できない。

(b)正しい。セルロースは還元性を示さないが，加水分解生成物のセロビオース（化合物B）は還元性を示すので，フェーリング液で確認できる。

(c)誤り。セロビオース（化合物B）も，加水分解生成物のグルコースも銀鏡反応を示すため，確認できない。

(d)正しい。

(e)誤り。気体Dは二酸化炭素なので，石灰水に通じると炭酸カルシウムの沈殿を生じる。

(5)　分子式 $(C_6H_{10}O_5)_n$ のセルロースから，分子式 $C_6H_{12}O_6$（分子量：180.0）のグルコースが n〔mol〕生じるので，72.0 g のセルロース（分子量：162.0n）から生じるグルコースの質量は次のようになる。

$$72.0 \times \frac{180.0 \times n}{162.0n} = 8.00 \times 10^1 \text{〔g〕}$$

(6)　グルコース $(C_6H_{12}O_6)$ は次のようにアルコール発酵して，エタノール (C_2H_5OH) と二酸化炭素 (CO_2) を生じる。

$$C_6H_{12}O_6 \longrightarrow 2C_2H_5OH + 2CO_2$$

よって，80.0 g のグルコース（分子量：180.0）の 72.0 ％がアルコール発酵したときに生じる CO_2 の物質量と，C_2H_5OH（分子量：46.0）の質量は，それぞれ次のようになる。

$$CO_2 : \frac{80.0}{180.0} \times \frac{72.0}{100} \times 2 = 0.64 = 6.40 \times 10^{-1} \text{〔mol〕}$$

$$C_2H_5OH : \frac{80.0}{180.0} \times \frac{72.0}{100} \times 2 \times 46.0 = 29.44 \fallingdotseq 2.94 \times 10^1 \text{〔g〕}$$

6 **解答** 　(ア)5　(イ)10　(ウ)1　(エ)1　(オ)5　(カ)10　(キ)2　(ク)4
(ケ)9　(コ)4　(サ)3　(シ)3　(ス)2　(セ)1　(ソ)1　(タ)7
(チ)1　(ツ)4　(テ)2　(ト)1

━━━━ ◀解　説▶ ━━━━

≪有機化合物の構造決定≫

(ア)～(ウ)　組成式および分子式は次のように求める。

$$C : 110 \times \frac{12.0}{44.0} = 30.0 \text{(mg)}$$

$$H : 45.0 \times \frac{2.0}{18.0} = 5.0 \text{(mg)}$$

$$O : 43.0 - 30.0 - 5.0 = 8.0 \text{(mg)}$$

$$C : H : O = \frac{30.0}{12.0} : \frac{5.0}{1.0} : \frac{8.0}{16.0} = 2.5 : 5.0 : 0.5 = 5 : 10 : 1$$

よって，組成式は $C_5H_{10}O$ （式量：86.0）。

分子量100以下なので，分子式は $C_5H_{10}O$ となる。

(エ)　分子式 $C_5H_{10}O$ で表される異性体のうち，鎖状構造の第一級アルコールで，不斉炭素原子$^*C$ をもつものは次の1個のみである。

$$CH_2=CH-\overset{CH_3}{\underset{}{\overset{|}{*}CH}}-CH_2-OH$$

(オ)～(キ)　上記のアルコールに水素付加した化合物を $K_2Cr_2O_7$ の硫酸酸性溶液で酸化して生じるカルボン酸の構造式は次のようになる。

$$CH_2=CH-\overset{CH_3}{\underset{}{\overset{|}{*}CH}}-CH_2-OH \xrightarrow{H_2} CH_3-CH_2-\overset{CH_3}{\underset{}{\overset{|}{CH}}}-CH_2-OH$$
分子式：$C_5H_{10}O$ 　　　　　　　　分子式：$C_5H_{12}O$

$$\xrightarrow{K_2Cr_2O_7} CH_3-CH_2-\overset{CH_3}{\underset{}{\overset{|}{CH}}}-\overset{O}{\underset{}{\overset{||}{C}}}-OH$$
分子式：$C_5H_{10}O_2$

(ク)・(ケ)　$CH_3-CH_2-\overset{CH_3}{\underset{}{\overset{|}{CH}}}-COOH$ を適切な脱水剤で縮合すると，次のような反応で，酸無水物が生じる。

$$2CH_3-CH_2-\underset{\underset{CH_3}{|}}{CH}-COOH \longrightarrow \begin{array}{c} CH_3-CH_2-\underset{\underset{CH_3}{|}}{CH}-\overset{\overset{O}{\|}}{C} \\ CH_3-CH_2-\underset{\underset{CH_3}{|}}{CH}-\underset{\underset{O}{\|}}{C} \end{array}\!\!\!\!\Big> O + H_2O$$

示性式：$(C_4H_9CO)_2O$

㈠　分子式 $C_5H_{10}O$ で表される第二級アルコールのうち，不斉炭素原子 *C をもつ異性体は次の4個である。

$$CH_2=CH-CH_2-\underset{\underset{OH}{|}}{\overset{*}{C}H}-CH_3 \qquad CH_3-CH=CH-\underset{\underset{OH}{|}}{\overset{*}{C}H}-CH_3$$

$$CH_2=\underset{\underset{OH}{|}}{\overset{\overset{CH_3}{|}}{\overset{*}{C}}}H-CH_3 \qquad CH_2=CH-\underset{\underset{OH}{|}}{\overset{*}{C}H}-CH_2-CH_3$$

㈡　上記の化合物に Br_2 を付加すると，それぞれ次の4個の化合物を生じる。

$$CH_2Br-\overset{*}{C}HBr-CH_2-\underset{\underset{OH}{|}}{\overset{*}{C}H}-CH_3 \qquad CH_3-\overset{*}{C}HBr-\overset{*}{C}HBr-\underset{\underset{OH}{|}}{\overset{*}{C}H}-CH_3$$
（化合物A）　　　　　　　　　　　　　　　（化合物B）

$$CH_2Br-\underset{\underset{OH}{|}}{\overset{\overset{CH_3}{|}}{\overset{*}{C}}}Br-\overset{*}{C}H-CH_3 \qquad CH_2Br-\overset{*}{C}HBr-\underset{\underset{OH}{|}}{\overset{*}{C}H}-CH_2-CH_3$$
（化合物C）　　　　　　　　　　　　　　　（化合物D）

これら4個のうち，不斉炭素原子の数が2個の異性体は化合物A，C，D の3個である。

㈢　㈠の4個の異性体の二重結合に H_2 を付加すると，次の3個の異性体の混合物となる。

$$CH_3-CH_2-CH_2-\underset{\underset{OH}{|}}{\overset{*}{C}H}-CH_3 \qquad CH_3-\underset{\underset{}{}}{\overset{\overset{CH_3}{|}}{CH}}-\underset{\underset{OH}{|}}{\overset{*}{C}H}-CH_3$$
（化合物E）　　　　　　　　　　　　　　　（化合物F）

$$CH_3-CH_2-\underset{\underset{OH}{|}}{CH}-CH_2-CH_3$$
（化合物G）

㈣　化合物E，F，Gのうち，ヨードホルム反応を示す化合物は，EとF

の 2 個である。

㈢　化合物 E，F，G のうち，不斉炭素原子をもたないのは化合物 G の 1 個である。

㈣　分子式 $C_5H_{10}O$ の鎖状第三級アルコールは次の 1 個である。

$$CH_3-\underset{\underset{OH}{|}}{\overset{\overset{CH_3}{|}}{C}}-CH=CH_2$$

㈤　分子式 $C_5H_{10}O$ のカルボニル化合物は以下の 7 個である。

$$CH_3-CH_2-CH_2-CH_2-\underset{\underset{O}{\|}}{C}-H \qquad CH_3-CH_2-CH_2-\underset{\underset{O}{\|}}{C}-CH_3$$

（化合物 H）　　　　　　　　　　　　（化合物 I）

$$CH_3-CH_2-\underset{\underset{O}{\|}}{C}-CH_2-CH_3 \qquad CH_3-\underset{\underset{CH_3}{|}}{\overset{}{CH}}-CH_2-\underset{\underset{O}{\|}}{C}-H$$

（化合物 J）　　　　　　　　　　　　（化合物 K）

$$CH_3-\underset{\underset{CH_3}{|}}{\overset{}{CH}}-\underset{\underset{O}{\|}}{C}-CH_3 \qquad H-\underset{\underset{O}{\|}}{C}-\overset{*}{\underset{\underset{CH_3}{|}}{CH}}-CH_2-CH_3 \qquad CH_3-\underset{\underset{CH_3}{|}}{\overset{\overset{CH_3}{|}}{C}}-\underset{\underset{O}{\|}}{C}-H$$

（化合物 L）　　　　　（化合物 M）　　　　　　　　（化合物 N）

㈥　上記の化合物 H～N の 7 個の化合物のうち，不斉炭素原子をもつものは，化合物 M の 1 個である。

㈦　上記の化合物 H～N の 7 個の化合物のうち，銀鏡反応を示すものは，アルデヒド基を有する化合物 H，K，M，N の 4 個の化合物である。

㈧　上記の化合物 H～N の 7 個の化合物のうち，ヨードホルム反応を示すものは，$CH_3-\underset{\underset{O}{\|}}{C}-R$ の構造をもつ化合物 I，L の 2 個である。

㈨　分子式 $C_5H_{10}O$ の鎖状化合物で，不斉炭素原子をもつエーテルは，次の 1 個の化合物である。

$$CH_3-O-\overset{*}{\underset{\underset{CH_3}{|}}{CH}}-CH=CH_2$$

❖講　評

　2022 年度は，2021 年度に比べて解答に時間を要する問題が減少した反面，化学に関係する時事問題など，普段から情報に触れていないと解答し難い設問なども含まれており，受験生には難しかったかもしれない。

　１　原子の性質，酸の性質，物質量，物質の電気伝導性，14 族元素の単体や化合物，電池，合金と光触媒，ハーバー・ボッシュ法，オストワルト法，デキストリン，グルタミン酸，中和滴定の実験器具からの出題であった。難易度は標準。

　２　リチウム電池，リチウムイオン電池，電池の容量と活物質の質量，電極材料と起電力の関係からの出題であった。難易度はやや難。

　３　化学結合，結合エネルギー，解離エネルギー，熱化学方程式，黒鉛の燃焼熱からの出題であった。解離エネルギーは教科書には掲載されていないが，問題文中の説明を読めば解答できるようになっていた。難易度はやや難。

　４　酢酸の電離定数，電離度，pH，緩衝液，酢酸ナトリウムの加水分解定数と中和点の pH，指示薬からの出題であった。難易度は標準。

　５　セルロースの加水分解反応，酵素の名称，セロビオースの構造式，アルコール発酵に関係した計算，糖類の還元性，エタノールのヨードホルム反応からの出題であった。標準的な設問が多く，比較的解きやすい内容となっていたが，天然高分子化合物は教科書の最後の方に掲載されているので，履修直後の受験生には難しかったかもしれない。

　６　元素分析，$C_5H_{10}O$ の化合物の異性体，不飽和アルコール，アルデヒド，ケトン，エーテル，不斉炭素原子，ヨードホルム反応，銀鏡反応からの出題であった。ほとんどの設問が異性体の数を答える問題なので，丁寧に数えないと正解できず，解答に時間のかかる問題であった。難易度はやや難。

　2021 年度と同様に全分野からバランスよく出題されていたが，合成高分子化合物に関する設問がほとんど見られなかった。

■第一部Ｂ方式２月８日実施分：数・物理・化学科

問題編

▶試験科目・配点

学科	教　科	科　　　　　　　　目	配　点
数	外国語	コミュニケーション英語Ⅰ・Ⅱ・Ⅲ，英語表現Ⅰ・Ⅱ	100 点
	数　学	数学Ⅰ・Ⅱ・Ⅲ・Ａ・Ｂ（共通問題）	100 点
		数学Ⅰ・Ⅱ・Ⅲ・Ａ・Ｂ（学科別問題）	100 点
物理	外国語	コミュニケーション英語Ⅰ・Ⅱ・Ⅲ，英語表現Ⅰ・Ⅱ	100 点
	数　学	数学Ⅰ・Ⅱ・Ⅲ・Ａ・Ｂ	100 点
	理　科	物理基礎・物理	100 点
化	外国語	コミュニケーション英語Ⅰ・Ⅱ・Ⅲ，英語表現Ⅰ・Ⅱ	100 点
	数　学	数学Ⅰ・Ⅱ・Ⅲ・Ａ・Ｂ	100 点
	理　科	化学基礎・化学	150 点

▶備　考

- 英語はリスニングおよびスピーキングを課さない。
- 数学Ｂは「数列」「ベクトル」から出題。

英語

(60 分)

1　次の文章は，大学の図書館員である筆者が資料の扱い方について述べたものである。これを読んで以下の設問に答えなさい。なお，各段落の最初には段落番号が記されている。また，＊が付いている語には本文末に注が付いているので参考にすること。　　　　　　　　　　　　　　　　　　　　　　　　　　(62 点)

① KEY TO THE fate of knowledge is the idea of curation*. The term has sacred beginnings. It means 'to look after' and as a noun it commonly refers to a priest who 'looks after' parishioners*. Priests are said to have the 'cure of souls' or the spiritual care of their flock. Across many Christian denominations* an assistant priest is still called a 'curate'. Curators in libraries or museums have the responsibility to look after the objects in their care. In the case of librarians this responsibility (　A　) to the notion of knowledge itself: the intellectual material contained within the object. The act of curating can involve decisions about what to collect in the first place, and also how to collect; what to keep and what to discard (or destroy); what to make instantly available and what to keep closed for a period of time.

② The decision of whether to destroy or preserve a personal archive may be crucial. Thomas Cromwell, in the 1530s, maintained a large archive of personal documents, mostly in the form of correspondence, which enabled him to (　B　) his duties for Henry VIII, a period where the administration of the country went through a massive process of modernisation. Cromwell's own archive was naturally well organised and extensive, but we know this only through the part of it that survives (now split between the National Archives and the British Library). Personal archives will naturally contain the incoming correspondence, but in the early modern period secretaries in households would also make copies of all of the outgoing correspondence as well, in order to (**1.** control **2.** both **3.** maintain **4.** of the flow **5.** over **6.** sides) <u></u> _(ア) of information; 'so meticulous* a mind as Cromwell's would have made sure his letters were there, ready for reference in case of need.' The fact that only the incoming correspondence survives (**C**) to the inevitable conclusion that 'such a vast loss of <u>the out-tray</u> can only be the result of deliberate _(イ) destruction'.

③ At the time of Cromwell's fall from grace in the eyes of Henry VIII, and his arrest in June 1540, his staff began to destroy the copies of their master's outgoing letters, in case they might incriminate him. <u>Holbein's famous portrait</u> <u>of Cromwell</u> shows him looking off to the left, almost in profile. There is a _(ウ) weight of seriousness and a severity about him. He is dressed in a black fur-lined coat and a black hat. His plain clothes offer no clue to his personality. Rather than wealth or privilege this picture displays his grasp of knowledge: he is literally clutching a legal document tightly in his left hand, and on the table in front of him is a book. It is not the room or Cromwell's clothes that display wealth and power, but this volume, with its gold-tooling on the leather covers: the book is even kept tight by two gilded* clasps. <u>The painter is</u> _(エ) <u>showing us what Cromwell felt was truly important.</u>

④ Cromwell's archive of outgoing correspondence was destroyed in a (**オ**) setting — the office in his private home. The (**オ**) environment still witnesses the destruction of knowledge on a daily basis. My wife and I have had to clear the home of a family member, uncovering letters, photographs and diaries. We had to make decisions about which of these should be destroyed, and <u>there were a number of very valid and legitimate</u> _(カ) <u>reasons for doing this</u>, which countless other families have had to encounter. The content may be too inconsequential, or take up too much space to keep, or it may refer to episodes which bring back unhappy memories for surviving family members, or reveal new knowledge that descendants, discovering for the first time, may wish to hide for ever.

⑤ Such personal decisions are made every day, but occasionally the decisions made about the fate of documents may have profound consequences for society and culture, especially when the deceased is well known in public life. Those left behind after the death of a loved one sometimes have to make decisions about the fate of personal archival material — letters and diaries especially — that have subsequently had a major impact on literary history. These decisions have often been made to save the reputation of the deceased but also to save the reputation of those who remain. It is in this sense that I argue that these acts are actually 'political': that is, concerned with <u>the exercise of power</u> — power over the public reputation, and over what becomes public and what remains private.
_(キ)

⑥ Private diaries and journals are now, in the digital age, kept less often, but they were a great cultural phenomenon of the nineteenth and twentieth centuries. Correspondence is still a major feature of personal communication but this happens now predominantly through email and digital messaging: private correspondence can often be as revealing as the private journal or diary. The writer may also keep the early sketches, drafts and versions of their literary production, and these are equally valued by the scholars and critics attempting to understand the process of literary creation. Personal archives of this kind can also include other materials: financial records (**a**), photograph albums (**b**), and ephemera* of various kinds (**c**). The shelves of the Bodleian's special collections stacks are full of boxes of such fascinating material, and include some of our most popular collections — the papers of such figures as Mary and Percy Shelley, J. R. R. Tolkien, C. S. Lewis, W. H. Auden, Bruce Chatwin, Joanna Trollope and Philip Larkin, among many others.

⑦ The deliberate destruction of literary papers by the author is a kind of extreme self-editing. It is done with an eye to posterity. <u>So too are the acts of defiance of those wishes.</u> This notion that the future will take a critical view
_(ク)

of the past is one that underpins much of the motivation for attacks on libraries and archives throughout history.

⑧　Writers have been tempted to destroy their own writings since the dawn of time.　In antiquity, the Roman poet Virgil, so the account of his biographer Donatus goes, wanted to consign* the manuscript of his great (but at this point unpublished) epic the *Aeneid** to the flames.　As he lay dying in Brindisi, according to this account,

> he had proposed ... that Varius [Virgil's great friend and poet] should (　ケ　) the *Aeneid* if anything should happen to him, but Varius said he would not do it.　Thus in the last stages of his illness he constantly called for his book-boxes, meaning to (　ケ　) it himself, but when no one brought them to him he took no specific measures about it.

注

curation　（美術品や書物などの）保管；　parishioner　教区の住民；

denomination　教派；　meticulous　几帳面な；　gilded　金箔を張った；

ephemera　パンフレットなど，短期間にのみ使用されるもの；

consign　投じる；

Aeneid　『アエネイス』（ウェルギリウスが執筆した英雄叙事詩）

⑴　空所（　A　）〜（　C　）に入るもっとも適切な動詞を次の1〜3から選び，**解答用マークシートにマークしなさい。**ただし，いずれも原形になっており，同じものを2度以上使用してはいけない。

　1　exercise　　　　2　extend　　　　3　lead

⑵　段落②の内容に合致するものを次の1〜4から選び，**解答用マークシートに**マークしなさい。

　1　Cromwell often discarded a large part of his outgoing correspondence because he was not satisfied with its contents.

2 Cromwell's secretaries made copies of incoming not outgoing correspondence.

3 Cromwell was such a perfectionist that he must have demanded that both incoming and outgoing correspondence be kept.

4 The overall picture of Cromwell's own archive could be grasped when all the material held in the National Archives and the British Library were examined.

(3)　下線部(ア)の括弧内の語を文意が通るもっとも適切な順序に並び替え，並べた順序に従ってその番号を上から順に**解答用マークシート**にマークしなさい。

(4)　下線部(イ)の言い換えとしてもっとも適切な**3語からなる表現を同じ段落から抜き出し**，**解答用紙**に書きなさい。

(5)　下線部(ウ)の 'Holbein's famous portrait of Cromwell' はどれか。本文に述べられている説明に合致する絵を次の 1 ～ 4 から選び，**解答用マークシート**にマークしなさい。

1

2

3

SIR THOMAS CROMWELL KNIGHT etc.

4

⑹　下線部⒀で述べられている 'what Cromwell felt was truly important' とは
　具体的に何のことか。もっとも適切なものを次の1〜4から選び，**解答用マー
　クシート**にマークしなさい。

　　1　his grasp of knowledge

　　2　his personality

　　3　his plain clothes

　　4　his wealth and power

⑺　空所（　オ　）に入るもっとも適切な語を次の1〜4から選び，**解答用マーク
　シート**にマークしなさい。

　　1　domestic　　　2　global　　　3　local　　　4　public

⑻　本文中に下線部㈹の具体例が挙げられている。その具体例に**当てはまらない
　もの**を次の1〜4から選び，**解答用マークシート**にマークしなさい。

　　1　遺族がこれまで知らず，かつ隠したくなるような内容が書かれている

　　2　遺族にとって思い出したくないような話が書かれている

　　3　遺族を中傷する内容が書かれている

　　4　保管するためのスペースがあまりない

(9)　下線部(キ)について，段落⑤の内容を踏まえると，'the exercise of power' とは誰が，どのような目的で，何を行うものと考えられるか。解答用紙で指定された形式に則り，指定された文字数以内の日本語にまとめ，**解答用紙**に書きなさい。

〔解答欄〕

著名な作家の				が、			
	ために、						
						決めること。

(10)　空所（　**a**　）～（　**c**　）にはそれぞれ直前の内容を補足する情報が入る。もっとも適切な情報を次の 1 ～ 4 から選び，**解答用マークシート**にマークしなさい。ただし，同じものを 2 度以上使用してはいけない。

　1　like the height, weight, and blood type of the writer

　2　such as account books, which shed light on the success or failure of various literary enterprises

　3　theatre programmes or magazine subscriptions can be illuminating to literary scholars

　4　which can show aspects of personal relationships which letters do not reveal

(11)　下線部(ク)の内容としてもっとも適切なものを次の 1 ～ 4 から選び，**解答用マークシート**にマークしなさい。

　1　Authors ignore the contemporary valuation of their works for similar reasons as they destroy their papers.

　2　Authors often try to suppress their desire to make changes to their papers for appearance's sake.

3　The act of denying the rights of authors is also regarded as extreme self-editing.

4　When someone refuses to destroy the papers left by the author, he/she does so for the benefit of future generations.

⑿　空所（　ケ　）に入るもっとも適切な語を次の1～4から選び，**解答用マークシート**にマークしなさい。

1　burn　　　　**2**　bury　　　　**3**　hide　　　　**4**　tear

2　An interview with Stephen Fry on 'Life in the Covid-19 Pandemic' from *The Andrew Marr Show*, 22nd March 2020. Read the interview transcript and answer the questions that follow. Notes are given at the end of the transcript on the words marked with *. 　　　　(38点)

AM [Andrew Marr]: Stephen Fry, welcome. How are you coping? How are you managing out there in Norfolk?

SF [Stephen Fry]: （　a　）. I'm very lucky to be here. There's fresh air and we're staying at home, of course. It's a tricky time for everybody and I'm fully aware of how lucky I am to have a house in the country and to be safe. And I suppose if there's a message to be had — one of the things that's very clear is that there's a lot of anxiety, a lot of stress, a lot of confusion and a lot of loneliness.

AM: Well, I would like to get the Stephen Fry advice on some of these. So, what about people who look at this huge array — and <u>they</u> may be (あ) watching this programme, or other programmes, news bulletins, reading newspapers — and it is a wall of terror coming （　A　） them and <u>they</u> (あ) feel <u>they</u> can't cope with what is, after all, 'the news'. What do you do? (あ) Do you just simply turn it all off?

SF: （　b　）. I think one of the things to be positive about is that self-

isolation and being alone, either as a family or a couple, or literally solitary, is that you have to redefine your sense of time. Time suddenly alters completely in these situations, and I think a very important idea is to draw (　B　) some sort of timetable, if you like. You can take more time to do everything. But you can also turn (　C　) the notifications on your phones and tablets and other devices so that you're not bombarded* by headlines. But if anything important, really important, happens, you'll find out about it. Decide (　D　) a time to look in at the news. Maybe, I don't know, eleven in the morning and then three in the afternoon, or for one of the press conferences, and last thing at night if you want to. <u>But there's so much noise.</u> Everybody wants to
(い)
have a point of view. Everybody wants either to show how splendid they are, or to show how awful the world is, and people want to paint a picture of an apocalypse*. But the fact is, if you listen to the scientific advisers, they almost always begin every sentence with 'we think', 'it's possible', 'maybe', 'perhaps', 'we don't know, but …'. That's how experts talk, people who really understand it.

AM: (　c　). In other words, we all have to guess ─

SF: Absolutely, yeah, and that's not a bad thing. I mean, it's anxious making to some extent, but what it allows you to do is to blank out all those people who claim to know what's going on. All those people who said there's going to be the army in London in two days, people who said, "I've got a friend who works in government, dot dot dot …"

AM: (　d　).

SF: … <u>it</u>'s almost always nonsense and <u>it</u> proliferates* a line and <u>it</u>'s a kind
(う)　　　　　　　　　　　　(う)　　　　　　　　　　(う)
of virus in itself. Anxiety and stress are almost as virulent* as this awful coronavirus.

AM: Yeah, okay. And a lot of people are self-isolating, or about to self-isolate, and simply wonder how to get through the day. They probably have an image of Stephen Fry leafing out some Greek myths.

SF:　（Laughs）

AM:　(**1.** advice　**2.** do　**3.** for　**4.** have　**5.** of　**6.** those　**7.** what
(え)　**8.** you) us who are not that way inclined?　I mean Voltaire said,
"Cultivate your gardens."　If you've got a garden, it seems a good thing
to be doing.　What do you think?

SF:　(**e**).　But yeah, actually, I've gone online to reacquaint myself with
calligraphy.　You can go on YouTube, and various other sources have
people who will, for free, teach you how to shape letters.　You can do
things like that.　But nothing's in a hurry, and cooking.　So even cooking
the smallest thing now, I prep* it.　I put little pots and do the garlic in
one little pot.　It just slows my life down and stops me getting too
anxious and too nervous.

AM:　(**f**).　Stephen Fry, thank you so much for joining us this morning.

注
bombard　砲撃する，激しく攻める；　apocalypse　広範囲に及ぶ惨事；
proliferate　蔓延させる，増殖させる；　virulent　伝染性の強い；
prep　準備する

(1)　Which of the following best fits into the blanks from (**a**) to (**f**)?
Select the number of the best answer for each and mark your answer **on the
mark sheet.**　Note that the initial letter is not capitalized even if the answer
comes at the beginning of the sentence and that each choice can be used
only one time.

　1　certainly, yes, and even it's just a question of a few pot plants and
　　bulbs, if you can, inside

　2　even in a slowed down world, I'm afraid we have run out of time

　3　personally, I do, yes

　4　so we have to live with uncertainty

　5　well, very well

出典追記：Stephen Fry on coronavirus and self-isolation tips, The Andrew Marr Show on March 22, 2020. Text Article Supplied by BBC Studios

6　we've all met them

(2)　For the three underlined words in (あ), which of the following is referred to within the context of the conversation?　Select the number of the best answer and mark your answer **on the mark sheet**.

1　People who are interested in a variety of topics

2　People who do not watch the news

3　People who find the news disturbing

4　The audience of the programme

(3)　Which of the following best fits into the blanks from (　**A**　) to (　**D**　)? Select the number of the best answer for each and mark your answer **on the mark sheet**. Each choice can be used only one time.

1　off　　　　　　2　on　　　　　　3　towards　　　　4　up

(4)　For the underlined phrase in (い), which of the following is closest in meaning within the context of the conversation?　Select the number of the best answer and mark your answer **on the mark sheet**.

1　Background noise produced by traffic, machinery, and electronic appliances makes it difficult for people to hear and understand each other.

2　It can be difficult to tell the difference between expert opinions and other opinions when there are so many people giving opinions at the same time.

3　Stephen Fry's neighbors often watch the news in the morning, afternoon, and in the evening, but when they watch it the sound of the TV is too loud.

4　When people speak to each other to give opinions, they use voices that are much louder than is necessary.

(5)　For the words marked (う), which of the following is referred to within the context of the conversation?　Select the number of the best answer and mark your answer **on the mark sheet**.

   1　Stephen Fry's friend in the government

   2　The action of the army

   3　The action of the government

   4　The spreading of rumors

(6)　For the line marked (え), arrange the words in the right order so that the meaning matches the content, and mark your answer **on the mark sheet**. Note that the initial letter is not capitalized even if the answer comes at the beginning of the sentence and that each choice can be used only one time.

数学

◀数・物理・化学科 共通問題▶

（100分）

問題 $\boxed{1}$ の解答は，**解答用マークシートにマークせよ。**

$\boxed{1}$ 次の $\boxed{ア}$ から $\boxed{ラ}$ において，$\boxed{}$ 内のカタカナにあてはまる0から9までの数字を求め，その数字を解答用マークシートにマークせよ。ただし，$\boxed{}$ は1桁の数，$\boxed{}$ は2桁の数を表すものとする。値が根号を含む場合は，根号の中にあらわれる自然数が最小になる形で表すこと。また，分数は既約分数（それ以上約分できない分数）の形で表すこと。$\boxed{あ}$，$\boxed{い}$ には，＋または－のうちあてはまるものをマークせよ。

（40点）

(1) a を $4^a + 4^{-a} = 11$ を満たす正の実数とする。

(a) $2^a + 2^{-a} = \sqrt{\boxed{ア\ イ}}$ であり，$2^a - 2^{-a} = \boxed{ウ}$ である。

(b) $8^a + 8^{-a} = \boxed{エ\ オ}\sqrt{\boxed{カ\ キ}}$ である。

(c) 無限級数

$$\sum_{n=1}^{\infty} 2^{-na}$$

の和は $\dfrac{\boxed{ク}}{\boxed{ケ}}\left(\sqrt{\boxed{コ\ サ}} - \boxed{シ}\right)$ である。

(2)

(a) θ を一般角とし，$\sin\left(\dfrac{5}{2}\theta\right) = \sin\left(\dfrac{1}{2}\theta + 2\theta\right)$ に対し，正弦の加法定理，正弦と余弦の2倍角の公式および余弦の半角の公式を用いると

$$\sin\left(\frac{5}{2}\theta\right) = \sin\left(\frac{1}{2}\theta\right)\left(\boxed{\text{ス}}\cos^2\theta + \boxed{\text{セ}}\cos\theta - \boxed{\text{ソ}}\right)$$

である。

(b) $\alpha = \cos\left(\dfrac{2}{5}\pi\right)$ とすると，**(a)** の結果から

$$\boxed{\text{タ}}\,\alpha^2 + \boxed{\text{チ}}\,\alpha - \boxed{\text{ツ}} = 0$$

を得る。ただし，$\boxed{\text{タ}}$，$\boxed{\text{チ}}$，$\boxed{\text{ツ}}$ の最大公約数は1である。

(c) 平面上に1辺の長さが1の正五角形 ABCDE がある。このとき，ベクトル $\overrightarrow{AB}$ とベクトル $\overrightarrow{AE}$ の内積は

$$\boxed{\text{あ}}\ \frac{\boxed{\text{テ}}}{\boxed{\text{ト}}}\sqrt{\boxed{\text{ナ}}}\ \boxed{\text{い}}\ \frac{\boxed{\text{ニ}}}{\boxed{\text{ヌ}}}$$

である。

(3) 座標平面において，原点を中心とする半径2の円を C_1，C_1 と点 $(2,0)$ において外接する半径1の円を C_2，C_1 および C_2 に外接する半径1の円で中心の y 座標が正であるものを C_3 とする。

(a) C_2 と C_3 の接点および原点を通る直線の傾きは $\dfrac{\boxed{\text{ネ}}}{\boxed{\text{ノ}}}\sqrt{\boxed{\text{ハ}}}$ であり，原点と C_3 の中心を通る直線の傾きは $\dfrac{\boxed{\text{ヒ}}}{\boxed{\text{フ}}}\sqrt{\boxed{\text{ヘ}}}$ である。

(b) C_1 と C_3 に外接する半径1の円で C_2 と異なるものを C_4 とし，C_3 と C_4 に外接する半径2の円で C_1 と異なるものを C_5 とする。このとき，原点と C_4 の中心を通る直線の傾きは $\dfrac{\boxed{\text{ホ}}\ \boxed{\text{マ}}}{\boxed{\text{ミ}}\ \boxed{\text{ム}}}\sqrt{\boxed{\text{メ}}}$ であり，原点と C_5 の中心を通る直線の傾きは $\dfrac{\boxed{\text{モ}}\ \boxed{\text{ヤ}}}{\boxed{\text{ユ}}\ \boxed{\text{ヨ}}}\sqrt{\boxed{\text{ラ}}}$ である。

問題 $\boxed{2}$ の解答は，**解答用紙**に記入せよ。答だけでなく答を導く過程も記入せよ。

$\boxed{2}$　座標平面において，x 座標の 2 乗に y 座標の絶対値を加えたものが 1 以下であるような点全体で表される図形を D とする。このとき，次の問いに答えよ。　(30 点)

(1)　D を図示せよ。

(2)　D の面積を求めよ。

(3)　a を $0 < a < 1$ を満たす実数とする。放物線 $y = x^2 - 1 + 2a$ により，D は 2 つの部分に分けられる。そのうち点 $(0, 1)$ を含む方を D_1 とし，もう一方を D_2 とする。

　(a)　D_1 の面積と D_2 の面積が等しくなるときの a の値を求めよ。

　(b)　D_1 を y 軸のまわりに 1 回転してできる回転体の体積と D_2 を y 軸のまわりに 1 回転してできる回転体の体積が等しくなるときの a の値を求めよ。

問題 $\boxed{3}$ の解答は，**解答用紙**に記入せよ。答だけでなく答を導く過程も記入せよ。

$\boxed{3}$　n を 3 以上の整数とし，a を定数とする。このとき，次の問いに答えよ。(30 点)

(1)　x の整式 $x^7 + x^6 + x^5 + \cdots\cdots + x + 1$ を $x + 2$ で割った余りを求めよ。

(2)　$y = x + a$ とおく。x^5 を y の整式として表せ。ただし，答は y についての降べきの順で表すこと。

(3)　x の整式 x^n を $(x + a)^2$ で割った余りを求めよ。

(4)　x の整式 x^n を $(x + a)^{n-1}$ で割った余りの定数項を求めよ。

◀数学科 学科別問題▶

（80 分）

問題 $\boxed{1}$ の解答は，**解答用紙に記入せよ。**答だけでなく答を導く過程も記入せよ。
ただし，**(2)** については答のみを記入すればよい。

$\boxed{1}$ t を $0 \leqq t \leqq \dfrac{\pi}{2}$ を満たす実数とする。3 つの関数 $f_t(x),\, g_t(x),\, h_t(x)$ を

$$f_t(x) = x^2 - 2x + \sin t + 2$$
$$g_t(x) = x\cos t - \cos t + 1$$
$$h_t(x) = x^2 \cos^2 t - 2x\cos^2 t + \cos^2 t + \sin t + 1$$

によって定め，座標平面において，曲線 $y = f_t(x)$ の $g_t(0) \leqq x \leqq g_t(2)$ の部分を C_t
とする。また，$0 \leqq s \leqq 2$ を満たす実数 s に対し，座標が $(g_t(s), h_t(s))$ であるよう
な点を $\mathrm{P}_t(s)$ とする。このとき，次の問いに答えよ。   （50 点）

(1)   点 $\mathrm{P}_t(s)$ は C_t 上にあることを示せ。

(2)   3 点 $\mathrm{P}_t(0),\, \mathrm{P}_t(1),\, \mathrm{P}_t(2)$ の座標を求めよ。

(3)   曲線 $y = f_t(x)$ の $0 \leqq x \leqq 2$ の部分を C'_t とする。t が 0 から $\dfrac{\pi}{2}$ まで動くとき
に曲線 C'_t が通過する部分の面積を求めよ。

(4) t が 0 から $\dfrac{\pi}{2}$ まで動くときに点 $\mathrm{P}_t(2)$ が描く曲線を C'' とする。曲線 C'' と
3 直線 $x = 1,\ x = 2,\ y = 0$ で囲まれる部分の面積を求めよ。

(5) t が 0 から $\dfrac{\pi}{2}$ まで動くときに曲線 C_t が通過する部分の面積を求めよ。ただし，
1 点からなる図形も曲線とみなす。

問題 $\boxed{2}$ の解答は，**解答用紙に記入せよ**。答だけでなく答を導く過程も記入せよ。

$\boxed{2}$　実数 s, t に対し，座標平面上の点 $\mathrm{P}(x, y)$ を

$$x = 2s - t, \quad y = st$$

と定める。このとき，次の問いに答えよ。　　　　　　　　　　　　　　　　　　(50 点)

(1)　α についての 2 次方程式 $\alpha^2 - x\alpha - 2y = 0$ の解を s, t を用いて表せ。

(2)　s, t がそれぞれ $0 \leqq s \leqq 1$, $0 \leqq t \leqq 1$ の範囲を動くとき，点 P が動く範囲を図示せよ。

(3)　s, t が **(2)** の範囲を動くとき，$2s - t - 5s^2 t^2$ のとり得る値の範囲を求めよ。

(4)　s, t がそれぞれ実数全体を動くとき，点 P が動く範囲を図示せよ。

物理

（80分）

1　次の問題の　　　　　の中に入れるべき正しい答えをそれぞれの解答群の中から選び，その番号を解答用マークシートの指定された欄にマークしなさい。必要なら同一番号を繰り返し用いてよい。

（25点）

図 **1-1** に示すように，水平な床に対して傾き $30°$ の傾斜をもつ台が動かないように床に固定されている。この斜面の上に質量 m〔kg〕の小物体を置いて，静かに手を離したところ，小物体は斜面をすべり落ち始めた。小物体には重力の他に，斜面からの垂直抗力，斜面との摩擦力ならびに空気から受ける抵抗力がはたらいている。ここで，重力加速度の大きさを g〔m/s^2〕，小物体と斜面との動摩擦係数を $\dfrac{1}{2\sqrt{3}}$ とする。また，空気の抵抗力は小物体の速度と逆向きにはたらき，その大きさは小物体の速さに比例し，その比例定数を k〔kg/s〕とする。図 **1-1** に示すように，斜面に沿って下向きを x 軸の正の向きとする。なお，斜面はじゅうぶんに長く，小物体は常に x 軸上を運動しているものとする。

(1) 小物体が斜面から受ける垂直抗力 N〔N〕は $N =$ 　(ア)　である。小物体の速度が v〔m/s〕であり，加速度が a〔m/s^2〕であるとき，この小物体が従う運動方程式は $ma =$ 　(イ)　である。小物体がすべり落ち始めてからじゅうぶんに時間が経過した後，小物体は斜面上で等速直線運動を続けた。このときの小物体の速度（終端速度）v_f〔m/s〕は $v_f =$ 　(ウ)　である。また，小物体の速度が終端速度に達した後，斜面の摩擦力と空気の抵抗力の合力が小物体にする仕事率の大きさは 　(エ)　〔J/s〕である。

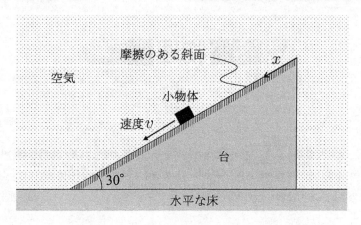

図 1-1

(ア) の解答群

0　0　　　　　1　$\dfrac{1}{2}mg$　　　2　$\dfrac{1}{\sqrt{3}}mg$　　3　$\dfrac{\sqrt{3}}{2}mg$

4　mg　　　5　$\dfrac{\sqrt{2}}{3}mg$　　6　$\sqrt{3}mg$　　7　$2mg$

(イ) の解答群

0　$\dfrac{mg}{4}-kv$　　1　$\dfrac{3mg}{4}-kv$　　2　$\dfrac{5mg}{4\sqrt{3}}-kv$　　3　$\dfrac{7mg}{4\sqrt{3}}-kv$

4　$\dfrac{mg}{4}+kv$　　5　$\dfrac{3mg}{4}+kv$　　6　$\dfrac{5mg}{4\sqrt{3}}+kv$　　7　$\dfrac{7mg}{4\sqrt{3}}+kv$

(ウ) の解答群

0　$\dfrac{1}{2}\dfrac{mg}{k}$　　1　$\dfrac{3}{2}\dfrac{mg}{k}$　　2　$\dfrac{5}{2\sqrt{3}}\dfrac{mg}{k}$　　3　$\dfrac{7}{2\sqrt{3}}\dfrac{mg}{k}$

4　$\dfrac{1}{4}\dfrac{mg}{k}$　　5　$\dfrac{3}{4}\dfrac{mg}{k}$　　6　$\dfrac{5}{4\sqrt{3}}\dfrac{mg}{k}$　　7　$\dfrac{7}{4\sqrt{3}}\dfrac{mg}{k}$

(エ) の解答群

0　$\dfrac{(mg)^2}{k}$　　1　$\dfrac{(mg)^2}{2k}$　　2　$\dfrac{(mg)^2}{3k}$　　3　$\dfrac{(mg)^2}{4k}$

4　$\dfrac{(mg)^2}{5k}$　　5　$\dfrac{(mg)^2}{6k}$　　6　$\dfrac{(mg)^2}{7k}$　　7　$\dfrac{(mg)^2}{8k}$

(2) 小物体が斜面をすべり落ち始めた直後の時刻を $t = 0$ s とし，このときの小物体の速度を $v_0 = 0$ m/s とする。小物体がすべり落ち始めて Δt 秒後の小物体の速度を v_1〔m/s〕とすると，この Δt 秒間での小物体の平均の加速度 a_0〔m/s²〕は $a_0 = \dfrac{v_1 - v_0}{\Delta t} = \dfrac{v_1}{\Delta t}$ である。ここで，Δt をじゅうぶんに小さく選ぶと，$t = 0$ での小物体の瞬間の加速度（あるいは単に加速度）は a_0 に置き換えることができる。このとき，$t = 0$ での小物体の運動方程式は $ma_0 = $ 〔**(オ)**〕であるから，時刻 $t_1 = \Delta t$ での小物体の速度 v_1 は，t_1 と g を用いて $v_1 = $ 〔**(カ)**〕〔m/s〕と表される。

(オ) の解答群

0　$\dfrac{mg}{4}$　　1　$\dfrac{3mg}{4}$　　2　$\dfrac{5mg}{4\sqrt{3}}$　　3　$\dfrac{7mg}{4\sqrt{3}}$

4　$\dfrac{mg}{2}$　　5　$\dfrac{3mg}{2}$　　6　$\dfrac{5mg}{2\sqrt{3}}$　　7　$\dfrac{7mg}{2\sqrt{3}}$

(カ) の解答群

0　$\dfrac{1}{2}gt_1$　　1　$\dfrac{3}{2}gt_1$　　2　$\dfrac{5}{2\sqrt{3}}gt_1$　　3　$\dfrac{7}{2\sqrt{3}}gt_1$

4　$\dfrac{1}{4}gt_1$　　5　$\dfrac{3}{4}gt_1$　　6　$\dfrac{5}{4\sqrt{3}}gt_1$　　7　$\dfrac{7}{4\sqrt{3}}gt_1$

(3) 小問 **(2)** と同じように，時刻 $t = \Delta t$ での小物体の加速度 a_1〔m/s²〕は $a_1 = \dfrac{v_2 - v_1}{\Delta t}$ に置き換えられる。ここで，v_1〔m/s〕と v_2〔m/s〕はそれぞれ時刻 $t_1 = \Delta t$ と $t_2 = 2\Delta t$ での小物体の速度である。このとき，時刻 t_1 での小物体の運動方程式は $ma_1 = $ 〔**(キ)**〕であるから，時刻 t_2 での小物体の速度 v_2 は，t_2, m, k, g を用いて $v_2 = $ 〔**(ク)**〕〔m/s〕と表される。同様の手続きを繰り返すことで，任意の時刻 $t_n = n\Delta t$（n は自然数）での小物体の速度 v_n〔m/s〕は，t_n, m, k, g ならびに終端速度 v_f を用いて $v_n = $ 〔**(ケ)**〕〔m/s〕と表される。

(キ) の解答群

0　$\dfrac{1}{2}mg - kv_1$　　　　　　　　　1　$\dfrac{3}{2}mg - kv_1$

2　$\dfrac{5}{2}mg - kv_1$　　　　　　　　　3　$\dfrac{7}{2}mg - kv_1$

4　$\dfrac{1}{4}mg - kv_1$　　　　　　　　　5　$\dfrac{3}{4}mg - kv_1$

6　$\dfrac{5}{4}mg - kv_1$　　　　　　　　　7　$\dfrac{7}{4}mg - kv_1$

(ク) の解答群

0　$gt_2\left(1 - \dfrac{kt_2}{2m}\right)$　　　　　　　　1　$gt_2\left(1 - \dfrac{kt_2}{4m}\right)$

2　$\dfrac{gt_2}{2}\left(1 - \dfrac{kt_2}{2m}\right)$　　　　　　　3　$\dfrac{gt_2}{2}\left(1 - \dfrac{kt_2}{4m}\right)$

4　$\dfrac{gt_2}{3}\left(1 - \dfrac{kt_2}{2m}\right)$　　　　　　　5　$\dfrac{gt_2}{3}\left(1 - \dfrac{kt_2}{4m}\right)$

6　$\dfrac{gt_2}{4}\left(1 - \dfrac{kt_2}{2m}\right)$　　　　　　　7　$\dfrac{gt_2}{4}\left(1 - \dfrac{kt_2}{4m}\right)$

(ケ) の解答群

0　$v_f\left\{1 - \left(1 - \dfrac{k}{m}\dfrac{t_n}{n}\right)^n\right\}$　　　　1　$v_f\left\{1 - \left(1 - \dfrac{k}{2m}\dfrac{t_n}{n}\right)^n\right\}$

2　$v_f\left\{1 - \left(1 - \dfrac{k}{m}\dfrac{t_n}{n}\right)^{n+1}\right\}$　　　3　$v_f\left\{1 - \left(1 - \dfrac{k}{2m}\dfrac{t_n}{n}\right)^{n+1}\right\}$

4　$v_f\left\{1 - \left(1 - \dfrac{2k}{m}\dfrac{t_n}{n+1}\right)^n\right\}$　　　5　$v_f\left\{1 - \left(1 - \dfrac{k}{m}\dfrac{t_n}{n+1}\right)^n\right\}$

6　$v_f\left\{1 - \left(1 - \dfrac{2k}{m}\dfrac{t_n}{n+1}\right)^{n+1}\right\}$　　7　$v_f\left\{1 - \left(1 - \dfrac{k}{m}\dfrac{t_n}{n+1}\right)^{n+1}\right\}$

2　次の問題の　　　　　の中に入れるべき正しい答えをそれぞれの**解答群**の中から選び，その番号を解答用マークシートの指定された欄にマークしなさい。必要なら同一番号を繰り返し用いてよい。

(25点)

　図 **2-1** のように，面積 S 〔m^2〕の滑らかに動くピストンの付いたシリンダーの中に，物質量が 1 mol の単原子分子理想気体を封じ込め，シリンダーを鉛直に立てて置いた。シリンダーには熱交換器が組み込まれており，シリンダー内の気体の温度を調整できるようになっている。なお，シリンダーとピストンはいずれも断熱材でできている。

　最初，熱交換器は作動しておらず気体は熱平衡にあり，その圧力，体積，温度はそれぞれ p_0〔Pa〕，V_0〔m^3〕，T_0〔K〕であった。この状態を状態 **O** とよぶことにする。なお，断熱変化において，気体の圧力 p〔Pa〕と体積 V〔m^3〕の間には，$pV^\gamma = $ 一定，の関係が成立する。ここで，$\gamma = \dfrac{C_p}{C_V}$ は比熱比（C_p〔J/mol·K〕と C_V〔J/mol·K〕はそれぞれ定圧モル比熱と定積モル比熱）とよばれ，単原子分子理想気体の場合には $\gamma = \dfrac{5}{3}$ である。以下の小問 **(1)**〜**(4)** に答えなさい。

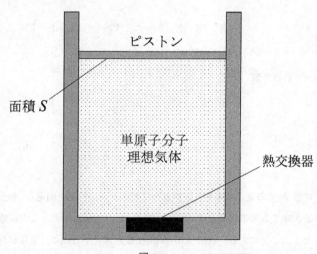

ピストン

面積 S

単原子分子
理想気体

熱交換器

図 **2-1**

(1) p_0, V_0, T_0 を用いて，この気体の定積モル比熱は $C_V = \boxed{\text{(ア)}}$ 〔J/mol・K〕と表され，定圧モル比熱は $C_p = \boxed{\text{(イ)}}$ 〔J/mol・K〕と表される。

(2) 熱交換器を作動させずにピストンをゆっくりと動かして気体を圧縮したところ，気体は状態 **O** から変化し，気体の体積が $\dfrac{V_0}{8}$ 〔m³〕になった。この状態を状態 **A** とよぶことにする。状態 **A** での気体の温度は $\boxed{\text{(ウ)}} \times T_0$ 〔K〕であり，圧力は $\boxed{\text{(エ)}} \times p_0$ 〔Pa〕である。また，状態 **O** から状態 **A** に変化する間に，気体が外部にした仕事は $\boxed{\text{(オ)}} \times p_0 V_0$ 〔J〕である。

（ア），（イ）の解答群

$$0 \quad \frac{p_0 V_0}{T_0} \qquad 1 \quad \frac{1}{2}\frac{p_0 V_0}{T_0} \qquad 2 \quad \frac{3}{2}\frac{p_0 V_0}{T_0} \qquad 3 \quad \frac{5}{2}\frac{p_0 V_0}{T_0}$$

$$4 \quad \frac{1}{3}\frac{p_0 V_0}{T_0} \qquad 5 \quad \frac{2}{3}\frac{p_0 V_0}{T_0} \qquad 6 \quad \frac{4}{3}\frac{p_0 V_0}{T_0} \qquad 7 \quad \frac{5}{3}\frac{p_0 V_0}{T_0}$$

（ウ），（エ）の解答群

$$0 \quad 2 \qquad\qquad 1 \quad 4 \qquad\qquad 2 \quad 8 \qquad\qquad 3 \quad 16$$

$$4 \quad 32 \qquad\quad 5 \quad 64 \qquad\quad 6 \quad 128 \qquad\quad 7 \quad 256$$

（オ）の解答群

$$0 \quad \frac{3}{2} \qquad\qquad 1 \quad 3 \qquad\qquad 2 \quad \frac{9}{2} \qquad\qquad 3 \quad 6$$

$$4 \quad -\frac{3}{2} \qquad\quad 5 \quad -3 \qquad\quad 6 \quad -\frac{9}{2} \qquad\quad 7 \quad -6$$

(3) 状態 **A** での気体の体積を保つようにピストンの位置を固定し，熱交換器を作動させて気体の温度をゆるやかに状態 **A** の 2 倍にした。この状態を状態 **B** とよぶことにする。状態 **A** から状態 **B** に変化する間に，気体が外部から吸収した熱量は $\boxed{\text{(カ)}} \times p_0 V_0$ 〔J〕である。また，状態 **B** での気体の圧力は $\boxed{\text{(キ)}} \times p_0$ 〔Pa〕である。

(カ) の解答群

  0 2   1 3   2 4   3 5

  4 6   5 7   6 8   7 9

(キ) の解答群

  0 2   1 4   2 8   3 16

  4 32   5 64   6 128   7 256

(4) 熱交換器を停止し，ピストンをゆっくりと動かして状態 **B** から気体を膨張させ，気体の体積を状態 **O** と同じ V_0 に戻した。この状態を状態 **C** とよぶことにする。状態 **C** での気体の圧力は (ク) $\times p_0$〔Pa〕であり，気体の温度は (ケ) $\times T_0$〔K〕である。また，状態 **B** から状態 **C** に変化する間に，気体が外部にした仕事は (コ) $\times p_0 V_0$〔J〕である。

　続いて，ピストンの位置を固定して気体の体積を一定に保ちながら熱交換器を作動させた結果，気体の圧力はゆるやかに下がり，気体は状態 **C** から最初の状態 **O** に戻った。気体が状態 **C** から状態 **O** に変化する間に気体が吸収した熱量は (サ) $\times p_0 V_0$〔J〕である。このように，状態 **O** → 状態 **A** → 状態 **B** → 状態 **C** → 状態 **O** の状態変化を繰り返す熱機関の熱効率は (シ) である。

(ク) の解答群

  0 2   1 4   2 8   3 16

  4 32   5 64   6 128   7 256

(ケ) の解答群

  0 2   1 3   2 4   3 5

4	6	5	7	6	8	7	9

(コ) の解答群

0	3	1	6	2	9	3	12
4	−3	5	−6	6	−9	7	−12

(サ) の解答群

0	$\dfrac{3}{2}$	1	3	2	$\dfrac{9}{2}$	3	6
4	$-\dfrac{3}{2}$	5	−3	6	$-\dfrac{9}{2}$	7	−6

(シ) の解答群

0	$\dfrac{1}{2}$	1	$\dfrac{1}{3}$	2	$\dfrac{2}{3}$	3	$\dfrac{1}{4}$
4	$\dfrac{3}{4}$	5	$\dfrac{1}{5}$	6	$\dfrac{2}{5}$	7	$\dfrac{3}{5}$

$\boxed{3}$ 　次の問題の $\boxed{}$ の中に入れるべき正しい答えをそれぞれの**解答群**の中から選び，その番号を解答用マークシートの指定された欄にマークしなさい。必要なら同一番号を繰り返し用いてよい。なお，問題文中の $\boxed{(ウ)}$ は既出の $\boxed{(ウ)}$ を表す。

(25 点)

(1) 電場（電界）の様子は電気力線によって表すことができる。電気力線には以下のような性質がある。

① 電気力線は正電荷から出て負電荷に入る。

② 電気力線上の各点での接線は，その点での電場の方向と一致する。

③ 電気力線が密であるほど電場は強い。ここでは，電場の強さが E〔N/C〕のところでは，電場に垂直な単位面積を E 本の電気力線が貫くと定める。

真空中に置かれた正の点電荷 Q〔C〕から出る電気力線の本数を N として，N と Q の関係を求めよう。点電荷を中心とした半径 r〔m〕の球面を貫く電気力線の単位面積当たりの本数は $\boxed{(ア)}$ 本である。一方で，球面上の電場の強さ E〔N/C〕は，クーロンの法則の比例定数を k〔N·m²/C²〕とすると $E = \boxed{(イ)}$ である。したがって，Q〔C〕の正電荷から出る電気力線の本数は $N = \boxed{(ウ)}$ である。

例として，じゅうぶんに広い平面に正電荷が一様に分布している場合を考える。このとき，平面の両側には図 **3-1(a)** のように平面に垂直で一様な電場ができる。電場の強さを求めるために，図 **3-1(b)** のような，上面と下面の面積が S〔m²〕の円筒状の閉曲面を考える。平面上の面積 S〔m²〕の部分の電荷が Q〔C〕であるとすると，$\boxed{(ウ)}$ 本の電気力線が円筒の上下の面を貫くので，電場の強さは $\boxed{(エ)}$ 〔N/C〕となる。

(a)
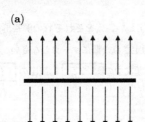

(b)
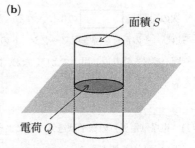

図 3-1

(ア) の解答群

0　N　　　1　$\dfrac{N}{2\pi r}$　　　2　$\dfrac{N}{\pi r^2}$　　　3　$\dfrac{N}{2\pi r^2}$　　　4　$\dfrac{N}{4\pi r^2}$

(イ) の解答群

0　$\dfrac{kQ}{r}$　　　1　$\dfrac{kQ^2}{r}$　　　2　$\dfrac{Q}{4\pi kr}$　　　3　$\dfrac{Q^2}{4\pi kr}$

4　$\dfrac{kQ}{r^2}$　　　5　$\dfrac{kQ^2}{r^2}$　　　6　$\dfrac{Q}{4\pi kr^2}$　　　7　$\dfrac{Q^2}{4\pi kr^2}$

(ウ) の解答群

0　kQ　　　1　$4\pi kQ$　　　2　$\dfrac{Q}{k}$　　　3　$\dfrac{Q}{4k\pi k}$

4　kQ^2　　　5　$4\pi kQ^2$　　　6　$\dfrac{Q^2}{k}$　　　7　$\dfrac{Q^2}{4k\pi k}$

(エ) の解答群

0　$\dfrac{Q}{2kS}$　　　1　$\dfrac{Q}{kS}$　　　2　$\dfrac{Q}{8\pi kS}$　　　3　$\dfrac{Q}{4\pi kS}$

4　$\dfrac{kQ}{2S}$　　　5　$\dfrac{kQ}{S}$　　　6　$\dfrac{2\pi kQ}{S}$　　　7　$\dfrac{4\pi kQ}{S}$

(2)　面積 S〔m²〕の 2 枚の導体板 AB を距離 d〔m〕だけ離して平行に向かい合

わせた平行板コンデンサーがある。極板 A には電荷 Q〔C〕の正電荷，極板 B には電荷 $-Q$〔C〕の負電荷がそれぞれ一様に帯電している。極板の面積はじゅうぶんに広く，極板間の電気力線は図3-2のように極板に垂直で密度は一様であるとしてよい。また，このときコンデンサーの外側では正電荷が作る電場と負電荷が作る電場が打ち消しあって，電場の強さは0になるとしてよい。コンデンサーの周辺部では電場が一様ではなくなるが，これ以降の問題では周辺部の影響は無視できるものとする。極板 A，B 間の電位差を V_0〔V〕とすると，$V_0 = \boxed{(オ)}$ である。また，極板間に働く静電気力の大きさを F_0〔N〕とすると，$F_0 = \boxed{(カ)}$ である。

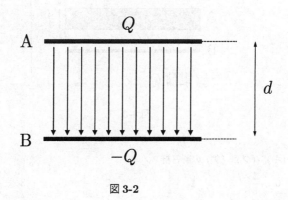

図 3-2

(オ) の解答群

0	$\dfrac{Qd}{2kS}$	1	$\dfrac{Qd}{kS}$	2	$\dfrac{Qd}{8\pi kS}$	3	$\dfrac{Qd}{4\pi kS}$
4	$\dfrac{kQd}{2S}$	5	$\dfrac{kQd}{S}$	6	$\dfrac{2\pi kQd}{S}$	7	$\dfrac{4\pi kQd}{S}$

(カ) の解答群

0	$\dfrac{Q^2}{2kS}$	1	$\dfrac{Q^2}{kS}$	2	$\dfrac{Q^2}{8\pi kS}$	3	$\dfrac{Q^2}{4\pi kS}$
4	$\dfrac{kQ^2}{2S}$	5	$\dfrac{kQ^2}{S}$	6	$\dfrac{2\pi kQ^2}{S}$	7	$\dfrac{4\pi kQ^2}{S}$

(3) 図 **3-3** のように，小問 **(2)** のコンデンサーの極板間に面積 $S\,[\mathrm{m^2}]$，厚さ $\dfrac{d}{4}\,[\mathrm{m}]$ の導体板 D を極板 A，B と平行に挿入して，導体板 D の上面と極板 A の間隔を $\dfrac{d}{2}\,[\mathrm{m}]$ に固定する。極板 A と極板 B をともに接地して，導体板 D に正電荷 $Q\,[\mathrm{C}]$ を与えると，導体板 D の電位は $\boxed{\quad(\text{キ})\quad}\times V_0\,[\mathrm{V}]$ になる。このとき導体板 D の上面に現れる電荷は $\boxed{\quad(\text{ク})\quad}\times Q\,[\mathrm{C}]$ である。また，導体板 D には大きさ $\boxed{\quad(\text{ケ})\quad}\times F_0\,[\mathrm{N}]$ の静電気力が $\boxed{\quad(\text{コ})\quad}$ に引きつけられる向きに働く。

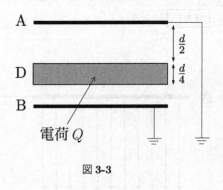

図 **3-3**

(キ), (ク), (ケ) の解答群

0	$\dfrac{1}{6}$	1	$\dfrac{1}{4}$	2	$\dfrac{1}{3}$	3	$\dfrac{1}{2}$
4	$\dfrac{2}{3}$	5	$\dfrac{3}{4}$	6	$\dfrac{4}{3}$	7	$\dfrac{3}{2}$

(コ) の解答群

0 　極板 A 　　　　　　　　　1 　極板 B

(4) 小問 **(3)** のコンデンサーにおいて，図 **3-4** のように，導体板 D の上表面と極板 A，導体板 D の下表面と極板 B をそれぞれ自然長 $\ell_0\,[\mathrm{m}]$，ばね定数 $K\,[\mathrm{N/m}]$ の絶縁体で作られた軽いばねでつなぐ。このときコンデンサー内部の電場はばねによって影響を受けないものとする。極板 A と極板 B の間隔は $d\,[\mathrm{m}]$ に固定したままだが，導体板 D は固定せずに，極板 A，B と平行に保ちながら動け

るようにする。導体板Dは帯電しておらず，導体板Dに働く重力の効果は無視できるものとする。このコンデンサーを電圧V〔V〕の内部抵抗が無視できる電池に接続する。導体板Dには力を加えずに極板Aと極板Bに力を加えて，コンデンサーと電池を含む回路全体を図**3-4**の矢印の向き（極板に垂直な向き）に一定の加速度a〔m/s²〕で運動させる。このとき，コンデンサーと一緒に運動する観測者から見ると導体板Dには慣性力が働く。導体板Dに働く力と慣性力が釣り合った状態において，AD間の電位差が$\frac{2}{3}V$〔V〕になった。このとき導体板Dの上面と極板Aの間隔は　(サ)　$\times d$〔m〕である。導体板Dの質量をm〔kg〕とすると，極板に与えられた加速度は$a=$　(シ)　$\times \dfrac{Kd}{m}$である。

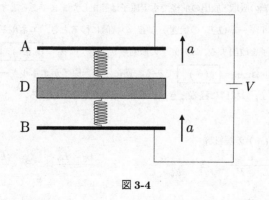

図**3-4**

(サ)，(シ) の解答群

0　$\frac{1}{8}$　　　1　$\frac{1}{6}$　　　2　$\frac{1}{4}$　　　3　$\frac{1}{3}$

4　$\frac{3}{8}$　　　5　$\frac{1}{2}$　　　6　$\frac{2}{3}$　　　7　$\frac{3}{4}$

4　　次の問題の　　　　　　の中に入れるべき正しい答えをそれぞれの解答群の中から選び，その番号を解答用マークシートの指定された欄にマークしなさい。必要なら同一番号を繰り返し用いてよい。　　　　　　　　　　　　　　　　　(25 点)

　　ボーアは，定常状態の水素原子中の電子はとびとびの決まったエネルギー値 (エネルギー準位) しかもてないとするモデルを提案した。このモデルを用いて，水素原子が吸収・放出する光の振動数を説明することに成功した。ここで，原子が2つのエネルギー準位 E_a 〔J〕, E_b 〔J〕 $(E_b > E_a)$ の状態間を移り変わるときの光の吸収・放出を，ボーアの理論に基づいて考える。光速を c 〔m/s〕，プランク定数を h 〔J·s〕とする。

(1)　まず，光の吸収・放出の前後で水素原子は静止したままであるとする。水素原子がエネルギー準位 E_b の状態から E_a の状態に移るとき，エネルギー $E_b - E_a$ を持つ光子を放出する。この光子の振動数 ν_0 〔Hz〕は $\nu_0 =$ 　(ア)　であり，波長 λ_0 〔m〕は $\lambda_0 =$ 　(イ)　である。逆に，水素原子がエネルギー準位 E_a の状態から E_b の状態に移るとき，振動数 ν_0 の光子を吸収する。

　　(ア), (イ) の解答群

　　0 　$\dfrac{c}{E_b - E_a}$　　1 　$\dfrac{h}{E_b - E_a}$　　2 　$\dfrac{E_b - E_a}{c}$　　3 　$\dfrac{E_b - E_a}{h}$

　　4 　$\dfrac{ch}{E_b - E_a}$　　5 　$\dfrac{E_b - E_a}{ch}$　　6 　$\dfrac{h}{c(E_b - E_a)}$　　7 　$\dfrac{c(E_b - E_a)}{h}$

(2)　次に，水素原子が自由に運動できる状況を考える。この場合は原子の持つエネルギーは運動エネルギーとエネルギー準位の和で与えられる。以下では水素原子の質量を m 〔kg〕とする。図 **4-1** のように，速さ v 〔m/s〕で動くエネルギー準位 E_a の原子がエネルギー ε_1 〔J〕, 運動量の大きさ p_1 〔kg·m/s〕の光子を吸収した場合を考える。光子は原子の進行方向から角度 θ 〔rad〕の方向に進行していたとする。光子を吸収した後，原子は E_b の状態に移り，吸収前の進行方向から角度 ϕ_1 〔rad〕の方向に速さ u_1 〔m/s〕で進行した。図 **4-1** のように，光子を吸収する前の原子の進行方向を x 軸にとり，進行方向に垂直な方向

を y 軸にとる。原子の光子吸収前後の運動量ベクトルと光子の運動量ベクトルは全て xy 面内にあるものとする。

エネルギー保存則は，原子の運動エネルギーとエネルギー準位，および光子のエネルギーを考慮すると

$$\boxed{\text{(ウ)}} \qquad \text{(a)}$$

で表される。また，運動量保存則は原子の運動量と光子の運動量を考慮すると

$$x \text{ 方向：} \boxed{\text{(エ)}} \qquad \text{(b)}$$

$$y \text{ 方向：} \boxed{\text{(オ)}} \qquad \text{(c)}$$

で表される。$\cos^2 \phi_1 + \sin^2 \phi_1 = 1$ であることを利用して (b) 式と (c) 式から ϕ_1 を消去すると，光子吸収後の原子の運動エネルギーを p_1, θ などを用いて表すことができる。光子のエネルギー ε_1 と運動量の大きさ p_1 の間に関係式

$$\varepsilon_1 = \boxed{\text{(カ)}}$$

が成り立つことを用いると，原子の運動エネルギーの変化を

$$\frac{1}{2} m u_1^2 - \frac{1}{2} m v^2 = \varepsilon_1 \times \boxed{\text{(キ)}} \qquad \text{(d)}$$

と表すことができる。通常，水素原子では mc^2 は ε_1 よりじゅうぶんに大きく，$\dfrac{\varepsilon_1}{mc^2} \fallingdotseq 0$ と近似してよい。この近似のもとで (d) 式を (a) 式に用いて，吸収される光子の波長 $\lambda_1 \,[\text{m}]$ を求めると $\lambda_1 = \lambda_0 \times \boxed{\text{(ク)}}$ となる。特に，原子が進行方向と逆向きに進行してきた光子を吸収するときは $\boxed{\text{(ケ)}}$ である。このとき，光子吸収後の原子の運動エネルギーは吸収前と比べて $\boxed{\text{(コ)}}$。

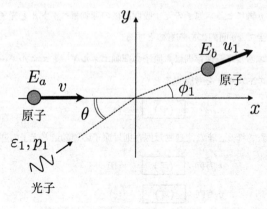

図 4-1

(ウ) の解答群

0　$E_a = E_b + \varepsilon_1$

1　$E_a + \varepsilon_1 = E_b$

2　$\dfrac{1}{2}mu_1^2 + E_a = \dfrac{1}{2}mv^2 + E_b + \varepsilon_1$

3　$\dfrac{1}{2}mu_1^2 + E_a + \varepsilon_1 = \dfrac{1}{2}mv^2 + E_b$

4　$\dfrac{1}{2}mv^2 + E_a = \dfrac{1}{2}mu_1^2 + E_b + \varepsilon_1$

5　$\dfrac{1}{2}mv^2 + E_a + \varepsilon_1 = \dfrac{1}{2}mu_1^2 + E_b$

(エ), (オ) の解答群

0　$mv + p_1 = mu_1$ 　　　　　1　$mv = mu_1 + p_1$

2　$mv + p_1 \sin\theta = mu_1 \sin\phi_1$ 　　3　$mv + p_1 \cos\theta = mu_1 \cos\phi_1$

4　$mv = mu_1 \sin\phi_1 + p_1 \sin\theta$ 　　5　$mv = mu_1 \cos\phi_1 + p_1 \cos\theta$

6　　$p_1 \cos\theta = mu_1 \cos\phi_1$　　　　　　　7　　$p_1 \sin\theta = mu_1 \sin\phi_1$

(カ) の解答群

0　$\dfrac{1}{2}p_1 c$　　　　1　$p_1 c$　　　　2　$\dfrac{1}{2}p_1 c^2$　　　　3　$p_1 c^2$

4　$\dfrac{1}{2}p_1^2 c$　　　　5　$p_1^2 c$　　　　6　$\dfrac{1}{2}p_1^2 c^2$　　　　7　$p_1^2 c^2$

(キ) の解答群

0　$\left(\dfrac{v}{c}\sin\theta + \dfrac{\varepsilon_1}{mc^2}\right)$　　　　　　1　$\left(\dfrac{v}{c}\sin\theta + \dfrac{\varepsilon_1}{2mc^2}\right)$

2　$\left(-\dfrac{v}{c}\sin\theta + \dfrac{\varepsilon_1}{mc^2}\right)$　　　　3　$\left(-\dfrac{v}{c}\sin\theta + \dfrac{\varepsilon_1}{2mc^2}\right)$

4　$\left(\dfrac{v}{c}\cos\theta + \dfrac{\varepsilon_1}{mc^2}\right)$　　　　　　5　$\left(\dfrac{v}{c}\cos\theta + \dfrac{\varepsilon_1}{2mc^2}\right)$

6　$\left(-\dfrac{v}{c}\cos\theta + \dfrac{\varepsilon_1}{mc^2}\right)$　　　　7　$\left(-\dfrac{v}{c}\cos\theta + \dfrac{\varepsilon_1}{2mc^2}\right)$

(ク) の解答群

0　$\left(1 + \dfrac{v}{c}\cos\theta\right)$　　1　$\left(1 + \dfrac{v}{c}\sin\theta\right)$　　2　$\left(\dfrac{c}{c + v\cos\theta}\right)$

3　$\left(\dfrac{c}{c + v\sin\theta}\right)$　　4　$\left(1 - \dfrac{v}{c}\cos\theta\right)$　　5　$\left(1 - \dfrac{v}{c}\sin\theta\right)$

6　$\left(\dfrac{c}{c - v\cos\theta}\right)$　　7　$\left(\dfrac{c}{c - v\sin\theta}\right)$

(ケ) の解答群

0　$\lambda_1 > \lambda_0$　　　　1　$\lambda_1 < \lambda_0$　　　　2　$\lambda_1 = \lambda_0$

(コ) の解答群

0　増加する　　1　減少する　　2　変わらない

(3) 次に，図 **4-2** のように，速さ v で動くエネルギー準位 E_b の原子が進行方向から角度 θ の方向にエネルギー ε_2〔J〕，運動量 p_2〔kg·m/s〕の光子を放出したとする。光子を放出した後，原子は E_a の状態に移り，初めの進行方向から角度 ϕ_2〔rad〕の方向に速さ u_2〔m/s〕で進行した。図 **4-1** と同様に x 軸と y 軸をとり，光子放出前後の原子の運動量ベクトルと光子の運動量ベクトルは全て xy 面内にあるものとする。小問 **(2)** と同様にエネルギー保存則と運動量保存則を考えて，原子の運動エネルギーの変化を求めると

$$\frac{1}{2}mu_2^2 - \frac{1}{2}mv^2 = \varepsilon_2 \times \boxed{\text{(サ)}}$$

となる。$\dfrac{\varepsilon_2}{mc^2}$ を無視する近似のもとでは，放出された光子の波長 λ_2〔m〕は $\lambda_2 = \boxed{\text{(シ)}} \times \lambda_0$ となる。特に，原子が進行方向と同じ向きに光子を放出するときは $\boxed{\text{(ス)}}$ である。

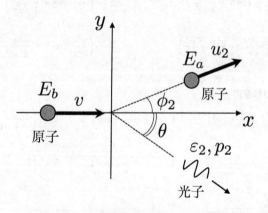

図 **4-2**

(サ) の解答群

0 $\left(\dfrac{v}{c}\sin\theta + \dfrac{\varepsilon_2}{mc^2} \right)$　　　　1 $\left(\dfrac{v}{c}\sin\theta + \dfrac{\varepsilon_2}{2mc^2} \right)$

2 $\left(-\dfrac{v}{c}\sin\theta + \dfrac{\varepsilon_2}{mc^2} \right)$　　　3 $\left(-\dfrac{v}{c}\sin\theta + \dfrac{\varepsilon_2}{2mc^2} \right)$

4　$\left(\dfrac{v}{c} \cos\theta + \dfrac{\varepsilon_2}{mc^2} \right)$　　　　　　5　$\left(\dfrac{v}{c} \cos\theta + \dfrac{\varepsilon_2}{2mc^2} \right)$

6　$\left(-\dfrac{v}{c} \cos\theta + \dfrac{\varepsilon_2}{mc^2} \right)$　　　　　7　$\left(-\dfrac{v}{c} \cos\theta + \dfrac{\varepsilon_2}{2mc^2} \right)$

(シ) の解答群

0　$\left(1 + \dfrac{v}{c} \cos\theta \right)$　　　1　$\left(1 + \dfrac{v}{c} \sin\theta \right)$　　　2　$\left(\dfrac{c}{c + v \cos\theta} \right)$

3　$\left(\dfrac{c}{c + v \sin\theta} \right)$　　　4　$\left(1 - \dfrac{v}{c} \cos\theta \right)$　　　5　$\left(1 - \dfrac{v}{c} \sin\theta \right)$

6　$\left(\dfrac{c}{c - v \cos\theta} \right)$　　　7　$\left(\dfrac{c}{c - v \sin\theta} \right)$

(ス) の解答群

0　$\lambda_2 > \lambda_0$　　　　　1　$\lambda_2 < \lambda_0$　　　　　2　$\lambda_2 = \lambda_0$

化学

（80 分）

　　必要があれば次の数値を用いなさい。

原子量　H ＝ 1.0,　C ＝ 12,　N ＝ 14,　O ＝ 16,　S ＝ 32,　Cu ＝ 64,　Zn ＝ 65,
　　　　I ＝ 127

気体定数　$8.31 \times 10^3\,\text{Pa·L}/(\text{K·mol})$

ファラデー定数　$9.65 \times 10^4\,\text{C/mol}$

アボガドロ定数　$6.0 \times 10^{23}/\text{mol}$

1　次の問い(1)〜(5)の文章 a と b が 2 つとも正しい場合は **1**，a が正しく b が正しくない場合は **2**，a が正しくないが b が正しい場合は **3**，a と b の両方とも正しくない場合は **4**，を**解答用マークシート**の指定された欄にマークしなさい。

（10 点）

(1)　a．電気分解における陽極では，酸化反応が起きる。
　　　b．電池の負極では，放電時に酸化反応が起きる。

(2)　a．マンガン乾電池は，放電し続けると起電力が回復しなくなる。
　　　b．二次電池では，充電によって起電力が回復する。

(3)　a．燃料電池は，水素などの燃料を燃焼して発電する。
　　　b．リチウムイオン電池は，軽量だが起電力が小さいという弱点がある。

(4)　a．銅の電解精錬では，陽極において銅よりもイオン化傾向の小さい金属が沈殿する。
　　　b．銅の電解精錬では，陰極において銅よりもイオン化傾向の大きい金属が

イオンとなって溶けだす。

(5)　a．アルミニウムの単体は，アルミニウム塩の水溶液を電気分解して得る。

　　　b．電子 1 mol がもつ電気量の絶対値をファラデー定数という。

2　金属元素に関する次の文章を読み，(1)～(5)の問いに答えなさい。　　　(20点)

　非金属元素に比べると金属元素の数ははるかに多い。金属の密度に着目した場合，4～5 g/cm^3 以下の金属を軽金属，それよりも大きな金属を重金属という。一方，空気中で容易にさびる金属を卑金属，空気中で安定でさびにくい金属を貴金属として，区別する。高価な金属として知られる金，白金，銀は代表的な貴金属である。

　現在，金属の生産量は多いものから，鉄，アルミニウム，銅の順である。鉄は硬く，粘り強い性質があるため，建築物などの構造材料や，缶，やかん，刃物などとして広く用いられている。アルミニウムは軽金属なので，その軽くて柔らかい性質を使って航空機の機体や窓枠の他，飲料容器などに使われている。銅は電気や熱をよく通すので，電気材料，とくに電線によく使われている。

(1)　金属の表面に被膜ができると，内部の金属まで酸素が届かなくなって酸化されなくなったり，酸と接触しなくなって反応が進行しなくなったりする。そのような例として**適切ではないもの**を**解答群**から一つ選び，その番号を**解答用マークシート**の指定された欄にマークしなさい。

　　解答群

　　　1　空気中のアルミニウム表面のアルマイト

　　　2　空気中の青銅表面の緑青

　　　3　空気中の鉄表面の黒さび

　　　4　濃硝酸中のニッケル表面の硝酸ニッケル

　　　5　塩酸中の鉛表面の塩化鉛(Ⅱ)

(2) 銀は貴金属に分類されるが，湿った空気中で長期間放置すると黒ずんでくる。この黒色の物質として，最も適したものを**解答群**から一つ選び，その番号を**解答用マークシート**の指定された欄にマークしなさい。

解答群

    1 酸化銀   2 ハロゲン化銀   3 水酸化銀

    4 硫化銀   5 炭酸銀

(3) 鉄の性質として<u>間違っているもの</u>を**解答群**から一つ選び，その番号を**解答用マークシート**の指定された欄にマークしなさい。

解答群

    1 銑鉄は，炭素含有量が多くて硬いので，鉄骨として利用される。

    2 鉄とクロムやニッケルの合金であるステンレスは，さびにくい。

    3 鉄は，湿った環境では赤さびを生じて腐食される。

    4 鉄は，濃硝酸中で不動態となるため，溶解しない。

    5 鉄(Ⅲ)イオンは，チオシアン酸カリウムと反応して血赤色の溶液になる。

(4) 次の文章の中の ア と イ に入る化合物を**解答群1**から， ウ と エ に入る数値に最も近い値を**解答群2**から，そして オ に入る数値に最も近い値を**解答群3**から，それぞれ一つずつ選び，その番号を**解答用マークシート**の指定された欄にマークしなさい。

    銅は濃硝酸と反応すると赤褐色の気体 ア を発生して溶けるのに対し，希硝酸との反応では無色の気体 イ を発生して溶ける。実際には，反応の進行とともに硝酸の濃度は低下するので，徐々に気体 イ が発生する割合が増えてくる。濃硝酸との反応では，銅の周囲に存在する硝酸分子が多いので，一つの硝酸分子が受け取る電子数は少ないが，濃度が低下すると受け取る電子数が増加するので，発生する気体が変化するのである。銅原子は電

子を二つ放出して銅（Ⅱ）イオンになるので，銅 1.0 mol から発生する気体が，

| ア | なら | ウ | mol, | イ | なら | エ | mol となる。銅

1.0 mol が溶けて　 ア 　と　 イ 　合計 1.0 mol の気体が発生したとすれば，気体　 ア 　は　 オ 　mol 発生したことになる。なお，発生した気体は，他の物質に変化しないものとし，発生した段階での気体の物質量で考えることとする。

解答群 1

0　一酸化二窒素		1　一酸化窒素		2　三酸化二窒素
3　二酸化窒素		4　五酸化二窒素		

解答群 2

0　0.25	1　0.33	2　0.50	3　0.67	4　0.75
5　1.0	6　1.5	7　2.0	8　2.5	9　3.0

解答群 3

0　0	1　0.1	2　0.2	3　0.3	4　0.4
5　0.5	6　0.6	7　0.7	8　0.8	9　0.9

(5)　前問において，硝酸との反応で銅 1.0 mol から気体 1.0 mol が発生するとき，反応に関与した硝酸の物質量（mol）を求めなさい。得られた数値を四捨五入して整数にするとき，対応する数字を**解答用マークシート**の指定された欄にマークしなさい。その値が 10 以上の場合には，10 をマークしなさい。

3　次の(1)～(3)の問いに答えなさい。　　　　　　　　　　　　　(20点)

(1)　銅と亜鉛の物質量比が5：4の黄銅(真ちゅう)5.8gを，硝酸を使って完全
に溶解した。得られた水溶液に水酸化ナトリウム水溶液を少しずつ加えたとこ
ろ，有色の沈殿が生じた。さらに過剰量を加えたところ，沈殿の量が減るとと
　(A)　　　　　　　　　　　　　　　　　　　　　　　　　　(B)
もに色が濃くなった。この状態で沸騰するまで加熱したところ，沈殿の色が変
わった。生じた沈殿を沪別した残りの水溶液に硫化水素を吹き込んだところ，
　　　　　　　　　　　　　　　　　　　　　　　　　　(C)
沈殿が生じた。
(D)
　　下線部(A)～(D)の沈殿の質量を求めなさい。解答は，有効数字が2桁となるよ
うに3桁目を四捨五入し，次の形式で**解答用マークシート**にマークしなさい。
符号pは，指数cがゼロまたは正の場合には3を，負の場合には7をマーク
しなさい。ただし，下線部で生成する沈殿に含まれる金属イオンは溶液中には
残らないものとして計算しなさい。

$$\boxed{a} \ . \ \boxed{b} \times 10^{\boxed{p}\ \boxed{c}}$$

　　　　小数点　　　　正負の符号

(2)　結晶構造が体心立方格子をとる，ある金属の単体の密度は8.0g/cm³であ
る。単位格子の一辺の長さを3.0×10⁻⁸cmとするとき，この金属の原子量
を求めなさい。解答は，有効数字が2桁となるように3桁目を四捨五入し，次
の形式で**解答用マークシート**にマークしなさい。符号pは，指数cがゼロま
たは正の場合には3を，負の場合には7をマークしなさい。

$$\boxed{a} \ . \ \boxed{b} \times 10^{\boxed{p}\ \boxed{c}}$$

　　　　小数点　　　　正負の符号

(3)　前問で扱った金属に圧力を加えたところ，結晶構造が体心立方格子から面心
立方格子へと変化した。原子半径が保たれたものとして，加圧後の密度
(g/cm³)を求めなさい。解答は，有効数字が2桁となるように3桁目を四捨五

入し，次の形式で**解答用マークシート**にマークしなさい。符号 p は，指数 c がゼロまたは正の場合には 3 を，負の場合には 7 をマークしなさい。必要であれば以下の値を用いなさい。$\sqrt{2} = 1.41$，$\sqrt{3} = 1.73$。

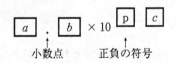

$$\boxed{a}\ .\ \boxed{b}\ \times 10^{\boxed{\text{p}}\ \boxed{c}}$$

小数点　　　　正負の符号

4 次の記述の空欄 　$\boxed{\text{ア}}$　～　$\boxed{\text{サ}}$　に当てはまる最も適切な答えをそれぞれの**解答群**から一つ選び，その番号を**解答用マークシート**の指定された欄にマークしなさい。　　　　　　　　　　　　　　　　　　　　　　　　　　　　　　(26 点)

(1)　天然に存在する水素原子には，安定な同位体として質量数が 1 の ^{1}H と質量数が 2 の ^{2}H がある。酸素原子にも安定な同位体として ^{16}O，^{17}O および ^{18}O が存在する。^{16}O，^{17}O および ^{18}O の存在比は，それぞれ 99.757 %，0.038 %，0.205 % である。2 種類の水素原子と 3 種類の酸素原子との組み合わせにより，　$\boxed{\text{ア}}$　種類の異なる水分子が生成しうる。また最も存在量が少ない水分子において，中性子の総数は　$\boxed{\text{イ}}$　，電子の総数は　$\boxed{\text{ウ}}$　である。

　　$\boxed{\text{ア}}$ ，　$\boxed{\text{イ}}$ ，　$\boxed{\text{ウ}}$ の解答群

1　6	2　7	3　8	4　9	5　10
6　11	7　12	8　13	9　14	10　15

(2)　以下の(a)，(b)，(c)のうち正しい記述の組み合わせは　$\boxed{\text{エ}}$　である。

(a)　H_2O と H_2S の沸点を比較すると，H_2O の方が高い。

(b)　Cl と S の電子親和力を比較すると，Cl の方が大きい。

(c)　O^{2-} と Mg^{2+} のイオン半径を比較すると，O^{2-} の方が大きい。

エ　の解答群

1　(a)　　　　　　2　(b)　　　　　　3　(c)　　　　　　4　(a)と(b)

5　(a)と(c)　　　6　(b)と(c)　　　7　(a)と(b)と(c)

8　いずれも正しくない

(3)　アンモニアの生成熱は 46 kJ/mol である。N≡N と H-H の結合エネルギー
をそれぞれ 940 kJ/mol と 436 kJ/mol とすると，N-H の結合エネルギーは
オ　kJ/mol と計算される。

オ　の解答群

1　310　　　　　2　320　　　　　3　330　　　　　4　340　　　　　5　350

6　360　　　　　7　370　　　　　8　380　　　　　9　390　　　　10　400

(4)　以下の(a), (b), (c)のうち正しい記述の組み合わせは　カ　である。

(a)　$NaHCO_3$ 水溶液と $NaHSO_4$ 水溶液は，ともに酸性を示す。

(b)　水溶液中における CH_3COOH の電離度は，温度が一定ならば，CH_3COOH
の濃度が小さくなるほど大きくなる。

(c)　40℃ における水のイオン積が $K_w = [H^+][OH^-] = 4.0 \times 10^{-14} \, (mol/L)^2$
であるとすると，40℃ における純水の pH は 7.0 より小さい。

カ　の解答群

1　(a)　　　　　　2　(b)　　　　　　3　(c)　　　　　　4　(a)と(b)

5　(a)と(c)　　　6　(b)と(c)　　　7　(a)と(b)と(c)

8　いずれも正しくない

(5)　0.030 mol の二酸化炭素(気体)と 0.020 mol の炭素(固体)を密閉容器内である
る温度に保ったところ，次の反応が平衡に達した。

$$CO_2(気) + C(固) \rightleftharpoons 2CO(気)$$

　このとき全圧は 1.00×10^5 Pa であり，気体の質量は反応前に比べて 0.12 g 増加していた。平衡状態にある物質の中に気体と固体が含まれる場合，化学平衡の法則の式には固体物質は含まれず，上式の圧平衡定数 K_p は二酸化炭素と一酸化炭素の分圧をそれぞれ $p(CO_2)$ と $p(CO)$ とすると

$$K_p = \frac{p(CO)^2}{p(CO_2)}$$

で表される。

　平衡時における混合気体の平均分子量は　キ　であり，この温度における圧平衡定数の値は　ク　Pa である。

　この温度でさらに以下の操作(i), (ii), (iii)を行うとき，一酸化炭素の物質量についての正しい記述を選択しなさい。

(i)　圧縮して全圧を高くする場合：　ケ

(ii)　全圧を一定に保って，0.010 mol の炭素(固体)を加える場合：　コ

(iii)　体積を一定に保って，0.010 mol の He を加える場合：　サ

キ の解答群

1　30	2　32	3　34	4　35	5　36
6　37	7　38	8　40	9　42	10　44

ク の解答群

1　1.0×10^4	2　2.0×10^4	3　5.0×10^4	4　8.0×10^4
5　1.0×10^5	6　2.0×10^5	7　5.0×10^5	8　8.0×10^5
9　1.0×10^6	10　2.0×10^6		

ケ , **コ** , **サ** の解答群

1　一酸化炭素の物質量は増加する。

2　一酸化炭素の物質量は減少する。

3　一酸化炭素の物質量は変化しない。

5　次の問題文を読み, ア ～ キ に該当する最も適切な数値または式を**解答群**から一つ選び, その番号を**解答用マークシート**の該当する欄にマークしなさい。気体はすべて理想気体として取り扱い, 容器内に液体の水が存在していても, その体積は無視してよい。また気体の水への溶解も無視できるものとする。

(24 点)

容積 100 L の容器に, 分子式 C_2H_{2m}(m = 1, 2 または 3 のいずれか)で表せる 1 種類の炭化水素が 1.00 mol, H_2O が 0.300 mol, O_2 が 5.00 mol 封入されている。この容器の温度を 27℃ に保った場合, 水蒸気の分圧は ア kPa である。一方この容器の温度を 57℃ に保った場合, 水蒸気の分圧は イ kPa である。なお, 27℃ および 57℃ における飽和水蒸気圧は, それぞれ 3.60 kPa および 17.0 kPa である。

この混合物に点火したところ, 炭化水素の炭素原子はすべて CO_2 に, 水素原子はすべて H_2O になった。燃焼後, 容器の温度を 57℃ に保ったところ, 容器内の圧力は 113 kPa となった。

炭化水素の燃焼を表す以下の化学反応式において, 係数 a と b の値はそれぞれ ウ と エ である。

$$C_2H_{2m} + aO_2 \longrightarrow 2CO_2 + bH_2O$$

燃焼後の 57℃ の容器内において, O_2 と CO_2 の分圧の和は オ kPa である。また O_2 と CO_2 の物質量の総和は カ である。

以上の結果から, m は キ と求められる。

| ア | ， | イ | の解答群 |

1	3.60	2	5.12	3	6.32	4	8.23
5	10.2	6	11.4	7	12.6	8	13.8
9	15.2	10	17.0				

| ウ | ， | エ | の解答群 |

1 $\dfrac{1}{2}$　　　　2 1　　　　3 $\dfrac{3}{2}$　　　　4 $\dfrac{m}{2}$

5 m　　　　6 $\dfrac{3m}{2}$　　　　7 $1+\dfrac{m}{2}$　　　　8 $2+\dfrac{m}{2}$

9 $1+m$　　　　10 $2+m$

| オ | の解答群 |

1	60	2	66	3	72	4	80
5	88	6	96	7	104	8	113
9	120	10	128				

| カ | の解答群 |

1 $3.0-\dfrac{m}{2}$　　2 $5.0-\dfrac{m}{2}$　　3 $3.0+\dfrac{m}{2}$　　4 $5.0+\dfrac{m}{2}$

5 $3.0-m$　　6 $5.0-m$　　7 $3.0+m$　　8 $5.0+m$

9 $3.0+2m$　　10 $5.0+2m$

| キ | の解答群 |

1 1　　　　2 2　　　　3 3

6　次の文章を読み，(1)～(5)の問いに答えなさい。　　　　　　（28点）

　不飽和炭化水素の1種であるアルケンにおいて最も一般的な反応様式は
　ア　反応である。　ア　反応の例としてはエチレンに対して
　イ　の存在下，水素と反応させることによりエタンが得られる反応があげ
られる。アルケンの化学的性質は油脂の分子に含まれる C=C 結合の数を決定す
る際にも利用されている。また，同じく不飽和炭化水素であるアルキンにおいて
(A)
も　ア　反応の例が知られている。
(B)

　一方，芳香族化合物であるベンゼンにおいては　ア　反応の例も知られて
いるものの，一般的には　ウ　反応が進行する。例えば，ベンゼンと塩素の
反応は　エ　の存在下で進行し，クロロベンゼンが生成する。

　ベンゼン(**図a**)を構成する全ての原子は同一平面上にあり，隣接する炭素原子
間の結合は長さや性質は全て同等であることが知られている。そのためベンゼン
の構造式は**図b**のように表すことがある。ベンゼンと同様の特徴を有する構造と
して，**図c**に示した陰イオン(Cp)があげられる。Cp を構成する全ての原子は同
一平面上にある。また，Cp においても隣接する炭素原子間の結合は長さや性質
は全て同等であり，電荷もそれぞれの炭素原子に均等に分布している。そのため
Cp の構造式は**図d**のように表すことがある。

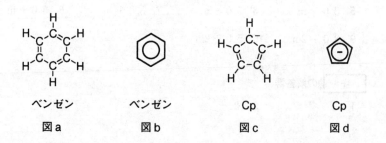

ベンゼン　　　　ベンゼン　　　　　Cp　　　　　　Cp
図a　　　　　　**図b**　　　　　　**図c**　　　　　**図d**

　フェロセン(**図e**)は鉄(Ⅱ)イオンが2つの Cp ではさまれた構造を有してお
り，またフェロセンに含まれる2つの Cp は自由に回転できることなどが知られ
ている。フェロセンに含まれる水素原子1個を臭素原子で置換することにより生

ずる異性体の数は　オ　である。また，フェロセンに含まれる水素原子2個
をそれぞれ臭素原子で置換することにより生ずる異性体の数は　カ　であ
る。

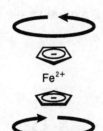

・環構造は自由に
　回転できる
・2つのCpは平行である
・全てのFe-C結合の
　結合距離は等しい

上記の性質は臭素置換体
にも当てはまると考えよ

Fe^{2+}

フェロセン

図e

(1)　問題文の　ア　～　エ　に当てはまる最も適切な語句をそれぞれの
解答群から一つ選び，その番号を**解答用マークシート**の指定された欄にマーク
しなさい。

　ア　，　ウ　の解答群

　　0　加水分解　　1　脱　水　　2　置　換　　3　縮　合

　　4　けん化　　　5　付　加　　6　脱　離　　7　重　合

　　8　中　和　　　9　エステル化

　　イ　，　エ　の解答群

　　0　酸化マンガン(Ⅳ)　　　　　1　白　金

　　2　酸化バナジウム(Ⅴ)　　　　3　アミラーゼ

　　4　酸化カルシウム　　　　　　5　シリカゲル

　　6　アンモニア水　　　　　　　7　過マンガン酸カリウム

　　8　鉄　粉　　　　　　　　　　9　酸化チタン(Ⅳ)

(2) 下線部(A)に関連する実験として，脂肪酸としてパルミチン酸($C_{15}H_{31}COOH$)とリノール酸($C_{17}H_{31}COOH$)のみを含む油脂 10.0 g をヨウ素と反応させたところ，2.80 g のヨウ素が吸収された。このことから，この油脂 10.0 g を加水分解することにより得られるリノール酸の質量は何 g か。最も近い値を**解答群**から一つ選び，**解答用マークシート**の指定された欄にマークしなさい。ただし，各反応は全て完全に進行するものとする。

解答群

1	0.50	2	1.0	3	1.5	4	2.0	5	2.5
6	3.0	7	3.5	8	4.0	9	4.5	10	5.0

(3) 下線部(B)の例として<u>不適切なもの</u>を**解答群**から一つ選び，**解答用マークシート**の指定された欄にマークしなさい。ただし，不適切な例が存在しない場合や不適切な例が2つ以上存在する場合には $\overset{\text{ゼロ}}{0}$ をマークしなさい。

解答群

1　アセチレンをアンモニア性硝酸銀水溶液に通じると銀アセチリドが生じる。

2　触媒を用いてアセチレンと塩化水素を反応させると塩化ビニルが生じる。

3　触媒を用いてアセチレンとシアン化水素を反応させるとアクリロニトリルが生じる。

4　アセチレンと臭素が反応すると 1, 1, 2, 2-テトラブロモエタンが生じる。

(4) 芳香族化合物の反応に関する以下の記述について，内容が正しい場合には **3** を，内容に誤りがある場合には **7** を**解答用マークシート**の指定された欄にマークしなさい。

(a) ナトリウムフェノキシドに高温・高圧のもとで二酸化炭素を反応させるとサリチル酸ナトリウムが得られる。

(b) ベンゼンに酸素を作用させるとフェノールが得られる。

(c) アニリンに無水酢酸を作用させるとアセトアニリドが得られる。

(d) p-キシレンを過マンガン酸カリウムにより酸化するとフタル酸が得られる。

(5) 問題文の オ ， カ に当てはまる最も適切な数値を**解答用マークシート**の指定された欄にマークしなさい。ただし，2種類以上の異性体が存在しない場合には1を，11種類以上の異性体が存在する場合には$\overset{\text{ゼロ}}{0}$をマークしなさい。

---

7 次の文章を読み，(1)〜(3)の問いに答えなさい。　　　　(22点)

(1) 以下の2つの化合物の関係について記述する際に最も適切な内容を**解答群**から一つ選び，その番号を**解答用マークシート**の指定された欄にマークしなさい。

(a) ヘキサンとシクロヘキサン

(b) エチルベンゼンと o-キシレン

(c) 1-ブタノールと2-ブタノール

(d) ブタンと1-ブテン

(e) L-アラニンとD-アラニン

(f) スクロースとトレハロース

解答群

1　構造異性体である。

2　鏡像異性体である。

3　シス-トランス異性体である。

4　1〜3のどれにもあてはまらない異性体である。

5　異性体ではない。

(2)　中性の化合物 A は炭素，水素，酸素だけからなる有機化合物であり，その分子量は 200 以上 400 以下である。化合物 A にはベンゼン環が一つ含まれているが，それ以外の環構造をもたない。化合物 A 10.0 mg を完全燃焼させたところ，二酸化炭素 26.2 mg と水 6.55 mg が得られた。また化合物 A を水酸化ナトリウム水溶液と完全に反応させ，その後塩酸を加えたところ化合物 B と化合物 C のみが有機化合物として得られた。化合物 B は酸性を示す芳香族化合物であり，また化合物 C は中性を示す化合物である。

　　十分な量の水に化合物 B 16.6 mg を溶かして得られた水溶液を 0.100 mol/L の水酸化ナトリウム水溶液で滴定したところ，中和するまでに 2.00 mL を必要とした。また化合物 B はベンゼン環に対して 2 つの置換基が結合した構造であることがわかっており，ベンゼン環に結合している水素原子 1 個を臭素原子で置換した化合物は 1 種類しか得られない。化合物 C には不斉炭素原子が存在するが，この化合物を触媒の存在下で水素と反応させると不斉炭素原子を含まない化合物が得られる。

　　以上のことから化合物 A の分子式は C $\boxed{\text{ア}}$ H $\boxed{\text{イ}}$ O $\boxed{\text{ウ}}$ ，化合物 B の分子式は C $\boxed{\text{エ}}$ H $\boxed{\text{オ}}$ O $\boxed{\text{カ}}$ ，化合物 C の分子式は C $\boxed{\text{キ}}$ H $\boxed{\text{ク}}$ O $\boxed{\text{ケ}}$ である。文中の $\boxed{\text{ア}}$ ～ $\boxed{\text{ケ}}$ に当てはまる数値を**解答用マークシート**の指定された欄にマークしなさい。例えば，解答が「9」の時には十の位に 0，一の位に 9 をマークしなさい。ただし，10 をマークしてはいけない。また，分子式においては通常「1」は省略されるが，本問においては省略せずに答えなさい。

(3)　(2)の問題における化合物 C は一対の鏡像異性体のうち一方であることがわかった。化合物 C に臭素を付加させた場合，考えられる異性体の数は $\boxed{\text{コ}}$ である。$\boxed{\text{コ}}$ に当てはまる数値を**解答用マークシート**の指定された欄にマークしなさい。ただし，当てはまる数値が存在しない場合には 0（ゼロ）をマークしなさい。

解答編

英語

(注)　解答は，東京理科大学から提供のあった情報を掲載しています。

1 **解答** (1)A — 2　　B — 1　　C — 3　　(2) — 3

(3) 3 → 1 → 5 → 2 → 6 → 4

(4) the outgoing correspondence

(5) — 1　　(6) — 1　　(7) — 1　　(8) — 3

(9)著名な作家の「遺族」（3字以内）が，「その作家や遺族の評判を守る」（15字以内）ために，「遺された手紙などのうち公開するものとしないものを」（25字以内）決めること。

(10) a — 2　　b — 4　　c — 3　　(11) — 4　　(12) — 1

◆━━━━━━◆全　訳◆━━━━━━◆

≪知識が破壊の危機にさらされてきた歴史≫

①　知識の運命の鍵を握るのは，キュレーションという考え方だ。この用語は神聖な始まりをもっている。この言葉は「世話をする」という意味で，名詞としては一般的に「教区の住民の『世話をする』司祭」を指す。司祭は「魂の治療」，つまり住民の霊的な世話をすると言われている。多くのキリスト教の宗派では，司祭の補佐役を「キュレート」と呼んでいる。図書館や博物館の学芸員は，管理する対象物の世話をする責任がある。図書館員の場合，この責任は知識という概念そのもの，つまり対象物に含まれる知的な材料にまで及ぶ。キュレーションという行為は，そもそも何を収集するか，またどのように収集するか，何を保管し何を廃棄するか（あるいは破棄するか），何を即座に利用可能にし，何を一定期間非公開にしておくか，といった判断を伴う。

②　個人アーカイブを破棄するか保存するかの判断は，極めて重要である場合がある。1530 年代，トーマス゠クロムウェルは，国の行政が大規模

な近代化を遂げていた時期，ヘンリー8世のために職務を遂行するために，主に書簡という形で膨大な個人文書のアーカイブを維持していた。クロムウェル自身のアーカイブも当然よく整理され，充実していたが，それは現存する一部（現在は国立公文書館と大英図書館に分かれている）を通じてのみ知ることができる。個人のアーカイブには当然，受信する書簡が含まれるが，近世の家庭の秘書は，情報の流れの両面を管理するために，送信する書簡もすべてコピーしていた。「クロムウェルのような几帳面な性格だったら，自分の書簡がそこにあり，必要に応じて参照できるようにしていただろう」 受信側の書簡しか残っていないということは，「これほど膨大な量の既決書類が失われたのは，意図的な破壊の結果であるとしか考えられない」という必然的な結論に至る。

③　1540年6月，クロムウェルがヘンリー8世の判断で失脚し，逮捕されたとき，彼の部下は，主人が出した手紙の写しが彼の有罪につながるかもしれないと考え，破棄し始めた。ホルベインの有名なクロムウェルの肖像画は，彼がほとんど横顔で左の遠くの方を見ている。彼のもつ重厚な雰囲気と厳しさがある。黒い毛皮の裏地のついたコートを着て，黒い帽子をかぶっている。そのシンプルな服からは彼の人柄はうかがえない。この絵は富や権力というよりはむしろ，知識への支配を示している。左手には法律関係の書類をまさしくしっかりと握りしめ，目の前のテーブルには本が置かれている。その部屋やクロムウェルの服装からは富や権力を見て取ることはできないが，革の表紙に金細工が施されたこの本からはそれがわかる。さらにその本は2つの金メッキの留め金でしっかりと固定されているのである。画家は，クロムウェルが本当に大切だと感じていたものを見せてくれているのだ。

④　クロムウェルの往信書簡のアーカイブは，彼の私邸のオフィスという家庭的な環境で破壊された。家庭という環境においては，今でも日常的に知識が破壊されるのを目にする。私と妻は，ある家族の一人の家を片付けなければならず，手紙，写真，日記を発掘したことがある。その際，どれを破棄すべきかを判断しなければならなかったが，そうするには非常に妥当で正当な理由がいくつもあったし，他の無数の家族もそういう状況に遭遇してきただろう。その内容は，取るに足らないものであったり，保管しておくには場所を取りすぎたり，残された家族にとって不幸な記憶を呼

び起こすエピソードであったり，初めて知った子孫が永遠に隠しておきたいような新しい知識を明らかにするものであったりする。

⑤　このような個人的な判断は日常的に行われているが，特に故人が公的な場でよく知られている場合，文書の運命に関する判断が社会や文化に大きな影響を与えることがある。愛する者の死後，残された者は，個人的な記録資料，特に手紙や日記などの運命について決断をしなければならず，その決断はその後文学史に大きな影響を与えてきた。こうした決断は，故人の名誉を守るためであると同時に，残された者の名誉を守るためになされることが多い。こういった意味で，これらの行為は実は「政治的」である，つまり権力の行使に関係しているのだと私は主張する。ここでいう権力とは，公的な評判に対する権力，何が公になって何が私的な範囲に留まるかということに対する権力のことである。

⑥　個人の日記や日誌は，デジタル時代の現在ではあまり残されていないが，19世紀と20世紀には大きな文化的現象であった。文通は今でも個人的なコミュニケーションの大きな特徴であるが，現在では主に電子メールやデジタルメッセージを通じて行われている。個人的な文通は，しばしば個人的な日誌や日記と同じくらいに参考になることがある。作家はまた，文学作品の初期のスケッチ，草稿，版を保管することもあり，これらは文学創作のプロセスを理解しようとする学者や批評家によって同様に価値のあるものとされる。この種の個人アーカイブには，他にも以下のような資料が含まれる。財務記録（会計帳簿のように，さまざまな文筆業の成否を明らかにするもの），写真集（手紙ではわからない人間関係の側面がわかる），さまざまな種類のエフェメラ（演劇のプログラムや定期購読の雑誌は文学研究者にとって示唆に富む）。ボドレアンの特別コレクション書庫の棚には，このような魅力的な資料の入った箱がたくさんあり，メアリーとパーシー＝シェリー，J.R.R.トールキン，C.S.ルイス，W.H.オーデン，ブルース＝チャトウィン，ジョアンナ＝トロロープ，フィリップ＝ラーキンなど，多くの著名人に関する文書といったとても人気のコレクションも含まれている。

⑦　作家が創作用のメモを意図的に破棄することは，一種の極端な自己編集である。それは，後世を見据えたものであり，その作家の願いに背く行為もまた然りである。未来は過去を批判的に見るだろうというこの考え

方は，歴史上，図書館や公文書館を攻撃する動機の多くを支えるものである。

⑧　作家は有史以来，自らの著作物を破壊したいという誘惑に駆られてきた。古代ローマの詩人ヴァージルは，伝記作家ドナトゥスの記述によれば，彼の大作（しかしこの時点では未発表）『アエネイス』の原稿を炎に捧げようとした。ブリンディジで死ぬ間際の様子が，以下のように記述されている。

　　ヴァリウス（ヴァージルの大親友で詩人）に，もし自分に何かあったら『アエネイス』を燃やしてくれと頼んだが，ヴァリウスはそんなことはしないと言ったという。したがって，病気の末期には自分で燃やすつもりで何度も本箱を持ってくるように求めたが，誰も持ってこないので，それについて具体的な手段を講じなかった。

■━━━━◀解　説▶━━━━■

⑴　A．extend to～で「（責任などの範囲が）～に及ぶ」の意味がある。B．exercise は「～（職務など）を遂行する」の意味がある。C．lead to～で「～という結果になる」の意味があり，lead to conclusion で「結論を導く」の意味になる。

⑵　第２段第４文（Personal archives will …）より，クロムウェルが受信する書簡と送信する書簡の両方を秘書に管理させていたことがわかるため，３の「クロムウェルは大変な完璧主義者であったため，受信した書簡と送信した書簡の両方を保存するよう要求していたに違いない」を選ぶ。同文後半にある so meticulous a mind as Cromwell's would have made … のところは，so＋形容詞＋a＋名詞の形と，so / as＋形容詞＋as～ の原級比較の形が合わさっており，「クロムウェルと同じくらい注意深い考え方」となる。Cromwell's の後には mind が省略されており，ここでは「考え方，気質」の意味でとるとよい。この主語が条件節のように働いているので，時制には過去推量の would have *done* が用いられている。なお，事実に反する内容が書かれているわけではないので，仮定法過去完了の反実仮想の用法ではない。１・２はいずれもこの内容に合わないため不適。４は同段第３文（Cromwell's own archive …）より，クロムウェルの個人アーカイブのうち，残った一部だけが保存されているということがわかるので，選択肢前半部分「クロムウェル自身のアーカイブの全体像を

とらえられる」が不適。

⑶　(in order to) maintain control over both sides of the flow (of information)

in order to に続く形なので，動詞の原形から始まり，「～するために」という意味で目的を表す副詞句を構成する。この下線部を含む第2段第4文（Personal archives will …）を見ると，秘書が受信された書簡だけではなく送信された書簡も保存していたとあるので，その目的として通じそうな意味を考える。control は動詞の用法もあるが，ここでは control over ～「～の管理」という名詞として扱うことで，maintain control over ～「～を管理する」という形を作ることができる。both sides は情報の受信側と送信側の両方という意味。

⑷　the out-tray は「既決書類（入れ）」の意味。直前に such a vast loss とあるので，すでに用事が済んで保存されている書類の中で，失われてしまったものは何かと考える。第2段第4文（Personal archives will …）と同段最終文（The fact that …）の前半部分から，受信された書簡（the incoming correspondence）と送信された書簡（the outgoing correspondence）の両方が保存されていたはずなのに，受信された書簡しか残っていないということがわかるので，ここにおける既決書類とは送信された書簡，厳密にはそのコピーだということがわかる。

⑸　下線部を含む第3段第2文（Holbein's famous portrait …）で，クロムウェルが左を向いているということがわかる。また，同段第6文（Rather than wealth …）より，左手に法律関係の書類を握りしめているということがわかるので1を選ぶ。

⑹　画家がこの絵を通して示しているものが何か考える。第3段第6文（Rather than wealth …）に，この絵は知識への支配を示していると書かれているので，1の「知識への支配」を選ぶ。

⑺　第4段第1文より，空所を含む a（　オ　）setting は，彼の私邸のオフィスであるとわかる。また，直後の The（　オ　）environment に関しては，同段第3文（My wife and …）より筆者とその妻が家族の遺物を片付けた話が展開されているので，共通して入るのは「家庭の，家庭的な」を表す1の domestic である。3の local は「地元の，地方の」の意味で，家庭とは規模が異なるため不適。

⑻　第４段最終文（The content may be …）を参考にする。中傷に関する内容は記載されていないので，３の「遺族を中傷する内容が書かれている」を選ぶ。

⑼　「誰が」と「何を行う」の部分は，第５段第２文（Those left behind …）を参考にする。a loved one はそのまま読めば「愛する人」であるが，主に家族の一員のことを言及する際に用いる表現である。同文の後半部分に「個人的な記録資料の運命について決断をする」という記述があるが，そのまま書くと少し間接的すぎるため，〔解答〕では「運命」の部分を文意に沿って「公開するかどうか」というように解釈している。これは，同段最終行にかけての what becomes public and what remains private が参考になるだろう。「どのような目的で」の部分は，同段第３文（These decisions have …）の後半部分に書かれている内容を参考にする。なお，「何を行う」については，「運命」を「（文書を）捨てるかどうか」と解釈することも可能。そうすると以下のような解答も考えられる。

（著名な作家の）家族（が，）本人と自分たちの名誉を守る（ために，）その人の手紙や日記等の個人的な文書資料を残すか否か（決めること。）

⑽　ａ．空所直前の名詞が「財務記録」とあるので，金銭に関する内容として適切な２の「会計帳簿のように，さまざまな文筆業の成否を明らかにするもの」を選ぶ。shed light on ～「～（難題など）を解明する」

ｂ．空所直前の名詞が「写真集」とあるので，４の「手紙ではわからない人間関係の側面がわかる」を選ぶ。文字情報では伝わりきらないことが，写真で伝わるということ。１は，「血液型」の情報が写真からはわからないので不適。

ｃ．ephemera は〔注〕に，「パンフレットなど，短期間にのみ使用されるもの」とあるので，３の「演劇のプログラムや定期購読の雑誌は文学研究者にとって示唆に富む」が最も適切。なお，ｃに３をそのまま入れると，形容詞節になりえず，直前の名詞を修飾できなくなるが，原文では and ephemera of various kinds（　　　）とカッコがついており，カッコ部分は追記情報として記載されている。

⑾　下線部(ク)は So Ｖ Ｓ の倒置が起きており，「Ｓもまた同じである」の意味である。直前の文の内容と合わせると，下線部は The acts of defiance of those wishes are done with an eye to posterity, too. となる。

defiance of ～ は「～に反抗すること」の意味。those wishes は第7段第
1文（The deliberate destruction …）より，著作者が自分の創作用のメ
モを破壊したいと考えることということがわかる。with an eye to ～「～
を考慮して」の意味をふまえると，この文は「著者が自分の創作用のメモ
を破壊したいと考えることに対して反抗する行動は，後世のことを考慮し
て行われる」となる。なお，反抗しているのは著者ではない別の人である。
したがって，この文意に最も近い4の「誰かが著者の残したメモを破壊す
ることに反対するとき，その人は未来の世代のことを考えてそうするの
だ」を選ぶ。

⑿　空所（　ケ　）を含む文から，作家であるヴァージルが友人であるヴァ
リウスに自分の作品である『アエネイス』をどうしてほしいのかを考え
る。第8段第1文（Writers have been …）に，「作家は自らの著作物を
破壊したいという誘惑に駆られてきた」とあり，当該文はこの具体例とし
て引用されていると考えれば，ヴァージルは作品を破壊してほしいと考え
ていることがわかる。本を破壊する行動として適切なのは，1の「～を燃
やす」である。

2　**解答**　(1)a－5　b－3　c－4　d－6　e－1　f－2
　　　　　(2)－3
(3)A－3　B－4　C－1　D－2　(4)－2　(5)－4
(6)7→1→2→8→4→3→6→5

━━━━◆全　訳◆━━━━━━━━━━━━━━━━━━━━

≪コロナ禍における生活に関するインタビュー≫

2020年3月22日放送の「アンドリュー=マー・ショー」より，「Covid-19
パンデミック下の生活」についてスティーブン=フライへのインタビュー
が取り上げられている。

AM［アンドリュー=マー］：スティーブン=フライさん，ようこそ。どの
　　　ように対処していますか？　ノーフォークではどのように過ごして
　　　いますか？

SF［スティーブン=フライ］：まあ，とても順調です。私はここにいてと
　　　てもラッキーです。新鮮な空気もありますし，もちろん家にいます
　　　よ。今は誰にとっても大変な時期ですが，田舎に家があり，安全で

あることがどれだけ幸運なことか，十分に理解しています。そして，もし伝えたいことがあるとすれば，最も明らかなことの一つには，多くの不安，多くのストレス，多くの混乱，多くの孤独がある，ということです。

AM：では，これらのいくつかについて，スティーブン＝フライさんからアドバイスをいただきたいと思います。たくさんの情報を目にしている人たち，例えばこの番組や他の番組，ニュース速報，新聞を読んでいるかもしれませんが，そういう人たちはどうすればいいでしょう。それはまるで恐怖の壁が迫ってきているようで，結局のところ，「ニュース」というものに対処できないと感じています。あなたならどうしますか？　ただ単に，すべてを遮断してしまいますか？

SF：個人的にはそうしています。ポジティブに考えるべきことの一つは，家族やカップル，あるいは文字通り独りぼっちで社会から自主隔離することで，必然的に時間の感覚を再定義することになることだと思います。このような状況では，時間は急にがらっと変わります。とても大事な考えとしては，気が進むのなら何らかのタイムテーブルを作成することです。何事も，もっと時間をかけてもいいのです。でも，ニュースの見出しに振り回されないように，携帯電話やタブレット端末などの通知をオフにすることもできます。そうしたとしても，何か重要なこと，本当に重要なことが起きたら，それを知ることはできます。（それには）ニュースをのぞく時間を決めておくことです。どうでしょう，例えば朝の11時，昼の3時，記者会見のとき，そして気が進むなら夜寝る前に最後に見るとかですね。しかし，あまりに雑音が多いです。誰もが自分の意見をもっています。皆自分がいかに素晴らしいか，あるいは世界がいかにひどいかを示したがるし，人々は黙示録について話したがります。しかし実際のところ，科学的な有識者の話を聞くと，彼らはほとんどいつもすべての文章を「私たちが思うに」，「可能性があります」，「たぶん」，「おそらく」，「わかりません，しかし…」で始めているのです。それが専門家の話し方であり，本当に理解している人の話し方なのです。

AM：つまり，私たちは不確実性をもって生活しなければならないということですね。言い換えれば，私たちは皆，推測するしかないと…

SF：もちろん，ええ，それは悪いことではありません。つまり，推測することはある程度私たちを不安な気持ちにさせますが，推測することで私たちは何が起こっているのかを知っていると主張する人たちをすべて考えないようにすることができます。2日後にロンドンに軍隊が来るとか，「政府で仕事をしている友達がいてね…」とか言っていたような人たちのことですね。

AM：私たちは皆，そのような人たちに出会ったことがありますね。

SF：…それはほとんどいつもばかげていて，大げさな話を拡散し，それ自体が一種のウイルスとなります。不安やストレスは，このひどいコロナウイルスとほとんど同じくらい伝染性が強いのです。

AM：ええ，わかりました。そして，多くの人が自己孤立しているか，あるいはしそうになっていて，単にその一日をどう乗り切ればいいのか悩んでいるのです。おそらく，スティーブン＝フライがギリシア神話を読み上げている姿を思い浮かべていることでしょう。

SF：（笑）

AM：そういう気持ちになれない人たちに何かアドバイスはありますか？つまり，ヴォルテールは「自分の庭を耕せ」と言いました。庭があるなら，それは良いことだと思うのですが。あなたはどう思いますか？

SF：確かに，そうですね。できるなら，室内で鉢植えや球根を少し植えるだけでもいいんです。でもね，実は最近，カリグラフィー（文字の美しい書き方）をもう一度知ろうと思って，ネットで調べてみたんです。YouTubeをはじめ，さまざまなソースで，無料で文字の書き方を教えてくれる人がいるんです。そういうこともできます。でも，何も急ぐことはないんです，料理もです。だから，今はちょっとした料理でも，事前に準備をします。いくつか小さな鉢植えがあるのですが，そのうちの一つでニンニクを育てているんです。そうすることで人生がゆっくり落ち着いて，心配しすぎたり，不安になりすぎたりせずにすむんです。

AM：ゆっくり落ち着いた世界になったとしても，どうやらもう私たちに

は時間がないようです。スティーブン＝フライさん，今回出演して
いただき，どうもありがとうございました。

━━━━━ ◀解　説▶ ━━━━━

⑴　ａ．直前でアンドリューから，ノーフォークでの状況を聞かれている
ので，その返事として適切なのは５の「まあ，とても順調です」となる。
ｂ．直前でアンドリューから大量のニュースを無視するかどうか聞かれて
おり，直後では社会から自主隔離することのメリットを話しているので，
肯定的な反応を示す３の「個人的にはそうしています」を選ぶ。
ｃ．直後に「言い換えれば，我々は皆，推測するしかない…」とあるので，
その言い換えにあたる内容として４の「つまり，私たちは不確実性をもっ
て生活しなければならないということですね」を選ぶ。guess には不確実
なものを曖昧なまま推測するという意味がある。
ｄ．直前でスティーブンが，世界で何が起こっているのかを知っていると
主張する人たちの例を示しており，その挙げられた例に対する反応として
適切な６の「私たちは皆，そのような人たちに出会ったことがあります
ね」を選ぶ。ここでいう them は，直前で紹介されている人を直接的に指
すのではなく，そのような行動を取る人々のことを漠然と示している。
ｅ．直前でアンドリューから，自主隔離中の行動として，庭がある人は庭
仕事をして時間をすごせばよいが，（そうでない人は）どうすればいいの
か助言を求められている。それに対して，庭がなくてもできることとして
説明をしている１の「確かに，そうですね。できるなら，室内で鉢植えや
球根を少し植えるだけでもいいんです」を選ぶ。なお，ここで引用されて
いるヴォルテールの「自分の庭を耕せ」であるが，これはフランスの哲学
者であるヴォルテールの書いた『カンディード』という小説の一節で，政
治的なことや社会的なことから一定の距離を置き，自分自身のもつ考えや
価値観を豊かにすることの大切さを暗に示した言葉である。
ｆ．インタビューを締めくくる言葉として適切な２の「ゆっくり落ち着い
た世界になったとしても，どうやらもう私たちには時間がないようです」
を選ぶ。直前でスティーブンから，ゆっくり落ち着いた生活を送っている
話をされているので，それに応じて洒落を効かせた表現になっている。
⑵　they は同じ発言内にある people who look at this huge array を指し
ている。this huge array に関する具体例が直後のダッシュ（─）以下に

書かれており，概してコロナに関する大量の情報のことを指している。発言の後半には「それはまるで恐怖の壁が迫ってきているようで，結局のところ，『ニュース』というものに対処できないと感じています」とあるので，このような人々がこういった情報に対してどのように感じているかを最もよく表す3の「ニュースは心をかき乱すものだと考える人々」を選ぶ。4の「その番組の視聴者」は，このような人々をこの番組の視聴者のみに限定しているため不適。なお，What about 〜?「〜はどうですか？」は本来疑問文として文末にクエスチョンマークをつけて文を終わるべきだが，会話ということもあってそのような形にはなっておらず，文自体は So, what about … reading newspapers— でいったん終わっており，and it is からはまた別の文が始まっている。

⑶　A．come towards 〜 で「〜へ来る」の意味。ここの発言では大量の情報を「恐怖の壁」にたとえており，それが視聴者に迫ってきている様子について話されている。

B．draw up 〜 で「〜（計画など）を作成する」の意味。直後に some sort of timetable とあるので，この意味が適切である。

C．turn off 〜 で「〜（機械など）を止める，〜のスイッチを切る」の意味。空所を含む発言では，大量の情報に振り回されない手段としてスマートフォンなどの通知を切る方法が紹介されている。

D．decide on 〜 で「〜を決める」の意味。他動詞とはニュアンスが少し異なり，日付や計画などについて裁量をもって決めることを表す。

⑷　下線部に関する具体的な話が以降の発言で展開されている。特に下線部から2文目の発言（Everybody wants either …）で，「皆自分がいかに素晴らしいか，あるいは世界がいかにひどいかを示したがるし，人々は黙示録について話したがります」とあるので，ここでいう「雑音」は，「大きくて不快な音」の意味ではなく，「重要な情報を理解する妨げとなる不必要な情報」の意味で使われていることがわかる。したがって，2の「同時にたくさんの人が意見を述べていると，専門家の意見と他の人の意見とを判別するのが難しくなる」を選ぶ。ここでの tell は「〜（違いなど）がわかる」という意味の用法で使われている。

⑸　該当の発言から，この代名詞が指すものは「ほとんどいつもばかげていて，大げさな話を拡散し，それ自体が一種のウイルスとなる」ものだと

いうことがわかる。したがって，4の「噂の拡散」を選ぶ。

⑹ What advice do you have for those of (us who are not that way inclined?)

下線部が含まれる文末にクエスチョンマークがあるので，疑問文であるということがわかる。司会者であるアンドリューがスティーブンにアドバイスを求めていると考えると，what の疑問形容詞の用法を用いて，What advice do you have for＋人という形を作ることができる。those of us who ～「(私たちの中で)～な人々」は those who ～「～な人々」と似た表現であるが，この表現を使うと話し手から対象の人々に対する親近感を表すことができる。

❖講　評

　2022 年度は読解問題，会話文問題が各1題の大問2題の出題となった。

　①の読解問題は，内容があまり身近なものではなく，また語彙・表現ともに難解なものも少なくないため，英文全体の主旨をとらえるのは難しい。本文の要旨としては，ある人が書いたものを，自分自身の評価や社会的な影響を考えて本人が残すか否か考え，そしてその家族や身近な人がまたその意思に従うか否かを考え，そういった過程の中で残され，あるいは捨てられる資料があるという話である。しかし，設問自体は比較的易しく，該当箇所の前後だけでも理解できれば解ける問題が多いので，諦めずに頑張ってほしい。ただし，⑾で問われている下線部の英文は，省略もあり，正しく解釈するのは困難であろう。

　②の会話文問題は時事的な問題であり，内容は比較的理解しやすく，設問も平易なものが多い。しかし，口語特有の表現や文法などが理解を妨げる部分もあり，そういう意味では文の空所補充問題はなかなか難しい。

　2021 年度は語句整序問題が独立した大問として出題されたが，2022 年度は読解・会話文問題の中で出題されている。日本語訳がない分，一見難しく感じるかもしれないが，設問自体は比較的易しい。

■数学■

◀数・物理・化学科 共通問題▶

（注）　解答は，東京理科大学から提供のあった情報を掲載しています。

1 解答

(1)(a)アイ. 13　ウ. 3　(b)エオ. 10　カキ. 13
(c)ク. 1　ケ. 6　コサ. 13　シ. 1

(2)(a)ス. 4　セ. 2　ソ. 1　(b)タ. 4　チ. 2　ツ. 1
(c)あ. −　テ. 1　ト. 4　ナ. 5　い. +　ニ. 1　ヌ. 4

(3)(a)ネ. 1　ノ. 4　ハ. 2　ヒ. 4　フ. 7　ヘ. 2
(b)ホマ. 56　ミム. 17　メ. 2　モヤ. 23　ユヨ. 20　ラ. 2

■◀解　説▶■

≪小問 3 問≫

(1)(a)　$(2^a + 2^{-a})^2 = 4^a + 2 + 4^{-a} = 11 + 2 = 13$

$2^a + 2^{-a} > 0$ より　　$2^a + 2^{-a} = \sqrt{13}$　→アイ

また　　$(2^a - 2^{-a})^2 = 4^a - 2 + 4^{-a} = 11 - 2 = 9$

$a > 0$ のとき，$2^a > 1 > 2^{-a}$ であるから　　$2^a - 2^{-a} > 0$

よって　　$2^a - 2^{-a} = 3$　→ウ

(b)　$8^a + 8^{-a} = (2^a + 2^{-a})(4^a - 1 + 4^{-a}) = \sqrt{13}\,(11 - 1) = 10\sqrt{13}$　→エ〜キ

(c)　$2^{-a} = \dfrac{(2^a + 2^{-a}) - (2^a - 2^{-a})}{2} = \dfrac{\sqrt{13} - 3}{2}$

である。$0 < 2^{-a} < 1$ より

$$\sum_{n=1}^{\infty} 2^{-na} = \sum_{n=1}^{\infty} (2^{-a})^n = \frac{2^{-a}}{1 - 2^{-a}} = \frac{\dfrac{\sqrt{13}-3}{2}}{1 - \dfrac{\sqrt{13}-3}{2}} = \frac{\sqrt{13}-3}{5 - \sqrt{13}}$$

$$= \frac{(\sqrt{13}-3)(5+\sqrt{13})}{25 - 13} = \frac{5\sqrt{13} + 13 - 15 - 3\sqrt{13}}{12}$$

$$= \frac{1}{6}(\sqrt{13}-1) \quad \rightarrow \text{ク〜シ}$$

(2)(a) $\sin\left(\frac{5}{2}\theta\right) = \sin\left(\frac{1}{2}\theta + 2\theta\right)$

$$= \sin\left(\frac{1}{2}\theta\right)\cos 2\theta + \cos\left(\frac{1}{2}\theta\right)\sin 2\theta$$

$$= \sin\left(\frac{1}{2}\theta\right)(2\cos^2\theta - 1) + \cos\left(\frac{1}{2}\theta\right)\cdot 2\sin\theta\cos\theta$$

$$= \sin\left(\frac{1}{2}\theta\right)(2\cos^2\theta - 1) + \cos\left(\frac{1}{2}\theta\right)\cdot 4\sin\left(\frac{1}{2}\theta\right)\cos\left(\frac{1}{2}\theta\right)\cdot\cos\theta$$

$$= \sin\left(\frac{1}{2}\theta\right)\left\{(2\cos^2\theta - 1) + 4\cos^2\left(\frac{1}{2}\theta\right)\cos\theta\right\}$$

$$= \sin\left(\frac{1}{2}\theta\right)\left\{(2\cos^2\theta - 1) + 4\cdot\frac{1+\cos\theta}{2}\cdot\cos\theta\right\}$$

$$= \sin\left(\frac{1}{2}\theta\right)(4\cos^2\theta + 2\cos\theta - 1) \quad \rightarrow \text{ス〜ソ}$$

(b) $\alpha = \cos\left(\frac{2}{5}\pi\right)$ とする。$\theta = \frac{2}{5}\pi$ として(a)の結果を用いると

$$\sin\pi = \sin\left(\frac{1}{5}\pi\right)\left\{4\cos^2\left(\frac{2}{5}\pi\right) + 2\cos\left(\frac{2}{5}\pi\right) - 1\right\}$$

$$\therefore \quad 0 = \sin\left(\frac{1}{5}\pi\right)(4\alpha^2 + 2\alpha - 1)$$

$\sin\left(\frac{1}{5}\pi\right) \neq 0$ であるから

$$4\alpha^2 + 2\alpha - 1 = 0 \quad \rightarrow \text{タ〜ツ}$$

(c) $\alpha = \cos\left(\frac{2}{5}\pi\right) > 0$ であるから，(b)の結果より

$$\cos\left(\frac{2}{5}\pi\right) = \frac{-1+\sqrt{5}}{4}$$

また，$\overrightarrow{AB}$ と $\overrightarrow{AE}$ のなす角は $\frac{3}{5}\pi$ であるから

$$\overrightarrow{AB}\cdot\overrightarrow{AE} = |\overrightarrow{AB}||\overrightarrow{AE}|\cos\left(\frac{3}{5}\pi\right)$$

$$= 1\cdot 1\cdot\cos\left(\pi - \frac{2}{5}\pi\right)$$

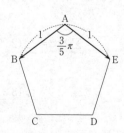

$$= -\cos\frac{2}{5}\pi = -\frac{-1+\sqrt{5}}{4}$$

$$= -\frac{1}{4}\sqrt{5} + \frac{1}{4} \quad \rightarrow \text{あ, い, テ～ヌ}$$

(3)　下図において「•」を θ とおく。円 C_2 と円 C_3 の接点と原点と点 $(3, 0)$ を頂点とする直角三角形に着目すると，$\sin\theta = \dfrac{1}{3}$，$0 < \theta < \dfrac{\pi}{2}$ であるから

$$\tan\theta = \frac{1}{\sqrt{3^2 - 1^2}} = \frac{1}{2\sqrt{2}} = \frac{\sqrt{2}}{4}$$

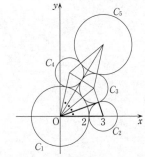
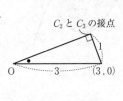

(a)　C_2 と C_3 の接点および原点を通る直線の傾きは

$$\tan\theta = \frac{1}{4}\sqrt{2} \quad \rightarrow \text{ネ～ハ}$$

また，原点と C_3 の中心を通る直線の傾きは

$$\tan 2\theta = \frac{2\tan\theta}{1 - \tan^2\theta} = \frac{2 \cdot \dfrac{\sqrt{2}}{4}}{1 - \left(\dfrac{\sqrt{2}}{4}\right)^2} = \frac{4}{7}\sqrt{2} \quad \rightarrow \text{ヒ～ヘ}$$

(b)　原点と円 C_4 の中心を通る直線の傾きは

$$\tan 4\theta = \frac{2\tan 2\theta}{1 - \tan^2 2\theta} = \frac{2 \cdot \dfrac{4\sqrt{2}}{7}}{1 - \left(\dfrac{4\sqrt{2}}{7}\right)^2} = \frac{56}{17}\sqrt{2} \quad \rightarrow \text{ホ～メ}$$

また，原点と円 C_5 の中心を通る直線の傾きは

$$\tan 3\theta = \frac{\tan 2\theta + \tan \theta}{1 - \tan 2\theta \tan \theta} = \frac{\dfrac{4\sqrt{2}}{7} + \dfrac{\sqrt{2}}{4}}{1 - \dfrac{4\sqrt{2}}{7} \cdot \dfrac{\sqrt{2}}{4}} = \frac{23}{20}\sqrt{2} \quad \rightarrow モ〜ラ$$

2 解答 （答を導く過程は省略）

(1) 図の斜線部分。ただし，境界を含む。

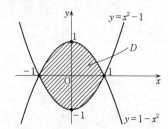

(2) $\dfrac{8}{3}$

(3)(a) $a = 1 - \dfrac{1}{2^{\frac{2}{3}}}$ (b) $a = 1 - \dfrac{\sqrt{2}}{2}$

◀解　説▶

≪放物線で囲まれた図形の面積と回転体の体積≫

(1) 図形 D を表す不等式は

$$x^2 + |y| \leq 1$$
$$|y| \leq 1 - x^2$$
$$\therefore \quad x^2 - 1 \leq y \leq 1 - x^2$$

よって，D は〔解答〕のようになる。

(2) D の面積 S は

$$S = \int_{-1}^{1} \{(1 - x^2) - (x^2 - 1)\}\,dx = -2\int_{-1}^{1}(x + 1)(x - 1)\,dx$$
$$= -\frac{2}{6}\{1 - (-1)\}^3 = \frac{8}{3}$$

(3) $0 < a < 1$ とする。D_1 は次図の網かけ部分（境界を含む）になる。

(a) D_1 の面積 S_1 は

$$S_1 = \int_{-\sqrt{1-a}}^{\sqrt{1-a}} \{(1 - x^2) - (x^2 - 1 + 2a)\}\,dx$$

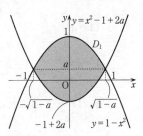

$$= -2\int_{-\sqrt{1-a}}^{\sqrt{1-a}} (x+\sqrt{1-a})\,(x-\sqrt{1-a})\,dx$$

$$= -\frac{2}{6}\{\sqrt{1-a}-(-\sqrt{1-a})\}^3$$

$$= \frac{8}{3}\,(1-a)^{\frac{3}{2}}$$

D_1 の面積と D_2 の面積が等しくなるとき，

$S_1 = \dfrac{1}{2}S$ であるから

$$\frac{8}{3}\,(1-a)^{\frac{3}{2}} = \frac{4}{3}$$

$$(1-a)^{\frac{3}{2}} = \frac{1}{2}$$

$$1-a = \left(\frac{1}{2}\right)^{\frac{2}{3}}$$

$$\therefore\quad a = 1-\frac{1}{2^{\frac{2}{3}}}\quad (\text{これは}\,0<a<1\,\text{を満たす})$$

(b)　$y=1-x^2$ を x について解くと

$$x^2 = 1-y\quad\therefore\quad x = \pm\sqrt{1-y}$$

よって，D を y 軸のまわりに 1 回転してできる回転体の体積 V は，対称性より

$$V = 2\times\pi\int_0^1 \left(\sqrt{1-y}\right)^2 dy = 2\pi\int_0^1 (1-y)\,dy = 2\pi\left[-\frac{1}{2}\,(1-y)^2\right]_0^1$$

$$= -\pi\,(0-1) = \pi$$

また，D_1 を y 軸のまわりに 1 回転してできる回転体の体積 V_1 は，対称性より

$$V_1 = 2\times\pi\int_a^1 \left(\sqrt{1-y}\right)^2 dy = 2\pi\int_a^1 (1-y)\,dy$$

$$= 2\pi\left[-\frac{1}{2}\,(1-y)^2\right]_a^1 = -\pi\{0-(1-a)^2\} = \pi\,(1-a)^2$$

D_1 を y 軸のまわりに 1 回転してできる回転体の体積と D_2 を y 軸のまわりに 1 回転してできる回転体の体積が等しくなるとき，$V_1 = \dfrac{1}{2}V$ であるから

$$\pi\,(1-a)^2 = \frac{\pi}{2}$$

$$(1-a)^2 = \frac{1}{2}$$

$$1-a = \frac{1}{\sqrt{2}} \quad (1-a>0 \text{ より})$$

$$\therefore \quad a = 1 - \frac{\sqrt{2}}{2} \quad (\text{これは } 0<a<1 \text{ を満たす})$$

3 解答 (答を導く過程は省略)

(1) -85

(2) $x^5 = y^5 - 5ay^4 + 10a^2y^3 - 10a^3y^2 + 5a^4y - a^5$

(3) $n(-a)^{n-1}x + (1-n)(-a)^n$

(4) $(n-1)a^n$

◀解　説▶

≪整式の割り算の余り≫

(1) 剰余の定理より，求める余りは

$$(-2)^7 + (-2)^6 + (-2)^5 + (-2)^4 + (-2)^3 + (-2)^2 + (-2) + 1$$

$$= \frac{1 \cdot \{1-(-2)^8\}}{1-(-2)} = -85$$

(2) $y = x+a$ とおくと，二項定理より

$$x^5 = (y-a)^5$$

$$= y^5 - 5ay^4 + 10a^2y^3 - 10a^3y^2 + 5a^4y - a^5$$

(3) 二項定理より

$$x^n = \{(x+a)-a\}^n$$

$$= \sum_{k=0}^{n} {}_nC_k(x+a)^{n-k}(-a)^k \quad \cdots\cdots①$$

x^n を $(x+a)^2$ で割った余りは，①において $k=n-1$，n のときの項の和であるから

$${}_nC_{n-1}(x+a)^1(-a)^{n-1} + {}_nC_n(x+a)^0(-a)^n$$

$$= n(x+a)(-a)^{n-1} + (-a)^n$$

$$= n(-a)^{n-1}x + (1-n)(-a)^n$$

(4) x^n を $(x+a)^{n-1}$ で割った余りは，①において $k=2$，$\cdots$，n のときの項の和であるから

$$\sum_{k=2}^{n} {}_nC_k (x+a)^{n-k}(-a)^k$$

よって，この余りの定数項は

$$\sum_{k=2}^{n} {}_nC_k a^{n-k}(-a)^k$$

$$= \sum_{k=0}^{n} {}_nC_k a^{n-k}(-a)^k - {}_nC_0 a^n(-a)^0 - {}_nC_1 a^{n-1}(-a)^1$$

$$= \{a+(-a)\}^n - a^n - (-na^n)$$

$$= (n-1)a^n$$

❖講　評

　大問 3 題の出題で，①が空所補充形式，②，③が記述式であった。証明問題は出題されなかったが，②で図示問題が出題された。

　①　(1)は指数関数の値を求める問題で，これは易しい。(2)の前半は $\cos\left(\dfrac{2}{5}\pi\right)$ の値を求める問題で，誘導に従うだけである。後半は，正五角形の 1 つの頂点から隣り合う 2 頂点へのベクトルの内積を求める問題で，前半で求めた値を用いて定義通り計算するだけである。(3)は外接するいくつかの円の中心や接点を通る直線の傾きを求める問題である。図を描けば，tan の 2 倍角の公式や加法定理を使うだけだとわかる。

　②　2 つの放物線で囲まれた図形の面積と回転体の体積に関する問題である。計算量は多くないので確実に解きたい。

　③　整式の割り算の余りを求める問題である。(1)は剰余の定理からすぐに求められる。(3)・(4)は二項定理を使う必要があるが，(2)の展開で二項定理の利用に気づける。

　解きにくい問題もなく，全体として標準的なレベルの出題であった。

◆数学科 学科別問題▶

（注）　解答は，東京理科大学から提供のあった情報を掲載しています。

1 **解答** (1)　$h_t(s) = f_t(g_t(s))$，$g_t(0) \leqq g_t(s) \leqq g_t(2)$ を示せばよい。これらは次のように示される。

$$f_t(g_t(s)) = (s\cos t - \cos t + 1)^2 - 2(s\cos t - \cos t + 1) + \sin t + 2$$
$$= s^2\cos^2 t - 2s\cos^2 t + \cos^2 t + \sin t + 1 = h_t(s)$$

$0 \leqq t \leqq \dfrac{\pi}{2}$ より，$\cos t \geqq 0$。それゆえ，$0 \leqq t < \dfrac{\pi}{2}$ のとき，$g_t(x)$ は増加関数であり，$t = \dfrac{\pi}{2}$ のとき，$g_t(x)$ は定値関数である。それゆえ，$0 \leqq s \leqq 2$ のとき，$g_t(0) \leqq g_t(s) \leqq g_t(2)$ となる。したがって，$0 \leqq s \leqq 2$ のとき，$P_t(s)$ は C_t 上にある。

(2)　$P_t(0) = (1 - \cos t,\ \cos^2 t + \sin t + 1)$，
　　　$P_t(1) = (1,\ \sin t + 1)$，
　　　$P_t(2) = (1 + \cos t,\ \cos^2 t + \sin t + 1)$

(3)　2

(4)　$\dfrac{\pi}{4} + \dfrac{4}{3}$

(5)　$\dfrac{\pi}{2}$

（注）　(3)～(5)については，答を導く過程は省略。

━━━━━━━━◀解　説▶━━━━━━━━

≪曲線が通過する部分の面積≫

(1)　$0 \leqq t \leqq \dfrac{\pi}{2}$ のとき $\cos t \geqq 0$ であるから，$g_t(s)$ は $0 \leqq s \leqq 2$ において非減少である。よって，$g_t(0) \leqq g_t(s) \leqq g_t(2)$ であり

$$f_t(g_t(s)) = \{g_t(s)\}^2 - 2g_t(s) + \sin t + 2$$
$$= (s\cos t - \cos t + 1)^2 - 2(s\cos t - \cos t + 1) + \sin t + 2$$
$$= s^2\cos^2 t + \cos^2 t + 1 - 2s\cos^2 t - 2\cos t + 2s\cos t$$
$$- 2s\cos t + 2\cos t - 2 + \sin t + 2$$

$$= s^2 \cos^2 t - 2s \cos^2 t + \cos^2 t + \sin t + 1$$
$$= h_t(s)$$

したがって，点 $P_t(s)$ は C_t 上にある。

(2)　　$g_t(0) = -\cos t + 1, \quad h_t(0) = \cos^2 t + \sin t + 1$

であるから

　　$P_t(0)\,(-\cos t + 1, \quad \cos^2 t + \sin t + 1)$

　　$g_t(1) = \cos t - \cos t + 1 = 1$

　　$h_t(1) = \cos^2 t - 2\cos^2 t + \cos^2 t + \sin t + 1 = \sin t + 1$

であるから

　　$P_t(1)\,(1, \quad \sin t + 1)$

　　$g_t(2) = 2\cos t - \cos t + 1 = \cos t + 1$

　　$h_t(2) = 4\cos^2 t - 4\cos^2 t + \cos^2 t + \sin t + 1 = \cos^2 t + \sin t + 1$

であるから

　　$P_t(2)\,(\cos t + 1, \quad \cos^2 t + \sin t + 1)$

(3)　曲線 $y = f_t(x)$ は下に凸な放物線で，軸の方程式は $x = 1$，y 切片は $\sin t + 2$ である。t が 0 から $\dfrac{\pi}{2}$ まで動くときに曲線 $y = f_t(x)$ の y 切片は 2 から 3 まで動くから，曲線 $C_t{}'$ が通過する部分は右図の網かけ部分（境界を含む）になる。よって，求める面積 S_1 は

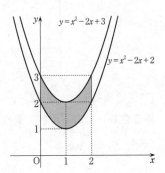

$$S_1 = \int_0^2 \{(x^2 - 2x + 3) - (x^2 - 2x + 2)\}\, dx$$
$$= \int_0^2 dx = \Big[x\Big]_0^2 = 2$$

(4)　　$C'' : x = \cos t + 1, \quad y = \cos^2 t + \sin t + 1 \quad \left(0 \le t \le \dfrac{\pi}{2}\right)$

である。

$$\frac{dx}{dt} = -\sin t \le 0$$

$$\frac{dy}{dt} = 2\cos t \cdot (-\sin t) + \cos t = \cos t\,(-2\sin t + 1)$$

$\cos t \geqq 0$ であるから，$\dfrac{dy}{dt}$ の符号は $-2\sin t+1$ が決めることに注意すると，C'' の追跡表は次のようになる。

t	0	$\cdots$	$\dfrac{\pi}{6}$	$\cdots$	$\dfrac{\pi}{2}$
$\dfrac{dx}{dt}$	0	$-$		$-$	
$\dfrac{dy}{dt}$		$+$	0	$-$	0
$(x,\ y)$	$(2,\ 2)$	↖	$\left(\dfrac{\sqrt{3}}{2}+1,\ \dfrac{9}{4}\right)$	↙	$(1,\ 2)$

よって，C'' の概形は下左図のようになる。

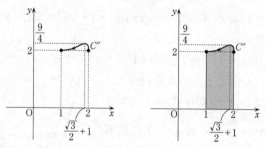

C'' と 3 直線 $x=1$，$x=2$，$y=0$ で囲まれる部分は上右図の網かけ部分（境界を含む）であるから，求める面積 S_2 は

$$S_2 = \int_1^2 y\,dx$$

$$= \int_{\frac{\pi}{2}}^0 (\cos^2 t + \sin t + 1) \cdot (-\sin t)\,dt$$

$$= \int_0^{\frac{\pi}{2}} (\cos^2 t + \sin t + 1) \cdot \sin t\,dt$$

$$= \int_0^{\frac{\pi}{2}} (\cos^2 t \sin t + \sin^2 t + \sin t)\,dt$$

$$= \int_0^{\frac{\pi}{2}} \left\{ -\cos^2 t \cdot (-\sin t) + \frac{1-\cos 2t}{2} + \sin t \right\} dt$$

$$= \left[-\frac{1}{3}\cos^3 t + \frac{1}{2}\left(t - \frac{1}{2}\sin 2t\right) - \cos t \right]_0^{\frac{\pi}{2}}$$

$$= -\frac{1}{3}(0-1) + \frac{1}{2}\left\{\frac{\pi}{2} - \frac{1}{2}(0-0)\right\} - (0-1)$$

$$= \frac{\pi}{4} + \frac{4}{3}$$

(5) 曲線 C_t の端点は $\mathrm{P}_t(0)$ と $\mathrm{P}_t(2)$ である。そして，2 点 $\mathrm{P}_t(0)$ と $\mathrm{P}_t(2)$ は直線 $x=1$ に関して対称であるから，t が 0 から $\frac{\pi}{2}$ まで動くときに点 $\mathrm{P}_t(0)$ が描く曲線 C''' は曲線 C'' を直線 $x=1$ に関して対称移動させたものになる。よって，(3)の過程も考慮すると，t が 0 から $\frac{\pi}{2}$ まで動くときに曲

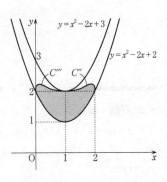

線 C_t が通過する部分は右上図の網かけ部分（境界を含む）になることがわかる。したがって，求める面積 S_3 は，対称性より

$$S_3 = 2 \times \left\{ S_2 - \int_1^2 (x^2 - 2x + 2)\, dx \right\}$$

$$= 2 \left\{ S_2 - \left[\frac{1}{3}x^3 - x^2 + 2x \right]_1^2 \right\}$$

$$= 2 \left\{ \left(\frac{\pi}{4} + \frac{4}{3} \right) - \frac{1}{3}(8-1) + (4-1) - 2(2-1) \right\}$$

$$= \frac{\pi}{2}$$

② 解答 （答を導く過程は省略）

(1) $\alpha = 2s, \ -t$

(2) 図の斜線部分，ただし，境界を含む。

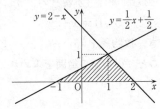

(3) $-4 \leqq 2s - t - 5s^2 t^2 \leqq 2$

(4) 図の斜線部分，ただし，境界を含む。

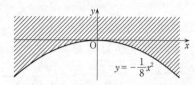

$y = -\dfrac{1}{8}x^2$

◀解　説▶

≪点の動く範囲≫

(1) $x = 2s - t$, $y = st$ のとき，α の２次方程式

$$\alpha^2 - x\alpha - 2y = 0 \quad \cdots\cdots ①$$

の解は

$$\alpha^2 - (2s - t)\alpha - 2st = 0$$

$$(\alpha - 2s)(\alpha + t) = 0$$

$$\therefore \quad \alpha = 2s, \ -t$$

(2) $0 \leqq s \leqq 1$, $0 \leqq t \leqq 1$ のとき，$0 \leqq 2s \leqq 2$, $-1 \leqq -t \leqq 0$ であるから，①が $0 \leqq \alpha \leqq 2$, $-1 \leqq \alpha \leqq 0$ の範囲に１つずつ実数解をもつ x, y の条件を求め図示すればよい。

①の左辺を $f(\alpha)$ とおくと，求める x, y の条件は

$$\begin{cases} f(-1) = 1 + x - 2y \geqq 0 \\ f(0) = -2y \leqq 0 \\ f(2) = 4 - 2x - 2y \geqq 0 \end{cases}$$

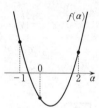

$$\therefore \quad \begin{cases} y \leqq \dfrac{1}{2}x + \dfrac{1}{2} \\ y \geqq 0 \\ y \leqq 2 - x \end{cases}$$

よって，点 P(x, y) が動く範囲は〔解答〕のようになる。

(3) $\quad 2s - t - 5s^2t^2 = (2s - t) - 5(st)^2 = x - 5y^2$

である。これを k とおき，放物線 $x = 5y^2 + k$ $\quad\cdots\cdots②$と(2)で求めた領域が共有点をもつときの k のとり得る値の範囲を求めればよい。

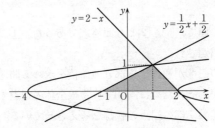

ここで，放物線②が点 (2, 0) を通るとき

$$2 = 5 \cdot 0^2 + k \quad \therefore \quad k = 2$$

また，放物線②が点 (1, 1) を通るとき

$$1 = 5 \cdot 1^2 + k \quad \therefore \quad k = -4$$

よって，k すなわち $2s - t - 5s^2t^2$ のとり得る値の範囲は

$$-4 \leq 2s - t - 5s^2t^2 \leq 2$$

(4) s, t が実数のとき，$2s$, $-t$ も実数であるから，①が 2 つの実数解を もつ x, y の条件を求め図示すればよい。

求める x, y の条件は，①の判別式を考えて

$$x^2 + 8y \geq 0$$

$$\therefore \quad y \geq -\frac{1}{8}x^2$$

よって，点 $\mathrm{P}(x, y)$ が動く範囲は〔解答〕のようになる。

❖講　評

　大問 2 題の出題で，[1]，[2]とも記述式であった。[1]で証明問題が，[2]で図示問題が出題された。

　[1]　放物線の一部が通過する部分の面積を求める問題である。最終目標は(5)であるが，そのために，(3)で放物線全体の通過する部分を考えさせ，(4)で放物線の一部の端点の軌跡を考えさせている。一般に，曲線の一部の通過する部分を求めるのは難しいが，設問の順に解いていけば求められるように誘導されているから解きやすくなっている。そのため適度な難易度になっているが，ボリュームはかなりある。

　[2]　2 つの媒介変数で表される点の動く範囲を図示する問題である。2 次方程式の解の配置問題に誘導してあるので，容易に解ける。学科別問題としては易しいので確実に解答したい。

　重い問題と軽い問題のセットであり，平均すれば標準的なレベルの出題であった。

物理

（注）　解答は，東京理科大学から提供のあった情報を掲載しています。

1 解答

(1)(ア)— 3　(イ)— 0　(ウ)— 4　(エ)— 7

(2)(オ)— 0　(カ)— 4

(3)(キ)— 4　(ク)— 7　(ケ)— 0

◀解　説▶

≪摩擦力と空気の抵抗力を受ける斜面上の小物体の運動≫

(1)(ア)　斜面に垂直な方向の力のつり合いより

$$N = mg\cos 30° = \frac{\sqrt{3}}{2}mg \,〔\text{N}〕$$

(イ)

$$ma = mg\sin 30° - \frac{1}{2\sqrt{3}}N - kv$$

この式に(ア)の結果を代入して

$$ma = \frac{mg}{4} - kv \quad \cdots\cdots①$$

(ウ)　$ma = \dfrac{mg}{4} - kv_\mathrm{f} = 0$ より　　$v_\mathrm{f} = \dfrac{1}{4}\dfrac{mg}{k} \,〔\text{m/s}〕$

(エ)　(ア)と(ウ)より

$$\left| \left(-\frac{1}{2\sqrt{3}}N - kv_\mathrm{f} \right) v_\mathrm{f} \right| = \frac{(mg)^2}{8k} \,〔\text{J/s}〕$$

(2)(オ)　①で $v = v_0 = 0$ として

$$ma_0 = \frac{mg}{4}$$

(カ)　等加速度運動の式より

$$v_1 = v_0 + a_0 t_1 = \frac{1}{4}gt_1 \,〔\text{m/s}〕$$

(3)(キ)　$ma_1 = \dfrac{1}{4}mg - kv_1$

(ク) $t_1 = \dfrac{t_2}{2}$ より, $v_1 = \dfrac{1}{8} gt_2$ となるから, (キ)より

$$a_1 = \frac{1}{4} g - \frac{kgt_2}{8m}$$

$$v_2 = v_1 + a_1(t_2 - t_1) = \frac{1}{8} gt_2 + \left(\frac{1}{4} g - \frac{kgt_2}{8m} \right) \left(t_2 - \frac{t_2}{2} \right)$$

$$= \frac{gt_2}{4} \left(1 - \frac{kt_2}{4m} \right) \text{[m/s]}$$

(ケ) $a_n = \dfrac{1}{4} g - \dfrac{kv_n}{m}$ を用いて, 等加速度運動の式より

$$v_n = v_{n-1} + \left(\frac{1}{4} g - \frac{kv_{n-1}}{m} \right) \Delta t$$

の関係において, $v_n = v_{n-1} = \alpha$ とすると, $\alpha = \dfrac{mg}{4k} = v_\mathrm{f}$ となるから

$$v_n - v_\mathrm{f} = \left(1 - \frac{k}{m} \Delta t \right) (v_{n-1} - v_\mathrm{f})$$

$$v_{n-1} - v_\mathrm{f} = \left(1 - \frac{k}{m} \Delta t \right) (v_{n-2} - v_\mathrm{f})$$

$$\vdots$$

$$v_1 - v_\mathrm{f} = \left(1 - \frac{k}{m} \Delta t \right) (v_0 - v_\mathrm{f})$$

辺々をかけて

$$v_n - v_\mathrm{f} = \left(1 - \frac{k}{m} \Delta t \right)^n (v_0 - v_\mathrm{f})$$

$v_0 = 0$, $t_n = n\Delta t$ を用いると

$$v_n = v_\mathrm{f} \left\{ 1 - \left(1 - \frac{k}{m} \frac{t_n}{n} \right)^n \right\} \text{[m/s]}$$

2 解答

(1)(ア)— 2　(イ)— 3

(2)(ウ)— 1　(エ)— 4　(オ)— 6

(3)(カ)— 4　(キ)— 5

(4)(ク)— 0　(ケ)— 0　(コ)— 2　(サ)— 4　(シ)— 4

■■■■■■　◀解　説▶

≪断熱変化と定積変化からなる熱サイクルの熱効率≫

(1)(ア)　気体定数を R 〔J/(mol·K)〕とすると，気体の状態方程式より

$$p_0 V_0 = R T_0 \quad \therefore \quad R = \frac{p_0 V_0}{T_0} \quad \cdots\cdots ①$$

単原子分子理想気体なので，定積モル比熱は

$$C_V = \frac{3}{2} R = \frac{3}{2} \frac{p_0 V_0}{T_0} 〔J/(mol·K)〕$$

(イ)　マイヤーの関係式より

$$C_p = C_V + R = \frac{5}{2} R = \frac{5}{2} \frac{p_0 V_0}{T_0} 〔J/(mol·K)〕$$

(2)(ウ)・(エ)　状態Aでの気体の圧力を p_A〔Pa〕とすると，$\dfrac{C_p}{C_V} = \dfrac{5}{3}$ なので，

断熱変化における圧力と体積の関係より

$$p_A \left(\frac{V_0}{8} \right)^{\frac{5}{3}} = p_0 V_0^{\frac{5}{3}} \quad \therefore \quad p_A = 32 \times p_0 〔Pa〕$$

状態Aでの気体の温度を T_A〔K〕とすると，気体の状態方程式より

$$32 \times p_0 \times \frac{V_0}{8} = R T_A$$

①を代入して

$$T_A = 4 \times T_0 〔K〕$$

(オ)　気体がした仕事を W_{OA}〔J〕とすると，熱力学第一法則より

$$\frac{3}{2} R (4T_0 - T_0) = 0 - W_{OA}$$

①より　　　$W_{OA} = -\dfrac{9}{2} \times p_0 V_0 〔J〕$

(3)(カ)　気体が吸収した熱量を Q_{AB}〔J〕とすると，気体の温度が $8T_0$〔K〕に変化するから，定積モル比熱を用いて，①より

$$Q_{AB} = \frac{3}{2} R (8T_0 - 4T_0) = 6RT_0 = 6 \times p_0 V_0 〔J〕$$

(キ)　状態Bでの気体の圧力を p_B〔Pa〕とすると，気体の状態方程式より

$$p_B \cdot \frac{V_0}{8} = R \cdot 8T_0$$

①より $p_B = 64 \times p_0 \,[\text{Pa}]$

(4)(ク) 状態Cでの気体の圧力を $p_C\,[\text{Pa}]$ とすると，断熱変化における圧力と体積の関係より

$$p_C V_0^{\frac{5}{3}} = 64 p_0 \left(\frac{V_0}{8}\right)^{\frac{5}{3}} \quad \therefore \quad p_C = 2 \times p_0 \,[\text{Pa}]$$

(ケ) 状態Cでの気体の温度を $T_C\,[\text{K}]$ とすると，気体の状態方程式より

$$2p_0 V_0 = R T_C$$

①より $T_C = 2 \times T_0 \,[\text{K}]$

(コ) 気体がした仕事を $W_{BC}\,[\text{J}]$ とすると，熱力学第一法則より

$$\frac{3}{2} R (2T_0 - 8T_0) = 0 - W_{BC}$$

①より $W_{BC} = 9 \times p_0 V_0 \,[\text{J}]$

(サ) 気体が吸収した熱量を $Q_{CO}\,[\text{J}]$ とすると，定積モル比熱を用いて，①より

$$Q_{CO} = \frac{3}{2} R (T_0 - 2T_0) = -\frac{3}{2} R T_0 = -\frac{3}{2} \times p_0 V_0 \,[\text{J}]$$

(シ) 熱を吸収する過程が状態A→状態Bだけであり，仕事をする過程が状態O→状態Aと状態B→状態Cであるから，熱効率 e は

$$e = \frac{W_{OA} + W_{BC}}{Q_{AB}} = \frac{-\dfrac{9}{2} \times p_0 V_0 + 9 \times p_0 V_0}{6 \times p_0 V_0} = \frac{3}{4}$$

3 **解答** (1)(ア)— 4 (イ)— 4 (ウ)— 1 (エ)— 6
(2)(オ)— 7 (カ)— 6
(3)(キ)— 0 (ク)— 2 (ケ)— 2 (コ)— 1
(4)(サ)— 5 (シ)— 2

◀解 説▶

≪コンデンサーの極板間の電場と極板間力≫

(1)(ア) 電場の大きさを $E\,[\text{N/C}]$ とすると，球面の面積が $4\pi r^2\,[\text{m}^2]$ より，単位面積当たりの電気力線の本数 E は

$$E = \frac{N}{4\pi r^2} \text{本}$$

(イ) 点電荷がつくる電場の式より

$$E = \frac{kQ}{r^2} \, [\mathrm{N/C}]$$

㈬ ㈠と㈡の 2 式より

$$\frac{N}{4\pi r^2} = \frac{kQ}{r^2} \qquad \therefore \quad N = 4\pi kQ \text{ 本}$$

㈢ 求める電場の強さを $E_1 [\mathrm{N/C}]$ とすると，円筒の上の面を貫く電気力線の本数は $2\pi kQ$ より

$$E_1 = \frac{2\pi kQ}{S} \, [\mathrm{N/C}]$$

(2)㈠ 極板間の電場の強さを $E_0 [\mathrm{N/C}]$ とする。極板Aと極板Bがそれぞれ単独に存在するときを考えると，極板間には極板Aから出る電気力線の本数が $2\pi kQ$，極板Bに入る電気力線の本数が $2\pi kQ$ であるから，電場の重ね合わせより

$$E_0 = \frac{2\pi kQ}{S} + \frac{2\pi kQ}{S} = \frac{4\pi kQ}{S}$$

一方，電場は電位の傾きより

$$E_0 = \frac{V_0}{d}$$

以上の 2 式より

$$V_0 = \frac{4\pi kQd}{S} \, [\mathrm{V}]$$

㈫ 極板Aの電荷にはたらく力は，極板Bが極板Aの位置につくる電場の強さが $\frac{2\pi kQ}{S} [\mathrm{N/C}]$ より

$$F_0 = \frac{2\pi kQ^2}{S} \, [\mathrm{N}]$$

(3)㈭・㈮ 導体板Dの電位を $V_\mathrm{D} [\mathrm{V}]$，導体板Dの上面に現れる電荷を $Q' [\mathrm{C}]$ とすると，AD 間の電場の強さ $E_\mathrm{AD} [\mathrm{N/C}]$，DB 間の電場の強さ $E_\mathrm{DB} [\mathrm{N/C}]$ はそれぞれ

$$E_\mathrm{AD} = \frac{4\pi kQ'}{S} = \frac{V_\mathrm{D}}{\dfrac{d}{2}}$$

$$E_{DB} = \frac{4\pi k (Q - Q')}{S} = \frac{V_D}{\dfrac{d}{4}}$$

以上の 2 式より

$$V_D = \frac{1}{6} \times \frac{4\pi k Q d}{S} = \frac{1}{6} \times V_0 〔V〕$$

$$Q' = \frac{1}{3} \times Q 〔C〕$$

(ケ)・(コ) 導体板 D 上では,極板 A の電荷がつくる電場が強さ $\dfrac{1}{2}E_{AD}$〔N/C〕

で A に向かう向き,極板 B の電荷がつくる電場が強さ $\dfrac{1}{2}E_{DB}$〔N/C〕で B

に向かう向きである。

$E_{AD} = \dfrac{4\pi k Q}{3S}$, $E_{DB} = \dfrac{8\pi k Q}{3S}$ より,$\dfrac{1}{2}E_{DB} > \dfrac{1}{2}E_{AD}$ であり,$Q > 0$ であるから,

導体板 D にはたらく力は合成された電場の向きに等しく極板 B に引きつけ

られる向きで,その大きさ F_D〔N〕は

$$F_D = Q \left(\frac{1}{2}E_{DB} - \frac{1}{2}E_{AD} \right) = \frac{2\pi k Q^2}{3S} = \frac{1}{3} \times F_0 〔N〕$$

(4)(サ) 極板 A に $+q$〔C〕の電荷が蓄えられたとすると,導体板 D は初め
帯電していなかったことと,また静電誘導により,導体板 D の上面には
$-q$〔C〕の電荷が,下面には $+q$〔C〕の電荷が現れるので,AD 間と BD
間の電場は等しくなる。この強さを E'〔N/C〕,AD 間の距離を x〔m〕と
して,AD 間と DB 間の電位差についてそれぞれ式をたてると

$$E'x = \frac{2}{3}V$$

$$E' \left(d - \frac{d}{4} - x \right) = V - \frac{2}{3}V$$

以上の 2 式より

$$x = \frac{1}{2} \times d 〔m〕$$

(シ) 導体板 D は全体としては帯電していないので,電場からは力を受けな
い。AD 間の距離は $\dfrac{1}{2}d$〔m〕,DB 間の距離は $\dfrac{1}{4}d$〔m〕なので,導体板 D

にはたらく力のつり合いより

$$0 = K\left(\frac{1}{2}d - l_0\right) - K\left(\frac{1}{4}d - l_0\right) - ma$$

$$\therefore \quad a = \frac{1}{4} \times \frac{Kd}{m} \ [\mathrm{m/s^2}]$$

$\boxed{4}$ **解答**　(1)(ア)— 3　(イ)— 4

(2)(ウ)— 5　(エ)— 3　(オ)— 7　(カ)— 1　(キ)— 5　(ク)— 4

(ケ)— 0　(コ)— 1

(3)(サ)— 7　(シ)— 4　(ス)— 1

━━━━◀解　説▶━━━━

≪光子と原子の衝突，原子からの光子の放出による運動量とエネルギーの保存≫

(1)(ア)　光子のエネルギーは $h\nu_0$〔J〕より

$$h\nu_0 = E_b - E_a \quad \therefore \quad \nu_0 = \frac{E_b - E_a}{h} \ [\mathrm{Hz}]$$

(イ)　波の基本式 $c = \nu_0 \lambda_0$ に(ア)の結果を代入して

$$\lambda_0 = \frac{ch}{E_b - E_a} \ [\mathrm{m}]$$

(2)(ウ)　エネルギー保存則は

$$\frac{1}{2}mv^2 + E_a + \varepsilon_1 = \frac{1}{2}mu_1^2 + E_b \quad \cdots\cdots(\mathrm{a})$$

(エ)　$mv + p_1\cos\theta = mu_1\cos\phi_1 \quad \cdots\cdots(\mathrm{b})$

(オ)　$p_1\sin\theta = mu_1\sin\phi_1 \quad \cdots\cdots(\mathrm{c})$

(カ)　$\varepsilon_1 = h\nu_1 = \dfrac{ch}{\lambda_1}$, $p_1 = \dfrac{h}{\lambda_1}$ より　　$\varepsilon_1 = p_1 c$

(キ)　(b), (c)の辺々をそれぞれ2乗して加えると

$$m^2u_1^2 = m^2v^2 + 2mvp_1\cos\theta + p_1^2$$

両辺を $2m$ で割って，$p_1 = \dfrac{\varepsilon_1}{c}$ を用いて整理すると

$$\frac{1}{2}mu_1^2 - \frac{1}{2}mv^2 = \varepsilon_1 \times \left(\frac{v}{c}\cos\theta + \frac{\varepsilon_1}{2mc^2}\right)$$

(ク)　与えられた近似を用いて

$$\frac{1}{2}mu_1{}^2 - \frac{1}{2}mv^2 = \frac{\varepsilon_1 v}{c}\cos\theta$$

これを(a)に代入して，$\varepsilon_1 = \dfrac{ch}{\lambda_1}$ より

$$\frac{ch}{\lambda_1}\left(1 - \frac{v}{c}\cos\theta\right) = E_b - E_a$$

$$\therefore\quad \lambda_1 = \left(1 - \frac{v}{c}\cos\theta\right) \times \frac{ch}{E_b - E_a} = \lambda_0 \times \left(1 - \frac{v}{c}\cos\theta\right)\ [\mathrm{m}]$$

(ケ)　$\theta = \pi$ より

$$\lambda_1 = \lambda_0 \times \left(1 + \frac{v}{c}\right) > \lambda_0$$

(コ)　$\theta = \pi$ より

$$\frac{1}{2}mu_1{}^2 - \frac{1}{2}mv^2 = \frac{\varepsilon_1 v}{c}\cos\pi < 0$$

(3)(サ)　エネルギー保存則は

$$\frac{1}{2}mv^2 + E_b = \frac{1}{2}mu_2{}^2 + E_a + \varepsilon_2 \quad\cdots\cdots(\mathrm{a}')$$

運動量保存則は

$$x\,方向：mv = mu_2\cos\phi_2 + p_2\cos\theta$$
$$\Longleftrightarrow mu_2\cos\phi_2 = mv - p_2\cos\theta \quad\cdots\cdots(\mathrm{b}')$$
$$y\,方向：0 = mu_2\sin\phi_2 - p_2\sin\theta$$
$$\Longleftrightarrow mu_2\sin\phi_2 = p_2\sin\theta \quad\cdots\cdots(\mathrm{c}')$$

(b′)，(c′)の辺々をそれぞれ 2 乗して加え，両辺を $2m$ で割って，$p_2 = \dfrac{\varepsilon_2}{c}$ を用いて整理すると

$$\frac{1}{2}mu_2{}^2 - \frac{1}{2}mv^2 = \varepsilon_2 \times \left(-\frac{v}{c}\cos\theta + \frac{\varepsilon_2}{2mc^2}\right)$$

(シ)　与えられた近似を用いて

$$\frac{1}{2}mu_2{}^2 - \frac{1}{2}mv^2 = -\frac{\varepsilon_2 v}{c}\cos\theta$$

これを(a′)に代入して，$\varepsilon_2 = \dfrac{ch}{\lambda_2}$ より

$$\frac{ch}{\lambda_2}\left(1 - \frac{v}{c}\cos\theta\right) = E_b - E_a$$

$$\therefore\quad \lambda_2=\left(1-\frac{v}{c}\cos\theta\right)\times\frac{ch}{E_b-E_a}=\left(1-\frac{v}{c}\cos\theta\right)\times\lambda_0\,[\mathrm{m}]$$

(ス)　$\theta=0$ より　　$\lambda_2=\left(1-\dfrac{v}{c}\right)\times\lambda_0<\lambda_0$

❖講　評

　2022年度は，大問4題が力学，熱力学，電磁気，原子の4分野からの出題となり，波動の分野からは出題されなかった。問題量は2021年度より少し増えた。難度は2021年度よりやや難しくなった。時間的な余裕もあまりないかもしれないので，手際よく解いていきたい。

　1　摩擦力と空気の抵抗力を受ける斜面上の小物体の運動の問題。前半は摩擦力と空気抵抗を受けた物体の運動方程式から，終端速度を求めるので，基礎的である。しかし，後半は微小時間に分けて加速度を求め，等加速度運動の式より，次の区間の速度を求めていく。そして漸化式をつくって，n番目の区間の速度を終端速度を用いて求める。この数列が終端速度に収束することに思考が向けば，式を変形できるが，難しかったと思われる。前半で得点したい。

　2　断熱変化と定積変化からなる熱サイクルの熱効率の問題。断熱変化ではまずポアソンの式を用いて，圧力や体積を求めて，それから気体の状態方程式により，温度を求める。また，気体がした仕事は，熱力学第一法則より求める。熱効率を求めるとき，分母は熱を吸収した過程での熱のみであることに注意しよう。断熱変化での仕事やポアソンの式の使い方に慣れていれば，難しくなかっただろう。

　3　コンデンサーの極板間の電場と極板間力の問題。電場は単位面積当たりの電気力線の本数でも表されることの理解が必要であった。また，極板にはたらく力を求めるときは，自極板の電荷がつくる電場は入れないので，極板間の電場の$\dfrac{1}{2}$となる。また，帯電していない導体板を入れたときは真空部分の電場はどちらの強さも等しい。類題をこなしていて，電場についてしっかり理解していたかどうかが得点を分けたであろう。

　4　光子と原子の衝突，原子からの光子の放出による運動量とエネル

ギーの保存の問題。光子の運動量とエネルギーの基礎知識だけでなく，エネルギー準位も考えたエネルギー保存の式と運動量の保存の式をたて，結果より，波長の変化を考える。計算量が多いことや近似の用い方などの慣れも必要であり，また，原子分野は他の分野に比べて慣れていない受験生も多いので，苦戦したのではないかと考えられる。

　全体としてみると，標準的な内容が多くを占めている。各大問は，前半に基本的な問題が配置され，後半になるとやや発展的な問題が登場するという形で難易度に傾斜がつけられていることが多い。後半の問題も誘導に従えば最後まで解けるものも多い。前半を着実に得点し，後半でどれだけ上積みできるかがポイントである。物理的な思考力や状況把握力をしっかりと身につけて臨みたい。

■化学■

（注）　解答は，東京理科大学から提供のあった情報を掲載しています。

1 解答 (1)—1　(2)—1　(3)—4　(4)—2　(5)—3

◀解　説▶

≪電池と電気分解≫

(1)　a・b．正しい。

(2)　a・b．正しい。

(3)　a．誤り。燃料電池は，水素などが放電して電子を放出し，酸化されるときの反応を起電力としている。酸化反応ではあるが，水素が燃焼しているわけではない。

b．誤り。リチウムイオン電池は，イオン化傾向の大きいリチウムを活物質に用いているので，軽量で起電力も大きい。

(4)　a．正しい。

b．誤り。陰極では銅(Ⅱ)イオンが電子を受け取り，金属の銅が析出する。

(5)　a．誤り。アルミニウムは水素よりもイオン化傾向が大きいので，アルミニウム塩の水溶液を電気分解すると，水素イオンが還元されて気体の水素が発生し，アルミニウムの単体は得られない。

b．正しい。

2 解答 (1)—4　(2)—4　(3)—1
(4)ア—3　イ—1　ウ—7　エ—3　オ—5　(5)3

◀解　説▶

≪金属元素の性質と反応≫

(1)　酸化力の強い濃硝酸にニッケルを加えると，ニッケルの表面に緻密な酸化被膜を生じて内部が保護され不動態となる。このときニッケル表面には，ニッケルの酸化物が生じており，水溶性の硝酸ニッケルは生じない。よって，4が誤り。

(2)　銀を空気中に長期間放置すると，空気中にわずかに含まれる硫化水素と反応して，黒色の硫化銀を生じる。

(3)　銑鉄は炭素含有量が多くて硬いが，展性や延性がなく，もろく割れやすい性質を有するので，鉄骨ではなく鋳物などに用いられる。よって，1が誤り。

(4)　ア．銅は濃硝酸と次のように反応して，赤褐色の気体である二酸化窒素が発生する。

$$Cu + 4HNO_3 \longrightarrow Cu(NO_3)_2 + 2H_2O + 2NO_2 \quad \cdots\cdots ①$$

イ．銅は希硝酸と次のように反応して，無色の気体である一酸化窒素が発生する。

$$3Cu + 8HNO_3 \longrightarrow 3Cu(NO_3)_2 + 4H_2O + 2NO \quad \cdots\cdots ②$$

ウ．反応式①より，Cu 1.0 mol から NO_2 は 2.0 mol 発生する。

エ．反応式②より，Cu 3.0 mol から NO は 2.0 mol 発生するので，Cu 1.0 mol から発生する NO の物質量は

$$2.0 \times \frac{1}{3} = 0.666 \fallingdotseq 0.67 \text{〔mol〕}$$

となる。

オ．銅 1.0 mol が溶けたときに発生した NO_2 と NO の物質量をそれぞれ x〔mol〕，y〔mol〕とすると，合計で 1.0 mol の気体が発生したことから次の式が成り立つ。

$$x + y = 1.0 \quad \cdots\cdots ③$$

また，NO_2 の発生に使われた銅の物質量は反応式①より $\frac{x}{2}$〔mol〕，NO の発生に使われた銅の物質量は反応式②より $\frac{3}{2}y$〔mol〕なので，反応した銅の物質量について，次の式が成り立つ。

$$\frac{x}{2} + \frac{3}{2}y = 1.0 \quad \cdots\cdots ④$$

③，④式を連立させて解くと　　$x = 0.50$〔mol〕，$y = 0.50$〔mol〕
よって，発生した NO_2 は 0.50 mol である。

(5)　反応式①より，NO_2 の発生に関与する硝酸の物質量は $\frac{4}{2}x$〔mol〕，反

応式②より，NO の発生に関与する硝酸の物質量は $\frac{8}{2}y$〔mol〕なので，反応に関与した硝酸の物質量の合計は次のようになる。

$$\frac{4}{2}x+\frac{8}{2}y=\frac{4}{2}\times 0.50+\frac{8}{2}\times 0.50=3.0\,\text{〔mol〕}$$

3 解答

(1)(A) *a*. 8　*b*. 9　p. 3　*c*. 0
(B) *a*. 4　*b*. 9　p. 3　*c*. 0
(C) *a*. 4　*b*. 0　p. 3　*c*. 0
(D) *a*. 3　*b*. 9　p. 3　*c*. 0
(2) *a*. 6　*b*. 5　p. 3　*c*. 1
(3) *a*. 8　*b*. 7　p. 3　*c*. 0

◀解　説▶

≪銅と亜鉛の沈殿生成，体心立方格子，面心立方格子≫

(1)(A) 黄銅 5.8g に含まれる銅（原子量：64）と亜鉛（原子量：65）の物質量をそれぞれ x〔mol〕，y〔mol〕とすると，物質量比が 5：4 であることから，次の 2 つの式が成り立つ。

$x：y=5：4$

$64x+65y=5.8$

上式を解いて　　$x=0.05$〔mol〕，$y=0.04$〔mol〕

銅と亜鉛は硝酸に溶解し，水酸化ナトリウム水溶液を加えると沈殿が生じる。

$$Cu \xrightarrow{HNO_3} Cu^{2+} \xrightarrow{NaOH} Cu(OH)_2$$

$$Zn \xrightarrow{HNO_3} Zn^{2+} \xrightarrow{NaOH} Zn(OH)_2$$

よって，$Cu(OH)_2$（式量：98.0）と $Zn(OH)_2$（式量：99.0）の沈殿の質量の合計は次のようになる。

$$98.0\times 0.05+99.0\times 0.04=8.86 \fallingdotseq 8.9\,\text{〔g〕}$$

(B) 水酸化ナトリウム水溶液を過剰に加えると，両性水酸化物である $Zn(OH)_2$ の沈殿は $[Zn(OH)_4]^{2-}$ となって溶解し，$Cu(OH)_2$ の沈殿のみが残るので，その質量は次のようになる。

$$98.0\times 0.05=4.9\,\text{〔g〕}$$

(C) $Cu(OH)_2$ を加熱すると，次のような反応で酸化銅（Ⅱ）CuO に変化する。

$$Cu(OH)_2 \longrightarrow CuO + H_2O$$

よって，生じる CuO（式量：80）の質量は次のようになる。

$$80 \times 0.05 = 4.0 \,(g)$$

(D) 塩基性条件下で硫化水素を通じると，ZnS（式量：97）の白色沈殿を 0.04 mol 生じるので，その質量は次のようになる。

$$97 \times 0.04 = 3.88 \fallingdotseq 3.9 \,(g)$$

(2) 体心立方格子の単位格子中には原子 2 個が存在し，原子 1 個の質量は原子量を M とすると，アボガドロ定数 6.0×10^{23}/mol を用いて $\dfrac{M}{6.0 \times 10^{23}}$ 〔g〕と表せる。

よって，単位格子の一辺の長さを 3.0×10^{-8} cm，単体の密度を 8.0 g/cm^3 とすると，次の式が成り立つ。

$$\frac{\frac{M}{6.0 \times 10^{23}} \times 2}{(3.0 \times 10^{-8})^3} = 8.0 \qquad \therefore \quad M = 64.8 \fallingdotseq 6.5 \times 10^1$$

(3) 体心立方格子の一辺の長さを l，原子半径を r とすると，下図より l と r の関係式は次のようになる。

$$\sqrt{3}\,l = 4r \qquad \therefore \quad l = \frac{4r}{\sqrt{3}}$$

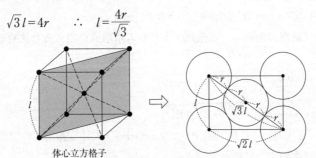

体心立方格子

原子半径 r の原子の結晶構造が面心立方格子に変化したときの，面心立方格子の一辺の長さを l' とすると，次図より l' と r の関係式は次のようになる。

$$\sqrt{2}\,l' = 4r \qquad \therefore \quad l' = \frac{4r}{\sqrt{2}}$$

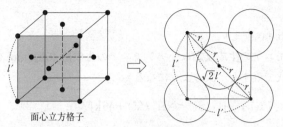

面心立方格子

体心立方格子から面心立方格子に結晶構造が変化するとき，単位格子に含まれる原子数は 2 個から 4 個に変化するので，体積は l^3 から $(l')^3 \times \dfrac{1}{2}$ に変化する。よって，密度 $8.0\,\mathrm{g/cm^3}$ の金属が体心立方格子から面心立方格子に変化したときの密度は次のようになる。

$$8.0 \times \frac{l^3}{(l')^3 \times \dfrac{1}{2}} = 8.0 \times \frac{\left(\dfrac{4r}{\sqrt{3}}\right)^3}{\left(\dfrac{4r}{\sqrt{2}}\right)^3 \times \dfrac{1}{2}} = 8.0 \times \frac{2\sqrt{2}}{3\sqrt{3}} \times 2$$

$$= 8.69 \fallingdotseq 8.7 \,[\mathrm{g/cm^3}]$$

$\boxed{4}$ 解答 (1)アー 4 　イー 6 　ウー 5 　(2)― 7 　(3)― 9 　(4)― 6

(5)キー 5 　クー 3 　ケー 2 　コー 3 　サー 3

◀解　説▶

≪水素と酸素の同位体，元素の周期律，結合エネルギー，pH と電離度，圧平衡定数≫

(1)　ア．2 種類の水素原子 2 個と，3 種類の酸素原子 1 個からなる水分子 H_2O の種類は，次の 9 種類の組み合わせがある。

$$\begin{pmatrix} {}^1H^1H \\ {}^1H^2H \\ {}^2H^2H \end{pmatrix} \times \begin{pmatrix} {}^{16}O \\ {}^{17}O \\ {}^{18}O \end{pmatrix} = 3 \times 3 = 9$$

イ．最も存在量の少ない水分子 ${}^2H_2{}^{17}O$ に含まれる中性子の総数は

$$1 + 1 + 9 = 11 \text{ 個}$$

である。

ウ．${}^2H_2{}^{17}O$ に含まれる電子の総数は

$$1 + 1 + 8 = 10 \text{ 個}$$

である。

(2) (a)・(b)・(c)正しい。

(3) アンモニアの生成反応は，アンモニアの生成熱 46 kJ/mol を用いて熱化学方程式で表すと，次のようになる。

$$\frac{1}{2}N_2 (気) + \frac{3}{2}H_2 (気) = NH_3 (気) + 46\,kJ$$

上式において，N–H の結合エネルギーを x〔kJ/mol〕とすると，次の式が成り立つ。

$$-\frac{940}{2} - \frac{3}{2} \times 436 + 3x = 46 \quad \therefore \quad x = 390\,〔kJ/mol〕$$

(4) (a)誤り。NaHCO₃ 水溶液は塩基性を示す。

(b)・(c)正しい。

(5) キ．反応した C (固) の質量だけ気体の質量が増加するので，反応した C (固) の物質量は $\dfrac{0.12}{12} = 0.010$〔mol〕とわかる。

よって，平衡状態における各物質の物質量は次のようになる。

	CO₂ (気)	+	C (固)	⇌	2CO (気)	
はじめ	0.030		0.020		0	〔mol〕
平衡状態	0.030−0.010		0.020−0.010		0.010×2	
	=0.020		=0.010		=0.020	〔mol〕

平衡時の CO₂ (分子量：44) の物質量は 0.020 mol，CO (分子量：28) の物質量は 0.020 mol なので，混合気体の平均分子量は次のように求められる。

$$44 \times \frac{0.020}{0.020 + 0.020} + 28 \times \frac{0.020}{0.020 + 0.020} = 36$$

ク．全圧は 1.00×10^5 Pa，CO₂ と CO の物質量はそれぞれ 0.020 mol と 0.020 mol であることから，CO₂ の分圧は

$$p(CO_2) = 1.00 \times 10^5 \times \frac{0.020}{0.020 + 0.020} = 5.00 \times 10^4 \,〔Pa〕$$

CO の分圧は

$$p(CO) = 1.00 \times 10^5 \times \frac{0.020}{0.020 + 0.020} = 5.00 \times 10^4 \,〔Pa〕$$

よって，圧平衡定数の値は

$$K_p = \frac{p(CO)^2}{p(CO_2)} = \frac{(5.00 \times 10^4)^2}{5.00 \times 10^4} = 5.0 \times 10^4 \,[Pa]$$

ケ．圧縮して全圧を高くすると，気体分子数の減少する左向きに平衡移動してCOが減少する。

コ．固体を少量加えても平衡移動しないので，COの物質量は変化しない。

サ．体積を一定に保ってHeを加えると，全圧は増加するが，反応に関係するCO₂とCOの分圧に変化はないので，平衡は移動せずCOの物質量は変化しない。

5 解答 アー1 イー4 ウー8 エー5 オー6 カー2
キー3

◀解 説▶

≪気体の法則，飽和蒸気圧，分圧の法則≫

ア．H_2O がすべて気体であるとして，その水蒸気の分圧を $p_{H_2O}\,[Pa]$ とすると，気体の状態方程式より次の式が成り立つ。

$$p_{H_2O} \times 100 = 0.300 \times 8.31 \times 10^3 \times (27 + 273)$$

$$\therefore \quad p_{H_2O} = 7.479 \times 10^3$$

上で求めた値は，27℃における飽和水蒸気圧 3.60×10^3 Pa より大きいので，容器内には液体の水が残り，水蒸気圧 $p_{H_2O\,(27℃)}$ は飽和水蒸気圧と等しく，3.60 kPa となる。

イ．求める水蒸気の分圧を $p_{H_2O\,(57℃)}$ とすると，気体の状態方程式より次の式が成り立つ。

$$p_{H_2O\,(57℃)} \times 100 = 0.300 \times 8.31 \times 10^3 \times (57 + 273)$$

$$\therefore \quad p_{H_2O\,(57℃)} = 8.2269 \times 10^3 \,[Pa] < 17.0 \times 10^3 \,[Pa]$$
$$(57℃の飽和水蒸気圧)$$

よって　　$p_{H_2O\,(57℃)} = 8.23\,[kPa]$

ウ・エ．$C_2H_{2m} + aO_2 \longrightarrow 2CO_2 + bH_2O$

酸素原子に関して，上式の係数の比較より

$$2a = 2 \times 2 + b \quad \cdots\cdots①$$

水素原子に関して，上式の係数の比較より

$$2m = b \times 2 \quad \cdots\cdots②$$

①，②より　　$a = 2 + \dfrac{m}{2}$，$b = m$

オ．$m \geqq 1$ なので炭化水素 1.00 mol が完全燃焼したときに生じる H_2O の物質量は 1.00 mol 以上とわかり，燃焼前の H_2O の物質量 0.300 mol と合わせると 1.30 mol 以上存在する。よって，57℃の水蒸気の分圧 $p_{H_2O (57℃)}$ は飽和水蒸気圧と等しく

$$p_{H_2O (57℃)} = 17.0 \,[kPa]$$

炭化水素燃焼後の O_2 と CO_2 の分圧をそれぞれ $p_{O_2} [kPa]$ と $p_{CO_2} [kPa]$ とすると，容器内の全圧が 113 kPa なので，次の式が成り立つ。

$$p_{O_2} + p_{CO_2} + 17.0 = 113 \qquad \therefore \quad p_{O_2} + p_{CO_2} = 96 \,[kPa]$$

カ．$a = 2 + \dfrac{m}{2}$，$b = m$ より，炭化水素 1.00 mol の完全燃焼前後での各物質の物質量は次のようになる。

$$C_2H_{2m} + \left(2 + \dfrac{m}{2} \right) O_2 \longrightarrow 2CO_2 + mH_2O$$

反応前　1.00	5.00	0	0　　[mol]
反応後　0	$5.00 - \left(2 + \dfrac{m}{2} \right) \times 1.00$	2.00	$m \times 1.00$　[mol]

よって，反応後の O_2 の物質量を $n_{O_2} [mol]$ とすると

$$n_{O_2} = 5.00 - \left(2 + \dfrac{m}{2} \right) \times 1.00 = 3.00 - \dfrac{m}{2} \,[mol]$$

反応後の CO_2 の物質量 n_{CO_2} は

$$n_{CO_2} = 2.00 \,[mol]$$

$$\therefore \quad n_{O_2} + n_{CO_2} = 3.00 - \dfrac{m}{2} + 2.00 = 5.00 - \dfrac{m}{2} \,[mol]$$

キ．オとカで求めた O_2 と CO_2 の分圧の和と，物質量の和を用いて，次の気体の状態方程式が成り立つ。

$$96 \times 10^3 \times 100 = \left(5.00 - \dfrac{m}{2} \right) \times 8.31 \times 10^3 \times (57 + 273)$$

$$\therefore \quad m = 2.99 \fallingdotseq 3$$

6 **解答** (1)ア—5　イ—1　ウ—2　エ—8　(2)—3　(3)—1
(4)(a)—3　(b)—7　(c)—3　(d)—7

(5)オ. 1　カ. 3

◀解　説▶

≪アルケン・芳香族化合物・フェロセン・油脂の反応≫

(1)　ア．アルケンは二重結合に対して，付加反応が起こりやすい。

イ．エチレンの二重結合に対して，水素を付加反応させる触媒には，白金が用いられる。

ウ．芳香族化合物のベンゼンは，付加反応よりも置換反応が起こりやすい。

エ．ベンゼンと塩素から置換反応でクロロベンゼンを合成する反応の触媒には，鉄粉が用いられる。

(2)　パルミチン酸は飽和脂肪酸であり，リノール酸はアルキル基に二重結合を2個もつ不飽和脂肪酸である。リノール酸（分子量：280.0）の1molに対してI_2（分子量：254）は2mol付加することから，この油脂10.0gを加水分解して生じるリノール酸の質量は次のようになる。

$$\frac{2.80}{254} \times \frac{1}{2} \times 280.0 = 1.54 \fallingdotseq 1.5〔g〕$$

(3)　アルキンに対する付加反応の例に関する1～4の文の正誤は，それぞれ次のようになる。

1．誤り。置換反応である。

$$H-C{\equiv}C-H \xrightarrow{2Ag^+} Ag-C{\equiv}C-Ag + 2H^+$$

2～4．正しい。

(4)　(a)・(c)正しい。

(b)誤り。ベンゼンに酸素を反応させただけでは，フェノールは生成しない。

(d)誤り。フタル酸ではなく，テレフタル酸が得られる。

(5)　オ．次のような1種類の化合物が生じる。

カ．次のような3種類の化合物が生じる。

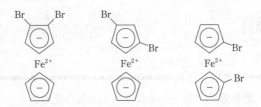

7 **解答** (1)(a)—5　(b)—1　(c)—1　(d)—5　(e)—2　(f)—1
(2)ア. 18　イ. 22　ウ. 04　エ. 08　オ. 06　カ. 04
キ. 05　ク. 10　ケ. 01
(3) 2

◀解　説▶

≪異性体，芳香族エステルの構造決定，不斉炭素原子≫

(1)(a)　ヘキサン C_6H_{14} とシクロヘキサン C_6H_{12} は異性体ではない。

(b)　エチルベンゼン 〈ベンゼン環〉–CH_2–CH_3 と o-キシレン 〈ベンゼン環〉$\begin{smallmatrix}CH_3\\CH_3\end{smallmatrix}$ は構造異性体である。

(c)　1-ブタノール CH_3–CH_2–CH_2–CH_2–OH と
2-ブタノール CH_3–CH_2–$\underset{\underset{OH}{|}}{CH}$–$CH_3$ は構造異性体である。

(d)　ブタン C_4H_{10} と 1-ブテン C_4H_8 は異性体ではない。

(e)　L-アラニンと D-アラニンは，不斉炭素原子に基づく鏡像異性体である。

(f)　スクロースはグルコースとフルクトースが縮合した構造であり，トレハロースはグルコース2分子が縮合した構造なので，構造異性体である。

(2)　ア〜ウ．化合物 **A** 10.0mg を完全燃焼させると，二酸化炭素が 26.2mg と水が 6.55mg 生じることから，**A** の組成式は次のようになる。

$$C : 26.2 \times \frac{12}{44} = 7.145 \fallingdotseq 7.15 \, [mg]$$

$$H : 6.55 \times \frac{2.0}{18.0} = 0.727 \fallingdotseq 0.73 \, [mg]$$

$$O : 10.0 - 7.15 - 0.73 = 2.12 \, [mg]$$

$$C : H : O = \frac{7.15}{12} : \frac{0.73}{1.0} : \frac{2.12}{16} = 0.5958 : 0.73 : 0.1325$$

$$\fallingdotseq 9 : 11 : 2$$

よって，**A** の組成式は $C_9H_{11}O_2$（式量：151.0）。

A の分子量は 200 以上 400 以下なので，**A** の分子式は $C_{18}H_{22}O_4$（分子量：302）。

エ〜カ．酸性の置換基をもつ芳香族化合物 **B** のベンゼン環に結合している水素原子 1 個を，臭素で置換した化合物が 1 種類しか存在しないことから，**B** はパラ二置換体，かつ 2 つの置換基が等しいことがわかる。

よって，2 つの酸性官能基をもつ **B** の分子量を M_B とすると，**B** の 16.6 mg の中和に必要な 0.100 mol/L の水酸化ナトリウム水溶液の体積が 2.00 mL であることから，次の式が成り立つ。

$$\frac{16.6 \times 10^{-3}}{M_B} \times 2 = 0.100 \times \frac{2.00}{1000} \quad \therefore \quad M_B = 166$$

ここで，**B** の置換基を X とおくと **B** は X—⟨ベンゼン環⟩—X と表せ，置換基 X の式量 M_X は

$$M_X = \frac{166 - 12 \times 6 - 1.0 \times 4}{2} = 45.0$$

X が酸性官能基であることから，カルボキシ基（$-COOH$：式量 45.0）とわかる。

以上より，化合物 **B** の構造式は HO−C(=O)−⟨ベンゼン環⟩−C(=O)−OH，分子式は $C_8H_6O_4$ と決まる。

キ〜ケ．化合物 **A** は中性であることから，テレフタル酸（化合物 **B**）の 2 つのカルボキシ基はともにエステル結合しており，加水分解によって生じた化合物は **C** のみであるので，化合物 **C** は **A** の 1 分子から 2 分子が生じるとわかる。

$$\underset{\text{(化合物 A)}}{C_{18}H_{22}O_4} + 2H_2O \longrightarrow \underset{\text{(化合物 B)}}{HO-C(=O)-\text{⟨ベンゼン環⟩}-C(=O)-OH} + 2 \text{（化合物 C）}$$

上式の反応式の反応物と生成物の原子数の比較から，化合物 **C** の分子式は，

$C_5H_{10}O$ と決まる。

(3) 分子式 $C_5H_{10}O$ の化合物 **C** はエステルの加水分解生成物であり，化合物 **C** に H_2 を付加させると不斉炭素原子がなくなることから，その構造式は次のように決まる。

$$CH_3-CH_2-\overset{*}{C}H-CH=CH_2 + H_2 \longrightarrow CH_3-CH_2-\underset{|}{C}H-CH_2-CH_3$$

OH （化合物 **C**）　　　　　　　　　　OH

化合物 **C** の一方に Br_2 を付加させると，次のような反応で不斉炭素原子を 2 つもつ化合物が生じるが，不斉炭素原子 $\overset{\circledcirc}{C}$ に関する鏡像異性体は存在しないので，異性体の数は 2 つである。

$$CH_3-CH_2-\overset{\circledcirc}{C}H-CH=CH_2 + Br_2 \longrightarrow CH_3-CH_2-\overset{\circledcirc}{C}H-\overset{*}{C}HBr-CH_2Br$$

OH　　　　　　　　　　　　　　　OH

❖講　評

　2022 年度は，2021 年度と同様に問題量と試験時間のバランスが取れており，煩雑な計算を要する設問なども見受けられなかった。

　① マンガン乾電池，燃料電池，リチウムイオン電池，銅の電解精錬，アルミニウムの融解塩電解からの出題であった。出題形式は正誤判定。難易度は標準。

　② 不動態や難溶性酸化物，銀の化合物，銑鉄の用途，濃硝酸と希硝酸による銅の酸化反応からの出題であった。難易度は標準〜やや難。

　③ 銅と亜鉛の沈殿生成，体心立方格子，面心立方格子，結晶構造の変化による密度の変化からの出題であった。銅や亜鉛の沈殿物について，無機化学の正確な知識がないと計算できない問題になっていた。難易度はやや難。

　④ 水素と酸素の同位体による水分子の種類，アンモニアの生成熱，結合エネルギー，塩の液性，圧平衡定数，ルシャトリエの原理からの出題であった。難易度は標準〜やや難。

　⑤ 気体の状態方程式，飽和蒸気圧，分圧の法則からの出題であった。難易度は標準。

　⑥ アルケンの付加反応と触媒，ベンゼンの置換反応と触媒，フェロセンの置換体，油脂，アセチレンとその付加生成物からの出題であった。

フェロセンの構造が上下対称になっていることに注意が必要な問題であった。難易度は標準〜やや難。

　7　異性体の種類，分子式，芳香族エステルの構造決定，不飽和アルコール，不斉炭素原子，鏡像異性体の数からの出題であった。不飽和アルコールの臭素付加生成物において，鏡像異性体の一方しか存在していないことに注意が必要な問題であった。難易度は標準〜やや難。

　例年と同じく，全体として理論，無機，有機がバランスよく出題されていたが，教科書の比較的後ろに掲載されている高分子化合物に関しては，2021 年度に引き続きほとんど出題されていなかった。

///////////////// · memo · /////////////////

//////////////// · **memo** · ////////////////

教学社 刊行一覧

2025年版　大学赤本シリーズ

国公立大学（都道府県順）

374大学556点 全都道府県を網羅

全国の書店で取り扱っています。店頭にない場合は，お取り寄せができます。

1 北海道大学(文系-前期日程)
2 北海道大学(理系-前期日程) 医
3 北海道大学(後期日程)
4 旭川医科大学(医学部〈医学科〉) 医
5 小樽商科大学
6 帯広畜産大学
7 北海道教育大学
8 室蘭工業大学／北見工業大学
9 釧路公立大学
10 公立千歳科学技術大学
11 公立はこだて未来大学 総推
12 札幌医科大学(医学部) 医
13 弘前大学 医
14 岩手大学
15 岩手県立大学・盛岡短期大学部・宮古短期大学部
16 東北大学(文系-前期日程)
17 東北大学(理系-前期日程) 医
18 東北大学(後期日程)
19 宮城教育大学
20 宮城大学
21 秋田大学 医
22 秋田県立大学
23 国際教養大学 総推
24 山形大学 医
25 福島大学
26 会津大学
27 福島県立医科大学(医・保健科学部) 医
28 茨城大学(文系)
29 茨城大学(理系)
30 筑波大学(推薦入試) 医総推
31 筑波大学(文系-前期日程)
32 筑波大学(理系-前期日程) 医
33 筑波大学(後期日程)
34 宇都宮大学
35 群馬大学 医
36 群馬県立女子大学
37 高崎経済大学
38 前橋工科大学
39 埼玉大学(文系)
40 埼玉大学(理系)
41 千葉大学(文系-前期日程)
42 千葉大学(理系-前期日程) 医
43 千葉大学(後期日程) 医
44 東京大学(文科) DL
45 東京大学(理科) DL 医
46 お茶の水女子大学
47 電気通信大学
48 東京外国語大学 DL
49 東京海洋大学
50 東京科学大学(旧 東京工業大学)
51 東京科学大学(旧 東京医科歯科大学) 医
52 東京学芸大学
53 東京藝術大学
54 東京農工大学
55 一橋大学(前期日程)
56 一橋大学(後期日程)
57 東京都立大学(文系)
58 東京都立大学(理系)
59 横浜国立大学(文系)
60 横浜国立大学(理系)
61 横浜市立大学(国際教養・国際商・理・データサイエンス・医〈看護〉学部)

62 横浜市立大学(医学部〈医学科〉) 医
63 新潟大学(人文・教育〈文系〉・法・経済科・医〈看護〉・創生学部)
64 新潟大学(教育〈理系〉・理・医〈看護を除く〉・歯・工・農学部) 医
65 新潟県立大学
66 富山大学(文系)
67 富山大学(理系) 医
68 富山県立大学
69 金沢大学(文系)
70 金沢大学(理系) 医
71 福井大学(教育・医〈看護〉・工・国際地域学部)
72 福井大学(医学部〈医学科〉) 医
73 福井県立大学
74 山梨大学(教育・医〈看護〉・工・生命環境学部)
75 山梨大学(医学部〈医学科〉) 医
76 都留文科大学
77 信州大学(文系-前期日程)
78 信州大学(理系-前期日程) 医
79 信州大学(後期日程)
80 公立諏訪東京理科大学 総推
81 岐阜大学(前期日程) 医
82 岐阜大学(後期日程)
83 岐阜薬科大学
84 静岡大学(前期日程)
85 静岡大学(後期日程)
86 浜松医科大学(医学部〈医学科〉) 医
87 静岡県立大学
88 静岡文化芸術大学
89 名古屋大学(文系)
90 名古屋大学(理系) 医
91 愛知教育大学
92 名古屋工業大学
93 愛知県立大学
94 名古屋市立大学(経済・人文社会・芸術工・看護・総合生命理・データサイエンス学部)
95 名古屋市立大学(医学部〈医学科〉) 医
96 名古屋市立大学(薬学部)
97 三重大学(人文・教育・医〈看護〉学部)
98 三重大学(医〈医〉・工・生物資源学部) 医
99 滋賀大学
100 滋賀医科大学(医学部〈医学科〉) 医
101 滋賀県立大学
102 京都大学(文系)
103 京都大学(理系) 医
104 京都教育大学
105 京都工芸繊維大学
106 京都府立大学
107 京都府立医科大学(医学部〈医学科〉) 医
108 大阪大学(文系) DL
109 大阪大学(理系) 医
110 大阪教育大学
111 大阪公立大学(現代システム科学域〈文系〉・文・法・経済・商・看護・生活科〈居住環境・人間福祉〉学部-前期日程)
112 大阪公立大学(現代システム科学域〈理系〉・理・工・農・獣医・医・生活科〈食栄養〉学部-前期日程) 医
113 大阪公立大学(中期日程)
114 大阪公立大学(後期日程)
115 神戸大学(文系-前期日程)
116 神戸大学(理系-前期日程) 医

117 神戸大学(後期日程)
118 神戸市外国語大学 DL
119 兵庫県立大学(国際商経・社会情報科・看護学部)
120 兵庫県立大学(工・理・環境人間学部)
121 奈良教育大学／奈良県立大学
122 奈良女子大学
123 奈良県立医科大学(医学部〈医学科〉) 医
124 和歌山大学
125 和歌山県立医科大学(医・薬学部) 医
126 鳥取大学 医
127 公立鳥取環境大学
128 島根大学 医
129 岡山大学(文系)
130 岡山大学(理系) 医
131 岡山県立大学
132 広島大学(文系-前期日程)
133 広島大学(理系-前期日程) 医
134 広島大学(後期日程)
135 尾道市立大学 総推
136 県立広島大学
137 広島市立大学
138 福山市立大学
139 山口大学(人文・教育〈文系〉・経済・医〈看護〉・国際総合科学部)
140 山口大学(教育〈理系〉・理・医〈看護を除く〉・工・農・共同獣医学部) 医
141 山陽小野田市立山口東京理科大学 総推
142 下関市立大学／山口県立大学
143 周南公立大学 新選
144 徳島大学 医
145 香川大学 医
146 愛媛大学 医
147 高知大学 医
148 高知工科大学
149 九州大学(文系-前期日程)
150 九州大学(理系-前期日程) 医
151 九州大学(後期日程)
152 九州工業大学
153 福岡教育大学
154 北九州市立大学
155 九州歯科大学
156 福岡県立大学／福岡女子大学
157 佐賀大学 医
158 長崎大学(多文化社会・教育〈文系〉・経済・医〈保健〉・環境科〈文系〉学部)
159 長崎大学(教育〈理系〉・医〈医〉・歯・薬・情報データ科・工・環境科〈理系〉・水産学部) 医
160 長崎県立大学 総推
161 熊本大学(文・教育・法・医〈看護〉学部・情報融合学環〈文系型〉)
162 熊本大学(理・医〈看護を除く〉・薬・工学部・情報融合学環〈理系型〉) 医
163 熊本県立大学
164 大分大学(教育・経済・医〈看護〉・理工・福祉健康科学部)
165 大分大学(医学部〈医・先進医療科学科〉) 医
166 宮崎大学(教育・医〈看護〉・工・農・地域資源創成学部)
167 宮崎大学(医学部〈医学科〉) 医
168 鹿児島大学(文系)
169 鹿児島大学(理系) 医
170 琉球大学 医

医　医学部医学科を含む
総推　総合型選抜または学校推薦型選抜を含む
DL　リスニング音声配信　新　2024年 新刊・復刊

掲載している入試の種類や試験科目，収載年数などについては，それぞれの本の目次や赤本ウェブサイトでご確認ください。

akahon.net

赤本｜　　検索

難関校過去問シリーズ

出題形式別・分野別に収録した
「入試問題事典」
定価2,310〜2,640円（本体2,100〜2,400円）

20大学 73点

61年，全部載せ！
要約演習で，総合力を鍛える

東大の英語
要約問題 UNLIMITED

先輩合格者はこう使った！
「難関校過去問シリーズの使い方」

DL　リスニング音声配信
新　2024年 新刊
改　2024年 改訂

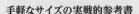

いつも受験生のそばに──赤本

大学入試シリーズ＋α
入試対策も共通テスト対策も赤本で

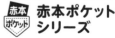

2025 年版　大学赤本シリーズ　No. 348

東京理科大学（理学部〈第一部〉－ B 方式）

2024 年 6 月 25 日　第 1 刷発行
ISBN978-4-325-26407-1
定価は裏表紙に表示しています

編　集　教学社編集部
発行者　上原　寿明
発行所　教学社
　　　　〒606-0031
　　　　京都市左京区岩倉南桑原町56
電話　075-721-6500
振替　01020-1-15695
印　刷　太洋社